令和4年版

図解
グループ法人課税

中村慈美 著

一般財団法人 大蔵財務協会

はしがき

我が国の近年の企業経営においては、グループ経営を強化する企業が増大しており、各企業は独立性を生かしながら、グループ経営のメリットを最大限に追求する傾向が顕著になっています。

このようなグループ法人としての一体的経営が進展している状況に対応できるよう、平成22年度税制改正においては、その実態に即した課税関係を実現するため、グループ内の取引に関して、選択制である連結納税制度（現グループ通算制度）とは異なり、個人、法人を含む一の者に完全支配されているグループ法人を対象とした、いわゆる「グループ法人単体課税制度」が強制適用される「グループ法人税制」が創設されました。

グループ法人税制は強制適用されることから、完全支配関係にある対象法人間の取引については、通常の取引における処理に対してこの制度による修正が必要になりますので、修正に関する個別制度の理解は非常に重要になります。

本書は、グループ法人税制の基本的な考え方、仕組み及び個別制度の取扱いについて、第１章で制度の基本的な考え方及び仕組みを、第２章で本税制における個別制度をより多くの方々に少しでも容易に理解していただくよう、「設例」や「図」、「表」を数多く用いて解説しています。

今回の改訂に当たっては、令和４年度税制改正関連事項、公表されている国税庁質疑応答事例及び裁判例を織り込むとともに、読者の皆様から寄せられた貴重なご意見やご叱責を基に解説及び設例等を加除修正し、「令和４年版」として刊行することといたしました。

最後に、本書の執筆に当たりましては、取り上げるべき項目についてでき得る限り解説をしましたが、意を尽くせなかった点や不十分な面があります。今後とも、よりよい内容になるよう努めて参りたいと考えておりますので、読者の皆様には忌憚のないご意見、ご批判を賜りますようお願い申し上げます。

令和４年11月

中村慈美税理士事務所
税理士　**中村慈美**

〔凡　例〕

本書の文中、文末引用条文の略称は、次のとおりです。

(1) 法　　令

法法……………………………法人税法
法令……………………………法人税法施行令
法規……………………………法人税法施行規則
措法……………………………租税特別措置法
措令……………………………租税特別措置法施行令
所法……………………………所得税法
平27年改正法…………………所得税法等の一部を改正する法律（平成27年法律第9号）
令2年改正法…………………所得税法等の一部を改正する法律（令和2年法律第8号）
令2年改正法令………………法人税法施行令等の一部を改正する政令（令和2年政令第207号）
地法……………………………地方税法
地令……………………………地方税法施行令

(2) 通　　達

法基通…………………………法人税基本通達

(3) 情　　報

国税庁質疑応答その1……平成22年8月10日付「平成22年度税制改正に係る法人税質疑応答事例（グループ法人税制関係）（情報）」
国税庁質疑応答その2……平成22年10月6日付「平成22年度税制改正に係る法人税質疑応答事例（グループ法人税制その他の資本に関係する取引等に係る税制関係）（情報）」
国税庁 HP 質疑応答………国税庁ホームページに掲載されている質疑

応答事例（令和４年10月１日時点）

平成22年通達改正趣旨説明…・平成22年６月30日付課法２―１ほか１課共同「法人税基本通達等の一部改正について」（法令解釈通達）の趣旨説明について

〈例〉

法令８①一イ ……………………法人税法施行令第８条第１項第１号イ

㈨　本書は、令和４年10月１日現在において施行又は公表されている法令及び通達並びに情報によっています。

〔目　　次〕

第１章　グループ法人税制の概要

第２章　グループ法人税制の各論

第３章　租税回避行為の防止

第４章　地方税関係

参考資料

第１章　グループ法人税制の概要

第１　グループ法人税制とは

グループ法人税制とは、企業グループを対象とした法制度や会計制度が定着しつつある中、税制においても、法人の組織形態の多様化に対応するとともに、課税の中立性や公平性等を確保する観点から、実態に即した課税を実現できるようにした制度であると考えることができます。

〈グループ経営のための組織再編〉

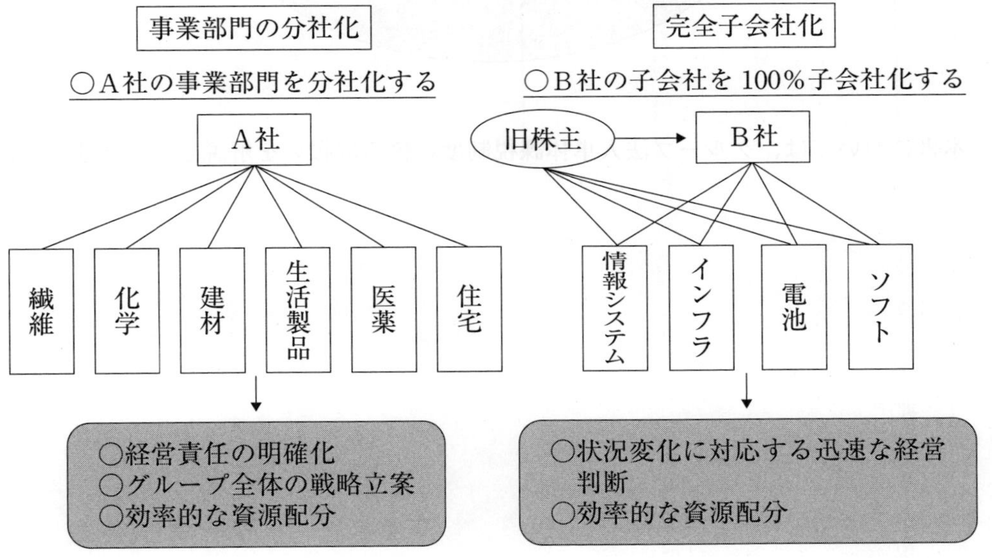

（経済産業省資料より）

グループ法人税制は、完全支配関係を有する法人をグループとして着目するため、選択制のグループ通算制度㈱についてもグループ法人税制に含まれることとなります。

グループ通算制度は選択制であるため、グループ通算制度を適用していない完全支配関係を有する法人においてはグループ通算制度以外のグループ法人税制、いわゆるグループ法人単体課税制度が適用されることとなります。

したがって、グループ通算制度とグループ法人単体課税制度では、共通する側面と異なる側面があります。

(注)　グループ通算制度は、令和４年４月１日以後に開始する事業年度より適用され、連結納税制度は、グループ通算制度に移行されました（令２年改正法附則14①）。

〈完全支配関係がある法人に係る税制〉

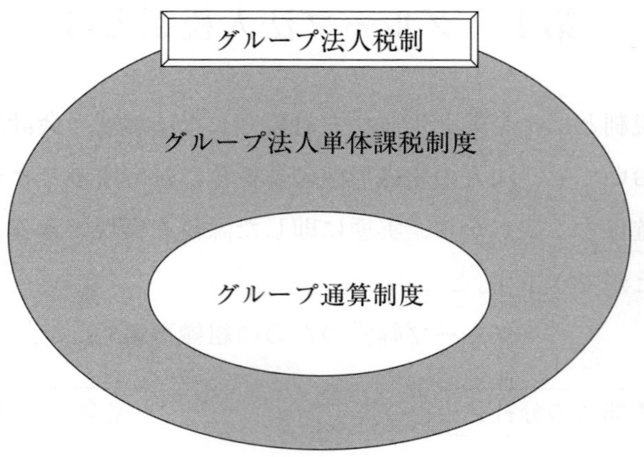

本書においては、グループ法人単体課税制度に係る取扱いを解説していきます。

第2　基本的な考え方

1　グループ法人税制の在り方

税制においては、これまで会社法等関連諸制度の整備に対応して、組織再編税制（平成13年）、グループ通算制度の前身である連結納税制度（平成14年）等が整備されてきていますが、グループ経営の実態においては、意志決定の迅速化や事業執行の責任の明確化を図るために事業部門を分社化する事例や、持株会社設立を通じた経営統合や、一体性強化のための完全子会社化により、子会社経営に対するグループ全体の視点からの関与を強化し、重複事業の整理等のグループ内再編を進める事例などがみられます。

このように近年のグループ経営の実態は、単なる分社化ではなく、関連会社を100％子会社化してグループ経営を強化する企業が増大しており、各会社の独立性を生かしながら、グループ統合のメリットを最大限に追求する傾向が顕著となっており、中小企業においても、新規事業の展開、取引先等他社の要請への対応、事業承継の円滑化、事業責任の明確化のための事業部門の分社化等の目的から、100％子会社の設立・取得が行われています。

グループ法人税制は、このようにグループ法人の一体的運営が進展している状況を踏まえ、実態に即した課税を実現するための税制の在り方ということができます。

また、グループ法人税制は、グループ通算制度が選択適用であることから、グループ通算制度によって補完される制度であると考えることができます。

2　グループ法人単体課税制度における所得計算と税額計算

グループ法人税制は、グループ通算制度を適用するもの以外のもの（グループ法人単体課税制度）について、現行の単体課税の下で、所得通算までは行わない一方、グループ内取引やグループ法人のステータスについてグループ経営の実態を反映した制度であると考えることができます。

また、グループ法人単体課税制度とグループ通算制度では、グループ内取引について、グループ外への移転等の時まで損益を繰り延べる点に共通の側面があります。

一方、グループ法人単体課税制度はグループ内で損益通算を行いませんが、グループ通算制度はグループ内で損益通算を行うという点が大きく異なります。

〈グループ法人単体課税制度と連結納税制度〉

共通点	グループ内取引	グループ外への移転等の時まで損益を繰り延べる点	
相違点	損益通算	グループ法人単体課税制度	損益通算なし
		グループ通算制度	グループ内で損益通算

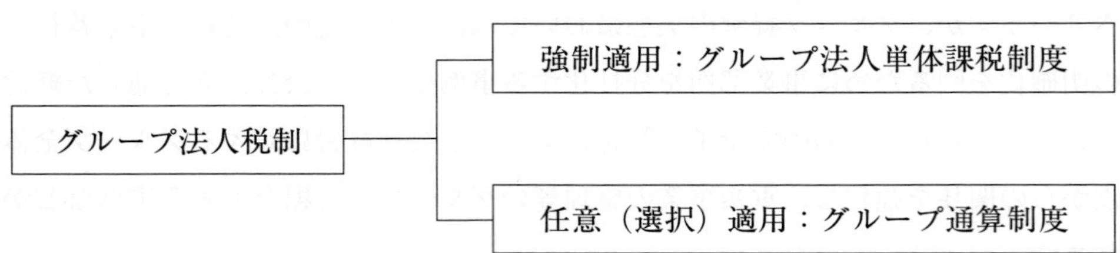

第３　基本的な仕組み

１　適用法人

(1)　完全支配関係

イ　内容

グループ法人税制は、100％グループ内の関係（完全支配関係）のある法人を対象とします。

完全支配関係とは、一の者が法人の発行済株式若しくは出資（自己の株式又は出資を除きます。以下、発行済株式等といいます。）の全部を直接若しくは間接に保有する関係（以下、当事者間の完全支配の関係といいます。）又は一の者との間に当事者間の完全支配の関係がある法人相互の関係をいいます（法法２十二の七の六）。

〈完全支配関係の例〉

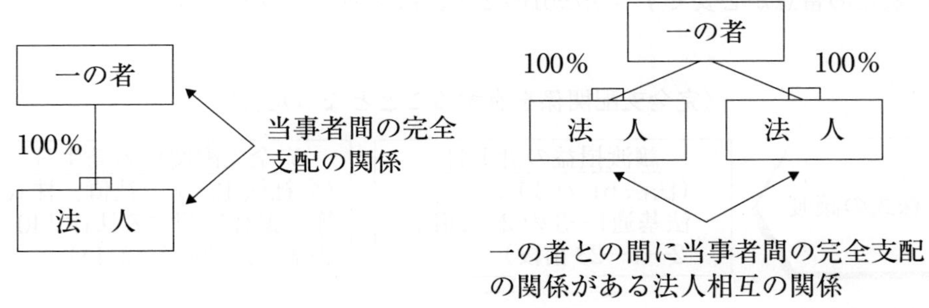

ロ　名義株がある場合の判定

一の者と法人との間に一の者による完全支配関係があるかどうかは、その株主等が単なる名義人であって、その株主等以外の者が実際の権利者である場合には、その実際の権利者が保有するものとして判定することとされています（法基通1―3の2―1）。

ハ　完全支配関係を有することとなった日

完全支配関係を有することとなった日とは、一般的には、一方の法人が他方の法人の発行済株式の全部を直接又は間接に保有するに至った日をいい、例えば、株式の購入により完全支配関係を有することとなる場合には、株式の購入に係る契約が成立した日ではなく、その株式の株主権が行使できる状態になる株式の引渡しが行われた日とされています（法基通1―3の2―2⑴）。これは、会社法上、株券発行会社の株式の譲渡は、その株式に係る株券を交付しなければ、その効力を生じないこととされているためです（会社法128①、平成22年通達改正趣旨説明「【新設】（支配関係及び完全支配関係を有することとなった日の意義）1―3の2―2」の解説（277頁））。

平成21年１月５日から実施されている株券の電子化（株式振替制度）により、上場会社の株式に係る株券はすべて廃止され、株主権の管理が電子的に行われることとなり、上場会社の株式を譲渡する場合の株式の引渡しが行われた日とは、譲渡人の口座から譲受人の口座への株式の振替の記録がされた日とされています（社債、株式等の振替に関する法律140、平成22年通達改正趣旨説明「【新設】（支配関係及び完全支配関係を有することとなった日の意義）1―3の2―2」の解説（277頁））。

また、株式の譲渡により完全支配関係を有しないこととなる場合において、完全支配関係を有しないこととなった日とは、株主権が行使できない状態になる株式の引渡しの日とされています（国税庁質疑応答その１問１（208頁））。

なお、法人が株式を譲渡した場合の譲渡損益については、原則として、株式の引渡しの日ではなく、その譲渡に係る契約をした日の属する事業年度に計上することとされているため留意が必要です（法法61の２①、法基通1―3の2―2㊟、2―1―23前段）。

〈完全支配関係を有することとなった日〉

株式の譲渡

譲渡損益の計上日
（法法 61 の 2①、
法基通1―3 の 2―2 ㊟、
2―1―23 前段）

完全支配関係の発生日
（会社法 128①、社債、株式
等の振替に関する法律 140、
法基通1―3の2―2(1)）

契約成立日

引渡し日

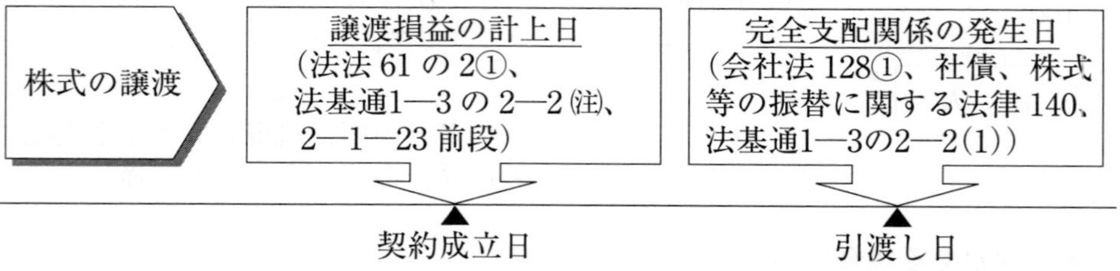

（国税庁資料に加筆）

⑵　当事者間の完全支配の関係

イ　内容

当事者間の完全支配の関係は、一の者が法人の発行済株式等㊟の全部を保有する場合におけるその一の者とその法人との間の関係（以下、直接完全支配関係といいます。）をいいます（法令４①、４の２②本文前段）。

この場合において、その一の者及びこれとの間に直接完全支配関係がある一若しくは二以上の法人又はその一の者との間に直接完全支配関係がある一若しくは二以上の法人が他の法人の発行済株式等の全部を保有するときは、その一の者は当該他の法人の発行済株式等の全部を保有するものとみなされます（法令４の２②後段）。

なお、一の者との間に直接完全支配関係があるとみなされる関係を一般的にみなし直接完全支配関係と言っており、その関係は、そのみなされた法人による直接完全支配関係（みなし直接完全支配関係を含みます。）がある法人が存在する限り連鎖することとされています（国税庁質疑応答その１問２（209頁））。

㈱　この場合の発行済株式等からは、その法人の従業員持株会所有株式と役員又は使用人のストックオプション行使による所有株式の合計が５％未満である場合のその株式は除くこととされています（法令４の２②、国税庁質疑応答その１問３（211頁））。

なお、ここでいう従業員持株会は、その法人の使用人が組合員となっている民法第667条第１項に規定する組合契約（その法人の発行する株式を取得することを主たる目的とするものに限ります。）による組合（組合員となる者がその使用人に限られているものに限ります。）によるものに限られるため、いわゆる証券会社方式による従業員持株会は原則として該当しますが、人格のない社団等に該当するいわゆる信託銀行方式による従業員持株会はこれに該当しないこととされています（法令４の２②一、法基通1—3の2—3）。

ロ　設例

①　一の者及びこれとの間に直接完全支配関係がある法人が発行済株式等の全部を保有する場合

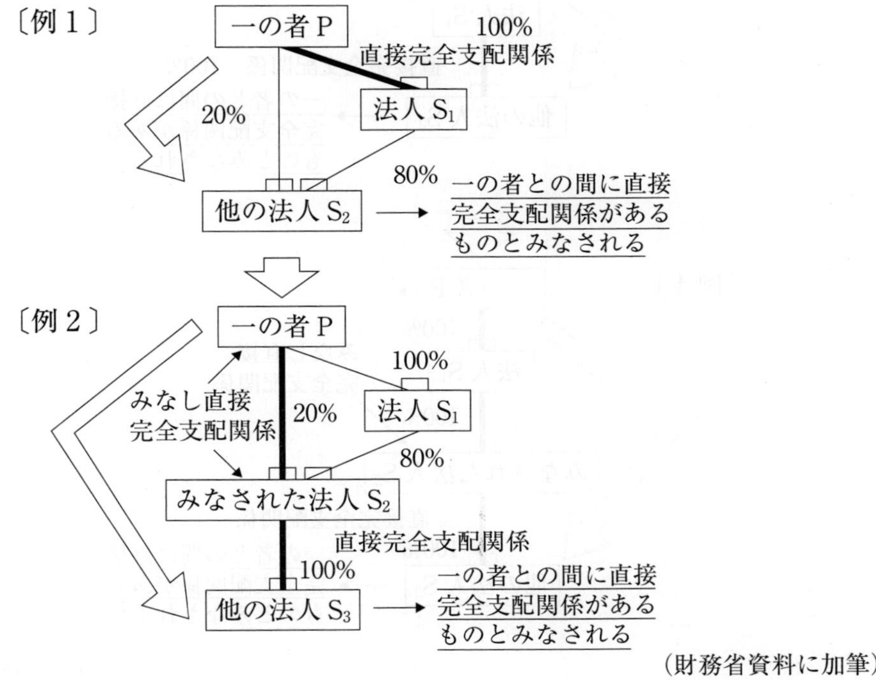

（財務省資料に加筆）

一の者（P）及びこれとの間に直接完全支配関係がある法人（S_1）が他の法人（S_2）の発行済株式等の全部を保有することから、一の者（P）は他の法人（S_2）の発行済株式等の全部を保有するものとみなされます（〔例１〕）。

言い換えるならば、他の法人（S_2）は一の者（P）との間に直接完全支配関係があるものとみなされます。

また、他の法人（S_2）との間に直接完全支配関係がある他の法人（S_3）がある場合には、一の者（P）が他の法人（S_3）の発行済株式等の全部を保有するものとみなされるため、他の法人（S_3）は一の者（P）との間に直接完全支配関係があるものとみなされます（〔例２〕）。

なお、一の者は、必ずしも完全支配関係のあるグループの最上層に位置する者に限られるものではありません（国税庁質疑応答その１問２（209頁））。〔例２〕の場合において、他の法人（S_3）からみれば、他の法人（S_2）も一の者とみることができます。

② 一の者との間に直接完全支配関係がある法人が発行済株式等の全部を保有する場合

〔例３〕

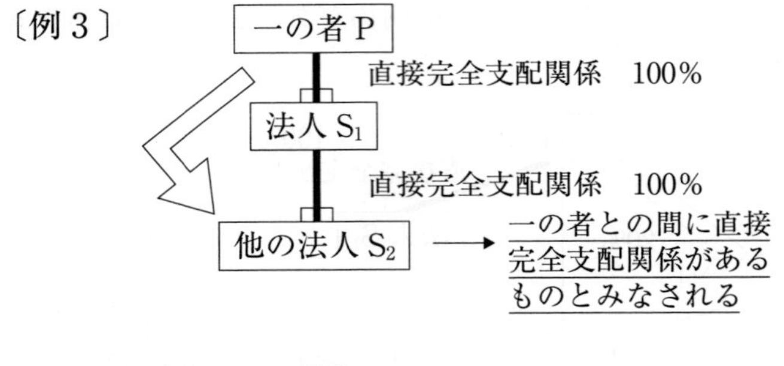

〔例４〕

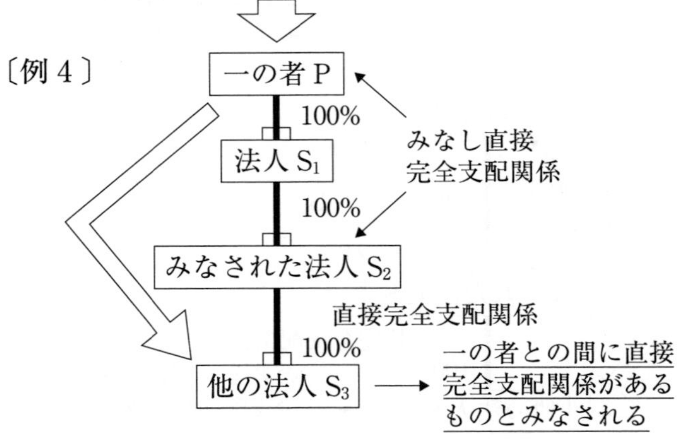

（財務省資料に加筆）

一の者（P）との間に直接完全支配関係がある法人（S_1）が他の法人（S_2）の発行済株式等の全部を保有することから、一の者（P）は他の法人（S_2）の発行済株式等の全部を保有するものとみなされます（〔例３〕）。

言い換えるならば、他の法人（S_2）は一の者（P）との間に直接完全支配関係があるものとみなされます。

また、他の法人（S_2）との間に直接完全支配関係がある他の法人（S_3）がある場合には、一の者（P）が他の法人（S_3）の発行済株式等の全部を保有するものとみなされるため、他の法人（S_3）は一の者（P）との間に直接完全支配関係があるものとみなされます（〔例４〕）。

なお、一の者は、必ずしも完全支配関係のあるグループの最上層に位置する者に限られるものではありません（国税庁質疑応答その１問２（209頁））。〔例４〕の場合において、他の法人（S_3）からみれば、他の法人（S_2）も一の者とみることができます。

③　発行済株式の一部を相互に持合いしている場合

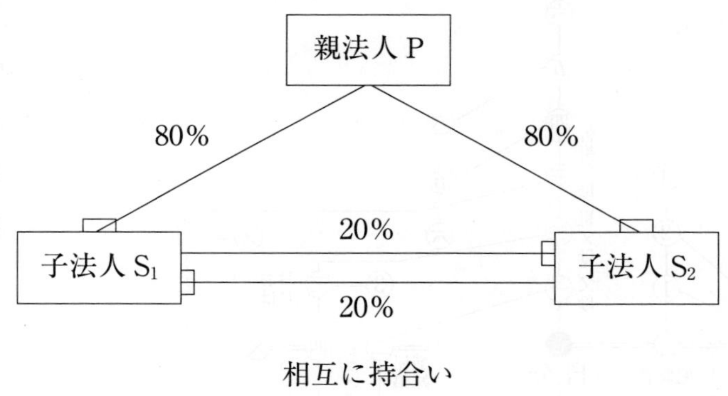

相互に持合い

（国税庁資料に加筆）

完全支配関係とは、基本的な考え方として、法人の発行済株式のすべてがグループ内のいずれかの法人によって保有され、その資本関係がグループ内で完結している関係、換言すればグループ内法人以外の者によってその発行済株式が保有されていない関係をいうものと解されています（国税庁質疑応答その１問４（212頁））。

したがって、グループ内法人以外の者によってその発行済株式が保有されていない子法人（S_1）と親法人（P）の間、同様の子法人（S_2）と親法人（P）の間及び子法人（S_1）と子法人（S_2）の間には、完全支配関係があるものとして取り扱うこととなります。

(3)　一の者が個人である場合

一の者が個人である場合には、その者と特殊の関係のある次に掲げる個人を含むこととされています（法令４①、４の２②）。

〈特殊の関係〉

①	株主等の親族(注)
②	株主等と婚姻の届出をしていないが事実上婚姻関係と同様の事情にある者
③	株主等（個人である株主等に限ります。④において同じです。）の使用人
④	①から③に掲げる者以外の者で株主等から受ける金銭その他の資産によって生計を維持しているもの
⑤	②から④に掲げる者と生計を一にするこれらの者の親族

(注)　親族とは、６親等内の血族、配偶者及び３親等内の姻族をいいます（民法725）。

〈親族の図表〉

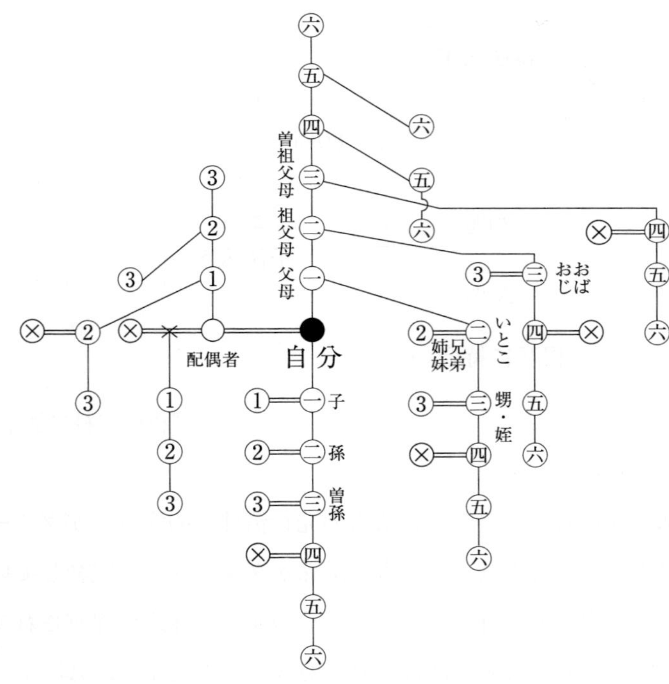

（板倉弘至編『令和４年版 図解 相続税・贈与税』８頁（大蔵財務協会 令和４年）に加筆）

〈親族単位による完全支配関係の判定〉

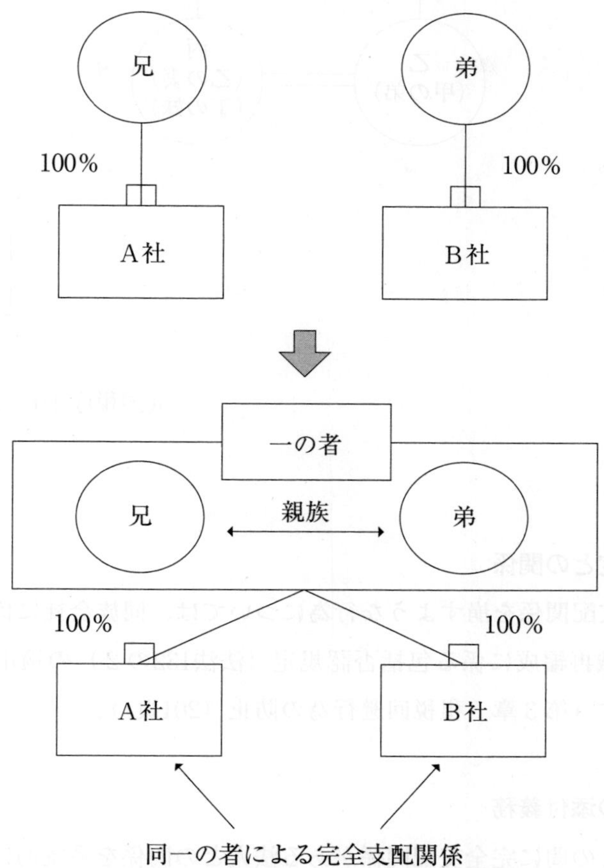

上記の図のように、兄が発行済株式の100%を保有するA社とその弟が発行済株式の100%を保有するB社の場合においては、兄と弟を一の者とみますので、A社とB社との間には一の者との間に当事者間の完全支配の関係がある法人相互の関係（同一の者による完全支配関係）があることとなります。

ちなみに、下記の図のA社の株主である甲とB社の株主である丁は親族等の関係がありませんが、甲の弟の乙の配偶者丙が丁の妹であることから、A社については、甲及びその親族等である乙（甲の２親等血族）と丙（甲の２親等姻族）が一の者となり、B社については、丁及びその親族等である乙（丁の２親等姻族）と丙（丁の２親等血族）が一の者となるため、A社とB社との間には、同一の者（乙又は丙）による完全支配関係があることとなります（国税庁 HP 質疑応答「合併法人の株主と被合併法人の株主との間に親族関係がない場合の完全支配関係について」）。

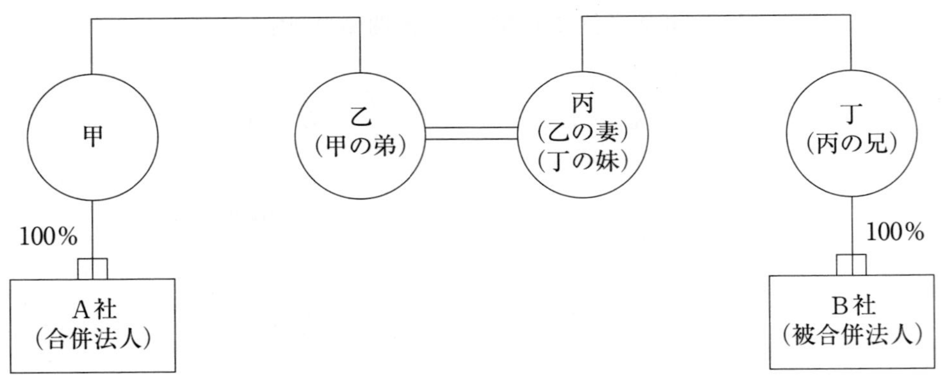

（国税庁 HP 質疑応答に加筆）

(4)　その他

イ　包括否認規定との関係

意図的に完全支配関係を崩すような行為については、同族会社に係る包括否認規定（法法132）や組織再編成に係る包括否認規定（法法132の２）の適用対象とされることも考えられます（第３章　租税回避行為の防止（201頁））。

ロ　出資関係図の添付義務

その内国法人との間に完全支配関係がある法人との関係を系統的に示した図（以下、出資関係図といいます。）がその内国法人の事業等の概況に関する書類として、確定申告書の添付書類とされています（法規35五）。

なお、出資関係図には、原則として法人税の確定申告書を提出する法人との間に完全支配関係がある法人のすべてを記載することとされ、グループ内の法人のすべてを把握できない場合には、把握できた範囲で完全支配関係がある法人を記載することとされていますが、グループ法人税制は、その法人において、完全支配関係がある他の法人を把握していたかどうか（当該他の法人との間に完全支配関係があることを知っていたかどうか）にかかわらず、その適用があることとされています（国税庁質疑応答その２問２（251頁））。

ちなみに、出資関係図については、決められた様式はありませんが、国税庁からはその作成例が示されています（国税庁質疑応答その２問１（248頁））。

ポイント

グループ法人単体課税制度においては完全支配関係のある法人を対象としており、個人や外国法人による完全支配関係のある法人についても適用があります。

公益法人等や公共法人によって完全支配関係がある場合もグループ法人単体課税制度の対象となります。

したがって、グループ通算制度に比べ、その対象法人は多くなります。

〈グループ法人単体課税制度の対象範囲〉

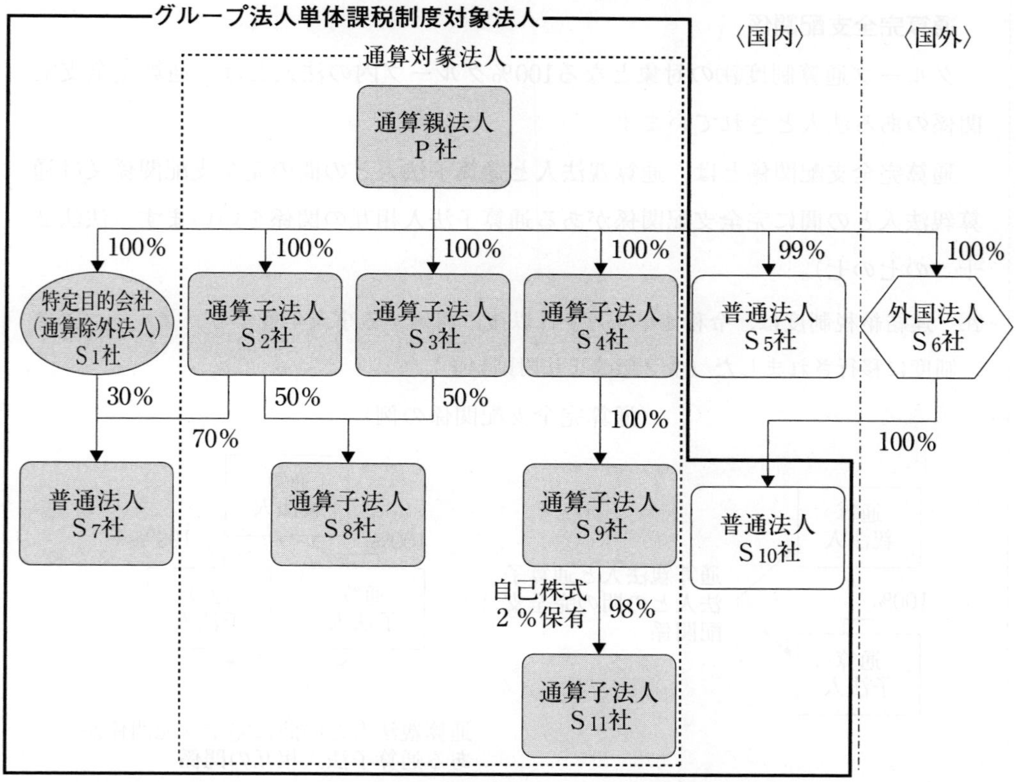

（大久保昇一編『令和４年版 図解 法人税』785頁（大蔵財務協会 令和４年）に加筆）

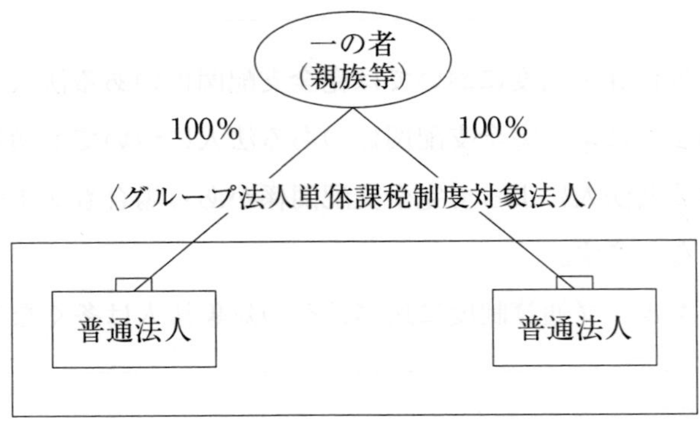

（参　考）

通算完全支配関係

グループ通算制度㈱の対象となる100％グループ内の法人とは、通算完全支配関係のある法人とされています。

通算完全支配関係とは、通算親法人と通算子法人との間の完全支配関係又は通算親法人との間に完全支配関係がある通算子法人相互の関係をいいます（法法２十二の七の七）。

㈱　連結納税制度は、令和４年４月１日以後に開始する事業年度より、グループ通算制度に移行されました（令２年改正法附則14①）。

〈通算完全支配関係の例〉

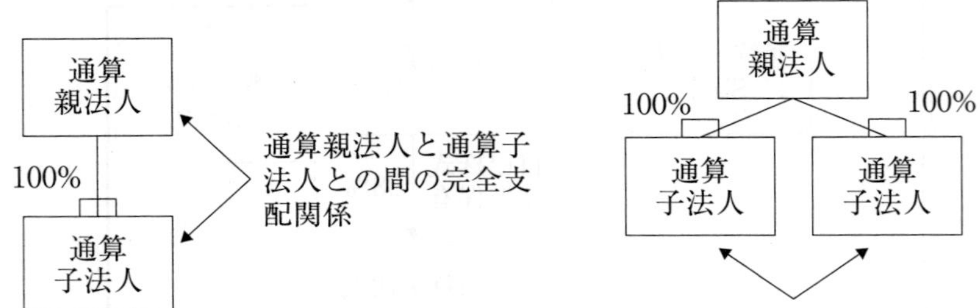

グループ法人単体課税制度の対象となる完全支配関係と同様に、通算完全支配関係の判定に当たっては、自己株式を除くほか、従業員持株会所有株式と役員又は使用人のストックオプション行使による所有株式の合計が５％未満である場合のその株式は除くこととされています（法法２十二の七の七、法令４の２②、131の11②）。

なお、通算完全支配関係からは特定目的会社、外国法人等が介在する関係は除かれています（法法64の９①、法令４の２②、131の11②）。

〈グループ通算制度の対象範囲〉

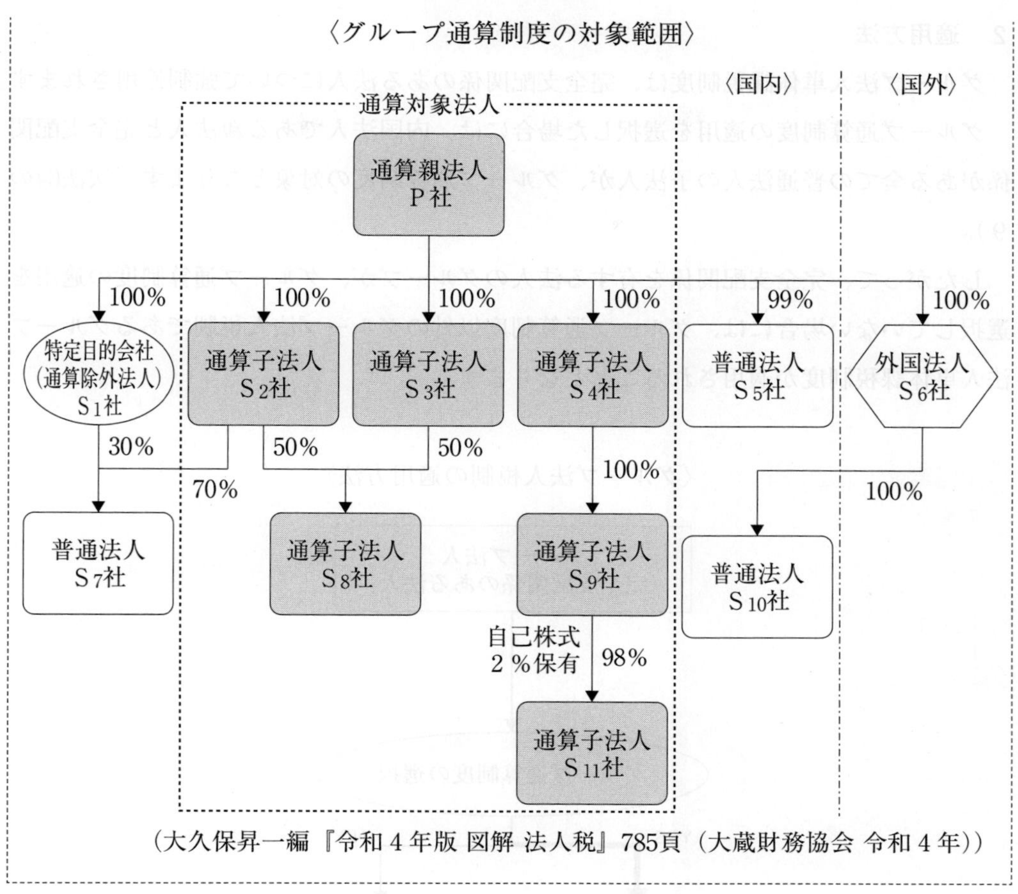

（大久保昇一編『令和４年版 図解 法人税』785頁（大蔵財務協会 令和４年））

2　適用方法

グループ法人単体課税制度は、完全支配関係のある法人について強制適用されます。

グループ通算制度の適用を選択した場合には、内国法人である親法人と完全支配関係がある全ての普通法人の子法人が、グループ通算制度の対象となります（法法64の９）。

したがって、完全支配関係を有する法人のグループが、グループ通算制度の適用を選択していない場合には、グループ通算制度以外のグループ法人税制であるグループ法人単体課税制度が適用されることとなります。

〈グループ法人税制の適用方法〉

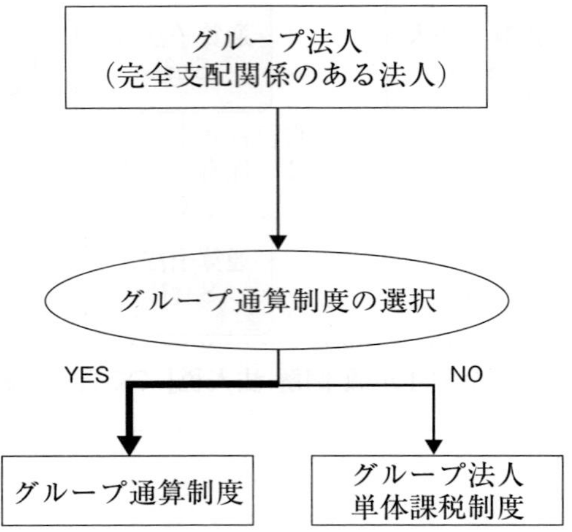

ポイント

グループ法人単体課税制度は、強制適用されます。

3　適用手続

グループ法人単体課税制度は、上記2のとおり完全支配関係のある法人について強制適用され、選択制とはされていませんので特別な適用手続はありません。

〈グループ法人単体課税制度の適用手続〉

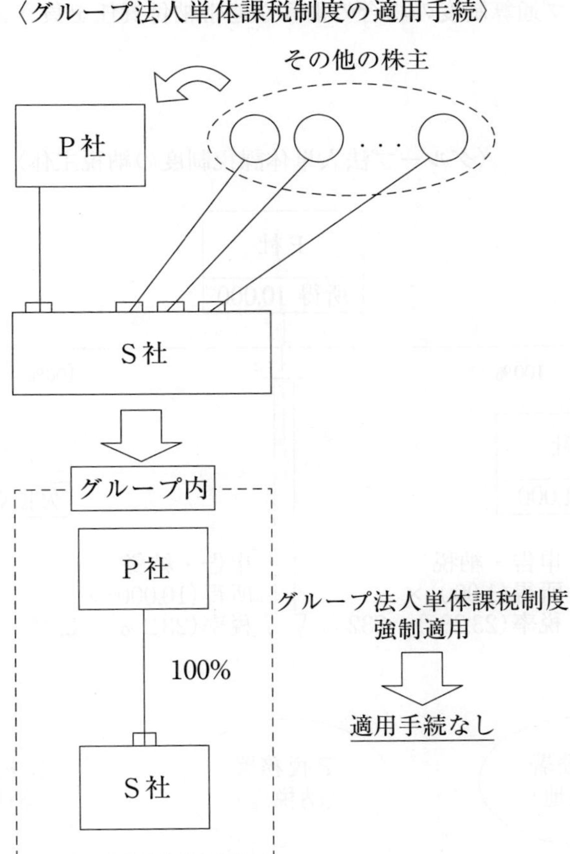

(参　考)

グループ通算制度の適用手続

グループ通算制度において、グループ通算制度の適用を受けようとする場合には、親法人のグループ通算制度の適用を受けようとする最初の事業年度開始の日の3月前の日までに、親法人及びグループ通算制度の対象となる子法人の全ての連名で、その開始の日その他一定の事項を記載した申請書をその親法人の納税地の所轄税務署長を経由して、国税庁長官に提出し、承認を受けなければならないこととなっています（法法64の9①②）。

４　納税主体

グループ法人単体課税制度においては、グループ通算制度を含めたグループ法人税制の対象とならない場合の単体課税と同様にグループ法人それぞれが単体で納税主体となります。

また、グループ通算制度の場合のような連帯納付責任を負うようなことはありません。

〈グループ法人単体課税制度の納税主体〉

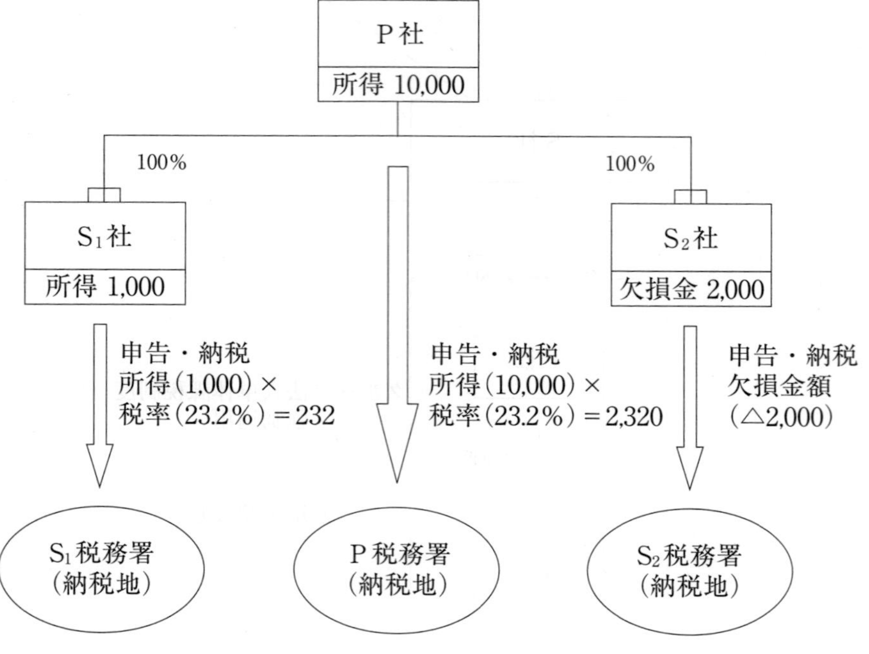

ポイント

グループ法人単体課税制度では、連帯納付責任を負うことはありません。

(参　考)

グループ通算制度の納税主体

グループ通算制度においては、グループ内で損益通算等を行いますが、各法人それぞれが単体で納税主体となります（法法74①、77）。

また、通算法人は、他の通算法人の各事業年度の所得に対する法人税について、連帯納付責任を負うことになっています（法法152①）。

〈グループ通算制度の納税主体〉

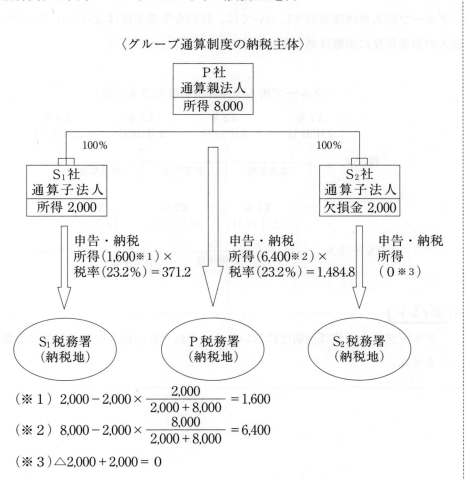

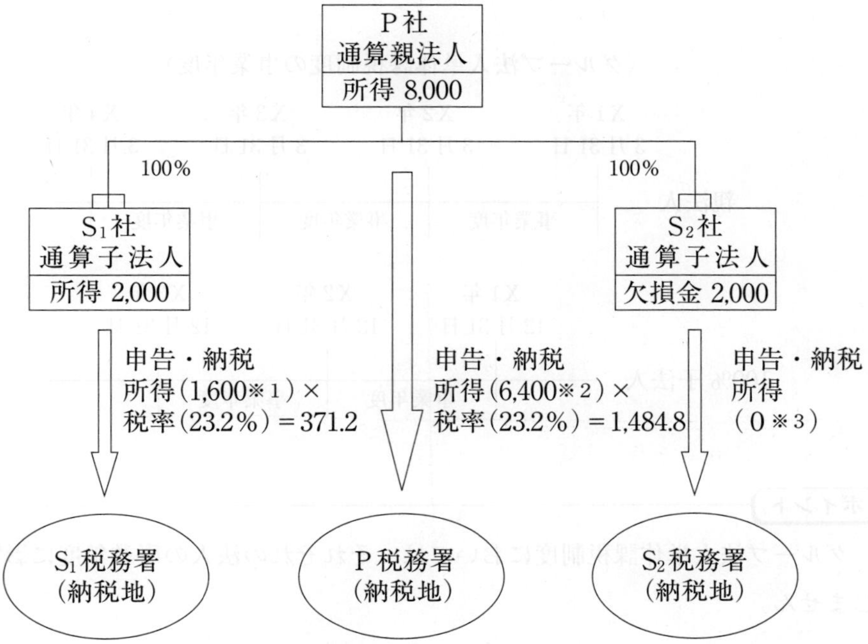

P社
通算親法人
所得 8,000

100%　　100%

S_1社
通算子法人
所得 2,000

S_2社
通算子法人
欠損金 2,000

申告・納税
所得（1,600※1）×
税率（23.2%）＝371.2

申告・納税
所得（6,400※2）×
税率（23.2%）＝1,484.8

申告・納税
所得
（0※3）

S_1税務署
（納税地）

P税務署
（納税地）

S_2税務署
（納税地）

（※1）$2{,}000-2{,}000\times\dfrac{2{,}000}{2{,}000+8{,}000}=1{,}600$

（※2）$8{,}000-2{,}000\times\dfrac{8{,}000}{2{,}000+8{,}000}=6{,}400$

（※3）△2,000＋2,000＝0

5　事業年度

グループ法人単体課税制度においては、特別な事業年度は設けられず、それぞれの法人の事業年度に影響はありません。

〈グループ法人単体課税制度の事業年度〉

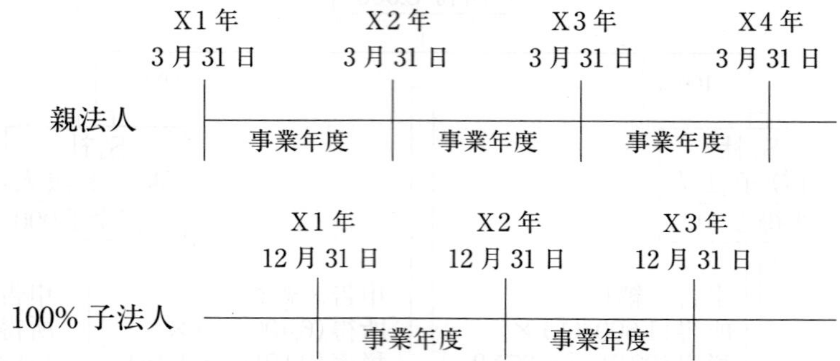

ポイント

グループ法人単体課税制度においては、それぞれの法人の事業年度に影響は生じません。

(参　考)

グループ通算制度における事業年度

グループ通算制度においては、通算子法人で通算親法人の事業年度開始の時にその通算親法人との間に通算完全支配関係があるものの事業年度は、その開始の日に開始するものとし、通算子法人で通算親法人の事業年度終了の時にその通算親法人との間に通算完全支配関係があるものの事業年度は、その終了の日に終了するものとされています（法法14③）。

例えば、次の図のように、通算親法人の事業年度が３月決算で、通算子法人の会計期間が12月決算の場合には、通算子法人についても、毎年３月末までの１年間が事業年度とされています。

〈グループ通算制度における事業年度〉

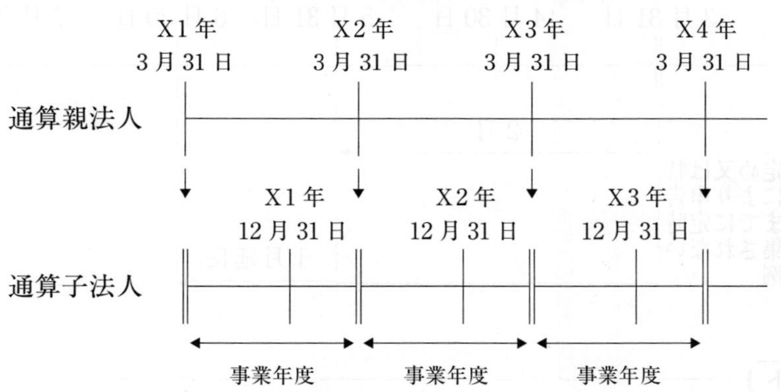

通算子法人においても通算親法人と同じ事業年度となる。

6　申告納付期限

グループ法人単体課税制度においては、完全支配関係を有する子法人が多数に上るとしても、グループ法人税制の対象とならない場合の単体課税と同様に各事業年度終了の日の翌日から２月以内が申告納付期限とされ、定款等の定め又は特別な事情により申告納付期限までに定時総会が招集されない常況にあると認められる場合には、特例として１月㈰の申告期限の延長が認められています（法法74①、75の２①、77）。

㈰　会計監査人を置いている場合で、かつ、定款等の定めにより各事業年度終了の日の翌日から３月以内に定時総会が招集されない常況にあると認められる場合には、最長４月となります。

〈グループ法人単体課税制度の申告納付期限〉

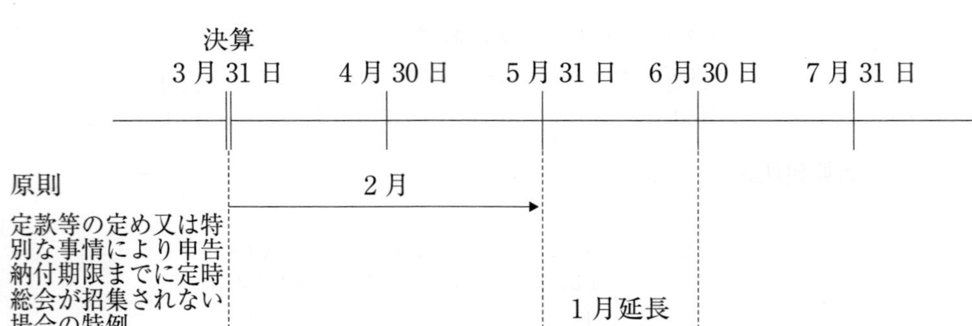

ポイント

グループ法人単体課税制度においては、通常どおりの申告納付期限が適用されます。

(参　考)

グループ通算制度の申告納付期限

グループ通算制度においては、事業年度終了の日の翌日から２月以内が申告納付期限とされ、定款等の定め又は特別な事情により申告納付期限までに定時総会が招集されない常況にあると認められる場合や通算法人が多数に上る場合等には特例として２月㈰の申告期限の延長が認められています（法法74①、75の２①⑪、77）。

㈱　その通算法人又は他の通算法人が会計監査人を置いている場合で、かつ、定款等の定めにより各事業年度終了の日の翌日から４月以内に定時総会が招集されない常況にあると認められる場合には、最長４月となります。

〈グループ通算制度の申告納付期限〉

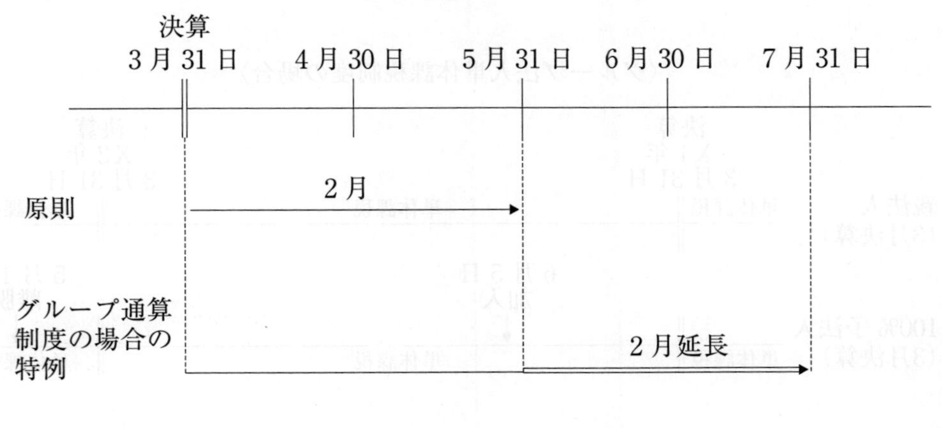

7　グループへの加入・グループからの離脱

(1)　事業年度

グループ法人単体課税制度においては、連結納税制度と異なり単体課税を前提としており、グループの形成、グループへの加入又はグループからの離脱によって、特別な事業年度が設けられることはありません。

〈グループ法人単体課税制度の場合〉

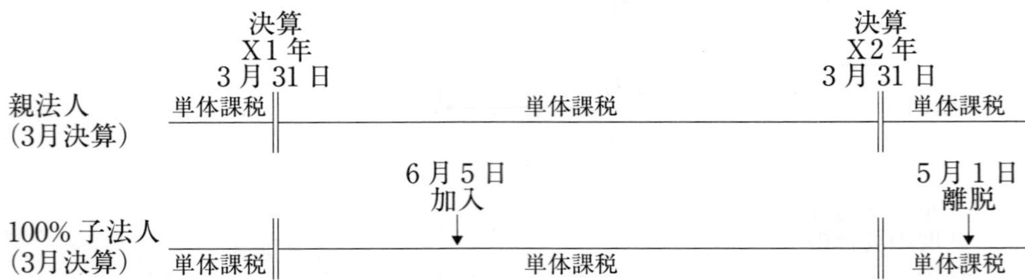

(参　考)

グループ通算制度の事業年度

グループ通算制度において、内国法人が通算親法人との間にその通算親法人による通算完全支配関係を有することとなった場合には、その通算完全支配関係を有することとなった日を加入日として、その加入日の前日の属する事業年度開始の日からその前日までの期間を事業年度とし、その加入した法人について単体課税を行うこととなっています（法法14④一）。

〈加入の場合（原則）〉

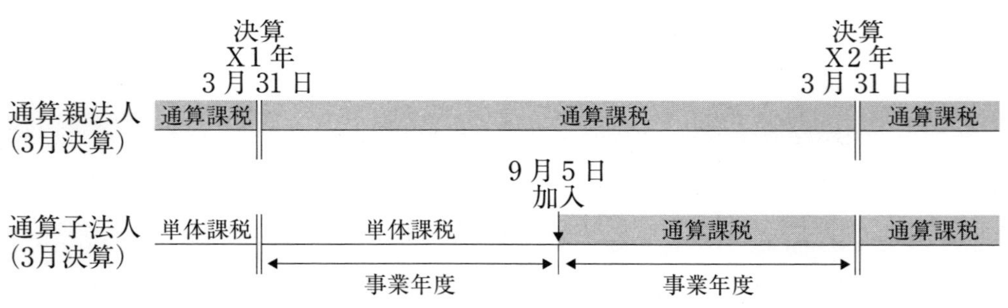

ただし、特例として、加入日の前日の属する事業年度に係る確定申告書の提出期限となる日までに、通算親法人又は法人税法第64条の９第１項に規定する親法

人（以下、通算親法人等といいます。）が一定事項を記載した書類を納税地の所轄税務署長に提出した場合において、加入日から加入日の前日の属する特例決算期間（次に掲げる期間のうちその書類に記載された期間をいいます。）の末日まで継続して内国法人と通算親法人等との間にその通算親法人等による完全支配関係があるときには、内国法人及びその内国法人が発行済株式又は出資を直接又は間接に保有する他の内国法人（加入日から末日までの間にその通算親法人等との間に完全支配関係を有することとなったものに限ります。）については、加入日の前日の属する特例決算期間の末日の翌日をもってグループ通算制度の通算課税を行う最初の事業年度開始の日とされます（法法14⑧）。

①　内国法人の月次決算期間（会計期間をその開始の日以後１月ごとに区分した各期間（最後に１月未満の期間を生じたときは、その１月未満の期間）をいいます。）

②　内国法人の会計期間

〈加入の場合の特例〉

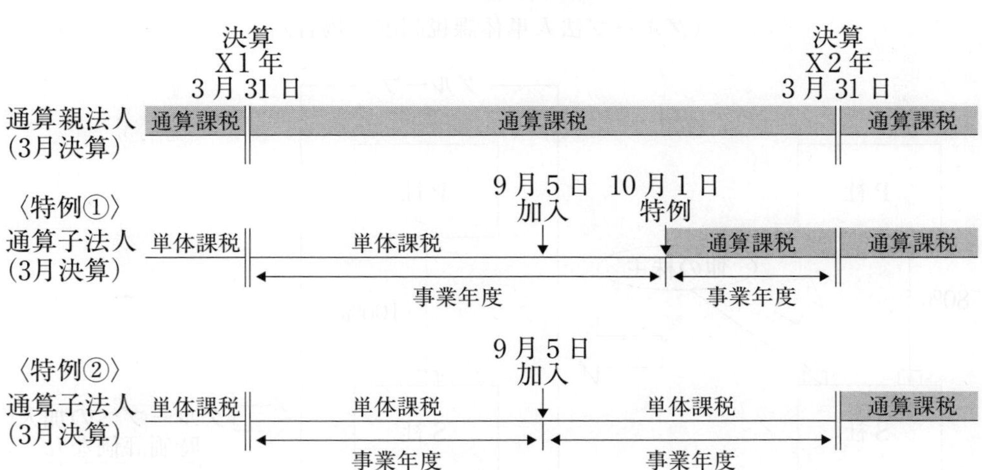

また、内国法人が通算親法人との間にその通算親法人による通算完全支配関係を有しないこととなった場合には、その通算完全支配関係を有しなくなった日を離脱日として事業年度が終了し、その離脱日の属する事業年度については、通算法人ではありますが単体課税となり、損益通算等の通算課税は行われません（法法14④二、64の５①他）。

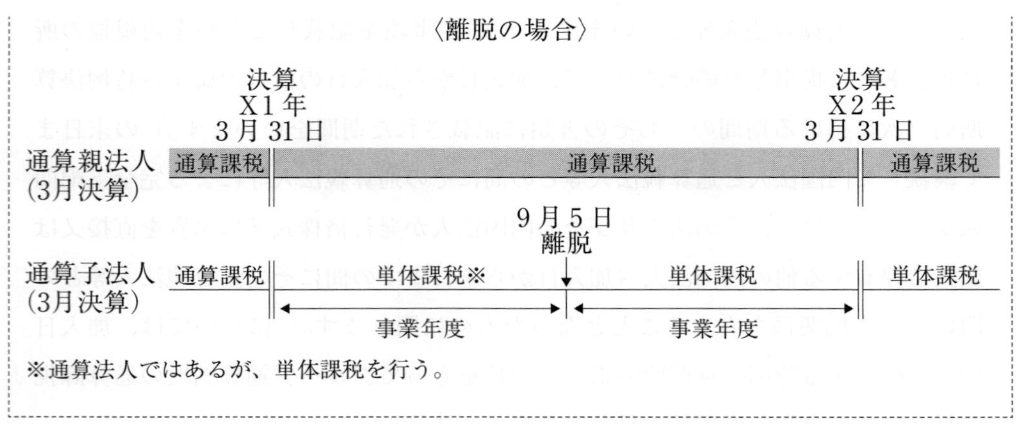

⑵　資産の時価評価

イ　グループの形成又は加入の場合

グループ法人単体課税制度においては、グループの形成又はグループへの加入によって、納税主体に変更はなく、単体課税が行われ従前の課税関係を清算する理由もないことから保有する資産について時価評価を行う必要はありません。

〈グループ法人単体課税制度の場合〉

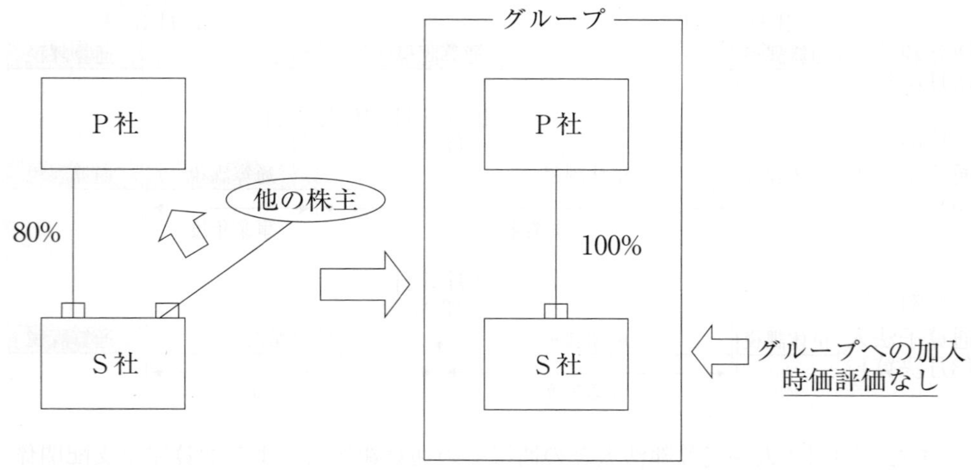

(参　考)

グループ通算制度の開始又は加入に伴う資産の時価評価

グループ通算制度においては、租税回避の防止や組織再編税制との整合性等の観点から、グループ通算制度の開始又はグループ通算制度への加入が生じた場合には、通算親法人又は通算子法人となる法人は、次の時価評価除外法人を除き、その開始又は加入の直前の事業年度終了の時において有する時価評価資産（固定資産、土地（土地の上に存する権利を含み、固定資産に該当するものを除きます。）、有価証券、金銭債権及び繰延資産で時価評価対象外とされる資産以外のものをいいます。）につき、時価評価を行い評価益の額又は評価損の額を益金の額又は損金の額に算入することとされています（法法64の11、64の12、法令131の15、131の16）。

〈時価評価除外法人〉

① グループ通算制度の開始に伴う資産の時価評価の場合	i　親法人と法人税法第64条の９第２項に規定する他の内国法人（通算承認の効力が生ずる日以後最初に終了する事業年度（以下、最初通算事業年度といいます。）開始の時に親法人との間にその親法人による完全支配関係があるものに限ります。）のいずれかとの間に親法人による完全支配関係が継続することが見込まれている場合におけるその親法人
	ii　親法人と法人税法第64条の９第２項に規定する他の内国法人との間にその親法人による完全支配関係が継続することが見込まれている場合における当該他の内国法人
② グループ通算制度への加入に伴う資産の時価評価の場合	i　通算法人が通算親法人による完全支配関係がある法人を設立した場合におけるその法人
	ii　通算法人を株式交換等完全親法人とする適格株式交換等に係る株式交換等完全子法人
	iii　通算親法人が法人との間にその通算親法人による完全支配関係を有することとなった場合（その有することとなった時の直前においてその通算親法人とその法人との間にその通算親法人による支配関係がある場合に限ります。）で、かつ、次に掲げる要件の全てに該当する場合におけるその法人（その通算親法人との間に通算承認の効力が生じた後にその通算親法人による完全支配関係が継続することが見込まれている場合に限るものとし、法人税法第２条第12号の17イからハまでのいずれにも該当しない株式交換等により完全支配関係を有することとなった株式交換等に係る株式交換等完全子法人を除きます。） (i)　その法人の完全支配関係を有することとなる時の直前の従業者のうち、その総数のおおむね80％以上に相当する数の者がその法人の業務（その法人との間に完全支配関係がある法人の業務を含みます。）に引き続き従事することが見込まれていること。 (ii)　その法人の完全支配関係を有することとなる前に行う主要な事業がその法人（その法人との間に完全支配関係がある法人を含みます。）において引き続き行われることが見込まれていること。
	iv　通算親法人が法人との間にその通算親法人による完全支配関係を有することとなった場合で、かつ、その通算親法人又は他の通算法人とその法人とが共同で事業を行う一定の要件に該当する場合におけるその法人（その通算親法人との間にその通算親法人による完全支配関係が継続することが見込まれている一定の場合に該当するものに限るものとし、法人税法第２条第12号の17イからハまでのいずれにも該当しない株式交換等により完全支配関係を有することとなった株式交換等に係る株式交換等完全子法人を除きます。）。

〈グループ通算制度の開始に伴う資産の時価評価の対象から除かれる資産〉

①	親法人の最初通算事業年度開始の日の５年前の日以後に終了するその親法人又は法人税法第64条の９第２項に規定する他の内国法人の各事業年度において国庫補助金等で取得した固定資産等の圧縮額の損金算入その他一定の規定の適用を受けた減価償却資産
②	売買目的有価証券
③	償還有価証券
④	資産の帳簿価額が1,000万円に満たない場合のその資産
⑤	資産の価額とその帳簿価額との差額がその資産を有する親法人若しくは法人税法第64条の９第２項に規定する他の内国法人の資本金等の額の２分の１に相当する金額又は1,000万円のいずれか少ない金額に満たない場合のその資産
⑥	親法人との間に完全支配関係がある内国法人（次に掲げるものに限ります。）の株式又は出資で、その価額がその帳簿価額に満たないもの ｉ　清算中のもの ⅱ　解散（合併による解散を除きます。）をすることが見込まれるもの ⅲ　その親法人との間に完全支配関係がある内国法人との間で適格合併を行うことが見込まれるもの
⑦	親法人又は法人税法第64条の９第２項に規定する他の内国法人が通算法人である場合におけるその親法人又は他の内国法人の有する他の通算法人（通算親法人を除きます。）の株式又は出資
⑧	初年度離脱開始子法人（注）の有する資産

㈱　法人税法第64条の９第２項に規定する他の内国法人で親法人（当該他の内国法人との間に完全支配関係（同条第１項に規定する政令で定める関係に限ります。）があるものに限ります。）の最初通算事業年度終了の日までにその親法人との間にその親法人による完全支配関係を有しなくなるもの（その最初通算事業年度開始の日以後２月以内に法人税法第64条の10第６項第５号又は第６号に掲げる事実が生ずることにより完全支配関係を有しなくなるものに限るものとし、その親法人若しくはその親法人との間に完全支配関係がある他の内国法人を合併法人とする合併又は残余財産の確定によりその親法人による完全支配関係を有しなくなるものを除きます。）をいいます。

〈グループ通算制度への加入に伴う資産の時価評価の対象から除かれる資産〉

①	法人税法第64条の９第２項に規定する他の内国法人が親法人との間にその親法人による完全支配関係（同項に規定する政令で定める関係に限ります。以下、⑥を除き同じです。）を有することとなった日以後最初に開始するその親法人の事業年度開始の日の５年前の日以後に終了する当該他の内国法人の各事業年度において国庫補助金等で取得した固定資産等の圧縮額の損金算入その他一定の規定の適用を受けた減価償却資産

②	売買目的有価証券
③	償還有価証券
④	資産の帳簿価額が1,000万円に満たない場合のその資産
⑤	資産の価額とその帳簿価額との差額が法人税法第64条の９第２項に規定する他の内国法人の資本金等の額の２分の１に相当する金額又は1,000万円のいずれか少ない金額に満たない場合のその資産
⑥	法人税法第64条の９第２項に規定する他の内国法人との間に完全支配関係がある内国法人（次に掲げるものに限ります。）の株式又は出資で、その価額がその帳簿価額に満たないもの ⅰ　清算中のもの ⅱ　解散（合併による解散を除きます。）をすることが見込まれるもの ⅲ　当該他の内国法人との間に完全支配関係がある内国法人との間で適格合併を行うことが見込まれるもの
⑦	法人税法第64条の９第２項に規定する他の内国法人が通算法人である場合における当該他の内国法人の有する他の通算法人（通算親法人を除きます。）の株式又は出資
⑧	初年度離脱加入子法人（注）の有する資産

(注)　親法人との間に完全支配関係を有することとなった法人税法第64条の９第２項に規定する他の内国法人でその親法人による完全支配関係を有することとなった日（以下、関係発生日といいます。）の属するその親法人の事業年度終了の日までに完全支配関係を有しなくなるもの（関係発生日以後２月以内に法人税法第64条の10第６項第５号又は第６号に掲げる事実が生ずることにより完全支配関係を有しなくなるものに限るものとし、その親法人若しくはその親法人との間に完全支配関係がある法人税法第64条の９第２項に規定する他の内国法人を合併法人とする合併又は残余財産の確定によりその親法人による完全支配関係を有しなくなるものを除きます。）をいいます。

ロ　グループからの離脱等の場合

グループ法人単体課税制度においては、グループの形成又は加入の場合と同様に、グループからの離脱等により完全支配関係を有しないこととなった場合であっても、保有する資産について時価評価を行う必要はありません。

〈グループ法人単体課税制度の場合〉

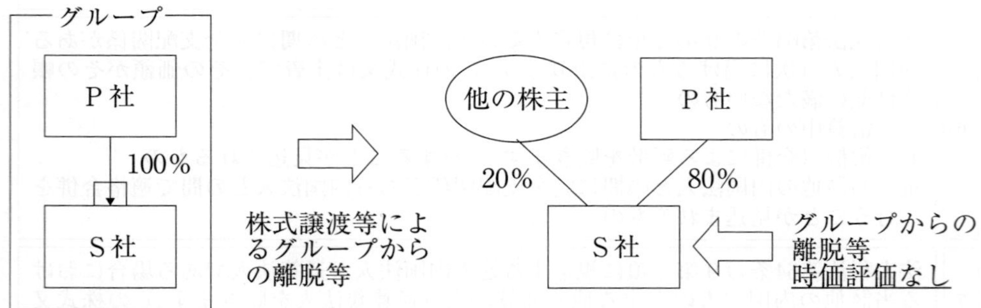

(参　考)

グループ通算制度からの離脱等に伴う資産の時価評価

グループ通算制度においては、通算承認の効力を失う通算法人（時価評価除外法人を除きます。）が適用要件のいずれかに該当する場合には、その通算法人の通算終了直前事業年度（その効力を失う日の前日の属する事業年度をいいます。）終了の時に有する時価評価資産につき、時価評価を行い評価益の額又は評価損の額を益金の額又は損金の額に算入することとされています（法法64の13、法令24の３、131の17）。

〈時価評価除外法人〉

①	初年度離脱通算子法人㈱
②	他の通算法人を合併法人とする合併が行われたこと又は通算法人の残余財産が確定したことに基因して通算承認の効力を失うもの

㈱　通算子法人で通算親法人との間に通算完全支配関係を有することとなった日の属する通算親法人の事業年度終了の日までに通算完全支配関係を有しなくなるもの（通算完全支配関係を有することとなった日以後２月以内に法人税法第64条の10第６項第５号又は第６号に掲げる事実が生ずることにより通算完全支配関係を有しなくなるものに限るものとし、他の通算法人を合併法人とする合併又は残余財産の確定により通算完全支配関係を有しなくなるものを除きます。）をいいます。

〈適用要件及び時価評価資産〉

	適用要件	時価評価資産
①	通算法人の通算終了直前事業年度終了の時前に行う主要な事業が通算法人であった内国法人（その内国法人との間に完全支配関係がある法人並びにその時後に行われる適格合併又はその内国法人を分割法人若しくは現物出資法人とする適格分割若しくは適格現物出資（以下、適格合併等といいます。）によりその主要な事業が適格合併等に係る合併法人、分割承継法人又は被現物出資法人（以下、合併法人等といいます。）に移転することが見込まれている場合におけるその合併法人等及びその合併法人等との間に完全支配関係がある法人を含みます。）において引き続き行われることが見込まれていないこと（時価評価資産の評価益の額の合計額が評価損の額の合計額以上の場合を除きます。）	固定資産、土地（土地の上に存する権利を含み、固定資産に該当するものを除きます。）、有価証券、金銭債権及び繰延資産で次に掲げる適用除外資産以外のもの 〈適用除外資産〉 i　通算法人の通算終了直前事業年度終了の日の翌日の５年前の日以後に終了する各事業年度において国庫補助金等で取得した固定資産等の圧縮額の損金算入その他一定の規定の適用を受けた減価償却資産 ii　売買目的有価証券及び償還有価証券 iii　資産（営業権を除きます。）の帳簿価額が1,000万円に満たない場合の当該資産 iv　資産の価額とその帳簿価額との差額が通算法人の資本金等の額の２分の１に相当する金額又は1,000万円のいずれか少ない金額に満たない場合のその資産 v　通算法人との間に完全支配関係がある内国法人（次に掲げるものに限ります。）の株式又は出資で、その価額がその帳簿価額に満たないもの (i)　清算中のもの又は解散（合併による解散を除きます。）をすることが見込まれるもの (ii)　通算法人との間に完全支配関係がある内国法人との間で適格合併を行うことが見込まれるもの vi　通算法人の有する他の通算法人（通算親法人を除きます。）の株式又は出資
②	通算法人の株式又は出資を有する他の通算法人において通算終了直前事業年度終了の時後にその株式又は出資の譲渡又は評価換えによる損失の額が生ずることが見込まれていること（①に掲げる要件に該当する場合を除きます。）	通算法人が通算終了直前事業年度終了の時に有する①に掲げる時価評価資産（その時における帳簿価額が10億円を超えるものに限ります。）のうちその時後に譲渡、評価換え、貸倒れ、除却その他の一定の事由が生ずること（その事由が生ずることにより損金の額に算入される金額がない場合又はその事由が生ずることにより損金の額に算入される金額がその事由が生ずることにより益金の額に算入される金額以下である場合を除きます。）が見込まれているもの

(3)　欠損金の取扱い

グループ法人単体課税制度においては、グループの形成又はグループへの加入によって、納税主体に変更はないため、特定株主等によって支配された欠損等法人の欠損金の繰越しの不適用（法法57の２）の規定の適用がある場合を除き、欠損金の利用は制限されません。

（参　考）

グループ通算制度への欠損金の持込み

グループ通算制度においては、グループ通算制度開始前又は加入前の欠損金については、次の切捨ての規定が設けられており、グループ通算制度への持込みが制限されています。また、切捨ての対象とならずグループ通算制度に持ち込むことができる欠損金については、特定欠損金として、その欠損金が生じた法人の所得の範囲内でのみ使用することができることとされています（法法64の７）。

(1)　時価評価除外法人に該当しない場合の欠損金の切捨て

通算法人がグループ通算制度の開始又は加入に伴う資産の時価評価の対象外となる時価評価除外法人に該当しない場合（通算法人が通算子法人である場合において、その通算法人について通算承認の効力が生じた日から同日の属する通算親法人の事業年度終了の日までの間に法人税法第64条の10第５項又は第６項の規定により通算承認が効力を失ったとき（その通算法人を被合併法人とする合併で他の通算法人を合併法人とするものが行われたこと又はその通算法人の残余財産が確定したことに基因してその効力を失った場合を除きます。）を除きます。）には、その通算法人（その通算法人であった内国法人を含みます。）の通算承認の効力が生じた日前に開始した各事業年度において生じた欠損金額は切り捨てられます（法法57⑥）。

(2)　時価評価除外法人の場合の欠損金の切捨て

通算法人で時価評価除外法人に該当するものが通算承認の効力が生じた日の５年前の日又はその通算法人の設立の日のうちいずれか遅い日から通算承認の効力が生じた日まで継続して通算親法人（その通算法人が通算親法人である場合には、他の通算法人のいずれか）との間に支配関係がある場合として一定の場合に該当しない場合（その通算法人が通算子法人である場合において、同日から同日の属する通算親法人の事業年度終了の日までの間に法人税法第64条の10第５項又は第６項の規定により通算承認が効力を失ったとき（その通算法人を被合併法人とする合併で他の通算法人を合併法人とするものが行われたこと又はその通算法人の残余財産が確定したことに基因してその効力を失った場合を除きます。）を除きます。）で、かつ、その通算法人について通算承認の効力が生じた後にその通算法人と他の通算法人とが共同で事業を行う一定の要件に該当しない場合において、その通算法人が通算親法人との間に最後に支配関係を有することとなった日（その通算法人が通算親法人である場合には、他の通算法人のうちその通算法人との間に最後に支配関係を有することとなった日が最も早いものとの間に最後に支配関係を有することとなった日。以下、支配関係発生日といいます。）以後に新たな事業を開始したときは、その通算法人（その通算法人であった内国法人を含みます。）の通算承認の効力が生じた日以後に開始する各事業年度（同日の属する事業年度終了の日後に事業を開始した場合には、その開始した日以後に終了する各事業年度）において、次に掲げる欠損金額は切り捨てられます（法法57⑧）。

①　その通算法人の支配関係事業年度（支配関係発生日の属する事業年度をいいます。）前の各事業年度で通算前10年内事業年度（通算承認の効力が生じた日前10年以内に開始した各事業年度をいいます。）に該当する事業年度において生じた欠損金額

②　その通算法人の支配関係事業年度以後の各事業年度で通算前10年内事業年度に該当する事業年度において生じた欠損金額のうち法人税法第64条の14第２項に規定する特定資産譲渡等損失額に相当する金額から成る部分の金額として一定の金額

(4) 再加入の禁止期間

グループ法人単体課税制度においては、完全支配関係が消滅した後に再度完全支配関係が生じた場合においても、完全支配関係が消滅していた期間に関係なく適用されます。

ただし、個別規定の取扱いにおいては、完全支配関係や支配関係が生じた期間により、100％グループ内の法人間の受取配当における全額益金不算入の取扱いの適用を受けることができない場合等があります。

（参　考）

同一の通算グループへの再加入の制限

連結納税制度においては、通算グループを離脱した法人については、一定の期間同じ通算グループへ再加入できないこととされています（法法64の９①十、法令131の11③一）。

８　グループ内の法人間取引

グループ法人単体課税制度においては、グループ法人間の次の取引等について、一定の要件等に該当するものについて課税繰延べ等の措置が講じられています。

〈グループ法人単体課税制度の適用対象となる取引等〉

①	資産の譲渡取引等
②	受取配当等
③	寄附金・受贈益
④	株式の発行法人への譲渡等
⑤	残余財産が確定した場合の繰越欠損金額の引継ぎ
⑥	中小企業向け特例措置の適用
⑦	現物分配
⑧	株式の評価損

なお、個別制度の適用対象等については、一律ではなくそれぞれの制度によって異なっていますので注意が必要です。

具体的な措置については、下記第２章第１　100％グループ内の法人の所得金額・税額に係る諸制度の取扱い（37頁参照）以下において解説します。

第2章　グループ法人税制の各論

第1　100％グループ内の法人の所得金額・税額に係る諸制度の取扱い

1　100％グループ内の法人間の資産の譲渡取引等

(1)　譲渡損益の繰延べ

イ　譲渡利益相当額・譲渡損失相当額の損金算入・益金算入

(イ)　内容

内国法人（普通法人又は協同組合等に限ります。以下、譲渡法人といいます。）がその有する下記ロの譲渡損益調整資産をその譲渡法人との間に完全支配関係がある他の内国法人（普通法人又は協同組合等に限ります。以下、譲受法人といいます。）に譲渡（注1）した場合には、その譲渡損益調整資産に係る譲渡利益額（その譲渡に係る収益の額が原価の額を超える場合におけるその超える部分の金額をいいます。）又は譲渡損失額（その譲渡に係る原価の額が収益の額を超える場合におけるその超える部分の金額をいいます。）に相当する金額は、その譲渡した事業年度（その譲渡が非適格合併による合併法人への移転である場合には、最後事業年度）の所得の金額の計算上、調整勘定繰入損又は調整勘定繰入益として損金の額又は益金の額に算入することとされています（法法61の11①）。

この場合の「譲渡に係る収益の額」とは、下記ハに掲げるものを除き、譲渡をした譲渡損益調整資産の引渡し時の価額をいうこととされています（法法22の2④）。したがって、譲渡損益調整資産の譲渡は、時価取引が前提となります。また、この場合の「譲渡に係る原価の額」とは、譲渡損益調整資産の譲渡直前の帳簿価額（注2）をいうこととされており、不動産売買や有価証券の譲渡に係る手数料等の譲渡に係る付随費用は含まれません（法基通12の4―1―1）。

なお、譲渡法人においては、調整勘定繰入損により繰り入れた調整勘定は負債に、調整勘定繰入益により繰り入れた調整勘定は資産に、それぞれ含むこととされています（法令122の12⑭）（下記(5)参照）。

(注)1　「譲渡」には特段の制限はなく、例えば、法人税法第64条の2第3項に規定するリース取引による賃貸人から賃借人へのリース取引の目的となる資産の引渡しも

含まれます（国税庁 HP 質疑応答「完全支配関係のある法人間でリース取引を行った場合の譲渡損益の計上について」）。

2　法人が減価償却資産について期首から譲渡時点までの期間に係る減価償却費相当額を会計上償却費として計上した場合には、その減価償却費相当額（その金額がその事業年度の確定した決算において費用として経理されるものに限ります。以下、期中償却額といいます。）は税務上もその事業年度における費用の額として損金の額に算入することになり、譲渡利益額又は譲渡損失額の計算上、その譲渡に係る原価の額には含まれません。

一方、減価償却資産について、期中償却額がない場合には、その譲渡に係る原価の額は、その減価償却資産の譲渡直前の帳簿価額となります（国税庁質疑応答その２問５（258頁））。

なお、減価償却資産の償却費の計算の規定（法法31）においては、期末に有する減価償却資産について、その計算を行うこととされていますが、この規定は、適格分社型分割等により期中に移転する減価償却資産の償却費の計上と区分するためのものであり、期中償却額の計上を否定する趣旨のものではないと考えられます（藤原忠文編『平成29 年版税務相談事例集』743 頁（大蔵財務協会 平成29年））。

ポイント

この制度は、普通法人又は協同組合等である内国法人がグループ内の普通法人又は協同組合等である他の内国法人に対して譲渡した場合が対象であり、グループ内の普通法人又は協同組合等以外の内国法人や外国法人が取引の一方である場合には適用されません。また、譲渡損益調整資産の譲渡は、時価取引が前提となります。

〈適用対象取引〉

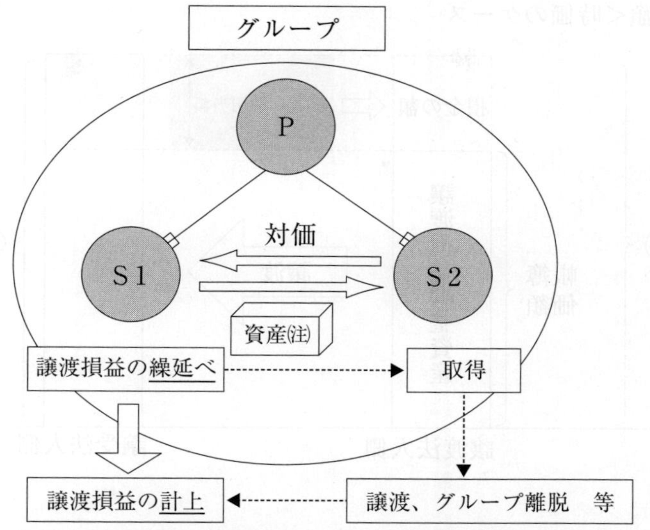

㈱　土地以外の棚卸資産、帳簿価額1,000万円未満の資産等は対象外

（財務省資料を一部修正）

〈適用対象外取引〉

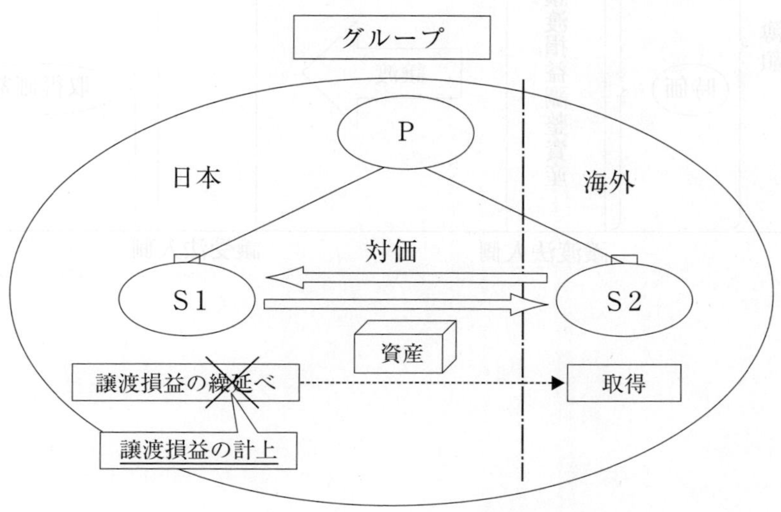

（財務省資料を一部修正）

〈譲渡損益の調整〉

○　帳簿価額＜時価のケース

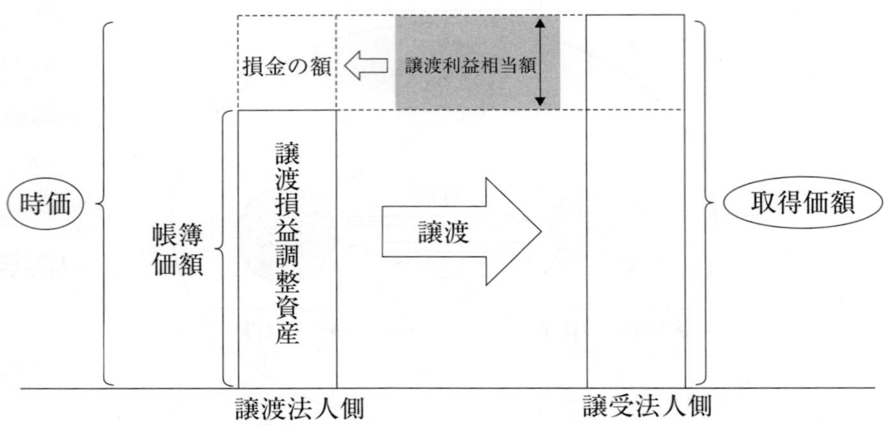

○　帳簿価額＞時価のケース

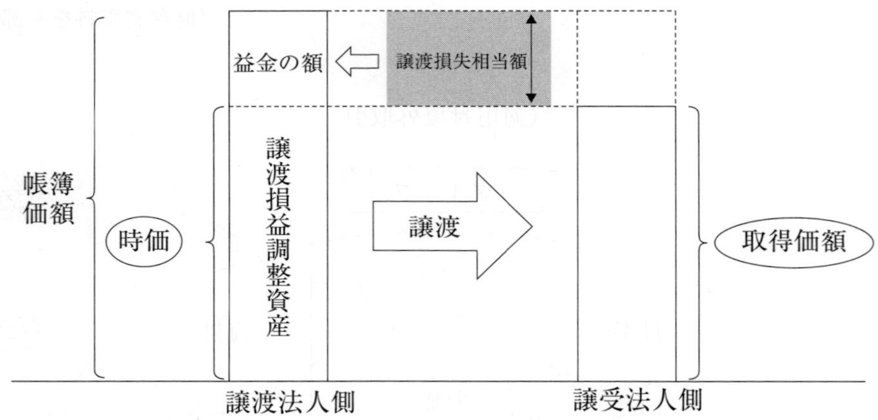

(ロ)　設例

前提　S_1社は、完全支配関係があるS_2社に対して譲渡損益調整資産である土地（帳簿価額100、時価150）を現金150で譲渡した。

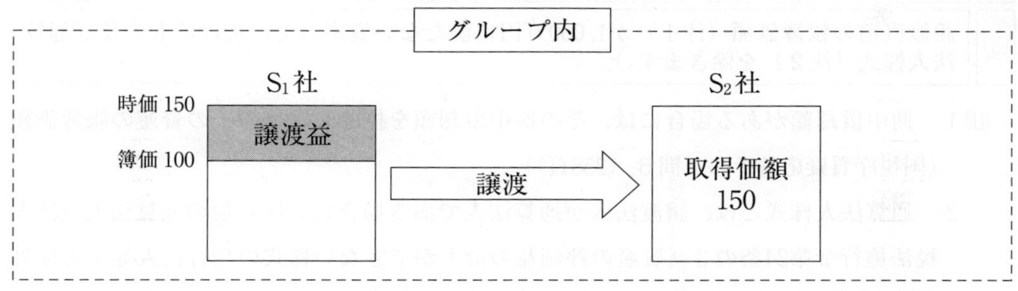

	S_1社の処理				S_2社の処理			
譲渡時	〈土地の譲渡〉				〈土地の取得〉			
	（借方）		（貸方）		（借方）		（貸方）	
	現金	150	土地	100	土地	150	現金	150
			譲渡益	50				
税務調整	〈申告調整：減算・留保〉							
	（借方）		（貸方）					
	調整勘定繰入損	50	調整勘定	50				

S_1社は、譲渡時に譲渡益50を計上しますが、申告調整において調整勘定繰入損50（別表四：減算・留保）、調整勘定（負債）50（別表五（一）Ⅰ：当期減算）の処理を行います。

S_2社は、購入代価150をもって土地の取得価額とします（法令54①一、法基通7—3—16の２）。

ロ　譲渡損益調整資産

(イ)　内容

譲渡損益調整資産とは、固定資産、棚卸資産たる土地（土地の上に存する権利を含みます。）、有価証券、金銭債権及び繰延資産とされていますが、次に掲げるものは除くこととされています（法法61の11①、法令122の12①）。

〈譲渡損益調整資産から除かれる資産〉

①	売買目的有価証券
②	譲受法人において売買目的有価証券とされる有価証券（①又は③に掲げるものを除きます。）
③	譲渡直前の帳簿価額（注１）が1,000万円に満たない資産（①に掲げるもの及び通算法人株式（注２）を除きます。）

㈱１　期中償却額がある場合には、その期中償却額を控除した後のその資産の帳簿価額（国税庁質疑応答その２問５（258頁））。

２　通算法人株式とは、譲渡法人が通算法人である場合における他の通算法人（法人税法施行令第24条の３《資産の評価益の計上ができない株式の発行法人等から除外される通算法人》に規定する初年度離脱通算子法人及び通算親法人を除きます。）の株式又は出資（当該他の通算法人以外の通算法人に譲渡されたものに限ります。）をいいます。

ポイント

土地以外の棚卸資産のように通常、短期間でグループ外に売買移転されることが予定されるものや少額の資産については、譲渡損益調整資産から除外されています。

⑵　帳簿価額の判定における単位

上記⑴③における帳簿価額は、その譲渡した資産を次の単位に区分した後のそれぞれの資産の帳簿価額とされています（法規27の13の２、27の15①）。

〈単位の区分〉

区分	単位
①　金銭債権	一の債務者ごとに区分するものとする
②　減価償却資産	次に掲げる区分に応じそれぞれ次に定めるところによる
ⅰ　建物	一棟（注１）ごとに区分するものとする
ⅱ　機械及び装置	一の生産設備又は一台若しくは一基（注２）ごとに区分するものとする
ⅲ　その他の減価償却資産	ⅰ又はⅱに準じて区分するものとする
③　土地	土地を一筆（注３）ごとに区分するものとする
④　有価証券	その銘柄の異なるごとに区分するものとする
⑤　その他の資産	通常の取引の単位を基準として区分するものとする

㊟１　建物の区分所有等に関する法律第１条（建物の区分所有）の規定に該当する建物にあっては、同法第２条第１項（定義）に規定する建物の部分

２　通常一組又は一式をもって取引の単位とされるものにあっては、一組又は一式

３　一体として事業の用に供される一団の土地にあっては、その一団の土地

ハ　譲渡損益調整資産の譲渡収益の額

上記イにおける「譲渡に係る収益の額」（譲渡収益の額）は、譲渡をした譲渡損益調整資産の引渡し時の価額とされています（法法22の２④）が、譲渡損益調整資産の譲渡につき次の①から⑧の規定の適用があるときは、これらの規定によりその譲渡対価の額とされる金額を、その譲渡につき次の⑨から⑫の規定の適用があるときは、これらの規定によりその譲渡収益の額とされる金額を、それぞれ譲渡損益調整資産の譲渡収益の額とすることとされています（法令122の12②）。

〈組織再編等があった場合の譲渡収益の額〉

①	有価証券の一般的な譲渡	法法61の２①
②	適格合併による合併親法人株式の譲渡	法法61の２⑥
③	適格分割による分割承継親法人株式の譲渡	法法61の２⑦
④	株式以外の資産が交付されない株式交換による旧株の譲渡	法法61の２⑨
⑤	適格株式交換等による株式交換完全支配親法人株式の譲渡	法法61の２⑩
⑥	株式以外の資産が交付されない株式移転による旧株の譲渡	法法61の２⑪
⑦	取得請求権付株式、取得条項付株式、全部取得条項付種類株式、新株予約権付社債についての社債、取得条項付新株予約権、取得条項付新株予約権が付された新株予約権付社債の一定の事由による譲渡	法法61の２⑭
⑧	完全支配関係がある法人の株式の発行法人への譲渡等	法法61の２⑰
⑨	合併及び分割による資産等の時価による譲渡	法法62
⑩	適格分社型分割による資産等の帳簿価額による譲渡	法法62の３
⑪	適格現物出資による資産等の帳簿価額による譲渡	法法62の４
⑫	現物分配による資産の譲渡	法法62の５

例えば、完全支配関係がある法人の株式の発行法人への譲渡等があった場合（上記⑧）には、その株式の譲渡対価の額は、譲渡原価の額相当額とされ、譲渡損益は計上されません（下記４　100％グループ内の法人の株式の発行法人への譲渡等（121頁）参照）。したがって、その株式は譲渡直前の帳簿価額が1,000万円に満たない場合を除き、譲渡損益調整資産に該当しますが、譲渡収益の額は、譲渡原価の額相当額とされることにより、譲渡利益額又は譲渡損失額が生じず、調整勘定繰入損又は調整勘定繰入益を損金の額又は益金の額に算入する処理は生じないこととなります。

なお、株式等を対価とする株式の譲渡に係る所得の計算の特例（措法66の２）の規定の適用がある場合においても、その譲渡対価の額とされる金額を譲渡損益調整資産の譲渡収益の額とすることとされています（措令39の10の２③三）。

二　圧縮記帳の適用を受けた場合の譲渡利益額

譲渡損益調整資産を譲受法人に譲渡した場合において、その譲渡につき交換により取得した資産の圧縮額の損金算入等（法法50、措法64～65の５の２、65の７～65の10）の規定によりその譲渡した事業年度の所得の金額の計算上損金の額に算入される金額（資産の譲渡に係る特別控除額の特例（措法65の６）の規定により損金の額に算入されない金額がある場合には、その金額を控除した金額。以下、損金算入額といいます。）があるときは、その譲渡損益調整資産に係る譲渡利益額は、その損金算入額を控除した金額とされています（法令122の12③）。

〈圧縮記帳の適用を受けた場合〉

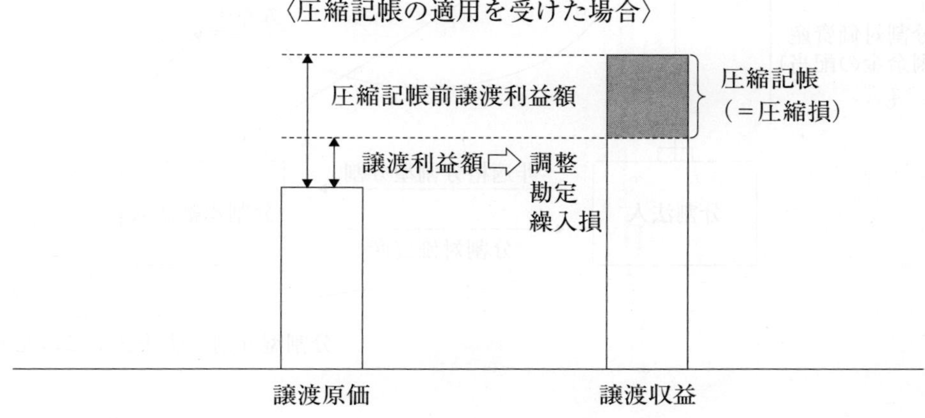

ホ　非適格合併による譲渡損益調整資産の移転

グループ内の他の内国法人との間での非適格合併による譲渡損益調整資産の移転についても譲渡損益の繰延べの適用を受けることになります。

この場合の取扱いについては、下記第２　１　合併による譲渡損益調整資産の移転（163頁）を参照してください。

ヘ　非適格分割型分割における分割対価資産の交付

分割型分割に係る分割対価資産は、会社法上、分割承継法人から分割法人に交付された上で、剰余金の配当により分割法人の株主等に交付されることとなりますが、非適格分割型分割に係る分割承継法人から分割対価資産が交付された場合には、その分割承継法人からその分割型分割に係る分割法人の株主等に対してその分割対価資産が譲渡されたものとみなして、上記イを適用することとされています（法令122の12⑮）。

〈非適格分割型分割における分割対価資産の交付〉

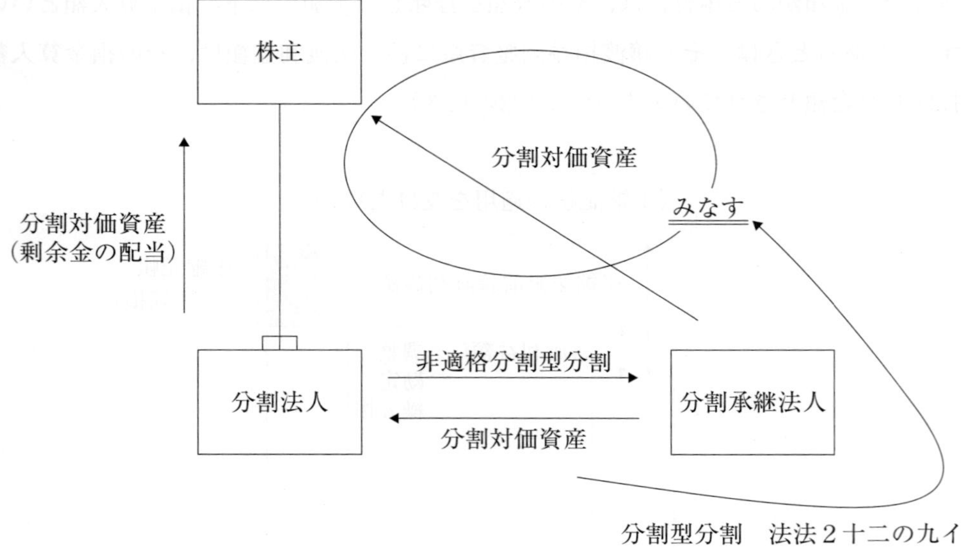

⑵　譲渡損益の戻入れ

イ　譲渡、償却、評価換え、貸倒れ、除却その他これらに類する事由による戻入れ

㈠　内容

譲渡法人が譲渡損益調整資産に係る譲渡利益額又は譲渡損失額につき上記⑴イの適用を受けた場合において、譲受法人においてその譲渡損益調整資産に次の①から⑧の戻入事由（下記⑷ロの適用があるものを除きます。）が生じたときは、その譲渡損益調整資産に係る譲渡利益額又は譲渡損失額に相当する金額につき、その戻入事由の区分に応じた戻入額（その金額とその譲渡利益額又は譲渡損失額に係る調整済額㈱とを合計した金額がその譲渡利益額又は譲渡損失額に相当する金額を超える場合には、その超える部分の金額を控除した金額）を、その事由が生じた日の属するその譲受法人の事業年度終了の日の属するその譲渡法人の事業年度（その譲渡損益調整資産に係る譲渡利益額又は譲渡損失額につき下記ロ又はハの適用を受ける事業年度以後の事業年度を除きます。）の所得の金額の計算上、調整勘定戻入益又は調整勘定戻入損として益金の額又は損金の額に算入することとされています（法法61の11②、法令122の12④）。

㈱　調整済額とは、譲渡損益調整資産に係る譲渡利益額又は譲渡損失額に相当する金額につき、既にその譲渡法人の各事業年度の所得の金額の計算上、調整勘定戻入益又は調整勘定戻入損として益金の額又は損金の額に算入された金額の合計額をいいます（法令122の12⑤）。

〈戻入事由と戻入額〉

＼	戻入事由（注１）	戻入額
①	譲渡（注２）（注３）、貸倒れ、除却その他これらに類する事由（注４）（②から⑧までに掲げる事由を除きます。）、適格分割型分割による分割承継法人への移転、普通法人又は協同組合等であるその譲受法人が公益法人等に該当することとなったこと	譲渡損益調整資産に係る譲渡利益額又は譲渡損失額相当額
②	資産の評価益の益金算入等の適用による評価換え	譲渡損益調整資産に係る譲渡利益額又は譲渡損失額相当額
③	譲受法人において減価償却資産に該当し、その償却費が損金の額に算入されたこと	譲渡損益調整資産に係る譲渡利益額又は譲渡損失額相当額 × 譲受法人において償却費として損金の額に算入された金額 ／ 譲受法人における譲渡損益調整資産の取得価額
④	譲受法人において繰延資産に該当し、その償却費が損金の額に算入されたこと	譲渡損益調整資産に係る譲渡利益額又は譲渡損失額相当額 × 譲受法人において償却費として損金の額に算入された金額 ／ 譲受法人における譲渡損益調整資産の額
⑤	資産の評価損の損金算入等の適用による評価換え	譲渡損益調整資産に係る譲渡利益額又は譲渡損失額相当額
⑥	譲渡損益調整資産と銘柄を同じくする有価証券（売買目的有価証券を除きます。）の譲渡（その譲受法人が取得したその銘柄を同じくする有価証券である譲渡損益調整資産の数に達するまでの譲渡に限ります。）	譲渡損益調整資産に係る譲渡利益額又は譲渡損失額相当額のうちその譲渡をした数に対応する部分の金額
⑦	譲受法人において償還有価証券に該当し、その調整差益又は調整差損が益金の額又は損金の額に算入されたこと	譲渡損益調整資産に係る譲渡利益額又は譲渡損失額相当額（調整済額を控除した金額） × その事業年度の日数 ／ その事業年度開始の日から償還日までの日数
⑧	通算制度の開始に伴う資産の時価評価損益の規定（法法64の11①②）、通算制度への加入に伴う資産の時価評価損益の規定（法法64の12①②）及び通算制度からの離脱等に伴う資産の時価評価損益の規定（法法64の13①）により、評価損益が損金の額又は益金の額に算入されたこと	譲渡損益調整資産に係る譲渡利益額又は譲渡損失額相当額

(注)1　上記に掲げる事由は、譲受法人において①の事由が生じた日の属するその譲受法人の事業年度終了の日、譲受法人において②から⑤まで、⑦若しくは⑧の事由により益金の額若しくは損金の額に算入された譲受法人の事業年度終了の日又は⑥の譲渡の日の属する譲受法人の事業年度終了の日に生じたものとすることとされています（法令122の12⑩）。

〈戻入時期〉

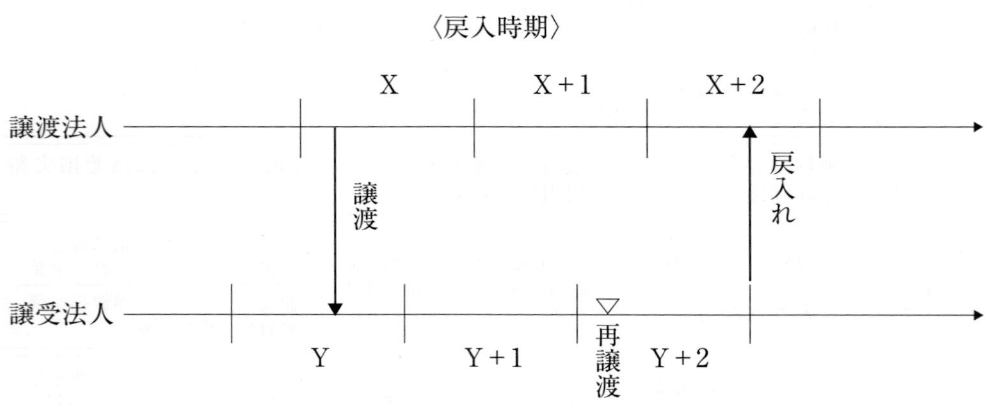

譲受法人において（Y ＋2）事業年度に譲渡法人から譲り受けた譲渡損益調整資産を再譲渡した場合には、譲渡法人は譲受法人の再譲渡の日の属する事業年度（Y＋2）終了の日の属する事業年度（X ＋2）において譲渡損益を戻し入れることになります。

2　「譲渡」には、完全支配関係がある他の法人に対する譲渡も含まれます。この制度の趣旨からすればグループ外に資産が譲渡されるまでは繰り延べた譲渡損益の戻入れは行わないでおくことが本来のあり方ではあるものの、グループ内の法人間で何度も転売されることは一般的に想定されないことや実務の簡便化を考慮し、グループ内で再譲渡が行われた場合には、繰り延べた譲渡損益を戻し入れることとされています（国税庁質疑応答その１問８（225頁）、泉恒有他『平成22年版 改正税法のすべて』197頁（大蔵財務協会 平成22年））。

また、譲渡損益調整資産である株式若しくは出資が法人税法第61条の２第２項の無対価の適格合併により消滅した場合のその消滅も譲渡に含まれます（平成24年８月３日付札幌国税局審理官文書回答「グループ法人税制における譲渡損益の実現事由について」（290頁））。

3　譲渡損益調整資産に係る譲渡利益額につき上記(1)イの適用を受けた場合において、譲受法人の有するその譲渡損益調整資産につき、土地区画整理法による土地区画整理事業の換地処分、都市再開発法による第一種市街地再開発事業の権利変換等があったことにより「換地処分等に伴い資産を取得した場合の課税の特例」の適用を受ける場合には、その換地処分等に係る譲渡は、その譲渡損益調整資産に係る戻入事由に該当しない（交換取得資産とともに補償金等又は保留地の対価を取得した場合には、その譲渡利益額のうちその補償金等又は保留地の対価の額に相当する部分の金額として一定の方法により計算した金額を戻入額として益金の額に算入されます。）こととされています（措法65⑩）。

この場合、譲受法人が換地処分等により取得した資産を譲渡損益調整資産とみなすこととされています（措法65⑪）。

4　「その他これらに類する事由」には、例えば、次に掲げる事由が該当することとされています（法基通12の4—3—1）。

i　金銭債権　譲受法人においてその全額が回収されたこと又は債権の取得差額に係る調整差損益の計上の取扱い（法基通2—1—34）の適用を受けたこと

ii　償還有価証券　譲受法人においてその全額が償還期限前に償還されたこと

iii　固定資産　譲受法人において災害等により滅失したこと

また、譲渡法人が譲渡損益調整資産に該当する株式を譲受法人に譲渡した後、その株式がその譲受法人を被合併法人とする適格合併によりその株式の発行法人である合併法人に移転する場合において、合併法人がその株式を自己株式として消却する場合におけるその「自己株式の消却」が戻入事由に該当することとされた事例があります（平成29年11月29日付広島国税局審理官文書回答「グループ法人税制で繰り延べた譲渡利益の戻入の要否」）。

〈譲渡損益調整資産の譲渡と戻入れ〉

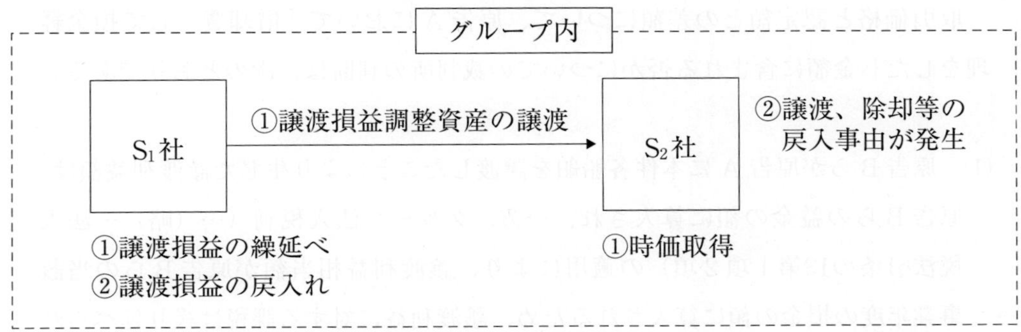

ポイント

固定資産等がグループ内で何度も売買されるとは考えにくいことや実務の簡便化を考慮して譲受法人がその資産をさらに譲渡等する場合には、その資産の譲渡先がグループ外の法人であるかどうかは問わず繰り延べた譲渡損益を戻し入れることとされています。

（参　考）

完全支配関係のある法人からの譲渡損益調整資産の譲渡が低額譲渡とされ、取引価格と時価との差額が、譲受法人が減価償却費として損金経理をした金額にあたることから、戻入事由に該当するとされた事例（令和元年6月27日東京地裁判決）

1　概要

株式会社である原告Ａは、代表者等（個人）による完全支配関係がある株式会社である原告Ｂ及びＣ（原告Ｂら）から、それぞれ減価償却資産（譲渡損益調整資産）である船舶の譲渡を受け、それらの取引価格を帳簿価額相当額等としていたが、時価は他社の鑑定評価額（認定額）であって、その取引価格と認定額との差額は、原告Ｂらから原告Ａへの寄附金に該当することとされた。

また、完全支配関係があることから、原告Ｂらは、譲渡時においては、譲渡利益の繰延べがされるが、その取引価格と認定額との差額について、原告Ａにおいて法人税法第31条第１項に規定する「償却費として損金経理をした」金額に含まれるものとされ、法人税法第61条の13第２項㈰により譲渡法人である原告Ｂらにおいて、これに応じた戻入額が益金の額に算入されることとされた。

㈰　現行法は、法人税法第61条の11第２項である（下記２において同じ。）。

2　裁判所の判断

取引価格と認定額との差額について、原告Ａにおいて「償却費として損金経理をした」金額に含まれる否かについての裁判所の判断は、次のとおりである。

⑴　原告Ｂらが原告Ａに本件各船舶を譲渡したことにより生じた譲渡利益額は、原告Ｂらの益金の額に算入され、一方、グループ法人税制（…（略）…法人税法61条の13第１項２項）の適用により、譲渡利益相当額が原告Ｂらの当該事業年度の損金の額に算入されるため、譲渡利益に対する課税は繰り延べられるが、譲受法人である原告Ａにおいて本件各船舶につき償却等の事由が生じた場合には、原告Ｂらは、譲渡利益相当額に償却費算入割合を生じて得た戻入れ額を益金の額に算入することとなり、これにより、繰り延べられた課税を受けることとなる。

そして、原告Ａは、本件各船舶につき、本件各取引価格を取得価額とし、本件各船舶の耐用年数を２年として、償却費を計算し損金として経理していたところ、法人税法31条は、内国法人が有する減価償却資産につき償却費として損金経理をした金額のうち償却限度額に達するまでの金額を損金の額に算入するものと定め、本件損金経理通達（法人税基本通達7—5—1(4)）は、同項に規定する「償却費として損金経理をした金額」には、無償又は低い価額で取得した減価償却資産につきその取得価額として法人の経理した金額が法人税法施行令54条１項の規定による取得価額に満たない場合のその満たない金額も含まれるものとしている。

このような本件損金経理通達の取扱いによると、本件各船舶の適正な価額と本件各取引価格との差額（本件各差額）についても、原告Ａにおいて償却費として損金に算入されることとなり、原告らに適用されるグループ法人税制によって、譲渡法人である原告Ｂらの益金の額に戻入れ額が算入され、譲渡利益について繰り延べられていた課税を受けることとなる。

(2)　これに対し、原告Ｂらは、本件各差額は原告Ａの償却費として損金経理した金額に含まれるとはいえないと主張するので、以下検討する。

(3)　…（略）…法人税法31条１項が、法人が償却費として損金経理をすること（確定した決算で費用処理すること）を前提として、当該償却費について、償却限度額の範囲内で損金の額への算入を認めた趣旨は、①企業会計上、償却すべき資産については相当の償却をしなければならないとされており（会社計算規則5条２項参照）、減価償却資産は、当該資産の耐用期間にわたり一定の減価償却の方法によってその取得原価を各事業年度に配分しなければならず、減価償却を適正に行うためには、耐用年数、取得価額、償却方法などが合理的なものでなければならないが、これを法人の自主性に委ねると、その算定が恣意に行われるおそれがあることから、減価償却計算に関する基本的事項（取得価額、償却方法、耐用年数等）について法定した上で、これによって算出される償却限度額の範囲内で償却費の損金算入を認めることとし、もって課税の公平・公正を維持しようとしたものであるとともに、②一般に、確定した決算における費用又は損失としての経理を経ていない償却費について損金算入を認めるとすると、不正計算に基づく簿外資産についても減価償却を理由とする損金算入が認められてしまうこととなりかねないため、償却費の損金経理により、その費用性が客観的に認識できるようにしたものであると解される。

(4)　一方、いかなる場合であっても法人が現実に償却費としての損金経理をしていない限り償却費の損金算入が一切認められないこととなれば、法人が決算において当該資産の取得価額として計上していた金額が税法上の取得価額（法人税法施行令54条）に満たない場合に、法人が取得価額として計上した金額と税法上の取得価額との差額は法人の収益として益金の額に算入される一方、当該収益に対応した減価償却費が損金の額に算入されないこととなるが、このような結果は、償却費の適正な配分を求める会計原則の趣旨に沿わないものであり、また、納税者の負担も過大なものとなるなど、適正な課税という観点から妥当であるとはいえない。ひるがえって、上記⑶のような法人税法31条１項が減価償却費の損金算入に当たり損金経理を要求した趣旨に鑑みると、同項にいう「償却費として損金経理をした金額」に、法人が取得価額として計上した金額と税法上の取得価額との差額（当初から取得価額として計上されていたとすれば当然に減価償却費として損金経理がされたはずの金額）が含まれないと解さなければならない必然性はなく、むしろ、このような差額についても「償却費として損金経理をした金額」に含まれると解するのが合理的である。

以上に照らせば、法人が当該資産の取得価額として計上していた価額が税法上の取得価額（適正な価額）に満たない場合のその満たない金額についても、当該資産の取得価額（適正な価額）につき「償却費として損金経理した」ものと解することができ、このような解釈は、法人税法31条１項の許容するところというべきである。よって、本件損金経理通達が同項に反し違法である旨をいう原告Ｂらの主張は採用することができない。

⑸　これを本件についてみると、原告Ａは、本件各船舶について、原告Ａの認識した取得価額（本件各取引価格）により資産に計上した上で、耐用年数を２年として計算した減価償却費を損金として計上していたところ、本件各船舶の税法上の取得価額（適正な価額）は本件各認定額であると認められるから、本件各取引価格と本件各認定額との差額（本件各差額）についても「償却費として損金経理をした」ものとして当該事業年度の損金の額に算入され、法人税法61条の13第２項により譲渡法人である原告Ｂらにおいてこれに応じた戻入れ額が益金の額に算入されるものというべきである。

(ロ)　設例

①　譲受法人が譲渡損益調整資産を再譲渡した場合

前提　S_1社は、完全支配関係がある法人S_2社に対して譲渡損益調整資産である土地（帳簿価額100、時価150）を現金150で譲渡した。

S_2社は、その後に完全支配関係があるS_3社に対して土地を現金150で譲渡した。

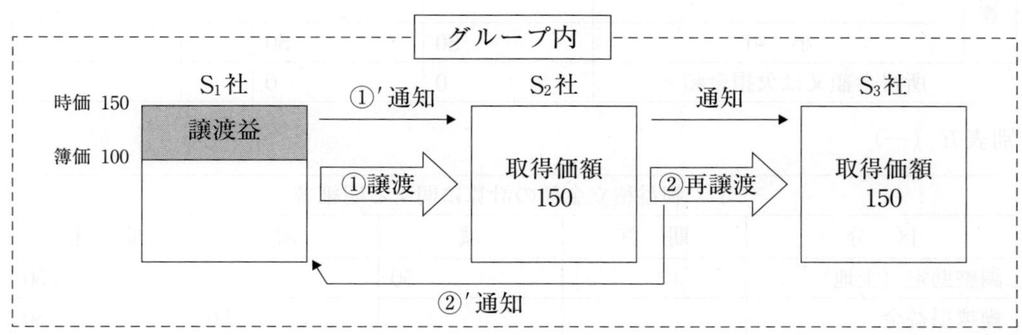

	S_1社の処理				S_2社の処理			
	〈土地の譲渡〉				〈土地の取得〉			
①譲渡時 （注１）	（借方）		（貸方）		（借方）		（貸方）	
	現金	150	土地	100	土地	150	現金	150
			譲渡益	50				
①に伴う税務調整	〈申告調整：減算・留保〉							
	（借方）		（貸方）					
	調整勘定繰入損	50	調整勘定	50				
②再譲渡時 （注２）					〈土地の再譲渡〉			
					（借方）		（貸方）	
					現金	150	土地	150
②に伴う税務調整	〈申告調整：加算・留保〉							
	（借方）		（貸方）					
	調整勘定	50	調整勘定戻入益	50				

(注)１　S_1社はS_2社に譲渡損益調整資産である旨を通知（①′通知）（通知義務については、下記(6)を参照してください。以下設例②から⑩において同様です。）

２　S_2社はS_1社に戻入事由が生じた旨を通知（②′通知）（通知義務については下記(6)を参照してください。以下設例②から⑩において同様です。）

〈S_1社の別表記載例〉

[①に伴う税務調整]

別表四

区　分		総　額	留　保	社外流出	
当期利益又は当期欠損の額		50	50	配当	
減算	調整勘定繰入損	50	50		
	小　計	50	50		
所得金額又は欠損金額		0	0		

別表五（一）

Ⅰ　利益積立金額の計算に関する明細書				
区　分	期　首	減	増	期　末
調整勘定（土地）		50		△50
繰越損益金			50	50
差引合計額		50	50	0

[②に伴う税務調整]

別表四

区　分		総　額	留　保	社外流出	
加算	調整勘定戻入益	50	50		
	小　計	50	50		
所得金額又は欠損金額		50	50		

別表五（一）

Ⅰ　利益積立金額の計算に関する明細書				
区　分	期　首	減	増	期　末
調整勘定（土地）	△50		50	0
繰越損益金	50	50	50	50
差引合計額	0	50	100	50

②　金銭債権の一部が貸倒れとなった場合

前提　S_1社は、完全支配関係がある法人S_2社に譲渡損益調整資産である金銭債権（債権金額及び帳簿価額150、時価100）を現金100で譲渡した。

その後、その金銭債権のうち債権金額100につき、更生計画認可の決定により切り捨てられ、S_2社において50の貸倒損失が生じた（法基通9—6—1(1)）。

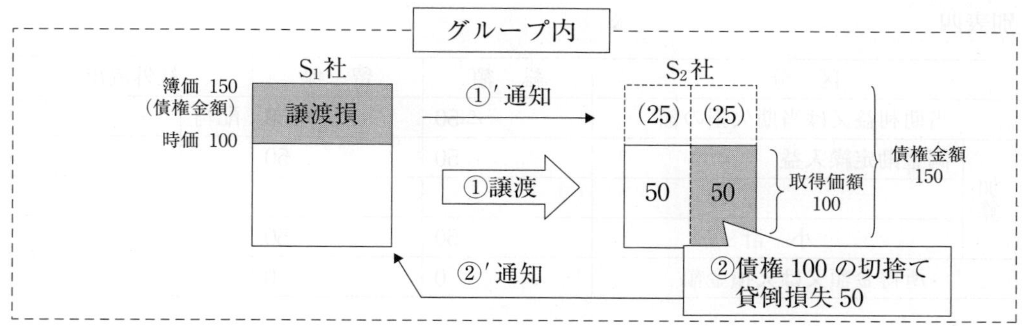

<table>
<tr><td></td><td colspan="4">S_1社の処理</td><td colspan="4">S_2社の処理</td></tr>
<tr><td rowspan="4">①譲渡時
（注1）</td><td colspan="4">〈金銭債権の譲渡〉</td><td colspan="4">〈金銭債権の取得〉</td></tr>
<tr><td colspan="2">（借方）</td><td colspan="2">（貸方）</td><td colspan="2">（借方）</td><td colspan="2">（貸方）</td></tr>
<tr><td>現金</td><td>100</td><td>金銭債権</td><td>150</td><td rowspan="2">買取債権</td><td rowspan="2">100</td><td rowspan="2">現金</td><td rowspan="2">100</td></tr>
<tr><td>譲渡損</td><td>50</td><td></td><td></td></tr>
<tr><td rowspan="3">①に伴う税務調整</td><td colspan="4">〈申告調整：加算・留保〉</td><td colspan="4" rowspan="3"></td></tr>
<tr><td colspan="2">（借方）</td><td colspan="2">（貸方）</td></tr>
<tr><td>調整勘定</td><td>50</td><td>調整勘定繰入益</td><td>50</td></tr>
<tr><td rowspan="3">②貸倒れ時
（注2）</td><td colspan="4" rowspan="3"></td><td colspan="4">〈貸倒損失の計上〉</td></tr>
<tr><td colspan="2">（借方）</td><td colspan="2">（貸方）</td></tr>
<tr><td>貸倒損失</td><td>50</td><td>買取債権</td><td>50</td></tr>
<tr><td rowspan="3">②に伴う税務調整
（注3）</td><td colspan="4">〈申告調整：減算・留保〉</td><td colspan="4" rowspan="3"></td></tr>
<tr><td colspan="2">（借方）</td><td colspan="2">（貸方）</td></tr>
<tr><td>調整勘定戻入損</td><td>25</td><td>調整勘定</td><td>25</td></tr>
</table>

(注) 1　S_1社はS_2社に譲渡損益調整資産である旨を通知（①′通知）

2　S_2社はS_1社に譲渡損益の戻入事由が生じた旨を通知（②′通知）

3　戻入額の計算は、例えば、譲渡損益調整額に譲受法人の買取債権の取得価額のうちに貸倒損失の額の占める割合を乗じて計算した金額とする等合理的な方法により計算した金額によることとされています（法基通12の4—3—4）。

ただし、債権金額に満たない価額で取得した債権の一部について法人税基本通達9—6—1の事実が生じたことによる貸倒損失の額として損金の額に算入される金額は、その事実が生じた後においてなお有することとなる債権金額が取得価額を下回る場合のその下回る部分の金額となります（法基通12の4—3—4(注)）。

したがって、本件の貸倒損失の額は、切捨て後の債権金額50とS_2社における取得価額100との差額50となります。

$$\text{譲渡損}\ 50 \times \frac{\text{貸倒損失}\ 50}{S_2\text{社の取得価額}\ 100} = 25$$

〈S_1社の別表記載例〉

[①に伴う税務調整]

別表四

区　分		総　額	留　保	社外流出	
当期利益又は当期欠損の額		△50	△50	配当	
加算	調整勘定繰入益	50	50		
	小　計	50	50		
所得金額又は欠損金額		0	0		

別表五（一）

Ⅰ　利益積立金額の計算に関する明細書				
区　分	期　首	減	増	期　末
調整勘定（金銭債権）			50	50
繰越損益金			△50	△50
差引合計額			0	0

[②に伴う税務調整]

別表四

区　分		総　額	留　保	社外流出	
減算	調整勘定戻入損	25	25		
	小　計	25	25		
所得金額又は欠損金額		△25	△25		

別表五（一）

Ⅰ　利益積立金額の計算に関する明細書				
区　分	期　首	減	増	期　末
調整勘定（金銭債権）	50	25		25
繰越損益金	△50	△50	△50	△50
差引合計額	0	△25	△50	△25

③　譲受法人が金銭債権につき調整差益を計上する場合

前提　S_1社は、完全支配関係がある法人S_2社に対して譲渡損益調整資産である金銭債権（債権金額及び帳簿価額100、時価90）を現金90で譲渡した。

S_2社においては、その金銭債権の債権金額と取得価額との差額10は、金利の調整と認められることから、アキュムレーション（定額法）の処理により1事業年度において2の調整差益（5事業年度で通算10の調整差益）を計上する（法基通2―1―34）。

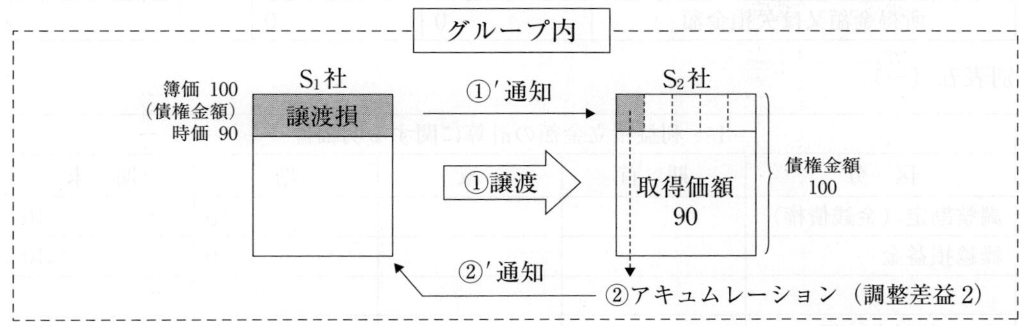

	S_1社の処理				S_2社の処理			
	〈金銭債権の譲渡〉				〈金銭債権の取得〉			
①譲渡時 （注1）	（借方）		（貸方）		（借方）		（貸方）	
	現金	90	金銭債権	100	買取債権	90	現金	90
	譲渡損	10						
①に伴う税務調整	〈申告調整：加算・留保〉							
	（借方）		（貸方）					
	調整勘定	10	調整勘定繰入益	10				
②アキュムレーション時 （注2）					〈アキュムレーション〉			
					（借方）		（貸方）	
					買取債権	2	調整差益	2
②に伴う税務調整 （注3）	〈申告調整：減算・留保〉							
	（借方）		（貸方）					
	調整勘定戻入損	2	調整勘定	2				

(注) 1　S_1社はS_2社に譲渡損益調整資産である旨を通知（①′通知）

2　S_2社はS_1社に戻入事由が生じた旨を通知（②′通知）

3　戻入額の計算は、例えば、期間按分により計算した金額とする等合理的な方法により計算した金額によることとされています（法基通12の4―3―3）。

なお、本件では、S_2社におけるアキュムレーションの計算と同様の方法によっています。

$$\text{譲渡損 } 10 \times \frac{1}{5}\left(\begin{array}{l}\text{最終支払期日までの期間のうちに}\\\text{その事業年度の期間の占める割合}\end{array}\right) = 2$$

〈S_1社の別表記載例〉

[①に伴う税務調整]

別表四

区　分		総　額	留　保	社外流出	
当期利益又は当期欠損の額		△10	△10	配当	
加算	調整勘定繰入益	10	10		
	小　計	10	10		
所得金額又は欠損金額		0	0		

別表五（一）

Ⅰ　利益積立金額の計算に関する明細書				
区　分	期　首	減	増	期　末
調整勘定（金銭債権）			10	10
繰越損益金			△10	△10
差引合計額			0	0

[②に伴う税務調整]

別表四

区　分		総　額	留　保	社外流出	
減算	調整勘定戻入損	2	2		
	小　計	2	2		
所得金額又は欠損金額		△2	△2		

別表五（一）

Ⅰ　利益積立金額の計算に関する明細書				
区　分	期　首	減	増	期　末
調整勘定（金銭債権）	10	2		8
繰越損益金	△10	△10	△10	△10
差引合計額	0	△8	△10	△2

④　譲受法人が譲渡損益調整資産に係る評価益を計上する場合

前提　S_1社は、完全支配関係がある法人S_2社に対して譲渡損益調整資産である土地（帳簿価額100、時価150）を現金150で譲渡した。

S_2社においては、その後に再生計画認可の決定があったことにより、土地につき評価益10が益金の額に算入された。

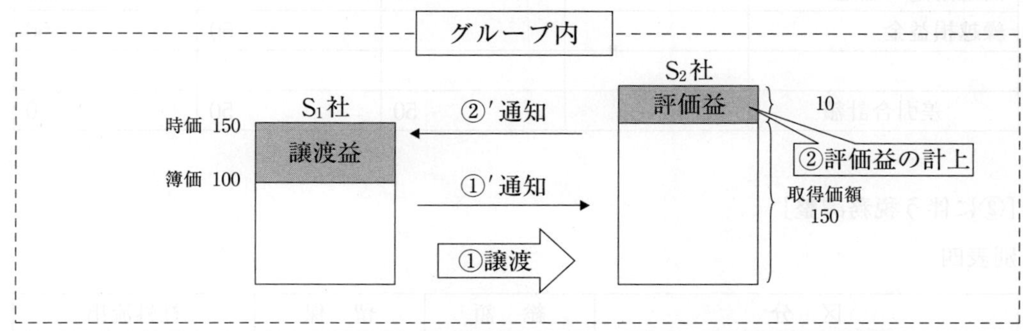

	S_1社の処理				S_2社の処理			
	〈土地の譲渡〉				〈土地の取得〉			
①譲渡時 （注１）	（借方）		（貸方）		（借方）		（貸方）	
	現金	150	土地	100	土地	150	現金	150
			譲渡益	50				
①に伴う税務調整	〈申告調整：減算・留保〉							
	（借方）		（貸方）					
	調整勘定繰入損	50	調整勘定	50				
②評価益の計上時 （注２）					〈評価益の計上〉			
					（借方）		（貸方）	
					土地	10	評価益	10
②に伴う税務調整	〈申告調整：加算・留保〉							
	（借方）		（貸方）					
	調整勘定	50	調整勘定戻入益	50				

(注) 1　S_1社はS_2社に譲渡損益調整資産である旨を通知（①′通知）

2　S_2社はS_1社に譲渡損益の戻入事由が生じた旨を通知（②′通知）

〈S_1社の別表記載例〉

［①に伴う税務調整］

別表四

区　分		総　額	留　保	社外流出	
当期利益又は当期欠損の額		50	50	配当	
減算	調整勘定繰入損	50	50		
	小　計	50	50		
所得金額又は欠損金額		0	0		

別表五（一）

Ⅰ　利益積立金額の計算に関する明細書				
区　分	期　首	減	増	期　末
調整勘定（土地）		50		△50
繰越損益金			50	50
差引合計額		50	50	0

［②に伴う税務調整］

別表四

区　分		総　額	留　保	社外流出	
加算	調整勘定戻入益	50	50		
	小　計	50	50		
所得金額又は欠損金額		50	50		

別表五（一）

Ⅰ　利益積立金額の計算に関する明細書				
区　分	期　首	減	増	期　末
調整勘定（土地）	△50		50	0
繰越損益金	50	50	50	50
差引合計額	0	50	100	50

⑤　譲受法人が譲渡損益調整資産を減価償却した場合

前提　S_1社は、完全支配関係がある法人S_2社に対して譲渡損益調整資産である減価償却資産（帳簿価額100、時価150）を現金150で譲渡した。

S_2社においては、定額法により各事業年度15の減価償却費を損金の額に算入する。

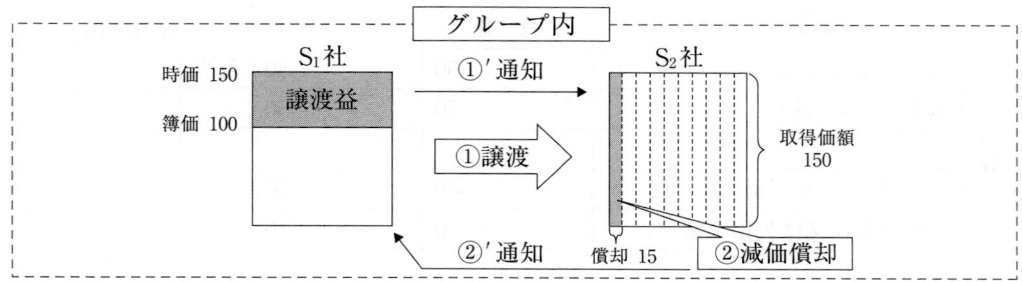

<table>
<tr><td></td><td colspan="4">S_1社の処理</td><td colspan="4">S_2社の処理</td></tr>
<tr><td></td><td colspan="4">〈減価償却資産の譲渡〉</td><td colspan="4">〈減価償却資産の取得〉</td></tr>
<tr><td rowspan="3">①譲渡時
（注1）</td><td colspan="2">（借方）</td><td colspan="2">（貸方）</td><td colspan="2">（借方）</td><td colspan="2">（貸方）</td></tr>
<tr><td>現金</td><td>150</td><td>減価償却資産</td><td>100</td><td rowspan="2">減価償却資産</td><td rowspan="2">150</td><td rowspan="2">現金</td><td rowspan="2">150</td></tr>
<tr><td></td><td></td><td>譲渡益</td><td>50</td></tr>
<tr><td rowspan="3">①に伴う税務調整</td><td colspan="4">〈申告調整：減算・留保〉</td><td colspan="4" rowspan="3"></td></tr>
<tr><td colspan="2">（借方）</td><td colspan="2">（貸方）</td></tr>
<tr><td>調整勘定繰入損</td><td>50</td><td>調整勘定</td><td>50</td></tr>
<tr><td rowspan="3">②減価償却時
（注2）</td><td colspan="4" rowspan="3"></td><td colspan="4">〈減価償却費の計上〉</td></tr>
<tr><td colspan="2">（借方）</td><td colspan="2">（貸方）</td></tr>
<tr><td>減価償却費</td><td>15</td><td>減価償却資産</td><td>15</td></tr>
<tr><td rowspan="3">②に伴う税務調整
（注3）</td><td colspan="4">〈申告調整：加算・留保〉</td><td colspan="4" rowspan="3"></td></tr>
<tr><td colspan="2">（借方）</td><td colspan="2">（貸方）</td></tr>
<tr><td>調整勘定</td><td>5</td><td>調整勘定戻入益</td><td>5</td></tr>
</table>

(注) 1　S_1社はS_2社に譲渡損益調整資産である旨を通知（①′通知）

2　S_2社はS_1社に戻入事由が生じた旨を通知（②′通知）

3　戻入額の計算（原則法による場合）（簡便法については、下記(3)参照）

$$\text{譲渡益 } 50 \times \frac{\text{償却費としての損金算入額 } 15}{S_2\text{社の取得価額 } 150} = 5$$

〈S_1社の別表記載例〉

[①に伴う税務調整]

別表四

<table>
<tr><td colspan="2">区　分</td><td>総　額</td><td>留　保</td><td colspan="2">社外流出</td></tr>
<tr><td colspan="2">当期利益又は当期欠損の額</td><td>50</td><td>50</td><td>配当</td><td></td></tr>
<tr><td rowspan="3">減算</td><td>調整勘定繰入損</td><td>50</td><td>50</td><td colspan="2"></td></tr>
<tr><td></td><td></td><td></td><td colspan="2"></td></tr>
<tr><td>小　計</td><td>50</td><td>50</td><td colspan="2"></td></tr>
<tr><td colspan="2">所得金額又は欠損金額</td><td>0</td><td>0</td><td colspan="2"></td></tr>
</table>

別表五（一）

<table>
<tr><td colspan="5">I　利益積立金額の計算に関する明細書</td></tr>
<tr><td>区　分</td><td>期　首</td><td>減</td><td>増</td><td>期　末</td></tr>
<tr><td>調整勘定（減価償却資産）</td><td></td><td>50</td><td></td><td>△50</td></tr>
<tr><td>繰越損益金</td><td></td><td></td><td>50</td><td>50</td></tr>
<tr><td></td><td></td><td></td><td></td><td></td></tr>
<tr><td>差引合計額</td><td></td><td>50</td><td>50</td><td>0</td></tr>
</table>

［②に伴う税務調整］

別表四

区　分		総　額	留　保	社外流出	
加算	調整勘定戻入益	5	5		
	小　計	5	5		
所得金額又は欠損金額		5	5		

別表五（一）

Ⅰ　利益積立金額の計算に関する明細書				
区　分	期　首	減	増	期　末
調整勘定（減価償却資産）	△50		5	△45
繰越損益金	50	50	50	50
差引合計額	0	50	55	5

国税庁質疑応答その１

問12　譲渡損益調整資産が減価償却資産である場合の戻入額の計算（236頁）

⑥　譲受法人が譲渡損益調整資産である繰延資産を償却した場合

前提　S_1社は、完全支配関係がある法人S_2社に対して譲渡損益調整資産である繰延資産（帳簿価額150、時価100）を現金100で譲渡した。

S_2社においては、各事業年度20の繰延資産の償却費を損金の額に算入する。

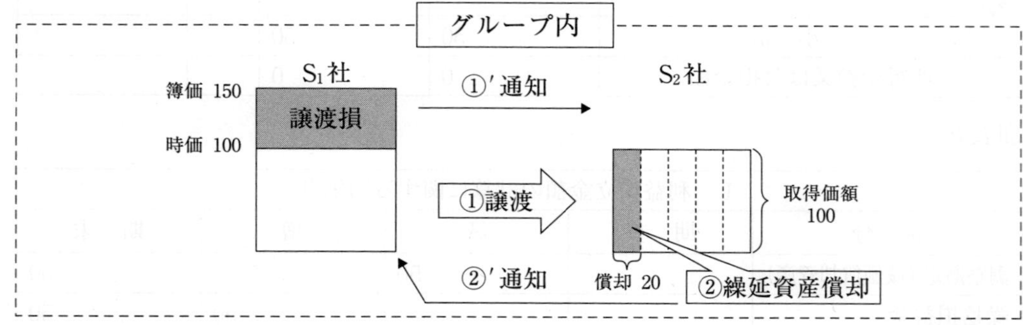

	S_1社の処理				S_2社の処理			
	〈繰延資産の譲渡〉				〈繰延資産の取得〉			
①譲渡時（注１）	（借方）		（貸方）		（借方）		（貸方）	
	現金	100	繰延資産	150	繰延資産	100	現金	100
	譲渡損	50						
①に伴う税務調整	〈申告調整：加算・留保〉							
	（借方）		（貸方）					
	調整勘定	50	調整勘定繰入益	50				
②繰延資産償却時（注２）					〈繰延資産償却の計上〉			
					（借方）		（貸方）	
					繰延資産償却	20	繰延資産	20
②に伴う税務調整（注３）	〈申告調整：減算・留保〉							
	（借方）		（貸方）					
	調整勘定戻入損	10	調整勘定	10				

㈲１　S_1社はS_2社に譲渡損益調整資産である旨を通知（①′通知）

２　S_2社はS_1社に譲渡損益の戻入事由が生じた旨を通知（②′通知）

３　戻入額の計算式（原則法による場合）（簡便法については、下記(3)参照）

$$\text{譲渡損}50 \times \frac{\text{償却費としての損金算入額}\quad 20}{S_2\text{社の繰延資産の額}\quad 100} = 10$$

〈S_1社の別表記載例〉

［①に伴う税務調整］

別表四

区　分		総　額	留　保	社外流出	
当期利益又は当期欠損の額		△50	△50	配当	
加算	調整勘定繰入益	50	50		
	小　計	50	50		
所得金額又は欠損金額		0	0		

別表五（一）

Ⅰ　利益積立金額の計算に関する明細書				
区　分	期　首	減	増	期　末
調整勘定（繰延資産）			50	50
繰越損益金			△50	△50
差引合計額			0	0

［②に伴う税務調整］

別表四

区　分		総　額	留　保	社外流出	
減算	調整勘定戻入損	10	10		
	小　計	10	10		
所得金額又は欠損金額		△10	△10		

別表五（一）

Ⅰ　利益積立金額の計算に関する明細書				
区　分	期　首	減	増	期　末
調整勘定（繰延資産）	50	10		40
繰越損益金	△50	△50	△50	△50
差引合計額	0	△40	△50	△10

⑦　譲受法人が譲渡損益調整資産につき評価損を計上する場合

前提　S_1社は、完全支配関係がある法人S_2社に対して譲渡損益調整資産である土地（帳簿価額150、時価100）を現金100で譲渡した。

S_2社においては、その後に更生計画認可の決定があったことにより、その譲渡損益調整資産である土地につき評価損10が損金の額に算入された。

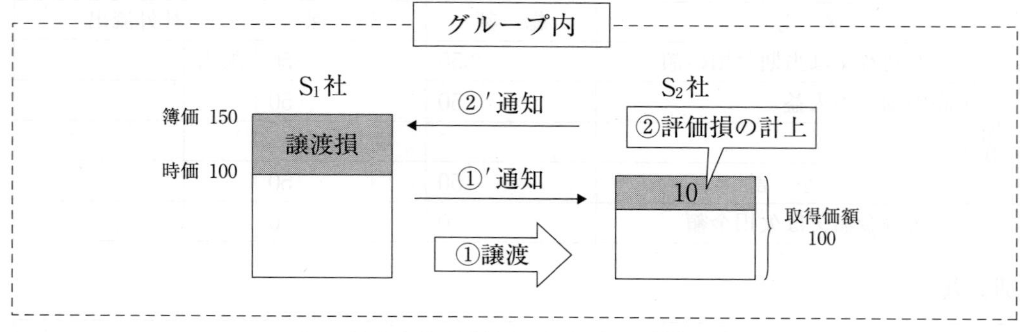

	S_1社の処理				S_2社の処理			
	〈土地の譲渡〉				〈土地の取得〉			
①譲渡時（注１）	（借方）		（貸方）		（借方）		（貸方）	
	現金	100	土地	150	土地	100	現金	100
	譲渡損	50						
①に伴う税務調整	〈申告調整：加算・留保〉							
	（借方）		（貸方）					
	調整勘定	50	調整勘定繰入益	50				
②評価損の計上時（注２）					〈評価損の計上〉			
					（借方）		（貸方）	
					評価損	10	土地	10
②に伴う税務調整	〈申告調整：減算・留保〉							
	（借方）		（貸方）					
	調整勘定戻入損	50	調整勘定	50				

(注)１　S_1社はS_2社に譲渡損益調整資産である旨を通知（①′通知）

２　S_2社はS_1社に譲渡損益の戻入事由が生じた旨を通知（②′通知）

〈S_1社の別表記載例〉

[①に伴う税務調整]

別表四

区　分		総　額	留　保	社外流出	
当期利益又は当期欠損の額		△50	△50	配当	
加算	調整勘定繰入益	50	50		
	小　計	50	50		
所得金額又は欠損金額		0	0		

別表五（一）

Ⅰ　利益積立金額の計算に関する明細書				
区　分	期　首	減	増	期　末
調整勘定（土地）			50	50
繰越損益金			△50	△50
差引合計額			0	0

［②に伴う税務調整］

別表四

区分		総額	留保	社外流出	
減算	調整勘定戻入損	50	50		
	小　計	50	50		
所得金額又は欠損金額		△50	△50		

別表五（一）

Ⅰ　利益積立金額の計算に関する明細書				
区　分	期　首	減	増	期　末
調整勘定（土地）	50	50		0
繰越損益金	△50	△50	△50	△50
差引合計額	0	0	△50	△50

⑧　譲受法人が譲渡損益調整資産と銘柄を同じくする有価証券の譲渡をした場合

前提　S_1社は、完全支配関係がある法人S_2社に対して譲渡損益調整資産であるＴ社株式100株（帳簿価額100、時価150）を現金150で譲渡した。

S_2社は、既にＴ社株式50株（帳簿価額60）を有していたため、これによりＴ社株式150株を有することとなった。

S_2社は、その後に完全支配関係があるS_3社に対してＴ社株式50株（帳簿価額70、時価75）を現金75で譲渡した。

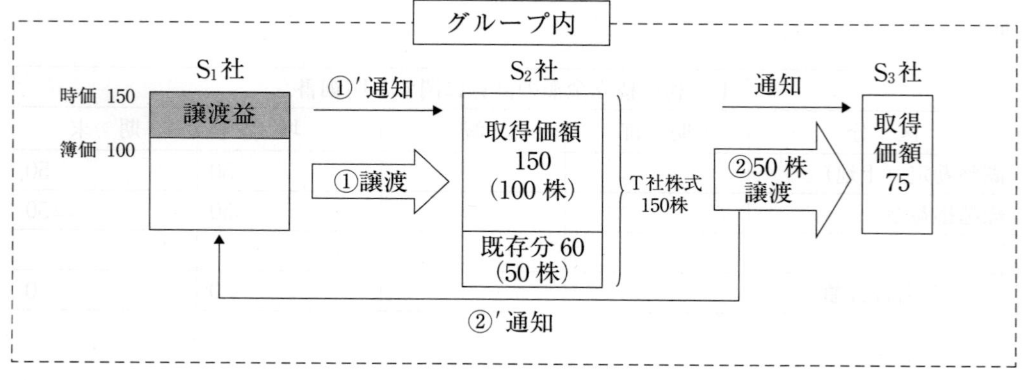

	S_1社の処理				S_2社の処理			
	〈Ｔ社株式の譲渡〉				〈Ｔ社株式の取得〉			
①譲渡時 （注１）	（借方）		（貸方）		（借方）		（貸方）	
	現金	150	Ｔ社株式	100	Ｔ社株式	150	現金	150
			譲渡益	50				
①に伴う税務調整	〈申告調整：減算・留保〉							
	（借方）		（貸方）					
	調整勘定繰入損	50	調整勘定	50				
②譲渡時 （注2）					〈Ｔ社株式の譲渡〉			
					（借方）		（貸方）	
					現金	75	Ｔ社株式	70
							譲渡益	5
②に伴う税務調整 （注3）	〈申告調整：加算・留保〉							
	（借方）		（貸方）					
	調整勘定	25	調整勘定戻入益	25				

(注) 1　S_1社はS_2社に譲渡損益調整資産である旨を通知（①′通知）

2　S_2社はS_1社に譲渡損益の戻入事由が生じた旨を通知（②′通知）

3　譲渡損益調整資産と同一銘柄の有価証券を譲渡した場合には、まず、譲渡損益調整資産に該当する有価証券を譲渡したものとして、譲渡損益調整額の戻入れ計算を行い、戻入額の計算は、譲渡損益調整資産に係る譲渡利益額相当額のうち譲渡した数に対応する部分の金額とされています（法令122の12④六）。

$$\text{譲渡益}\ 50 \times \frac{50\text{株}}{100\text{株}} = 25$$

〈S_1社の別表記載例〉

[①に伴う税務調整]

別表四

区　分		総　額	留　保	社外流出	
当期利益又は当期欠損の額		50	50	配当	
減算	調整勘定繰入損	50	50		
	小　計	50	50		
所得金額又は欠損金額		0	0		

別表五（一）

Ⅰ　利益積立金額の計算に関する明細書				
区　分	期　首	減	増	期　末
調整勘定（有価証券）		50		△50
繰越損益金			50	50
差引合計額		50	50	0

［②に伴う税務調整］

別表四

区　分		総　額	留　保	社外流出	
加算	調整勘定戻入益	25	25		
	小　計	25	25		
所得金額又は欠損金額		25	25		

別表五（一）

Ⅰ　利益積立金額の計算に関する明細書				
区　分	期　首	減	増	期　末
調整勘定（有価証券）	△50		25	△25
繰越損益金	50	50	50	50
差引合計額	0	50	75	25

⑨　譲受法人が償還有価証券につき調整差益を計上する場合

前提　S_1社は、X１年３月31日に完全支配関係がある法人S_2社に対して譲渡損益調整資産である有価証券100株（帳簿価額100、時価90）を現金90で譲渡した。

S_2社にとってその有価証券の償還日（X６年３月31日）及び償還金額（100）が確定している。

S_2社はX１年９月30日（決算日）において１の調整差益を計上する（法令139の2）。

なお、S_1社の事業年度は、毎年４月１日から翌年３月31日までの１年間である。

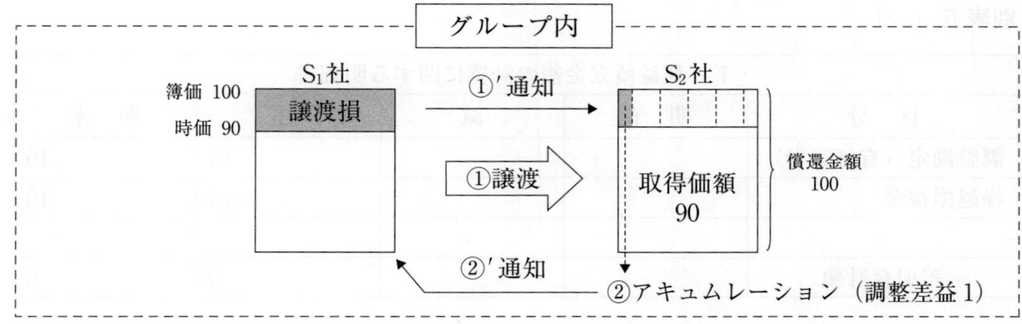

	S_1社の処理				S_2社の処理			
	〈有価証券の譲渡〉				〈有価証券の取得〉			
①譲渡時（注 1）	（借方）		（貸方）		（借方）		（貸方）	
	現金	90	有価証券	100	有価証券	90	現金	90
	譲渡損	10						
①に伴う税務調整	〈申告調整：加算・留保〉							
	（借方）		（貸方）					
	調整勘定	10	調整勘定繰入益	10				
②アキュムレーション時（注 2）					〈アキュムレーション〉			
					（借方）		（貸方）	
					有価証券	1	調整差益	1
②に伴う税務調整（注 3）	〈申告調整：減算・留保〉							
	（借方）		（貸方）					
	調整勘定戻入損	2	調整勘定	2				

(注) 1　S_1社はS_2社に譲渡損益調整資産である旨を通知（①′通知）

2　S_2社はS_1社に譲渡損益の戻入事由が生じた旨を通知（②′通知）

3　戻入額の計算式

$$\text{譲渡損}10 \times \frac{S_1\text{社の事業年度の日数}\quad 365\text{日}}{S_1\text{社の事業年度開始の日から償還日までの日数}\quad 365\text{日} \times 5\text{年}} = 2$$

〈S_1社の別表記載例〉

［①に伴う税務調整］

別表四

区　分		総　額	留　保	社外流出	
当期利益又は当期欠損の額		△10	△10	配当	
加算	調整勘定繰入益	10	10		
	小　計	10	10		
所得金額又は欠損金額		0	0		

別表五（一）

Ⅰ　利益積立金額の計算に関する明細書				
区　分	期　首	減	増	期　末
調整勘定（有価証券）			10	10
繰越損益金			△10	△10
差引合計額			0	0

［②に伴う税務調整］

別表四

区　分		総　額	留　保	社外流出	
減算	調整勘定戻入損	2	2		
	小　計	2	2		
所得金額又は欠損金額		△2	△2		

別表五（一）

Ⅰ　利益積立金額の計算に関する明細書				
区　分	期　首	減	増	期　末
調整勘定（有価証券）	10	2		8
繰越損益金	△10	△10	△10	△10
差引合計額	0	△8	△10	△2

⑩　譲受法人が譲渡損益調整資産につき通算制度の開始に伴う資産の時価評価損益を計上した場合

前提　S_1社は、完全支配関係がある法人S_2社に対して譲渡損益調整資産である土地（帳簿価額100、時価150）を現金150で譲渡した。

S_2社において、通算制度の開始に伴う資産の時価評価損益の規定により、その譲渡損益調整資産である土地につき評価損10が損金の額に算入された。

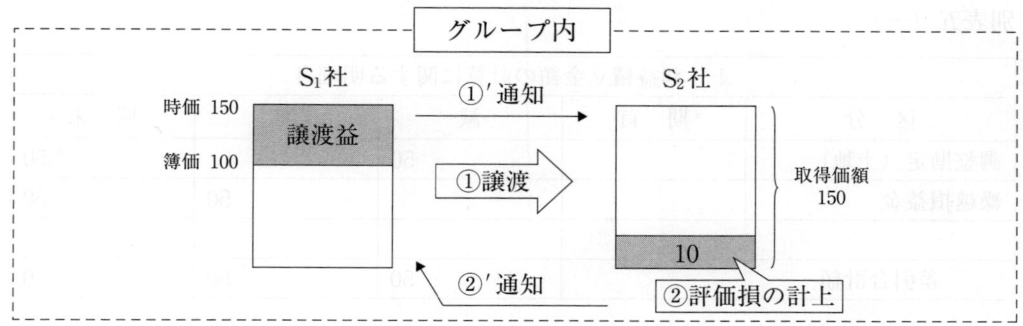

	S_1社の処理				S_2社の処理			
	〈土地の譲渡〉				〈土地の取得〉			
	（借方）		（貸方）		（借方）		（貸方）	
①譲渡時（注１）	現金	150	土地	100	土地	150	現金	150
			譲渡益	50				
	〈申告調整：減算・留保〉							
	（借方）		（貸方）					
①に伴う税務調整	調整勘定繰入損	50	調整勘定	50				
					〈評価損の計上〉			
					（借方）		（貸方）	
②評価損の計上時（注２）					評価損	10	土地	10
	〈申告調整：加算・留保〉							
	（借方）		（貸方）					
②に伴う税務調整	調整勘定	50	調整勘定戻入益	50				

(注)１　S_1社はS_2社に譲渡損益調整資産である旨を通知（①′通知）

２　S_2社はS_1社に戻入事由が生じた旨を通知（②′通知）

〈S_1社の別表記載例〉

[①に伴う税務調整]

別表四

区　分		総　額	留　保	社外流出	
当期利益又は当期欠損の額		50	50	配当	
減算	調整勘定繰入損	50	50		
	小　計	50	50		
所得金額又は欠損金額		0	0		

別表五（一）

Ⅰ　利益積立金額の計算に関する明細書				
区　分	期　首	減	増	期　末
調整勘定（土地）		50		△50
繰越損益金			50	50
差引合計額		50	50	0

［②に伴う税務調整］

別表四

区　分		総　額	留　保	社外流出	
加算	調整勘定戻入益	50	50		
	小　計	50	50		
所得金額又は欠損金額		50	50		

別表五（一）

Ⅰ　利益積立金額の計算に関する明細書				
区　分	期　首	減	増	期　末
調整勘定（土地）	△50		50	0
繰越損益金	50	50	50	50
差引合計額	0	50	100	50

ロ　完全支配関係を有しないこととなったことによる戻入れ

譲渡法人が譲渡損益調整資産に係る譲渡利益額又は譲渡損失額につき上記⑴イの適用を受けた場合（その譲渡損益調整資産の非適格合併による合併法人への移転により上記⑴イの適用を受けた場合を除きます。）において、その譲渡法人がその譲渡損益調整資産に係る譲受法人との間に完全支配関係を有しないこととなったときは、その譲渡損益調整資産に係る譲渡利益額又は譲渡損失額に相当する金額のうち、その有しないこととなった日の前日の属する事業年度前の各事業年度の所得の金額の計算上益金の額又は損金の額に算入された金額以外の金額は、その譲渡法人のその有しないこととなった日の前日の属する事業年度の所得の金額の計算上、調整勘定戻入益又は調整勘定戻入損として益金の額又は損金の額に算入することとされています（法法61の11③）。

ただし、次に掲げる事由に基因して完全支配関係を有しないこととなった場合は除きます。

〈完全支配関係を有しないこととなった場合から除かれる事由〉

①	譲渡法人の適格合併（合併法人（法人を設立する適格合併にあっては、他の被合併法人の全て。②において同じです。）がその譲渡法人との間に完全支配関係がある内国法人であるものに限ります。）による解散
②	譲受法人の適格合併（合併法人がその譲受法人との間に完全支配関係がある内国法人であるものに限ります。）による解散

ちなみに、清算中の法人について、残余財産が確定し、その残余財産の分配及び清算結了をする場合における「完全支配関係を有しないこととなったとき」とは、残余財産の確定の日の翌日とされています（泉恒有他『平成22年版　改正税法のすべて』199頁（大蔵財務協会　平成22年）、国税庁 HP 質疑応答「清算結了する場合におけるグループ法人税制で繰り延べた譲渡損益の取扱いについて」）。

ハ　通算制度の開始等に伴う戻入れ

通算制度の開始等に伴う資産の時価評価制度（法法64の11①、法法64の12①又は法法64の13①）の対象となる内国法人が時価評価事業年度㈲以前の各事業年度において譲渡損益調整資産に係る譲渡利益額又は譲渡損失額につき上記⑴イの適用を受けた譲渡法人である場合には、その譲渡損益調整資産に係る譲渡利益額又は譲渡損失額に相当する金額のうち、その時価評価事業年度前の各事業年度の所得の金額の計算上益金の額又は損金の額に算入された金額以外の金額（以下、譲渡損益調整額といいます。）は、その時価評価事業年度の所得の金額の計算上、調整勘定戻入益又は調整勘定戻入損として益金の額又は損金の額に算入することとされています（法法61の11④、法令122の12⑪）。

ただし、この規定の適用は、次に掲げる譲渡損益調整額を除くこととされています。

㈲　時価評価事業年度とは、法人税法第64条の11第１項（通算制度の開始に伴う資産の時価評価損益）に規定する通算開始直前事業年度、法人税法第64条の12第１項（通算制度への加入に伴う資産の時価評価損益）に規定する通算加入直前事業年度又は法人税法第64条の13第１項（通算制度からの離脱等に伴う資産の時価評価損益）に規定する通算終了直前事業年度をいいます。

〈適用除外となる譲渡損益調整額〉

① 譲渡損益調整資産に係る譲渡利益額又は譲渡損失額からその譲渡損益調整資産に係る調整済額を控除した金額が1,000万円に満たない場合におけるその譲渡損益調整資産に係る譲渡損益調整額

② 次に掲げる法人の区分に応じそれぞれ次に掲げる譲渡損益調整額	
i	法人税法第64条の11第１項に規定する内国法人（同項に規定する親法人を除きます。）
	法人税法施行令第131条の13第２項第２号ロ（時価評価資産等の範囲）に規定する初年度離脱開始子法人の有する譲渡損益調整額
ii	法人税法第64条の12第１項に規定する他の内国法人
	法人税法施行令第131条の13第３項第２号ロに規定する初年度離脱開始子法人の有する譲渡損益調整額
iii	法人税法第64条の13第１項に規定する通算法人のうち、その通算法人の株式又は出資を有する他の通算法人において同項に規定する通算終了直前事業年度終了の時後にその株式又は出資の譲渡又は一定の評価替えによる損失の額が生ずることが見込まれているもの
	上記①又はⅰ若しくはⅱに掲げる譲渡損益調整額並びに次に掲げる要件のいずれかに該当しない譲渡損益調整額 (i)　10億円を超えること (ii)　譲渡損失額に係るものであること (iii)　譲渡損益調整資産に係る譲受法人において、その譲渡損益調整資産につき、上記イ(イ)①、②、⑤、⑥又は⑧に掲げる戻入事由（下記(4)ロの適用を受けるものを除きます。）が生ずることが見込まれていること若しくは通算法人がその譲渡損益調整資産に係る譲受法人との間に完全支配関係を有しないこととなること（上記ロに掲げる事由に基因して完全支配関係を有しないこととなる場合を除きます。）が見込まれていること

(3)　簡便法による譲渡損益の戻入れ

イ　内容

譲渡損益調整資産が譲受法人において減価償却資産又は繰延資産（繰延資産の範囲の規定に掲げる税法固有の繰延資産に限ります。）に該当する場合には、譲渡損益の戻入額を次のそれぞれに掲げる金額とする簡便法を適用することができることとされています（法令122の12⑥）。

〈簡便法の計算式〉

①　減価償却資産

$$\left(\begin{array}{l}\text{譲渡利益額又は}\\\text{譲渡損失額相当額}\end{array}\right)\times\frac{\text{その事業年度（譲渡の日の前日までの期間を除く。）の月数(注)}}{\text{譲受法人が適用する耐用年数}\times 12}$$

②　繰延資産

$$\left(\begin{array}{l}\text{譲渡利益額又は}\\\text{譲渡損失額相当額}\end{array}\right)\times\frac{\text{その事業年度（譲渡の日の前日までの期間を除く。）の月数}}{\text{支出の効果の及ぶ期間の月数}}$$

㈳　月数は、暦に従って計算し、１月に満たない端数を生じたときは、これを１月とすることとされています（イにおいて同じです。）（法令122の12⑦）。

また、下記⑷イの場合において、その適格合併に係る被合併法人がその譲渡損益調整資産につき簡便法の適用を受けていたときにおけるその合併法人のその適格合併の日の属する事業年度については、簡便法による金額を次のそれぞれに掲げる金額とすることとされています（法令122の12⑥）。

〈適格合併における合併法人の簡便法の計算式〉

① 減価償却資産

$$\left(\begin{array}{l}\text{譲渡利益額又は}\\\text{譲渡損失額相当額}\end{array}\right)\times\frac{\text{その事業年度（適格合併の日の前日までの期間を除く。）の月数}}{\text{譲受法人が適用する耐用年数}\times 12}$$

② 繰延資産

$$\left(\begin{array}{l}\text{譲渡利益額又は}\\\text{譲渡損失額相当額}\end{array}\right)\times\frac{\text{その事業年度（適格合併の日の前日までの期間を除く。）の月数}}{\text{支出の効果の及ぶ期間の月数}}$$

ポイント

簡便法の計算式の分子において、譲渡の日の前日までの期間又は適格合併の日の前日までの期間を除くこととされているのは、それらの期間は譲渡法人において償却可能な期間であって、譲受法人において償却可能な期間ではないためです。

ロ　適用要件

簡便法は、譲渡損益調整資産の譲渡の日の属する事業年度の確定申告書（仮決算の場合は中間申告書）に簡便法の適用を受けて益金の額又は損金の額に算入する金額及びその計算に関する明細の記載（下記⑻（81頁）参照）がある場合に限り適用することとされています（法令122の12⑧、150の２）。

なお、税務署長は、その明細の記載がない確定申告書の提出があった場合においても、その記載がなかったことについてやむを得ない事情があると認めるときは、簡便法を適用することができることとされています（法令122の12⑨）。

また、簡便法を適用する場合には、譲渡法人側は簡便法を適用する旨を譲受法人側に通知しなければならず、譲受法人側は、その通知を受けた場合において、その資産に適用する耐用年数又は支出の効果の及ぶ期間を通知しなければならないこととされています（法令122の12⑰⑱、下記(7)参照）。

ハ　留意点

(イ)　通知不要

この簡便法の適用により、譲渡法人の譲渡損益の戻入額が、譲受法人における償却費の損金算入額に左右されることもなくなり、譲受法人は、毎期償却費の損金算入額を譲渡法人に通知（下記(7)参照）する必要もなくなります（法令122の12⑲）。

なお、譲受法人において償却費として損金の額に算入された金額にかかわらず（例えばゼロであっても）、譲渡法人においては簡便法により計算した戻入額を益金の額又は損金の額に算入することとなります（国税庁質疑応答その１問12（236頁））。

(ロ)　適用単位

譲渡法人が同一事業年度に譲受法人に対し、複数の減価償却資産又は繰延資産を譲渡した場合には、譲渡した個々の減価償却資産又は繰延資産ごとに簡便法を選択適用することができることとされています（法基通12の4―3―8）。

(ハ)　耐用年数の短縮の承認を受けた場合

譲受法人が譲渡損益調整資産である減価償却資産について耐用年数の短縮の承認を受けた場合において、このことについて譲渡法人が譲受法人から連絡を受けるなどにより確認したときには、短縮後の耐用年数を基礎として簡便法による計算を行うこととしても差し支えないこととされています（法基通12の4―3―10）。

(4)　適格組織再編成が行われた場合

イ　譲渡法人が適格合併により解散した場合

譲渡法人が譲渡損益調整資産に係る譲渡利益額又は譲渡損失額につき上記(1)イの適用を受けた場合において、その譲渡法人が適格合併（合併法人（法人を設立する適格合併にあっては、他の被合併法人の全て）がその譲渡法人との間に完全支配関係がある内国法人であるものに限ります。）により解散したときは、その適格合併に係る合併法人のその適格合併の日の属する事業年度以後の各事業年度においては、その合併法人をその譲渡利益額又は譲渡損失額につき上記(1)イの適用を受けた譲渡法人とみなすこととされています（法法61の11⑤）。

この場合、上記(2)ロ又はハの規定により益金の額又は損金の額に算入された金額には、その譲渡損益調整資産に係る譲渡利益額又は譲渡損失額に相当する金額で被合併法人である譲渡法人のその適格合併の日の前日の属する事業年度以前の各事業年度の所得の金額の計算上益金の額又は損金の額に算入された金額を含むこととされています（法令122の12⑬）。

また、被合併法人である譲渡法人が、簡便法を適用して譲渡損益調整額の戻入れ額の計算を行っていたときは、合併法人が簡便法の適用により戻入れ額の計算を行っていたものとみなして、合併法人は簡便法によりその計算を行うべきこととされています（法基通12の4―3―9）。

〈譲渡法人がグループ内の適格合併により解散した場合〉

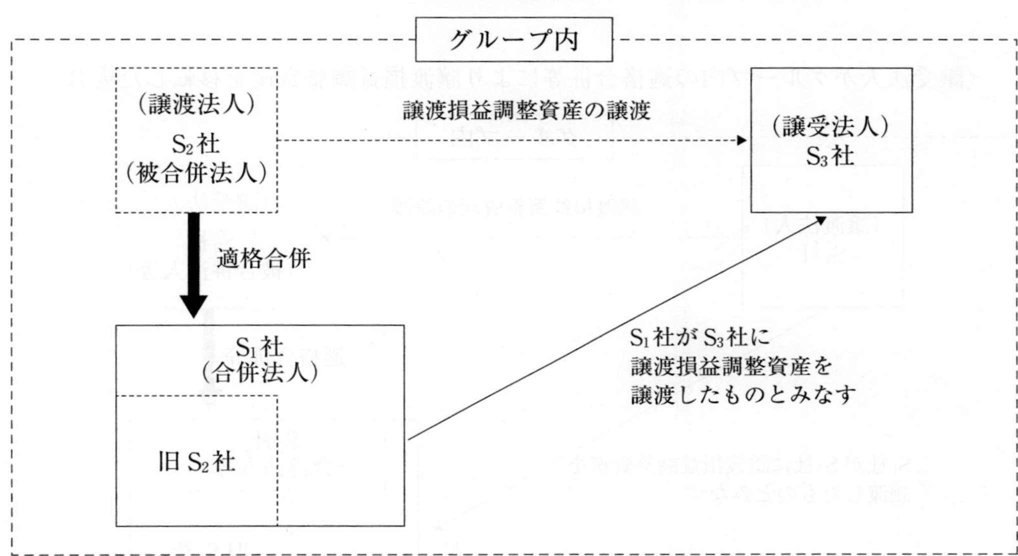

S_1社が、譲渡損益調整資産を譲渡してその調整勘定繰入益又は調整勘定繰入損を益金の額又は損金の額に算入したS_2社（S_1社との間に完全支配関係がある）との間で、S_2社を被合併法人とする適格合併を行った場合には、S_1社がその譲渡損益調整資産を譲渡したものとみなして、その後の繰り延べた譲渡損益の戻入れを行います。

ポイント

この制度は、合併法人（法人を設立する適格合併にあっては、他の被合併法人の全て）と譲渡法人との間に完全支配関係がある場合に限り、適用されます。

ロ　譲受法人が適格合併等により譲渡損益調整資産を移転した場合

譲渡法人が譲渡損益調整資産に係る譲渡利益額又は譲渡損失額につき上記⑴イの適用を受けた場合において、その譲渡損益調整資産に係る譲受法人が適格合併、適格分割、適格現物出資又は適格現物分配（合併法人、分割承継法人、被現物出資法人又は被現物分配法人（法人を設立する適格合併、適格分割又は適格現物出資にあっては、他の被合併法人、他の分割法人又は他の現物出資法人の全て）がその譲受法人との間に完全支配関係がある内国法人であるものに限ります。）により合併法人、分割承継法人、被現物出資法人又は被現物分配法人（以下、合併法人等といいます。）にその譲渡損益調整資産を移転したときは、その移転した日以後に終了するその譲渡法人の各事業年度においては、その合併法人等をその譲渡損益調整資産に係る譲受法人とみなすこととされています（法法61の11⑥）。

〈譲受法人がグループ内の適格合併等により譲渡損益調整資産を移転した場合〉

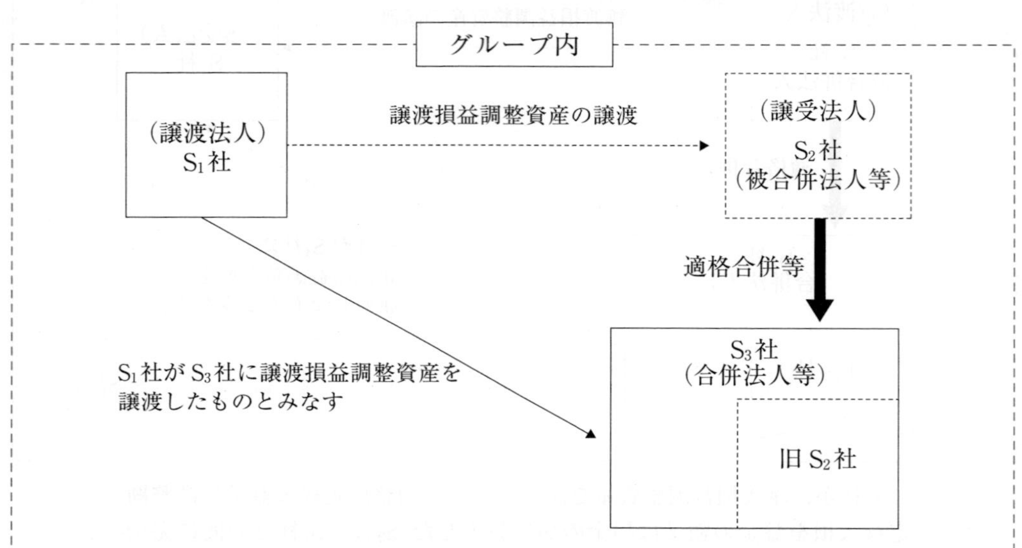

S_2社が自己を被合併法人、分割法人、現物出資法人又は現物分配法人とする適格合併、適格分割、適格現物出資又は適格現物分配によりS_3社（S_2社との間に完全支配関係がある）に譲渡損益調整資産を移転した場合には、S_1社は、S_3社を譲受法人とみなしてその後の繰り延べた譲渡損益の戻入れを行います。

ポイント

この制度は、合併法人等（法人を設立する適格合併、適格分割又は適格現物出資にあっては、他の被合併法人、他の分割法人又は他の現物出資法人の全て）と譲受法人との間に完全支配関係がある場合に限り、適用されます。

⑸ 通算法人における戻入損益の非計上

通算法人が譲渡損益調整資産に係る譲渡利益額又は譲渡損失額につき上記⑴イの規定の適用を受けた場合において、その譲渡損益調整資産の譲渡が他の通算法人（法人税法施行令第24条の３（資産の評価益の計上ができない株式の発行法人等から除外される通算法人）に規定する初年度離脱通算子法人及び通算親法人を除きます。）の株式又は出資の当該他の通算法人以外の通算法人に対する譲渡であるときは、その譲渡損益調整資産については、上記⑵及び⑷の規定を適用しないこととされています（法法61の11⑧）。

⑹ 調整勘定の性質

譲渡法人が譲渡損益調整資産に係る譲渡利益額又は譲渡損失額につき上記⑴イの適用を受けた場合（その譲渡損益調整資産の非適格合併による合併法人への移転により上記⑴イの適用を受けた場合を除きます。）には、その譲渡法人の負債又は資産には、その譲渡利益額又は譲渡損失額（上記⑸の規定の適用があるもの及び調整済額を除きます。）に相当する調整勘定を含むものとし、譲渡法人を被合併法人とする適格合併につき上記⑷イの適用があるときは、その適格合併により合併法人に引き継がれる負債又は資産には、上記⑷イによりその合併法人が譲渡利益額又は譲渡損失額につき上記⑴イの適用を受けたものとみなされる場合のその譲渡利益額又は譲渡損失額（その譲渡法人における調整済額を除きます。）に相当する調整勘定を含むものとされています（法令122の12⑭）。

⑺ 通知義務

上記⑴から⑶の円滑な実施と取引当事者相互の管理コストを考慮して、取引当事者に次の通知義務が課されています。

イ　譲渡法人の通知義務

譲渡法人がその有する譲渡損益調整資産を譲受法人に譲渡した場合には、その譲渡の後遅滞なく、その譲受法人に対し、その譲渡した資産が譲渡損益調整資産である旨（その資産につき上記⑶の簡便法の適用を受けようとする場合には、その旨を含みます。）を通知しなければならないこととされています（法令122の12⑰）。

ロ　譲受法人の通知義務

⑷　譲渡法人からの通知に対する回答通知

上記イの通知を受けた譲受法人（非適格合併により資産の移転を受けたものを除きます。）は、次に掲げる場合の区分に応じその掲げる事項を、その通知を受けた後遅滞なく、その通知をした譲渡法人（その譲渡法人が上記⑷イの適格合併により解散した後は、その適格合併に係る合併法人）に通知しなければならないこととされています（法令122の12⑱）。

① 上記イの通知に係る資産が譲受法人において売買目的有価証券に該当する場合

その旨

② 上記イの通知に係る資産が譲受法人において減価償却資産又は繰延資産（繰延資産の範囲の規定に掲げる税法固有の繰延資産に限ります。）に該当する場合において、その資産につき上記⑶の簡便法の適用を受けようとする旨の通知を受けたとき

その資産について適用する耐用年数又はその資産の支出の効果の及ぶ期間

⒭ 譲渡損益の戻入事由の発生時の通知

譲受法人は、譲渡損益調整資産につき上記⑵イ(イ)に掲げる戻入事由が生じたときは、その旨（その事由が上記⑵イ(イ)の③又は④に掲げる事由である場合にあっては、損金の額に算入されたこれらの償却費の額を含みます。）及びその生じた日を、その事由が生じた事業年度終了後遅滞なく、その譲渡法人（譲渡法人が上記⑷イの適格合併により解散した後は、その適格合併に係る合併法人）に通知しなければならないこととされています（法令122の12⑲）。

ただし、その譲渡損益調整資産につき上記⑶の簡便法の適用を受けようとする旨の通知を受けていた場合において、その譲渡損益調整資産に係る上記⑵イ(イ)の③又は④に掲げる事由が生じたときは、この通知義務の対象から除かれています（法令122の12⑲かっこ書）。

〈通知義務の概要〉

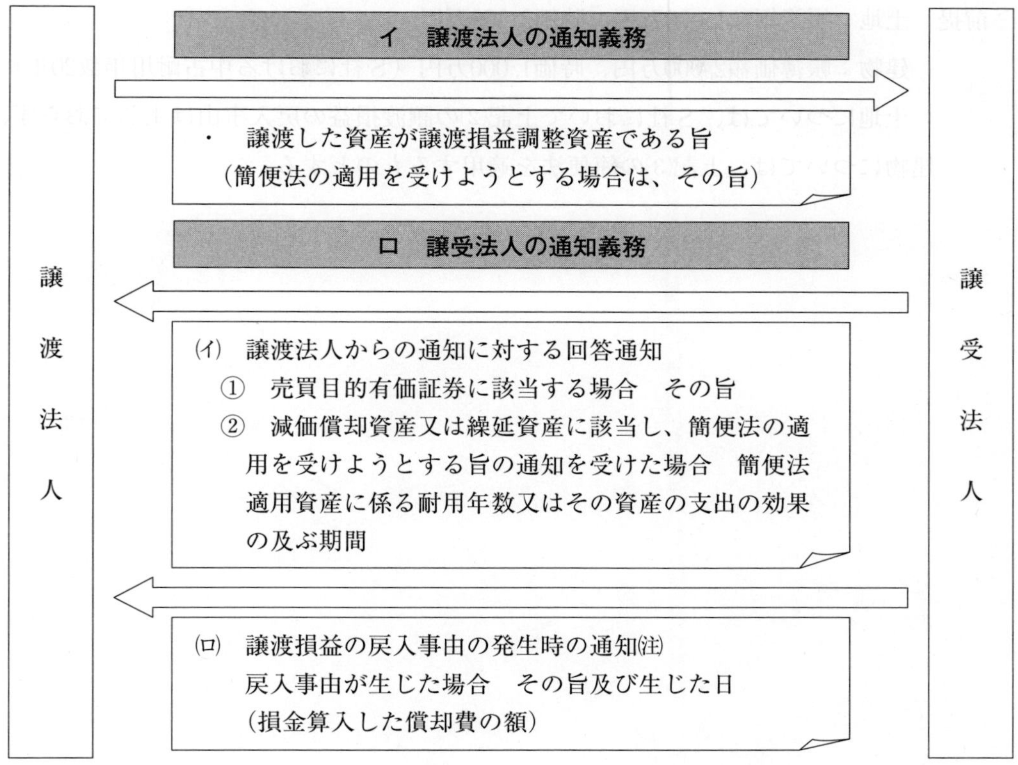
イ　譲渡法人の通知義務
・　譲渡した資産が譲渡損益調整資産である旨
（簡便法の適用を受けようとする場合は、その旨）
ロ　譲受法人の通知義務
譲渡法人
譲受法人
(イ)　譲渡法人からの通知に対する回答通知
①　売買目的有価証券に該当する場合　その旨
②　減価償却資産又は繰延資産に該当し、簡便法の適用を受けようとする旨の通知を受けた場合　簡便法適用資産に係る耐用年数又はその資産の支出の効果の及ぶ期間
(ロ)　譲渡損益の戻入事由の発生時の通知㈲
戻入事由が生じた場合　その旨及び生じた日
（損金算入した償却費の額）

㈲　簡便法の適用を受けようとする旨の通知を受けていた場合において、その譲渡損益調整資産の償却費が損金の額に算入されたときを除きます。

ハ　通知の方法

通知については、譲渡法人と譲受法人という民間において行われるものであることから、法令等において特段、その方法や手続（様式など）は定められておらず、譲渡法人と譲受法人との間で任意の方法を用いて通知を行うこととされています。なお、国税庁からは、通知書の書式例が示されています（国税庁質疑応答その１問13（238頁））。

(8)　譲渡損益調整の別表記載例

100％グループ内の法人間の資産の譲渡取引等に係る規定の適用を受ける場合には、別表十四（六）の書式により確定申告書に書類を添付しなければならないこととされています（法規34②）。

例えば、Ｐ社（年１回３月決算）が、完全支配関係があるＳ社に次の土地及び建物を譲渡した場合の記載は次頁のようになります。

前提　土地：帳簿価額1,000万円、時価2,000万円

建物：帳簿価額2,000万円、時価1,000万円（Ｓ社における中古耐用年数20年）

土地については、Ｓ社において上記(2)の譲渡損益の戻入事由は生じておらず、建物については、上記(3)の簡便法を適用するものとする。

別表十四(六)　令四・四・一以後終了事業年度又は連結事業年度分

完全支配関係がある法人の間の取引の損益の調整に関する明細書

事業年度又は連結事業年度	X1・4・1 X2・3・31	法人名	P社 (　　)

項目		番号					計
譲受法人名		1	S社	S社			
譲渡損益調整資産の種類		2	土地	建物			
譲渡年月日		3	X1・10・1	X1・10・1	・　・	・　・	
譲渡収益の額		4	円 20,000,000	円 10,000,000	円	円	
譲渡原価の額		5	10,000,000	20,000,000			
調整前譲渡利益額 (4)－(5)（マイナスの場合は０）		6	10,000,000				
圧縮記帳等による損金算入額		7					
譲渡利益額 (6)－(7)		8	10,000,000				
当期が譲渡年度である場合の損金算入額 (8)		9	10,000,000				円
譲渡損失額 (5)－(4)（マイナスの場合は０）		10		10,000,000			
当期が譲渡年度である場合の益金算入額 (10)		11		10,000,000			
譲渡利益額の調整	(8)のうち期首現在で益金の額に算入されていない金額 （前期の(14)）	12					
	当期益金算入額 (簡便法により計算する場合には、(21)又は(25)の金額)	13	0				
	翌期以後に益金の額に算入する金額 ((8)又は(12))－(13)	14	10,000,000				
譲渡損失額の調整	(10)のうち期首現在で損金の額に算入されていない金額 （前期の(17)）	15					
	当期損金算入額 (簡便法により計算する場合には、(22)又は(26)の金額)	16		250,000			
	翌期以後に損金の額に算入する金額 ((10)又は(15))－(16)	17		9,750,000			
当期に譲受法人において生じた調整事由		18	譲渡・償却 その他（　）	譲渡・(償却) その他（　）	譲渡・償却 その他（　）	譲渡・償却 その他（　）	
簡便法により当期益金算入額又は当期損金算入額を計算する場合	減価償却資産：償却期間の月数 (譲受法人が適用する耐用年数)×12	19	月	月 240	月	月	
	減価償却資産：当期の月数（当期が譲渡年度である場合には譲渡日から当期の末日までの月数）	20		6			
	減価償却資産：当期益金算入額 $(8)\times\frac{(20)}{(19)}$	21	円	円	円	円	
	減価償却資産：当期損金算入額 $(10)\times\frac{(20)}{(19)}$	22		250,000			
	繰延資産：支出の効果の及ぶ期間の月数	23	月	月	月	月	
	繰延資産：当期の月数（当期が譲渡年度である場合には譲渡日から当期の末日までの月数）	24					
	繰延資産：当期益金算入額 $(8)\times\frac{(24)}{(23)}$	25	円	円	円	円	
	繰延資産：当期損金算入額 $(10)\times\frac{(24)}{(23)}$	26					

2　100％グループ内の法人からの受取配当等の益金不算入

⑴　制度の概要

法人税法では、二重課税排除の観点から内国法人が受ける配当等の額について、次に掲げる株式等の区分に応じた金額は、各事業年度の所得の金額の計算上、益金の額に算入しないこととされています（法法23①）。

〈株式等の区分毎の益金不算入額〉

①	完全子法人株式等	その株式等につき受ける配当等の額
②	関連法人株式等（注１）	その株式等につき受ける配当等の額からその配当等の額に係る利子の額に相当する金額を控除した金額（注２）
③	①、②及び④のいずれにも該当しない株式等（注１）	その株式等につき受ける配当等の額の50％相当額
④	非支配目的株式等（注１）	その株式等につき受ける配当等の額の20％相当額

㈱１　令和４年４月１日以後に開始する事業年度における関連法人株式等及び非支配目的株式等の判定においては、配当等の額の支払いを受ける内国法人との間に完全支配関係がある他の法人が保有する株式又は出資の数又は金額を含めて判定することとされています（法法23④⑥、令２年改正法附則14①）。なお、③の株式等についても、その内国法人との間に完全支配関係がある法人が保有する株式又は出資を含めて判定することとされています（内藤景一朗他『令和２年版　改正税法のすべて』1124頁（大蔵財務協会　令和２年））。

２　利子の額に相当する金額は、原則として、その配当等の額の４％相当額とされています（法令19①）。なお、令和４年３月31日以前に開始する事業年度における益金不算入額は、その配当等の額からその株式等に係る負債の利子の額として一定の計算をした金額を控除した金額とされています（令２年改正法施行前の法法23④、令２年改正法附則14②）。

ポイント

完全支配関係がある法人間の配当等の額については、負債利子控除はなく、配当等の額の全額を益金の額に算入しないこととされ、グループ内での円滑な資金移転が可能であるものとされています。

〈制度の概要〉

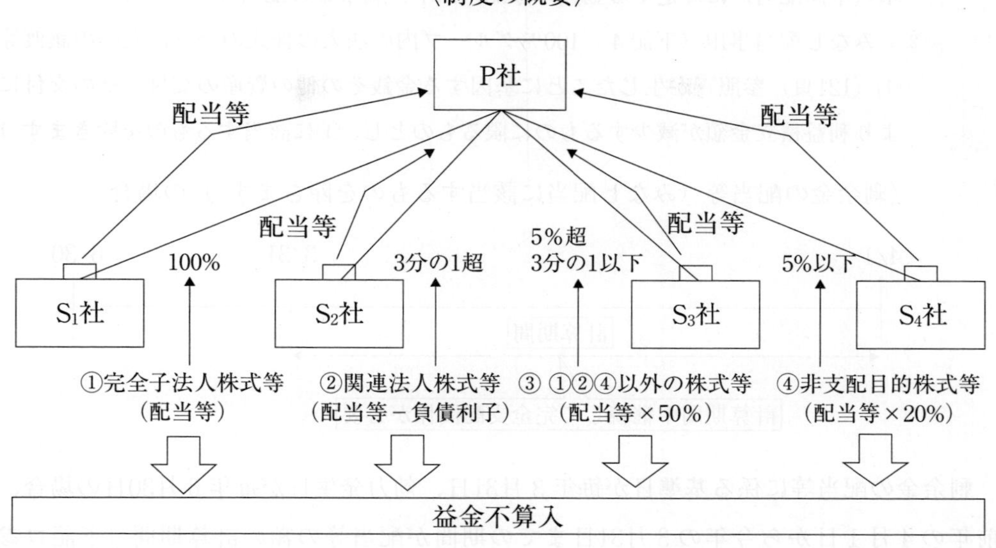

⑵　**完全子法人株式等**

イ　意義

完全子法人株式等とは、配当等㊟の額の計算期間（下記ロ参照）の初日からその計算期間の末日まで継続して内国法人とその配当等をする他の内国法人（公益法人等及び人格のない社団等を除きます。）との間に完全支配関係がある場合の当該他の内国法人の株式等をいい、その受ける配当等の額がみなし配当の場合は、その配当等の額に係る効力発生日（その配当等が効力を生ずる日をいい、その効力を生ずる日の定めがない場合には、その配当等がされる日をいいます。）の前日においてその内国法人と当該他の内国法人との間に完全支配関係がある場合の当該他の内国法人の株式等をいいます（法法23⑤、法令22①、22の２①）。

なお、完全子法人株式等は、株式又は出資の全部を直接又は間接に保有する完全子法人株式や完全孫法人株式に限らず、株式又は出資の全部を直接又は間接に保有していない他の法人の株式等（例えば、同じ100％グループに属する兄弟会社の株式等）についても、上記要件を満たすものは、完全子法人株式等に該当します（法基通３―１―９）。

㊟　配当等とは、次のものをいいます（法令22②一）。

①　剰余金の配当（株式等に係るものに限ります。）若しくは利益の配当若しくは剰余金の分配（出資に係るものに限ります。）、投資信託及び投資法人に関する法律第137条（金銭の分配）の金銭の分配又は資産の流動化に関する法律第115条第１

項（中間配当）に規定する金銭の分配（以下、剰余金の配当等といいます。）。

② みなし配当事由（下記４　100％グループ内の法人の株式の発行法人への譲渡等⑴（121頁）参照）が生じたことに基因する金銭その他の資産の交付（その交付により利益積立金額が減少するものに限るものとし、①に該当するものを除きます。）。

〈剰余金の配当等（みなし配当に該当するものを除きます。）の場合〉

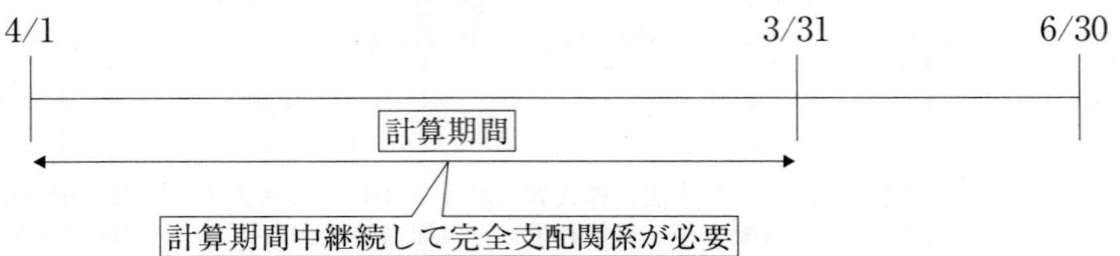

剰余金の配当等に係る基準日が毎年３月31日、効力発生日が毎年６月30日の場合、前年の４月１日から今年の３月31日までの期間が配当等の額の計算期間（下記ロ参照）となりますので、完全子法人株式等に該当するためには、この計算期間中継続して完全支配関係があることが必要となります。

〈みなし配当の場合〉

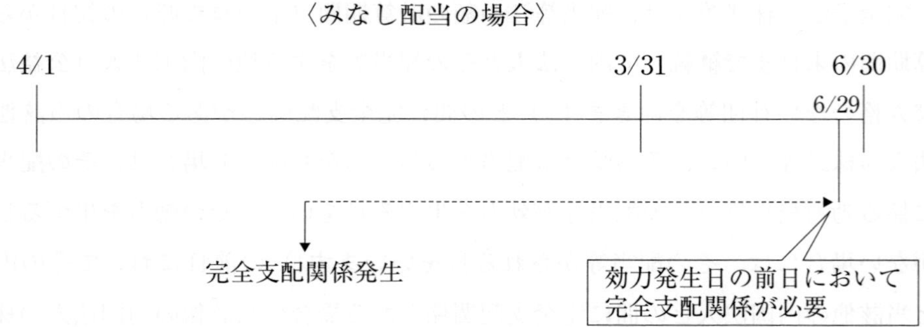

みなし配当に係る効力発生日が６月30日の場合、完全子法人株式等に該当するためには、その効力発生日の前日である６月29日において完全支配関係があることが必要となります。

ロ　配当等の額の計算期間

⑴　原則

配当等の額の計算期間とは、その受ける配当等の額に係る配当等の前に最後にその配当等をする他の内国法人によりされた配当等の基準日等（注）（以下、前回の配当基準日等といいます。）の翌日からその受ける配当等の額に係る基準日等までの期間をいいます（法令22の２②）。

㈵　基準日等とは、次に掲げるものの区分に応じ、それぞれ次に掲げる日をいいます（法令22②二）。

①　株式会社がする剰余金の配当でその剰余金の配当を受ける者を定めるための基準日（会社法124①）の定めがあるもの
　その基準日

②　株式会社以外の法人がする剰余金の配当等で、①に準ずる日の定めがあるもの
　その基準日に準ずる日

③　剰余金の配当等で①又は②の定めのないもの
　その剰余金の配当等がその効力を生ずる日（その効力を生ずる日の定めがない場合には、その剰余金の配当等がされる日）

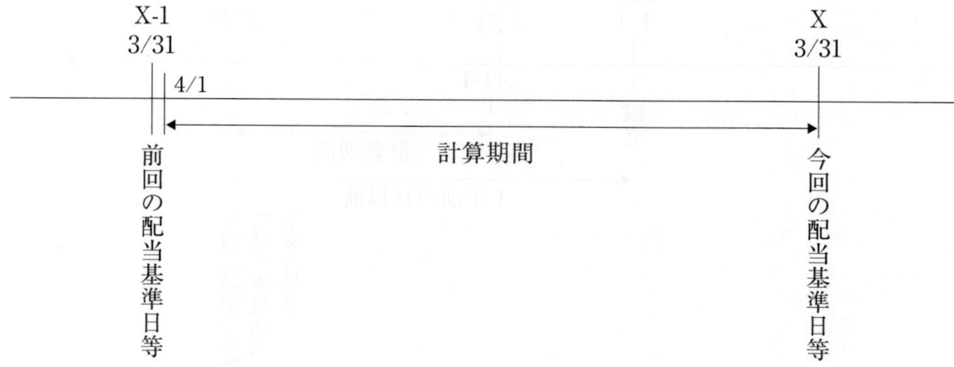

⑵　例外

次の①から③に掲げる場合には、上記⑴にかかわらず、①から③に掲げる期間が配当等の額の計算期間とされます（法令22の２②かっこ書）。

①　前回の配当基準日等の翌日が今回の配当基準日等から起算して１年前の日以前の日である場合又はその受ける配当等の額が今回の配当基準日等から起算して１年前の日以前に設立された他の内国法人からその設立の日以後最初にされる配当等の額である場合（次の③に掲げる場合を除きます。）（法令22の２②一）

今回の配当基準日等から起算して１年前の日の翌日からその受ける配当等の額に係る基準日等までの期間

〈前回の配当基準日等の翌日が今回の配当基準日等から起算して１年前の日以前である場合〉

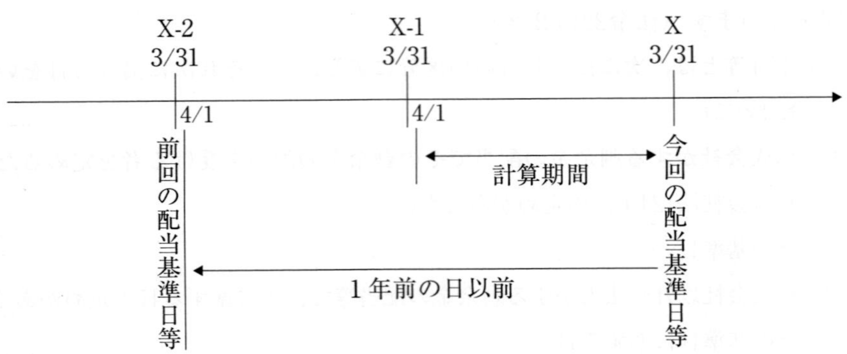

〈今回の配当基準日等から起算して１年前の日以前に設立された他の内国法人からその設立の日以後最初にされる配当等の額である場合〉

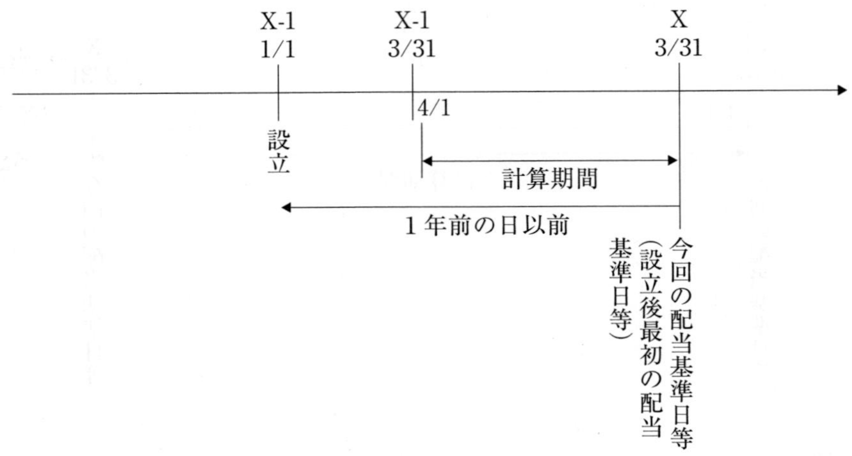

② その受ける配当等の額が今回の配当基準日等以前１年以内に設立された他の内国法人からその設立の日以後最初にされる配当等に係るものである場合（次の③に掲げる場合を除きます。）（法令22の２②二）

その設立の日から今回の配当基準日等までの期間

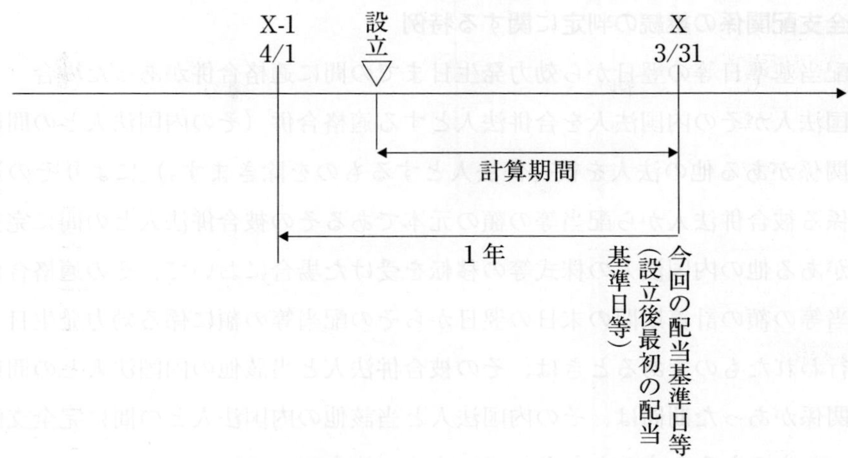

③　その受ける配当等の額がその配当等の額の元本である株式等を発行した他の内国法人から今回の配当基準日等以前１年以内に取得(注)した株式等につきその取得の日以後最初にされる配当等の額である場合（法令22の２②三）
　その取得の日から今回の配当基準日等までの期間

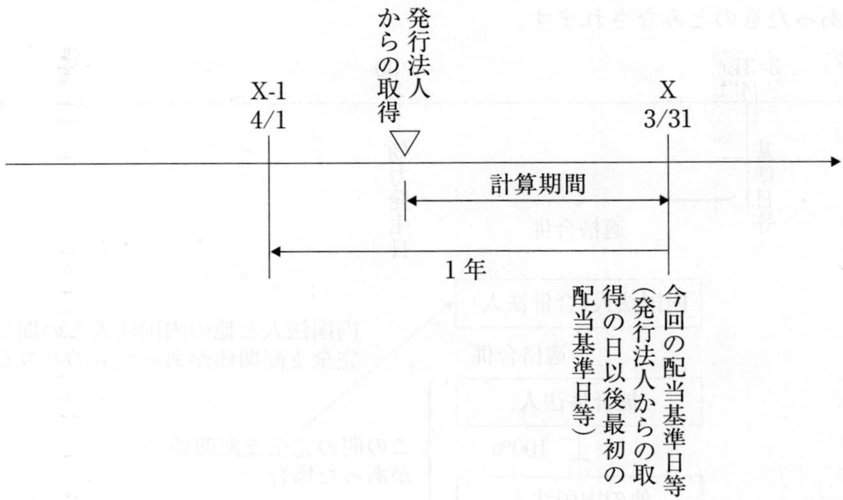

(注)　その配当等の額の元本である株式等を発行した他の内国法人からの取得は、新規発行によるか自己株式の処分によるかを問わず、また、組織再編成によるものも含まれます（泉恒有他『平成22年版 改正税法のすべて』232頁（大蔵財務協会平成22年））。

ハ　完全支配関係の継続の判定に関する特例

⑴　配当基準日等の翌日から効力発生日までの間に適格合併があった場合

内国法人がその内国法人を合併法人とする適格合併（その内国法人との間に完全支配関係がある他の法人を被合併法人とするものを除きます。）によりその適格合併に係る被合併法人から配当等の額の元本であるその被合併法人との間に完全支配関係がある他の内国法人の株式等の移転を受けた場合において、その適格合併がその配当等の額の計算期間の末日の翌日からその配当等の額に係る効力発生日までの間に行われたものであるときは、その被合併法人と当該他の内国法人との間に完全支配関係があった期間は、その内国法人と当該他の内国法人との間に完全支配関係があったものとみなすこととされています（法令22の２③）。

したがって、下記の図の場合、配当基準日等の翌日（４月１日）から効力発生日（６月30日）までの間に適格合併が行われていますので、被合併法人と他の内国法人との間にその配当等の額の計算期間中継続して完全支配関係があった場合には、内国法人と他の内国法人との間にその配当等の額の計算期間中継続して完全支配関係があったものとみなされます。

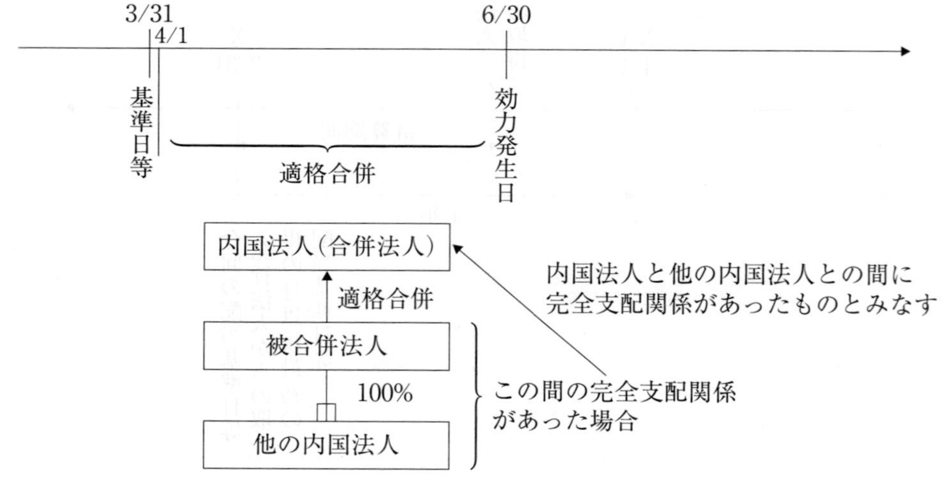

⑵　計算期間の中途において完全支配関係を有することとなった場合

その内国法人が配当等の額の計算期間の中途においてその支払を受ける配当等の額を支払う他の内国法人との間に完全支配関係を有することとなった場合において、その計算期間の開始の日からその完全支配関係を有することとなった日まで継続して当該他の内国法人と他の者との間に当該他の者による完全支配関係があり、かつ、同日からその計算期間の末日まで継続してその内国法人と当該他の者との間及び当該他の内国法人と当該他の者との間に当該他の者による完全支配関係があるときは、配当等の額の計算期間の開始の日からその計算期間の末日まで継続して内国法人と当該他の内国法人との間に完全支配関係があるものとされます（法令22の２①かっこ書）。

したがって、下記の図の場合、内国法人と他の内国法人との間の完全支配関係の継続の判定は、他の者と他の内国法人との間の完全支配関係の継続期間を含めて行いますので、内国法人と他の内国法人との間には計算期間の開始の日からその末日まで継続して完全支配関係があることとなります。

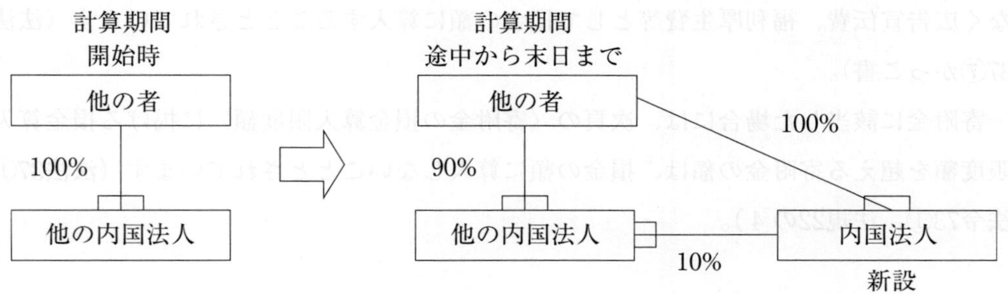

(3)　短期保有株式等に係る配当等の額

内国法人がその受ける配当等の額（みなし配当の額を除きます。）の元本である株式等をその配当等の額に係る基準日等以前１月以内に取得し、かつ、その株式等又はその株式等と銘柄を同じくする株式等をその基準日等後２月以内に譲渡した場合における配当等の額については、益金不算入の適用はありません（法法23②）。

この規定により益金不算入が適用されない配当等の額からは、みなし配当の額は除かれており、みなし配当の額に係る効力発生日の前日において完全支配関係があった場合には、完全子法人株式等に該当することとなるため、配当等の額の全額を益金の額に算入しないこととされています。

ただし、完全支配関係がある法人間において、みなし配当の額が生じる基因となる事由が生じた場合には、別途、株式等の譲渡損益を生じないこととされる取扱いが適用されます（下記４　100％グループ内の法人の株式の発行法人への譲渡等（121頁）参照）。

国税庁質疑応答その１

問６　完全子法人株式等に該当するかどうかの判定（219頁）

3　100％グループ内の法人間の寄附金・受贈益

⑴　寄附金・受贈益の一般的取扱い

法人税法においては、金銭その他の資産の贈与以外に経済的な利益の無償の供与（例えば金銭の無利息による貸付け）も寄附金に該当し、また、資産の譲渡又は経済的な利益の供与を時価より低い対価の額で行った場合で、時価とその対価の額との差額のうち実質的に贈与又は無償の供与と認められるものも寄附金に該当することとされてます（法法37⑦⑧）。

ただし、その贈与等が、広告宣伝や福利厚生等の目的による場合には、寄附金ではなく広告宣伝費、福利厚生費等として損金の額に算入することとされています（法法37⑦かっこ書）。

寄附金に該当した場合には、次頁の〈寄附金の損金算入限度額〉に掲げる損金算入限度額を超える寄附金の額は、損金の額に算入しないこととされています（法法37①、法令73①、法規22の４）。

〈寄附等の一般的取扱い〉

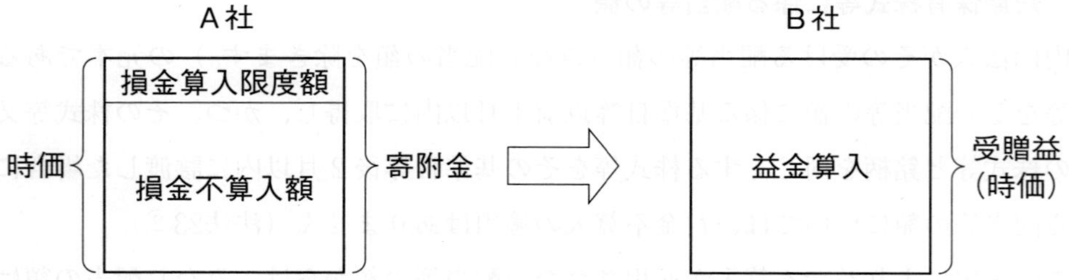

一方、寄附を受けた側の法人では、その受けた寄附金の額相当の受贈益が生じ益金の額に算入されます（法法22②）。

〈寄附金の損金算入限度額〉

<table>
<tr><th></th><th colspan="3">法人の区分</th><th>寄附金の損金算入限度額の計算式</th></tr>
<tr><td>①</td><td colspan="3">普通法人、協同組合等及び人格のない社団等（②に掲げる法人を除きます。）</td><td>$\left\{\text{期末資本金の額及び資本準備金の額の合計額又は出資金の額(注)} \times \frac{\text{当期の月数}}{12} \times \frac{2.5}{1,000} + \text{当期の所得の金額} \times \frac{2.5}{100}\right\} \times \frac{1}{4}$</td></tr>
<tr><td>②</td><td colspan="3">普通法人、協同組合等及び人格のない社団等のうち資本又は出資を有しないもの、非営利型法人に該当する一般社団法人及び一般財団法人並びに認可地縁団体、管理組合法人、団地管理組合法人、法人である政党等、防災街区整備事業組合、特定非営利活動法人（認定特定非営利活動法人を除きます。）、マンション建替組合、マンション敷地売却組合及び敷地分割組合</td><td>$\text{当期の所得の金額} \times \frac{1.25}{100}$</td></tr>
<tr><td rowspan="3">③</td><td rowspan="3">公益法人等（②に掲げる法人を除きます。）</td><td>ⅰ</td><td>公益社団法人又は公益財団法人</td><td>$\text{当期の所得の金額} \times \frac{50}{100}$</td></tr>
<tr><td>ⅱ</td><td>学校法人（専修学校を設置しているものを含みます。）、社会福祉法人、更生保護法人又は社会医療法人</td><td>$\text{当期の所得の金額} \times \frac{50}{100}$（年200万円に満たない場合には、200万円）</td></tr>
<tr><td>ⅲ</td><td>ⅰ又はⅱに掲げる法人以外の公益法人等</td><td>$\text{当期の所得の金額} \times \frac{20}{100}$</td></tr>
</table>

(注)　令和４年３月31日以前に開始する事業年度においては、「期末資本金の額及び資本準備金の額の合計額又は出資金の額」は、「期末資本金等の額」となります（令２年改正法令施行前の法令73①一イ、令２年改正法令附則１、２②）。

(2)　100％グループ内の法人間の寄附金・受贈益

イ　寄附金の損金不算入

内国法人が各事業年度においてその内国法人との間に完全支配関係（法人による完全支配関係に限ります(注)。）がある他の内国法人に対して支出した寄附金の額（下記ロの受贈益の益金不算入の規定を適用しないとした場合に当該他の内国法人の各事業年度の所得の金額の計算上益金の額に算入される下記ロ(ロ)の受贈益の額に対応するものに限ります。）は、その内国法人の各事業年度の所得の金額の計算上、損金の額に算入しないこととされています（法法37②）。

この場合、損金算入限度額の計算は行われず、その全額を損金の額に算入しないこととされています。

(注)　この限定の意義については、下記(3)を参照してください。

〈寄附金の損金不算入〉

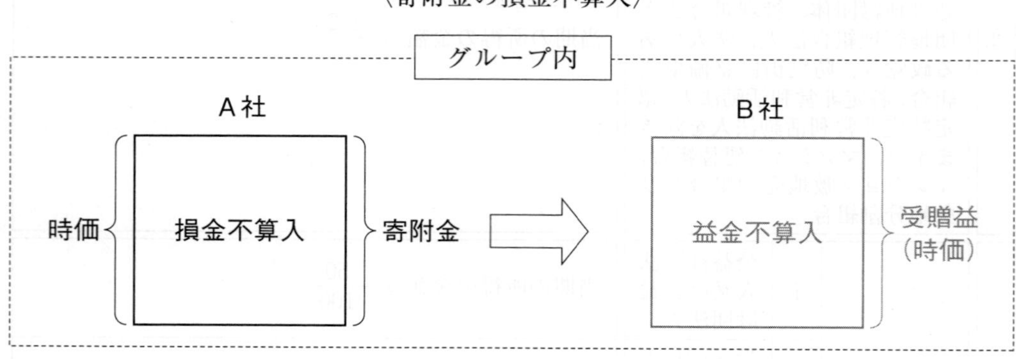

ロ　受贈益の益金不算入

(イ)　内容

内国法人が各事業年度においてその内国法人との間に完全支配関係（法人による完全支配関係に限ります(注)。）がある他の内国法人から受けた受贈益の額（寄附金の損金不算入の規定を適用しないとした場合に当該他の内国法人の各事業年度の所得の金額の計算上損金の額に算入される寄附金の額に対応するものに限ります。）は、その内国法人の各事業年度の所得の金額の計算上、益金の額に算入しないこととされています（法法25の２①）。

(注)　この限定の意義については、下記(3)を参照してください。

(ロ)　受贈益の額

受贈益の額は、寄附金、拠出金、見舞金その他いずれの名義をもってされるかを問わず、内国法人が金銭その他の資産又は経済的な利益の贈与又は無償の供与（広告宣伝及び見本品の費用その他これらに類する費用並びに交際費、接待費及び福利厚生費とされるべきものを除きます。）を受けた場合におけるその金銭の額若しくは金銭以外の資産のその贈与の時における価額又はその経済的な利益のその供与の時における価額によるものとされています（法法25の２②）。

なお、資産の譲渡又は経済的な利益の供与を受けた場合において、その譲渡又は供与の対価の額がその資産のその譲渡の時における価額又はその経済的な利益のその供与の時における価額に比して低いときは、その対価の額とその価額との差額のうち実質的に贈与又は無償の供与を受けたと認められる金額は、受贈益の額に含まれることとされています（法法25の２③）。

〈受贈益の益金不算入〉

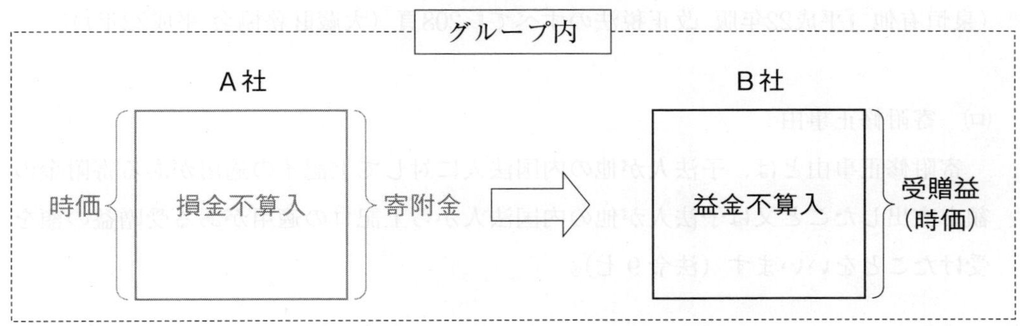

〈100％グループ内の法人間の寄附等のまとめ〉

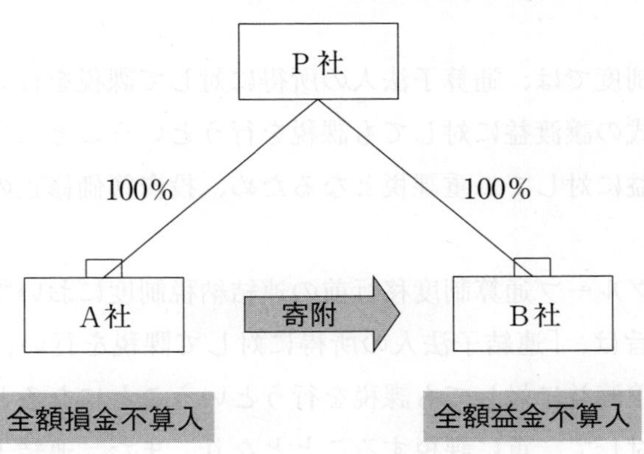

ハ　株主における寄附修正

⑴　寄附修正による調整

法人との間に完全支配関係がある他の法人（以下、子法人といいます。）の株式について下記⑵の寄附修正事由が生ずる場合には、次の金額を利益積立金額及びその寄附修正事由が生じた時の直前のその株式の帳簿価額に加減算することとされています（法令９七、119の３⑨、119の４①）。

$$\left[\begin{array}{l}\text{子法人において}\\\text{全額益金不算入さ}\\\text{れた受贈益の額}\end{array}\times\begin{array}{l}\text{子法人株式}\\\text{の持分割合}\end{array}\right]-\left[\begin{array}{l}\text{子法人において}\\\text{全額損金不算入さ}\\\text{れた寄附金の額}\end{array}\times\begin{array}{l}\text{子法人株式}\\\text{の持分割合}\end{array}\right]$$

＝　利益積立金額及び子法人株式の帳簿価額の加算額（計算結果がプラスの場合）・減算額（計算結果がマイナスの場合）

なお、寄附修正の趣旨については、「グループ法人間の寄附について課税関係を生じさせないこととなるため、これを利用した株式の価値の移転が容易となり、これにより子法人株式の譲渡損を作出する租税回避が考えられることから、これを防止するために、子法人株式の帳簿価額を調整するものです。」と説明されています（泉恒有他『平成22年版 改正税法のすべて』208頁（大蔵財務協会 平成22年））。

(ロ)　寄附修正事由

寄附修正事由とは、子法人が他の内国法人に対して上記イの適用がある寄附金の額を支出したこと又は子法人が他の内国法人から上記ロの適用がある受贈益の額を受けたことをいいます（法令９七）。

（参　考）

グループ通算制度の投資簿価修正

○　修正の理由

グループ通算制度では、通算子法人の所得に対して課税を行い、さらに、その通算子法人の株式の譲渡益に対しても課税を行うということになると、通算子法人が稼得した利益に対して二重課税となるため、投資簿価修正の制度が設けられています。

この制度は、グループ通算制度移行前の連結納税制度において設けられた制度であり、その趣旨は、「連結子法人の所得に対して課税を行い、更に、その連結子法人の株式の譲渡益に対しても課税を行うということになると、連結子法人が稼得した利益に対して二重に課税することとなり、また、連結子法人の欠損を損金としながら、更に、その連結子法人の株式の譲渡損についても損金とするということになると、連結子法人に生じた損失について二重に控除することとなるという問題が生じます。

このため、連結子法人の株式の譲渡を行うこととなる場合などにおいては、その連結子法人の連結個別利益積立金額に基づきその連結子法人の株式の帳簿価額を修正し（編注）、連結子法人の稼得した利益に対して二重に課税したり、連結子法人に生じた損失について二重に控除することがないように措置されています。」と解説されています（柴崎澄哉他『平成14年版改正税法のすべて』286頁（大蔵財務協会 平成14年））。

（編注）　グループ通算制度においては、通算子法人の簿価純資産価額に基づきその通算子法人の株式の帳簿価額を修正することに改正されています（法令119の３⑤）。

なお、この改正後の投資簿価修正については、「通算制度下において子法人に生じた利益又は損失に対する株式の譲渡損益を通じた２回目の課税又は控除は、改正前と同様に防ぐことができます。」と解説されています（内藤景一朗他『令和２年版改正税法のすべて』948頁（大蔵財務協会 令和２年））。

○　修正の範囲

投資簿価修正は、通算法人が有する他の通算法人の株式について、通算終了事由（グループ通算制度の承認が効力を失うことをいいます。）が生じた場合に行うこととされています（法令119の３⑤）。

また、グループ通算制度の承認が効力を失うこととは、次の事由をいいます（法法64の10①⑤⑥）。

①　通算法人のグループ通算制度の取りやめ

②　通算法人の青色申告の承認の取消し

③　通算親法人の解散

④　通算親法人が公益法人等に該当することとなったこと

⑤　通算親法人と内国法人（普通法人又は協同組合等に限ります。）との間にその内国法人による完全支配関係が生じたこと

⑥　通算親法人と内国法人（公益法人等に限ります。）との間にその内国法人による完全支配関係がある場合において、その内国法人が普通法人又は協同組合等に該当することとなったこと

⑦　通算子法人の解散（合併又は破産手続開始の決定による解散に限ります。）又は残余財産の確定

⑧　通算子法人が通算親法人との間にその通算親法人による通算完全支配関係を有しなくなったこと

⑨　上記⑦又は⑧に掲げる事実又は通算子法人について上記②によりグループ通算制度の承認が効力を失ったことに基因して通算法人が通算親法人のみとなったこと

なお、投資簿価修正は、例えば、親が子の株式を、子が孫の株式を直接に有している場合には、孫（資本関係が最も下位であるもの）から順に連鎖的に行うことが必要とされています（法基通２－３－21の３）。

二 設例

① 一の者との間に当事者間の完全支配の関係がある法人相互の関係がある場合

次のような完全支配関係がある法人間において現金100の寄附をした場合におけるＰ社、S_1社、S_2社の処理

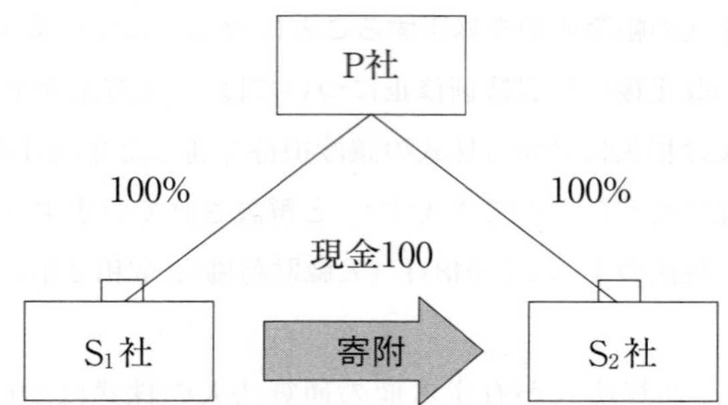

○ S_1社の処理

〈S_1社〉

（借方）		（貸方）	
寄附金	100	現金	100

⇩

全額損金不算入

〈S_1社の別表四の記載例〉

区　分	総　額	留　保	社外流出	
当期利益又は当期欠損の額	△100	△100	配当	
寄附金の損金不算入額	100		その他	100
所得金額又は欠損金額	0	△100		100

○ S_2社の処理

〈S_2社〉

（借方）		（貸方）	
現金	100	受贈益	100

⇩

全額益金不算入

〈S_2社の別表四の記載例〉

	区　分	総　額	留　保	社外流出	
	当期利益又は当期欠損の額	100	100	配当	
減算	受贈益の益金不算入額	100		※	100
	小　計	100			100
	所得金額又は欠損金額	0	100		△100

○　Ｐ社の処理

〈Ｐ社〉

（借方）		（貸方）	
利益積立金額	100	S_1社株式	100
S_2社株式	100	利益積立金額	100

〈Ｐ社の別表五（一）の記載例〉

Ⅰ　利益積立金額の計算に関する明細書				
区　分	期　首	減	増	期　末
S_1社株式（寄附修正）		100		△100
S_2社株式（寄附修正）			100	100
差引合計額		100	100	0

〈Ｐ社におけるS_1社株式に係る寄附修正〉

S_1社における受贈益の額（０）×持分割合（100％）－S_1社における寄附金の額（100）×持分割合（100％）＝△100……利益積立金額及びS_1社株式の帳簿価額の減算

〈Ｐ社におけるS_2社株式に係る寄附修正〉

S_2社における受贈益の額（100）×持分割合（100％）－S_2社における寄附金の額（０）×持分割合（100％）＝100……利益積立金額及びS_2社株式の帳簿価額の加算

②　当事者間の完全支配の関係がある場合

次のような完全支配関係がある法人間において現金100の寄附をした場合におけるＰ社、Ｓ社の処理

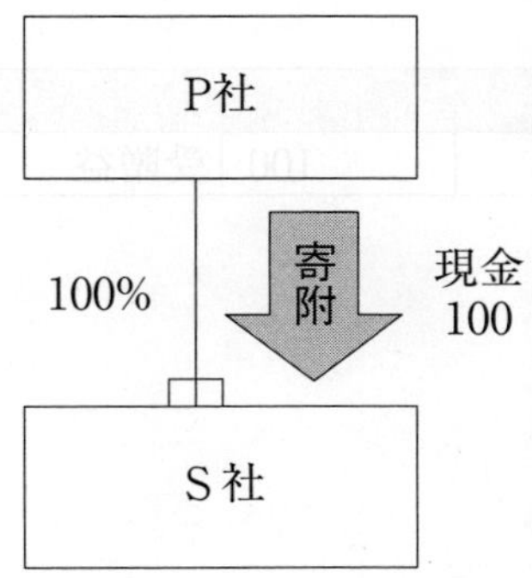

○　Ｐ社の処理

〈寄附者：Ｐ社〉

（借方）		（貸方）	
寄附金	100	現金	100

全額損金不算入

〈Ｐ社の別表四の記載例〉

区　分	総　額	留　保	社外流出	
当期利益又は当期欠損の額	△100	△100	配当	
寄附金の損金不算入額	100		その他	100
所得金額又は欠損金額	0	△100		100

〈Ｓ社の株主：Ｐ社〉

（借方）		（貸方）	
Ｓ社株式	100	利益積立金額	100

〈Ｐ社の別表五（一）の記載例〉

Ⅰ　利益積立金額の計算に関する明細書				
区　分	期　首	減	増	期　末
Ｓ社株式（寄附修正）			100	100
繰越損益金			△100	△100
差引合計額			0	0

〈Ｐ社におけるＳ社株式に係る寄附修正〉

Ｓ社における受贈益の額（100）×持分割合（100％）－Ｓ社における寄附金の額（０）×持分割合（100％）＝100……利益積立金額及びＳ社株式の帳簿価額の加算

○　Ｓ社の処理

〈Ｓ社〉

（借方）		（貸方）	
現金	100	受贈益	100

全額益金不算入

〈Ｓ社の別表四の記載例〉

区　分		総　額	留　保	社外流出	
当期利益又は当期欠損の額		100	100	配当	
減算	受贈益の益金不算入額	100		※	100
	小　計	100			100
所得金額又は欠損金額		0	100		△100

③　②後においてＳ社株式を譲渡した場合

Ｐ社が②において寄附修正を行ったＳ社株式（帳簿価額1,100、時価1,200）を完全支配関係のないＡ社に現金1,200で売却した場合におけるＰ社の処理。なお、寄附修正前のＰ社におけるＳ社株式の帳簿価額は1,000である。

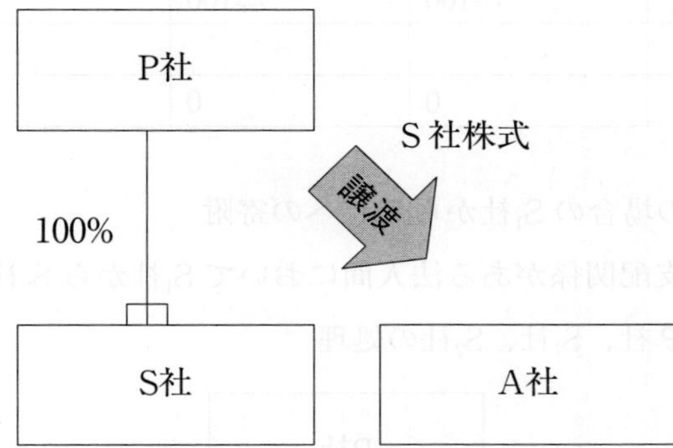

○　Ｐ社の処理

〈P社〉

(会計上)

（借方）		（貸方）	
現金	1,200	S社株式	1,000
		譲渡益	200

(税務上)

（借方）		（貸方）	
現金	1,200	S社株式	1,100
		譲渡益	100

(申告調整)

（借方）		（貸方）	
譲渡益	100	S社株式	100

〈Ｐ社の別表四の記載例〉

区　分		総　額	留　保	社外流出	
当期利益又は当期欠損の額		200	200	配当	
減算	譲渡益（Ｓ社株式）	100	100		
	小　計	100	100		
所得金額又は欠損金額		100	100		

〈Ｐ社の別表五（一）の記載例〉

Ⅰ　利益積立金額の計算に関する明細書				
区　分	期　首	減	増	期　末
Ｓ社株式（寄附修正）	100	100		0
繰越損益金	△100	△100	100	100
差引合計額	0	0	100	100

④　株式持ち合いの場合のS_1社からS_2社への寄附

次のような完全支配関係がある法人間においてS_1社からS_2社へ現金100の寄附をした場合におけるＰ社、S_1社、S_2社の処理

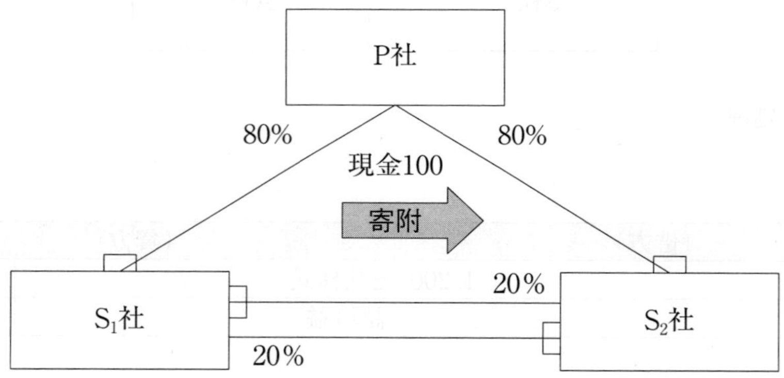

○　S_1社の処理

〈寄附者：S_1社〉

（借方）		（貸方）	
寄附金	100	現金	100

全額損金不算入

〈S_1社の別表四の記載例〉

区　分	総　額	留　保	社外流出	
当期利益又は当期欠損の額	△100	△100	配当	
寄附金の損金不算入額	100		その他	100
所得金額又は欠損金額	0	△100		100

〈S_2社の株主：S_1社〉

（借方）		（貸方）	
S_2社株式	20	利益積立金額	20

〈S_1社の別表五（一）の記載例〉

Ⅰ　利益積立金額の計算に関する明細書				
区　分	期　首	減	増	期　末
S_2社株式（寄附修正）			20	20
繰越損益金			△100	△100
差引合計額			△80	△80

〈S_1社におけるS_2社株式に係る寄附修正〉

S_2社における受贈益の額（100）×持分割合（20％）－S_2社における寄附金の額（0）×持分割合（20％）＝20……利益積立金額及びS_2社株式の帳簿価額の加算

○　S_2社の処理

〈受贈者：S_2社〉

（借方）		（貸方）	
現金	100	受贈益	100

⇩

全額益金不算入

〈S_2社の別表四の記載例〉

区　分		総　額	留　保	社外流出	
当期利益又は当期欠損の額		100	100	配当	
減算	受贈益の益金不算入額	100		※	100
	小　計	100			100
所得金額又は欠損金額		0	100		△100

〈S_1社の株主：S_2社〉

（借方）		（貸方）	
利益積立金額	20	S_1社株式	20

〈S_2社の別表五（一）の記載例〉

Ⅰ　利益積立金額の計算に関する明細書				
区　分	期　首	減	増	期　末
S_1社株式（寄附修正）		20		△20
繰越損益金			100	100
差引合計額		20	100	80

〈S_2社におけるS_1社株式に係る寄附修正〉

S_1社における受贈益の額（0）×持分割合（20%）－S_1社における寄附金の額（100）×持分割合（20%）＝△20……利益積立金額及びS_1社株式の帳簿価額の減算

○　Ｐ社の処理

〈Ｐ社〉

（借方）		（貸方）	
利益積立金額	80	S_1社株式	80
S_2社株式	80	利益積立金額	80

〈Ｐ社の別表五（一）の記載例〉

Ⅰ　利益積立金額の計算に関する明細書				
区　分	期　首	減	増	期　末
S_1社株式（寄附修正）		80		△80
S_2社株式（寄附修正）			80	80
差引合計額		80	80	0

〈Ｐ社におけるS_1社株式に係る寄附修正〉

S_1社における受贈益の額（0）×持分割合（80%）－S_1社における寄附金の額（100）×持分割合（80%）＝△80……利益積立金額及びS_1社株式の帳簿価額の減算

〈Ｐ社におけるS_2社株式に係る寄附修正〉

S_2社における受贈益の額（100）×持分割合（80%）－S_2社における寄附金の額（0）×持分割合（80%）＝80……利益積立金額及びS_2社株式の帳簿価額の加算

⑤　株式持ち合いの場合のＰ社からS_2社への寄附

次のような完全支配関係がある法人間においてＰ社からS_2社へ現金100の寄附をした場合におけるＰ社、S_1社、S_2社の処理

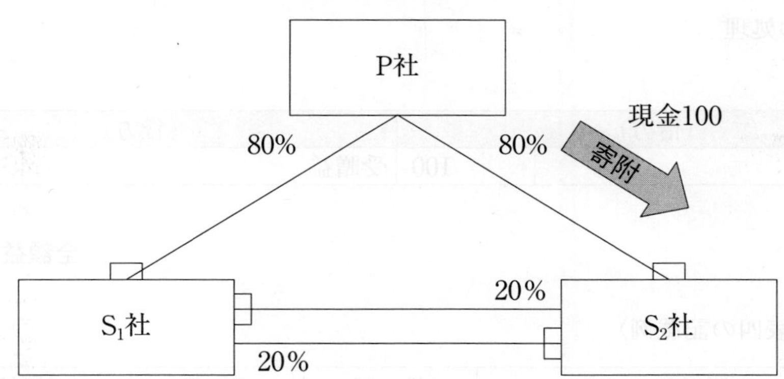

○　Ｐ社の処理

〈寄附者：P社〉

（借方）		（貸方）	
寄附金	100	現金	100

⇩

全額損金不算入

〈Ｐ社の別表四の記載例〉

区　分	総　額	留　保	社外流出	
当期利益又は当期欠損の額	△100	△100	配当	
寄附金の損金不算入額	100		その他	100
所得金額又は欠損金額	0	△100		100

〈S_2社の株主：P社〉

（借方）		（貸方）	
S_2社株式	80	利益積立金額	80

〈Ｐ社の別表五（一）の記載例〉

Ⅰ　利益積立金額の計算に関する明細書				
区　分	期　首	減	増	期　末
S_2社株式（寄附修正）			80	80
繰越損益金			△100	△100
差引合計額			△20	△20

〈P社におけるS_2社株式に係る寄附修正〉

S_2社における受贈益の額（100）×持分割合（80％）－S_2社における寄附金の額（0）×持分割合（80％）＝80……利益積立金額及びS_2社株式の帳簿価額の加算

○　S_2社の処理

〈S_2社〉

（借方）		（貸方）	
現金	100	受贈益	100

全額益金不算入

〈S_2社の別表四の記載例〉

区　分		総　額	留　保	社外流出	
当期利益又は当期欠損の額		100	100	配当	
減算	受贈益の益金不算入額	100		※	100
	小　計	100			100
所得金額又は欠損金額		0	100		△100

○　S_1社の処理

〈S_1社〉

（借方）		（貸方）	
S_2社株式	20	利益積立金額	20

〈S_1社の別表五（一）の記載例〉

Ⅰ　利益積立金額の計算に関する明細書				
区　分	期　首	減	増	期　末
S_2社株式（寄附修正）			20	20
差引合計額			20	20

〈S_1社におけるS_2社株式に係る寄附修正〉

S_2社における受贈益の額（100）×持分割合（20％）－S_2社における寄附金の額（0）×持分割合（20％）＝20……利益積立金額及びS_2社株式の帳簿価額の加算

国税庁質疑応答その１

問７　寄附修正事由が生じた場合の株主の処理（220頁）

国税庁質疑応答その２

問４　株式持ち合いの場合の寄附修正（255頁）

⑶　個人（親族等）による完全支配関係がある場合の取扱い

完全支配関係が個人によるものには、親族によるものも含まれることから、そうしたものについても受贈益の益金不算入を適用すると、相続税や贈与税の潜脱行為に利用されるおそれがあることから上記⑵の適用を受けずに、寄附した法人側では損金算入限度額を除き損金の額に算入しないこととされ、寄附を受けた法人側では益金の額に算入することとされています。

〈個人による完全支配関係がある場合〉

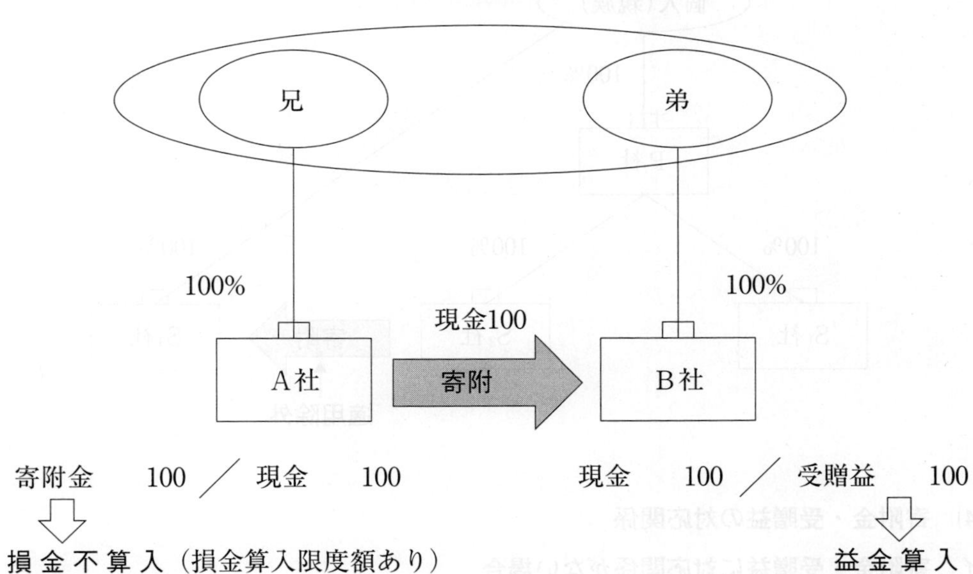

寄附金　100 ／ 現金　100　　　現金　100 ／ 受贈益　100

損金不算入（損金算入限度額あり）　　　益金算入

ただし、個人による完全支配関係があれば除くとするものではなく、「法人による完全支配関係に限る」とするものであることから、寄附した法人と寄附を受けた法人との間に個人による完全支配関係だけがある場合には、上記⑵の規定の適用除外とされます。

したがって、下記のケース１の場合には、S_1社及びS_2社は法人であるＰ社による完全支配関係があるため、上記⑵の規定が適用されます（法基通9—4—2の５）。一方、下記のケース２の場合には、S_2社とS_3社との間には、個人による完全支配関係だけがあることから上記⑵の規定の適用除外とされます。

〈ケース１〉

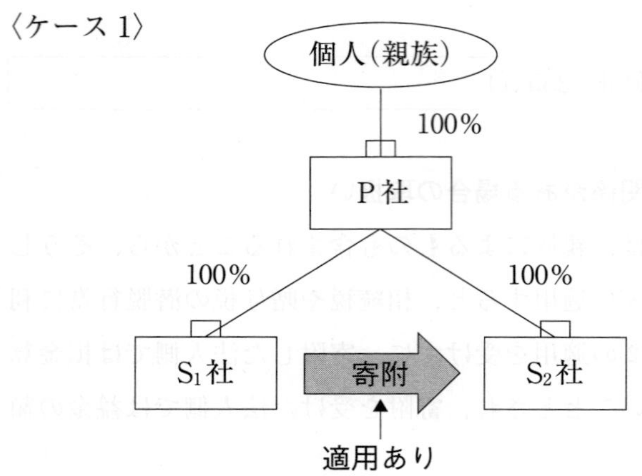

〈ケース２〉

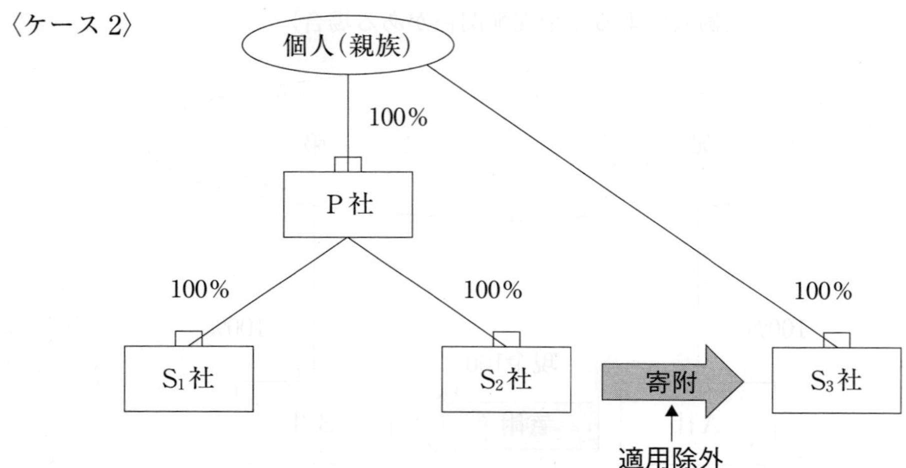

⑷　**寄附金・受贈益の対応関係**

イ　寄附金・受贈益に対応関係がない場合

上記⑵の規定は、寄附した法人の寄附金の額と寄附を受けた法人の受贈益の額とに対応関係が生じない場合には、上記⑵の規定は適用されないことになります。

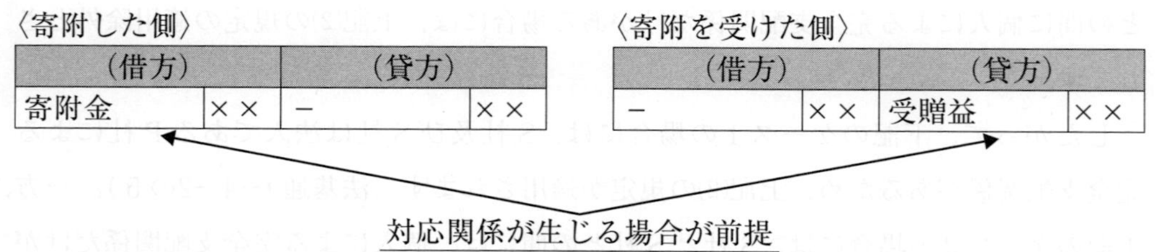

〈寄附した側〉

（借方）		（貸方）	
寄附金	××	－	××

〈寄附を受けた側〉

（借方）		（貸方）	
－	××	受贈益	××

ロ　対応関係に関する具体例

①　整理・再建のための一定の経済的利益の供与の場合

完全支配関係がある法人間で整理・再建のための一定の経済的利益の供与（法基通9―4―1、9―4―2）があった場合には、その一定の経済的利益の供与は寄附金に該当しないものとして取り扱われる限り、損金の額に算入することが認められ、経済的利益の受領側においても従前どおり全額益金の額に算入することとされています（法基通4―2―5）㈱。

法人税基本通達9―4―1又は9―4―2に該当しない場合には、支援者の寄附金を全額損金の額に算入しないこととされます。

㈱　同様の趣旨の事例が国税庁より質疑応答事例として公表されています（国税庁 HP 質疑応答「完全支配関係にある内国法人間の支援損について」）。

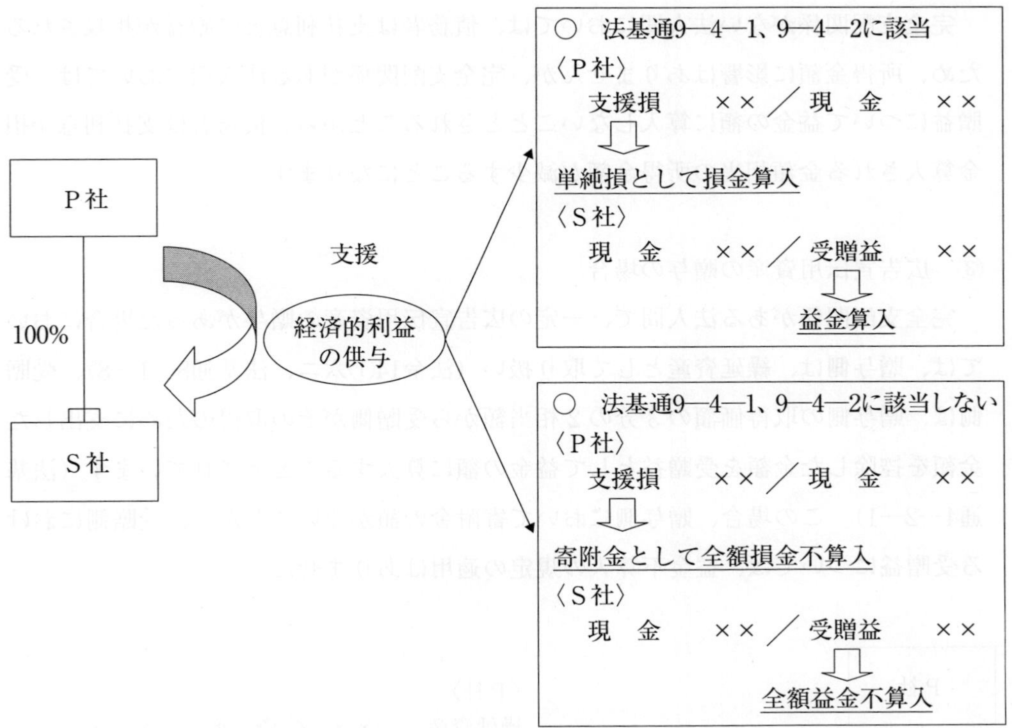

②　無利息貸付け等の場合

完全支配関係がある法人から金銭の無利息貸付け又は役務の無償提供などの経済的利益の供与を受けた場合には、支払利息又は役務提供の対価の額を損金の額に算入するとともに同額を受贈益の額として益金の額に算入することとなりますが、その経済的利益を供与した側においてその経済的利益の額が寄附金の額に該当するときには、寄附金の額に対応する受贈益の額について益金の額に算入しないこととされています（法基通4―2―6）。

したがって、完全支配関係がある法人間の無利息貸付けがあった場合には、債権者側で寄附金の額を全額損金の額に算入しないこととされ、債務者側で受贈益の額を益金の額に算入しないこととされます。

〈債権者〉

（借方）		（貸方）	
寄附金（全額損金不算入）	×××	受取利息（益金算入）	×××

〈債務者〉

（借方）		（貸方）	
支払利息（損金算入）	×××	受贈益（全額益金不算入）	×××

完全支配関係がない法人間においては、債務者は支払利息と受贈益が相殺されるため、所得金額に影響はありませんが、完全支配関係がある法人間においては、受贈益について益金の額に算入しないこととされることから、債務者は支払利息が損金算入される金額相当の所得金額が減少することになります。

③　広告宣伝用資産の贈与の場合

完全支配関係がある法人間で、一定の広告宣伝用資産の贈与があった場合においては、贈与側は、繰延資産として取り扱い（法令14①六ニ、法基通8―1―8）、受贈側は、贈与側の取得価額の３分の２相当額から受贈側がその取得のために支出した金額を控除した金額を受贈益として益金の額に算入することとされています（法基通4―2―1）。この場合、贈与側において寄附金の額がないことから、受贈側における受贈益については、益金不算入の規定の適用はありません。

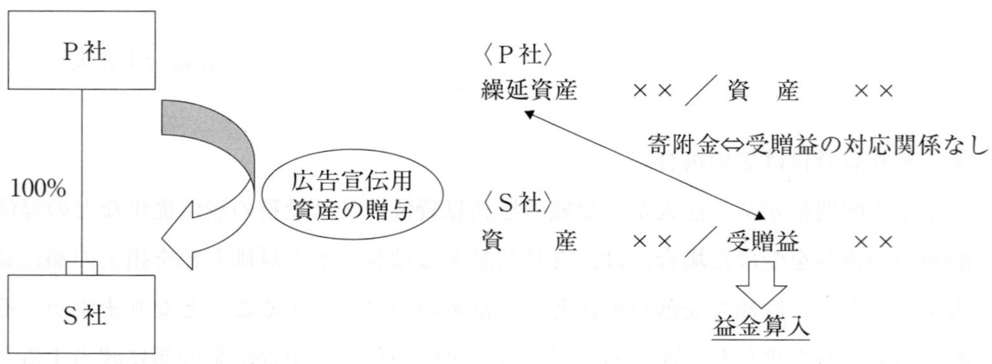

④　一方の法人が公益法人等である場合

完全支配関係がある公益法人等に対して寄附をした場合に、その受贈益の額が公益法人等において法人税が課されない収益事業以外の事業に属するものとして区分経理されているときには、寄附した法人側における寄附金の額は、受贈益の額に対応するものに該当しないこととして取り扱われ、上記⑴と同様に、損金算入限度額を除き損金の額に算入しないこととされています（法基通9―4―2の６）。

一方、公益法人等が完全支配関係がある法人に対して寄附をした場合に、その寄附金の額が公益法人等において法人税が課されない収益事業以外の事業に属する資産のうちから支出されたものであるときは、寄附を受けた法人側における受贈益の額は、寄附金の額に対応するものに該当しないこととして取り扱われ、全額益金の額に算入することとされています（法基通4―2―4）。

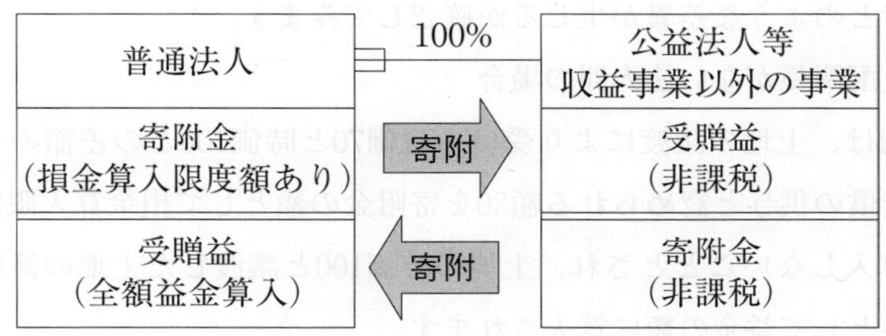

⑤　有利発行の場合

完全支配関係のある内国法人間において、例えば、一方の法人が増資を行うに当たり、他方の法人に特に有利な払込金額で募集株式の発行（有利発行）を行う場合には、有利発行を受けた法人側ではその募集株式の時価とその払込金額との差額について受贈益の額を認識することとなります。しかし、有利発行を行った法人側では資本等取引として払込金額による資本金の増加の処理を行うことになり、その募集株式の時価とその払込金額の差額については何らの処理も行わず寄附金の額がないことから、このような受贈益の額は、全額益金の額に算入することとされています（平成22年通達改正趣旨説明「【新設】（寄附金の額に対応する受贈益）4―2―4」の解説（281頁））。

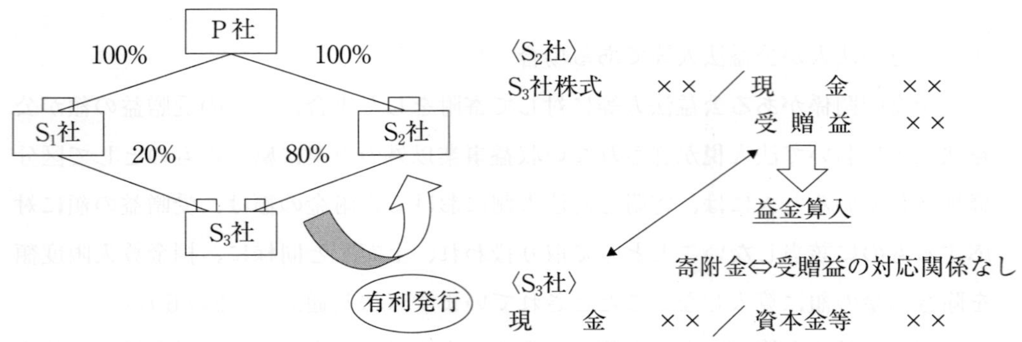

(5) 譲渡損益調整資産について時価と異なる価額で譲渡があった場合の設例

イ　低額譲渡の場合

帳簿価額70、時価100の土地（譲渡損益調整資産）を帳簿価額相当額70で譲渡する低額譲渡があった場合の取扱いについて、完全支配関係がない場合と完全支配関係がある場合とでどのような差異が生じるか確認してみます。

(イ)　完全支配関係がない法人間の場合

売り手側は、土地の譲渡により受ける対価70と時価100との差額のうち実質的に贈与又は無償の供与と認められる額30を寄附金の額として損金算入限度額を除き損金の額に算入しないこととされ、土地の時価100と譲渡した土地の簿価70との差額30が譲渡益として益金の額に算入されます。

一方、買い手側は、時価100により土地を取得し、その受けた寄附金の額30相当が受贈益として益金の額に算入されます。

〈売り手側〉

（借方）		（貸方）	
現金	70	土地	70
寄附金	30	譲渡益（益金算入）	30

申告調整：加算・流出

（借方）		（貸方）	
社外流出	30	寄附金	30

〈売り手側の別表四の記載例〉

区　分	総　額	留　保	社外流出	
当期利益又は当期欠損の額	0		配当	
寄附金の損金不算入額	30（注）		その他	30
所得金額又は欠損金額	30			30

(注)　所得金額や資本金等の額によって、本来は金額が異なりますが、ここでは寄附金の損金不算入額を30としています。

〈買い手側〉

（借方）		（貸方）	
土地	100	現金	70
		受贈益（益金算入）	30

〈買い手側の別表四の記載例〉

区　分	総　額	留　保	社外流出	
当期利益又は当期欠損の額	30	30	配当	
所得金額又は欠損金額	30	30		

(ロ)　完全支配関係がある法人間の場合

譲渡損益調整資産の譲渡取引に係る損益が繰り延べられることから（上記１(1)譲渡損益の繰延べ（37頁）参照）、売り手側が土地（譲渡損益調整資産）を譲渡したことによる譲渡益30相当を調整勘定繰入損として損金の額に算入することにより、譲渡益が繰り延べられます。

さらに、法人による完全支配関係がある法人間の寄附金は寄附した側で全額損金の額に算入しないこととされることから、売り手側の寄附金の額30全額を損金の額に算入しないこととされます。また、寄附を受けた側の受贈益は益金の額に算入しないこととされることから、買い手側の受贈益の額30を益金の額に算入しないこととされます。

〈売り手側〉

（借方）		（貸方）	
現金	70	土地（譲渡損益調整資産）	70
寄附金	30	譲渡益（益金算入）	30

申告調整：減算・留保

（借方）		（貸方）	
調整勘定繰入損	30	調整勘定	30

申告調整：加算・流出

（借方）		（貸方）	
社外流出	30	寄附金	30

〈売り手側の別表四の記載例〉

区　分		総　額	留　保	社外流出	
当期利益又は当期欠損の額		0		配当	
減算	調整勘定繰入損	30	30		
	小　計	30	30		
寄附金の損金不算入額		30		その他	30
所得金額又は欠損金額		0	△30		30

〈売り手側の別表五（一）の記載例〉

Ⅰ　利益積立金額の計算に関する明細書				
区　分	期　首	減	増	期　末
調整勘定（土地）		30		△30
差引合計額		30		△30

〈買い手側〉

（借方）		（貸方）	
土地	100	現金	70
		受贈益	30

申告調整：減算・流出

（借方）		（貸方）	
受贈益	30	社外流出	30

〈買い手側の別表四の記載例〉

区　分		総　額	留　保	社外流出	
当期利益又は当期欠損の額		30	30	配当	
減算	受贈益の益金不算入額	30		※	30
	小　計	30			30
所得金額又は欠損金額		0	30		△30

したがって、完全支配関係がある法人間で行う低額譲渡については、完全支配関係

がない法人間の場合（寄附金の損金算入限度額は考慮しません。）に比べ低額譲渡した事業年度の売り手側における譲渡益の繰延べ分30と買い手側における受贈益の益金の額に算入しないこととされる分30の所得が減少し、グループ全体で60の所得が減少（うち30は繰延べ）することになります。

〈低額譲渡の取扱いの差異〉

	完全支配関係がある法人間	
	該当しない	該当する
売り手側		
譲渡益　（30）	益金算入	繰延べ
寄附金　（30）	損金不算入	損金不算入
買い手側		
受贈益　（30）	益金算入	益金不算入

ロ　高額譲渡の場合

帳簿価額100、時価70の土地（譲渡損益調整資産）を帳簿価額相当額100で譲渡する高額譲渡があった場合の取扱いについて、完全支配関係がない場合と完全支配関係がある場合とでどのような差異が生じるか確認してみます。

⑴　完全支配関係がない法人間の場合

売り手側は、土地の譲渡により受ける対価100と時価70との差額30が受贈益として益金の額に算入され、土地の時価70と譲渡した土地の帳簿価額100との差額30が譲渡損として損金の額に算入されます。

一方、買い手側は、時価70により土地を取得し、土地の取得により支払う対価100と時価70との差額のうち実質的に贈与又は無償の供与と認められる額30を寄附金の額として損金算入限度額を除き損金の額に算入しないこととされます。

〈売り手側〉

（借方）		（貸方）	
現金	100	土地	100
譲渡損（損金算入）	30	受贈益（益金算入）	30

〈売り手側の別表四の記載例〉

区　分	総　額	留　保	社外流出	
当期利益又は当期欠損の額	0		配当	
所得金額又は欠損金額	0			

〈買い手側〉

（借方）		（貸方）	
土地	70	現金	100
寄附金	30		

申告調整：加算・流出

（借方）		（貸方）	
社外流出	30	寄附金	30

〈買い手側の別表四の記載例〉

区　分	総　額	留　保	社外流出	
当期利益又は当期欠損の額	△30	△30	配当	
寄附金の損金不算入額	30（注）		その他	30
所得金額又は欠損金額	0	△30		30

(注)　所得金額や資本金等の額によって、本来は金額が異なりますが、ここでは寄附金の損金不算入額を30としています。

(ロ)　完全支配関係がある法人間の場合

譲渡損益調整資産の譲渡取引に係る損益が繰り延べられることから（上記１(1)譲渡損益の繰延べ（37頁）参照）、売り手側が土地（譲渡損益調整資産）を譲渡したことによる譲渡損30相当を調整勘定繰入益として益金の額に算入することにより、譲渡損が繰り延べられます。

さらに、法人による完全支配関係がある法人間の受贈益は寄附を受けた側で全額益金の額に算入しないこととされることから、売り手側の受贈益の額30を益金の額に算入しないこととされます。また、寄附した側の寄附金は損金の額に算入しないこととされることから、買い手側の寄附金の額30を損金の額に算入しないこととされます。

〈売り手側〉

（借方）		（貸方）	
現金	100	土地（譲渡損益調整資産）	100
譲渡損（損金算入）	30	受贈益	30

申告調整：加算・留保

（借方）		（貸方）	
調整勘定	30	調整勘定繰入益	30

申告調整：減算・流出

（借方）		（貸方）	
受贈益	30	社外流出	30

〈売り手側の別表四の記載例〉

区　分		総　額	留　保	社外流出	
当期利益又は当期欠損の額		0	0	配当	
加算	調整勘定繰入益	30	30		
	小　計	30	30		
減算	受贈益の益金不算入額	30		※	30
	小　計	30			30
所得金額又は欠損金額		0	30		△30

〈売り手側の別表五（一）の記載例〉

Ⅰ　利益積立金額の計算に関する明細書				
区　分	期　首	減	増	期　末
調整勘定（土地）			30	30
差引合計額			30	30

〈買い手側〉

（借方）		（貸方）	
土地	70	現金	100
寄附金	30		

申告調整：加算・流出

（借方）		（貸方）	
社外流出	30	寄附金	30

〈買い手側の別表四の記載例〉

区　分	総　額	留　保	社外流出	
当期利益又は当期欠損の額	△30	△30	配当	
寄附金の損金不算入額	30		その他	30
所得金額又は欠損金額	0	△30		30

したがって、完全支配関係がある法人間で行う高額譲渡については、完全支配関係がない法人間の場合（寄附金の損金算入限度額は考慮しません。）に比べ高額譲渡した事業年度の売り手側における譲渡損の繰延べ分30の所得が増加し、その一方で受贈益の益金の額に算入しないこととされる分30の所得が減少するため、譲渡損の繰延べ分30はありますが、グループ全体で所得の増減はありません。

〈高額譲渡の取扱いの差異〉

	完全支配関係がある法人間	
	該当しない	該当する
売り手側 譲渡損　(30) 受贈益　(30)	損金算入 益金算入	繰延べ 益金不算入
買い手側 寄附金　(30)	損金不算入	損金不算入

国税庁質疑応答その１

問10　譲渡損益調整資産（非減価償却資産）を簿価により譲渡した場合の課税関係（230頁）

問11　譲渡損益調整資産（減価償却資産）を簿価で譲り受けた場合の譲受法人の申告調整（234頁）

⑹　デットエクイティスワップ（DES）を行った場合の設例

デットエクイティスワップ（DES）の場面におけるグループ法人税制の影響について、設例を用いて解説します。

前提ⅰ　X社は、完全支配関係があるY社に対して30の債権を有している。

ⅱ　この債権30をY社に対して現物出資してY社の株式を取得する、いわゆるDESを行う。

ⅲ　現物出資される債権の時価は10である。

①　適格現物出資の場合

適格現物出資の場合には、帳簿価額による譲渡、帳簿価額による受入れとなります。

また、被現物出資法人（譲受法人）側で債権と負債が混同（民法520）により消滅することになりますが、同額なので損益は生じないこととなります。

〈X社〉簿価譲渡

（借方）		（貸方）	
Y社株式	30	Y社宛債権	30

〈Y社〉簿価受入

（借方）		（貸方）	
自己宛債権	30	資本金等の額	30

（借方）		（貸方）	
負債	30	自己宛債権	30

②　非適格現物出資

ⅰ　合理的な再建計画に基づいて行われた場合

完全支配関係がある法人間において合理的な再建計画に基づく非適格現物出資があった場合には、現物出資法人（譲渡法人）における現物出資をした譲渡損益調整資産の譲渡損益は、繰り延べられますが、DESにおいては、被現物出資法人（譲受法人）側で債権と負債が混同（民法520）により消滅するので、結果として、譲渡と同時に譲渡損益の戻入事由（上記１⑵　譲渡損益の戻入れ（46頁）参照）が生じることとなります。

〈X社〉時価譲渡

（借方）		（貸方）	
Y社株式	10	Y社宛債権	30
譲渡損	20		

〈Y社〉時価受入

（借方）		（貸方）	
自己宛債権	10	資本金等の額	10

（借方）		（貸方）	
負債	30	自己宛債権	10
		債務消滅益	20

ⅱ　合理的な再建計画に基づいて行われていない場合

合理的な再建計画に基づいて行われたものではない、非適格現物出資のDESの場合は、譲渡損部分が寄附金に該当するものと考えられます（法基通2―3―14、髙橋正朗編著『法人税基本通達逐条解説〔十訂版〕』326頁（税務研究会出版局 令和３年））。

したがって、X社における寄附金の額とY社における受贈益の額に該当する債務消滅益は、対応関係が生じるため、X社において寄附金の額20を全額損金の額に算入しないこととされ、Y社において受贈益の額20を全額益金の額に算入しないこととされるものと考えられます。

〈X社〉時価譲渡

（借方）		（貸方）	
Y社株式	10	Y社宛債権	30
寄附金	20		

申告調整：加算・流出

（借方）		（貸方）	
社外流出	20	寄附金	20

〈X 社の別表四の記載例〉

区　分	総　額	留　保	社外流出	
当期利益又は当期欠損の額	△20	△20	配当	
寄附金の損金不算入額	20		その他	20
所得金額又は欠損金額	0	△20		20

〈Y社〉時価受入

（借方）		（貸方）	
自己宛債権	10	資本金等の額	10

（借方）		（貸方）	
負債	30	自己宛債権	10
		受贈益	20

申告調整：減算・流出

（借方）		（貸方）	
受贈益	20	社外流出	20

〈Y 社の別表四の記載例〉

区　分		総　額	留　保	社外流出	
当期利益又は当期欠損の額		20	20	配当	
減算	受贈益の益金不算入額	20		※	20
	小　計	20			20
所得金額又は欠損金額		0	20		△20

4　100％グループ内の法人の株式の発行法人への譲渡等

⑴　株式の発行法人への譲渡等の一般的取扱い

有価証券の譲渡損益の計算においては、その有価証券の譲渡の時における有償によるその有価証券の譲渡により通常得べき対価の額のうち、みなし配当の額を除いた部分が、有価証券の譲渡対価の額とされ、その金額と譲渡原価の額との差額を譲渡損益の額とすることとされています（法法61の２①）。

この場合、みなし配当の額は、法人（公益法人等及び人格のない社団等を除きます。）の株主等である内国法人がその法人の次に掲げる事由により金銭等の交付を受けた場合において、その金銭等の価額（適格現物分配に係る資産にあっては、その法人のその交付の直前の資産の帳簿価額相当額）の合計額がその法人の資本金等の額のうちその交付の基因となったその法人の株式等に対応する部分の金額（対応資本金等の額）を超えるときの、その超える部分の金額とされています（法法24①）。

〈みなし配当事由〉

①	非適格合併
②	非適格分割型分割
③	非適格株式分配
④	資本の払戻し（注１）又は解散による残余財産の分配
⑤	自己の株式又は出資の取得（注２）
⑥	出資の消却（注３）、出資の払戻し、社員その他法人の出資者の退社又は脱退による持分の払戻しその他株式又は出資をその発行した法人が取得することなく消滅させること
⑦	組織変更（注４）

㈴１　剰余金の配当（資本剰余金の額の減少に伴うものに限ります。）のうち、分割型分割によるもの及び株式分配以外のもの並びに出資等減少分配（投資法人による出資総額等の減少に伴う金銭の分配として一定のものをいいます（法法23①二）。）をいいます。

２　市場における購入による取得等を除きます。

３　取得した出資について行うものを除きます。

４　その組織変更に際してその組織変更をした法人の株式又は出資以外の資産を交付したものに限ります。

〈グループ法人税制が適用されない場合の譲渡損益課税のイメージ図〉

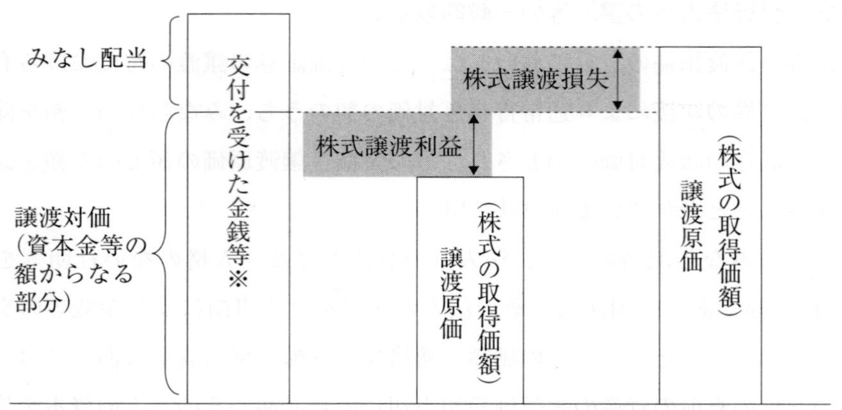

※　有価証券の譲渡の時における有償によるその有価証券の譲渡により通常得べき対価の額の交付を受けたものとする。

(2)　100％グループ内の法人の株式の発行法人への譲渡等

内国法人が、所有していた株式（以下、所有株式といいます。）を発行した他の内国法人（その内国法人との間に完全支配関係があるものに限ります。）の上記(1)の〈みなし配当事由〉に掲げる事由（非適格合併のうち株主において譲渡損益が計上されないもの（法法61の２②）、非適格分割型分割のうち株主において譲渡損益が計上されないもの（金銭等不交付分割型分割：法法61の２④）及び非適格株式分配のうち株主において譲渡損益が計上されないもの（金銭等不交付株式分配：法法61の２⑧）を除きます。）により金銭その他の資産の交付を受けた場合（当該他の内国法人の非適格分割型分割、非適格株式分配、資本の払戻し若しくは解散による残余財産の一部の分配又は口数の定めがない出資についての出資の払戻しに係るものである場合にあっては、その交付を受けた時においてその所有株式を有する場合に限ります。以下、(3)において同じです。）又はその事由により当該他の内国法人の株式を有しないこととなった場合（残余財産の分配を受けないことが確定した場合を含みます。以下、(3)において同じです。）における株式等の譲渡対価の額は、譲渡原価の額に相当する金額とされ、譲渡損益は生じないこととされています（法法61の２⑰）。

〈グループ法人税制の適用有無のイメージ図〉

○　譲渡利益が生じていたケース

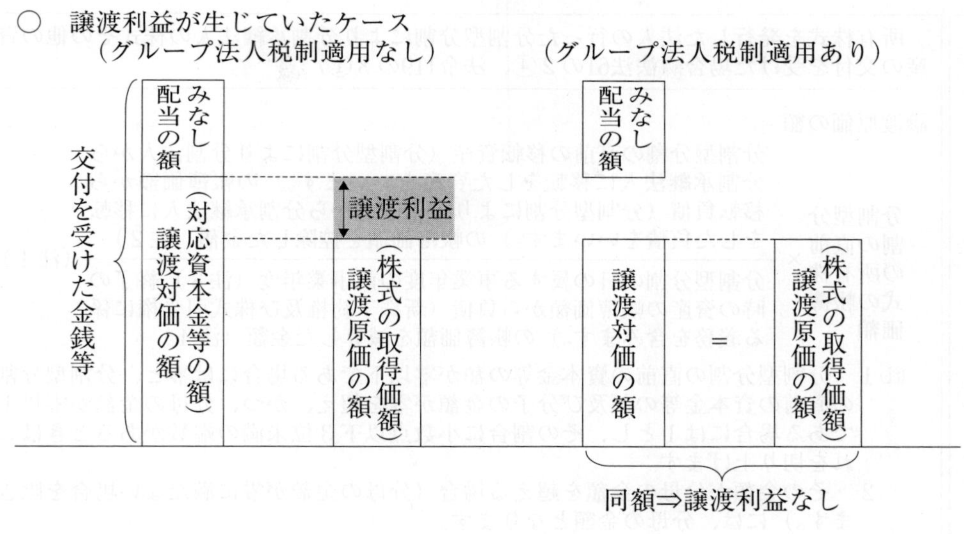

○　譲渡損失が生じていたケース

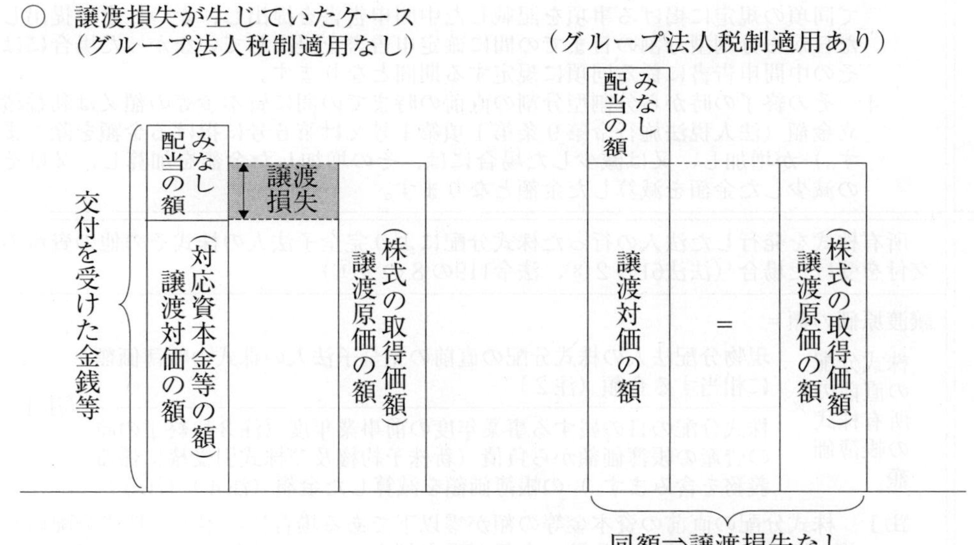

なお、次に掲げる規定の適用がある場合には、それぞれにおいて計算される金額が、譲渡原価の額とされます（法法61の２⑰かっこ書）。

〈みなし配当事由により株式等の交付を受けた場合の譲渡原価の額〉

<table>
<tr><td rowspan="2">①</td><td>所有株式を発行した法人の行った分割型分割により分割承継法人の株式その他の資産の交付を受けた場合（法法61の２④、法令119の８①）</td></tr>
<tr><td>譲渡原価の額＝
分割型分割の直前の所有株式の帳簿価額 × 分割型分割の直前の移転資産（分割型分割により分割法人から分割承継法人に移転をした資産をいいます。）の帳簿価額から移転負債（分割型分割により分割法人から分割承継法人に移転をした負債をいいます。）の帳簿価額を控除した金額（注２） ／ 分割型分割の日の属する事業年度の前事業年度（注３）終了の時の資産の帳簿価額から負債（新株予約権及び株式引受権に係る義務を含みます。）の帳簿価額を減算した金額（注４）（注１）
(注)１　分割型分割の直前の資本金等の額が零以下である場合には零と、分割型分割の直前の資本金等の額及び分子の金額が零を超え、かつ、分母の金額が零以下である場合には１とし、その割合に小数点以下３位未満の端数があるときはこれを切り上げます。
２　その金額が分母の金額を超える場合（分母の金額が零に満たない場合を除きます。）には、分母の金額となります。
３　分割型分割の日以前６月以内に法人税法第72条第１項に規定する期間について同項の規定に掲げる事項を記載した中間申告書を提出し、かつ、その提出した日から分割型分割の日までの間に確定申告書を提出していなかった場合には、その中間申告書に係る同項に規定する期間となります。
４　その終了の時から分割型分割の直前の時までの間に資本金等の額又は利益積立金額（法人税法施行令第９条第１項第１号又は第６号に掲げる金額を除きます。）が増加し、又は減少した場合には、その増加した金額を加算し、又はその減少した金額を減算した金額となります。</td></tr>
<tr><td rowspan="2">②</td><td>所有株式を発行した法人の行った株式分配により完全子法人の株式その他の資産の交付を受けた場合（法法61の２⑧、法令119の８の２①）</td></tr>
<tr><td>譲渡原価の額＝
株式分配の直前の所有株式の帳簿価額 × 現物分配法人の株式分配の直前の完全子法人の株式の帳簿価額に相当する金額（注２） ／ 株式分配の日の属する事業年度の前事業年度（注３）終了の時の資産の帳簿価額から負債（新株予約権及び株式引受権に係る義務を含みます。）の帳簿価額を減算した金額（注４）（注５）（注１）
(注)１　株式分配の直前の資本金等の額が零以下である場合には零と、株式分配の直前の資本金等の額及び分子の金額が零を超え、かつ、分母の金額が零以下である場合には１とし、その割合に小数点以下３位未満の端数があるときはこれを切り上げます。
２　その金額が零以下である場合には零とし、分母の金額を超える場合（分母の金額が零に満たない場合を除きます。）には、分母の金額となります。
３　株式分配の日以前６月以内に法人税法第72条第１項に規定する期間について同項の規定に掲げる事項を記載した中間申告書を提出し、かつ、その提出した日から株式分配の日までの間に確定申告書を提出していなかった場合には、その中間申告書に係る同項に規定する期間となります。
４　その終了の時から株式分配の直前の時までの間に資本金等の額又は利益積立金額（法人税法施行令第９条第１項第１号又は第６号に掲げる金額を除きます。）が増加し、又は減少した場合には、その増加した金額を加算し、又はその減少した金額を減算した金額となります。</td></tr>
</table>

	5　条文上は、株式分配を上記①の分割型分割とみなした場合における上記①の算式の分母の金額と規定されています（法令23①三イ）。
③	所有株式を発行した法人の資本の払戻し（出資等減少分配を除きます。）又は解散による残余財産の一部の分配（払戻し等）として金銭その他の資産の交付を受けた場合（法法61の２⑱、法令119の９①）
	次に掲げる場合に応じてそれぞれ掲げる算式により計算した譲渡原価の額 ⅰ　払戻しを行った法人が１の種類の株式を発行していた法人である場合又は解散による残余財産の分配である場合 譲渡原価の額＝ 払戻し等の直前の所有株式の帳簿価額 × 〔払戻しにより減少した資本剰余金の額又は解散による残余財産の一部の分配により交付した金銭の額及び金銭以外の資産の価額（注２）の合計額（注３）〕／〔払戻し等の日の属する事業年度の前事業年度（注４）終了の時の資産の帳簿価額から負債（新株予約権及び株式引受権に係る義務を含みます。）の帳簿価額を減算した金額（注５）（注６）〕（注１） ㈱１　払戻し等の直前の資本金等の額が零以下である場合には零と、払戻し等の直前の資本金等の額が零を超え、かつ、分母の金額が零以下である場合又は払戻し等の直前の資本金等の額が零を超え、かつ、残余財産の全部の分配を行う場合には１とし、その割合に小数点以下３位未満の端数があるときはこれを切り上げます。 ２　適格現物分配に係る資産にあっては、その交付の直前の帳簿価額となります。 ３　減少した資本剰余金の額又はその合計額が分母の金額を超える場合には、分母の金額となります。 ４　払戻し等の日以前６月以内に法人税法第72条第１項に規定する期間について同項の規定に掲げる事項を記載した中間申告書を提出し、かつ、その提出した日から払戻し等の日までの間に確定申告書を提出していなかった場合には、その中間申告書に係る同項に規定する期間となります。 ５　その終了の時からその払戻し等の直前の時までの間に資本金等の額又は利益積立金額（法人税法施行令第９条第１号及び第６号に掲げる金額を除きます。）が増加し、又は減少した場合には、その増加した金額を加算し、又はその減少した金額を減算した金額となります。 ６　条文上は、その払戻し等を上記①の分割型分割とみなした場合における上記①の算式の分母の金額と規定されています（法令23①四イ⑴）。 ⅱ　払戻しを行った法人が２以上の種類の株式を発行していた法人である場合 譲渡原価の額＝資本の払戻しに係る株式の種類ごとに、次に掲げる算式により計算した金額の合計額 払戻しの直前の所有株式の帳簿価額 × 〔資本の払戻しにより減少した資本剰余金の額のうちその種類の株式に係る部分の金額（注２）（注３）〕／〔払戻しの日の属する事業年度の前事業年度（注４）終了の時の資産の帳簿価額から負債（新株予約権及び株式引受権に係る義務を含みます。）の帳簿価額を減算した金額（注５）（注６） × 直前種類資本金額／資本の払戻しの直前の資本金等の額〕（注１） ㈱１　直前種類資本金額又は資本の払戻しの直前の資本金等の額が零以下である場合には零と、直前種類資本金額及びその直前の資本金等の額が零を超え、かつ、分母の金額が零以下である場合には１とし、その割合に小数点以下３位未満の端数

があるときはこれを切り上げます。なお、直前種類資本金額とは、資本の払戻しの直前のその種類の株式に係る種類資本金額をいいます。また、種類資本金額とは、資本の払戻しの直前までのその種類の株式の交付に係る増加した資本金の額又は出資金の額及び一定の加減算（法令８①一～十一、十五～二十二）をした金額をいいます（法令８②）。

2　その金額が明らかでない場合には、次の算式により計算した金額（算式の分母の金額が零である場合には、分数を１として計算した金額）となります。

$$\text{資本の払戻しにより減少した資本剰余金の額} \times \frac{\text{直前種類資本金額}}{\text{資本の払戻しの直前のその資本の払戻しに係る各種類の株式に係る種類資本金額（零以下である場合には、零）の合計額}}$$

3　その金額が分母の金額を超える場合には、分母の金額となります。

4　払戻しの日以前６月以内に法人税法第72条第１項に規定する期間について同項の規定に掲げる事項を記載した中間申告書を提出し、かつ、その提出した日から払戻しの日までの間に確定申告書を提出していなかった場合には、その中間申告書に係る同項に規定する期間となります。

5　その終了の時からその払戻しの直前の時までの間に資本金等の額又は利益積立金額（法人税法施行令第９条第１号及び第６号に掲げる金額を除きます。）が増加し、又は減少した場合には、その増加した金額を加算し、又はその減少した金額を減算した金額となります。

6　条文上は、上記③ｉの算式の割合における分母の金額と規定されています（法令23①四ロ）。

④

出資（口数の定めがないものに限ります。以下、所有出資といいます。）を有する法人の出資の払戻しとして金銭その他の資産の交付を受けた場合（法法61の２⑲）

$$\text{譲渡原価の額} = \text{払戻しの直前の所有出資の帳簿価額} \times \frac{\text{払戻しに係る出資の金額}}{\text{払戻し直前の所有出資の金額}}$$

⑶　譲渡損益相当額の調整

イ　資本金等の額の調整

上記⑵の適用を受ける場合のみなし配当の金額及び譲渡対価の額とされる金額の合計額からその金銭の額及びその資産の価額（適格現物分配に係る資産にあっては、その資産の取得価額とされる金額。適格現物分配については、下記第２　３　現物分配の譲渡損益等（172頁）参照）の合計額を減算した金額に相当する金額（譲渡損益相当額）は、資本金等の額から減算することとされています（法令８①二十二）。計算結果がマイナスとなる場合には、マイナス金額の減算となるため、資本金等の額は増加することとなります。

すなわち、グループ法人税制の適用がない場合（上記⑴の場合）において生ずる譲渡損益に相当する金額は、資本金等の額の減少額又は増加額として処理されることとなります。

（算式）

（みなし配当の金額＋譲渡対価とされる金額）－交付を受けた金銭等の額
＝資本金等の額の減少（計算結果がプラスの場合）又は資本金等の額の増加（計算結果がマイナスの場合）

〈資本金等の額が減少する場合〉

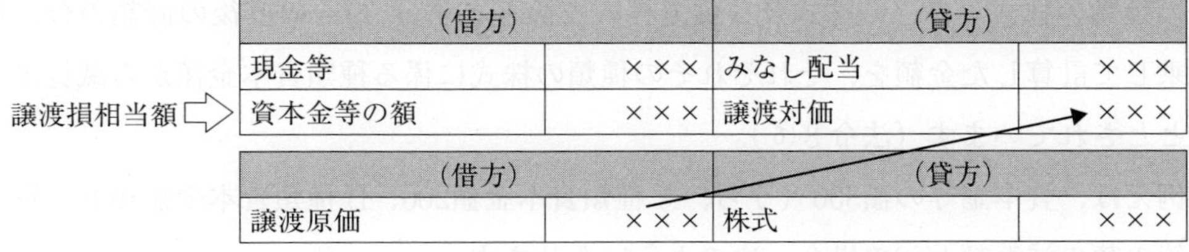

（借方）		（貸方）	
現金等	×××	みなし配当	×××
資本金等の額	×××	譲渡対価	×××

（借方）		（貸方）	
譲渡原価	×××	株式	×××

〈資本金等の額が増加する場合〉

（借方）		（貸方）	
現金等	×××	みなし配当	×××
		譲渡対価	×××
		資本金等の額	×××

譲渡益相当額

（借方）		（貸方）	
譲渡原価	×××	株式	×××

〈譲渡損益相当額の調整〉

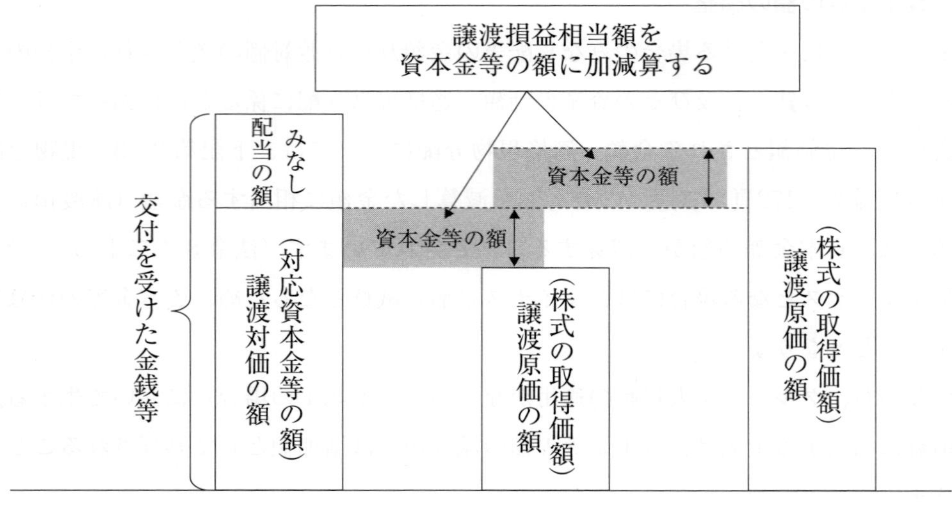

ロ　種類資本金額の調整

上記イにより、みなし配当事由が生じた場合には、株主は自らの資本金等の額を加減算することとされています。

そこで２以上の種類の株式を発行する法人が上記イに該当する場合には、上記イの金額をその法人の発行済株式又は出資（自己の株式及び償還株式を除きます。）のそのみなし配当事由が生じた時の直後の価額の合計額で除し、これに株式の種類ごとにその種類の株式（自己の株式及び償還株式を除きます。）のその直後の価額の合計額を乗じて計算した金額を、それぞれその種類の株式に係る種類資本金額から減算することとされています（法令８⑥）。

例えば、資本金等の額300（うち、Ａ種類資本金額200、Ｂ種類資本金額100）、資本金等の額の減算額が60の場合、次のようになります。

○　Ａ種類資本金額の減算額

$$\frac{60}{300} \times 200 = 40$$

○　Ｂ種類資本金額の減算額

$$\frac{60}{300} \times 100 = 20$$

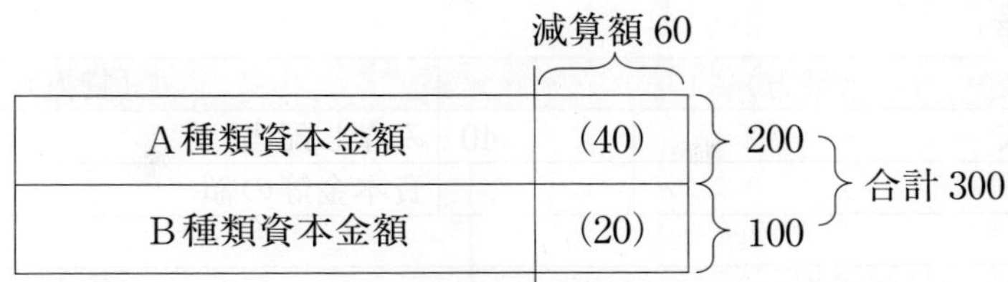

⑷　設例

①　資本剰余金を原資とする配当があった場合

前提ⅰ　Ｐ社はＳ社株式を100％保有している。

ⅱ　資本剰余金を原資とする配当により現金80の交付を受けた。

ⅲ　株式の発行法人Ｓ社の資本金等の額のうち交付の基因となった株式に対応する部分の金額（減資資本金額）は50である。

ⅳ　会計上、Ｐ社は配当80をＳ社株式の帳簿価額から減額させる会計処理を行っている。

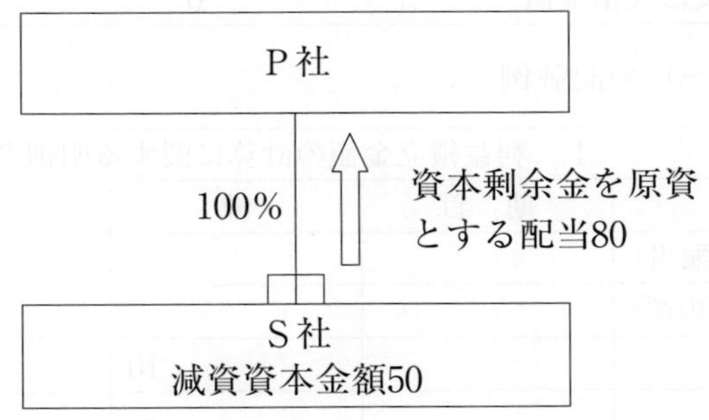

(i)　Ｐ社：譲渡原価とされる金額が40の場合

（会計上）

（借方）		（貸方）	
現金	80	Ｓ社株式（注１）	80

（税務上）

（借方）		（貸方）	
現金	80	みなし配当（注２）	30
		譲渡対価（注３）	40
		資本金等の額（注４）	10

（借方）		（貸方）	
譲渡原価	40	Ｓ社株式	40

（借方）		（貸方）	
みなし配当	30	社外流出	30

(申告調整)

(借方)		(貸方)	
S社株式	40	みなし配当	30
		資本金等の額	10

(借方)		(貸方)	
みなし配当	30	社外流出	30

〈P社の別表四の記載〉

区　分		総　額	留　保	社外流出	
加算	みなし配当	30	30		
	小　計	30	30		
減算	受取配当等の益金不算入額	30		※	30
	小　計	30			30
所得金額又は欠損金額		0	30		△30

〈P社の別表五（一）の記載例〉

Ⅰ　利益積立金額の計算に関する明細書				
区　分	期　首	減	増	期　末
S社株式（みなし配当）			30	30
S社株式（資本金等の額）			10	10
資本金等の額		10		△10
差引合計額		10	40	30

Ⅱ　資本金等の額の計算に関する明細書				
区　分	期　首	減	増	期　末
利益積立金額			10	10
差引合計額			10	10

㈱1　資本剰余金を原資とする配当を受けた場合には、原則として配当80をＳ社株式の帳簿価額から減額することとされています（企業会計基準適用指針第３号「その他資本剰余金の処分による配当を受けた株主の会計処理」３）。

2　みなし配当：現金（80）－減資資本金額（50）=30（法法24①）

3　譲渡対価：譲渡対価の額は譲渡原価の額（40）（法法61の２⑰）

4　資本金等の額：（みなし配当30＋譲渡対価40）－現金（80）＝△10（計算結果がマイナスのため増加）（法令８①二十二）

完全支配関係がない法人間の場合には、譲渡対価50と譲渡原価40の差額10の譲渡益が生じ、完全支配関係がある法人間の場合には、譲渡対価の額が譲渡原価の額とされることにより、譲渡益は生じず、譲渡益相当額は資本金等の額の増加額とされます。

(参　考)

〈完全支配関係がない法人間〉

(会計上)

(借方)		(貸方)	
現金	80	Ｓ社株式（注１）	80

(税務上)

(借方)		(貸方)	
現金	80	みなし配当（注２）	30
		譲渡対価（注３）	50

(借方)		(貸方)	
譲渡原価（注３）	40	Ｓ社株式	40

(借方)		(貸方)	
みなし配当	××(注４)	社外流出	××(注４)

(申告調整)

(借方)		(貸方)	
Ｓ社株式	40	みなし配当	30
		譲渡益	10

(借方)		(貸方)	
みなし配当	××(注４)	社外流出	××(注４)

〈Ｐ社の別表四の記載例〉

区　分		総　額	留　保	社外流出	
加算	みなし配当	30	30		
	譲渡益	10	10		
	小　計	40	40		
減算	受取配当等の益金不算入額	××（注４）		※	××（注４）
	小　計	××（注４）			××（注４）
所得金額又は欠損金額		××（注４）	40		××（注４）

〈P社の別表五（一）の記載例〉

Ⅰ　利益積立金額の計算に関する明細書				
区　分	期　首	減	増	期　末
S社株式（みなし配当）			30	30
S社株式（譲渡益）			10	10
差引合計額			40	40

㊟１　資本剰余金を原資とする配当を受けた場合には、原則として配当80をS社株式の帳簿価額から減額することとされています（企業会計基準適用指針第３号「その他資本剰余金の処分による配当を受けた株主の会計処理」３）。

２　みなし配当：現金（80）－減資資本金額（50）=30（法法24①）

３　譲渡対価：譲渡対価の額はみなし配当の額（30）を控除した金額（50）（法法61の2①）

譲渡損益：譲渡対価（50）－譲渡原価（40）＝譲渡利益額（10）（法法61の２①）

４　所有割合、負債利子等によって金額が異なります（法法23）。

(ii)　P社：譲渡原価とされる金額が60の場合

（会計上）

（借方）		（貸方）	
現金	80	S社株式（注１）	80

（税務上）

（借方）		（貸方）	
現金	80	みなし配当（注２）	30
資本金等の額（注４）	10	譲渡対価（注３）	60

（借方）		（貸方）	
譲渡原価	60	S社株式	60

（借方）		（貸方）	
みなし配当	30	社外流出	30

（申告調整）

（借方）		（貸方）	
Ｓ社株式	20	みなし配当	30
資本金等の額	10		

（借方）		（貸方）	
みなし配当	30	社外流出	30

〈Ｐ社の別表四の記載例〉

区　分		総　額	留　保	社外流出	
加算	みなし配当	30	30		
	小　計	30	30		
減算	受取配当等の益金不算入額	30		※	30
	小　計	30			30
所得金額又は欠損金額		0	30		△30

〈Ｐ社の別表五（一）の記載例〉

Ⅰ　利益積立金額の計算に関する明細書				
区　分	期　首	減	増	期　末
Ｓ社株式			20	20
資本金等の額			10	10
差引合計額			30	30

Ⅱ　資本金等の額の計算に関する明細書				
区　分	期　首	減	増	期　末
利益積立金額			△10	△10
差引合計額			△10	△10

㈱１　資本剰余金を原資とする配当を受けた場合には、原則として配当80をＳ社株式の帳簿価額から減額することとされています（企業会計基準適用指針第３号「その他資本剰余金の処分による配当を受けた株主の会計処理」３）。

２　みなし配当：現金（80）－減資資本金額（50）=30（法法24①）

３　譲渡対価：譲渡対価の額は譲渡原価の額（60）（法法61の２⑰）

４　資本金等の額：（みなし配当30＋譲渡対価60）－現金（80）=10（計算結果がプラスのため減少）（法令８①二十二）

完全支配関係がない法人間の場合には、譲渡対価50と譲渡原価60の差額10の譲渡損が生じ、完全支配関係がある法人間の場合には、譲渡対価の額が譲渡原価の額とされることにより、譲渡損は生じず、譲渡損相当額は資本金等の額の減少額とされます。

（参　考）

〈完全支配関係がない法人間〉

（会計上）

（借方）		（貸方）	
現金	80	Ｓ社株式（注１）	80

（税務上）

（借方）		（貸方）	
現金	80	みなし配当（注２）	30
		譲渡対価（注３）	50

（借方）		（貸方）	
譲渡原価（注３）	60	Ｓ社株式	60

（借方）		（貸方）	
みなし配当	××（注４）	社外流出	××（注４）

（申告調整）

（借方）		（貸方）	
Ｓ社株式	20	みなし配当	30
譲渡損	10		

（借方）		（貸方）	
みなし配当	××（注４）	社外流出	××（注４）

〈Ｐ社の別表四の記載例〉

区　分		総　額	留　保	社外流出	
加算	みなし配当	30	30		
	小　計	30	30		
減算	受取配当等の益金不算入額	××（注４）		※	××（注４）
	譲渡損	10	10		
	小　計	××（注４）	10		××（注４）
所得金額又は欠損金額		××（注４）	20		××（注４）

〈Ｐ社の別表五（一）の記載例〉

Ⅰ　利益積立金額の計算に関する明細書				
区　分	期　首	減	増	期　末
Ｓ社株式（みなし配当）			30	30
Ｓ社株式（譲渡損）		10		△10
差引合計額		10	30	20

㈲１　資本剰余金を原資とする配当を受けた場合には、原則として配当80をＳ社株式の帳簿価額から減額することとされています（企業会計基準適用指針第３号「その他資本剰余金の処分による配当を受けた株主の会計処理」３）。

２　みなし配当：現金（80）－減資資本金額（50）=30（法法24①）

３　譲渡対価：譲渡対価の額はみなし配当の額（30）を控除した金額（50）（法法61の２①）

　　譲渡損益：譲渡対価（50）－譲渡原価（60）＝譲渡損失額（10）（法法61の２①）

４　所有割合、負債利子等によって金額が異なります（法法23）。

②　解散した子法人の残余財産の分配を受けないことが確定した場合

前提ⅰ　Ｐ社はＳ社株式を100％保有している。

ⅱ　Ｓ社株式の帳簿価額は100である。

ⅲ　Ｓ社は解散しており、Ｐ社は残余財産の分配を受けないことが確定した。

ⅳ　会計上、Ｐ社はＳ社株式の帳簿価額100を株式減失損として計上している。

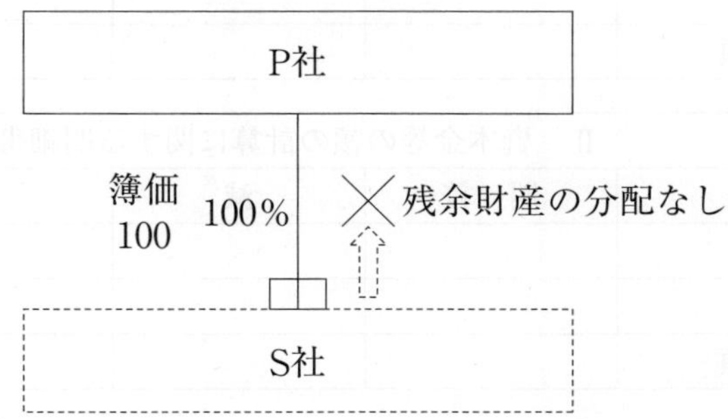

解散した子法人につき残余財産の分配を受けないことが確定した場合、完全支配関係がある子法人であれば、その子法人株式について損失計上ができないこととなります（法法61の２⑰、法令８①二十二）。

（会計上）

（借方）		（貸方）	
株式減失損	100	Ｓ社株式	100

（税務上）

（借方）		（貸方）	
資本金等の額（注２）	100	譲渡対価（注１）	100
譲渡原価	100	S社株式	100

（申告調整）

（借方）		（貸方）	
資本金等の額	100	株式減失損	100

〈Ｐ社の別表四の記載例〉

区　分		総　額	留　保	社外流出	
当期利益又は当期欠損の額		△100	△100	配当	
加算	株式減失損	100	100		
	小　計	100	100		
所得金額又は欠損金額		0	0		

〈Ｐ社の別表五（一）の記載例〉

Ⅰ　利益積立金額の計算に関する明細書				
区　分	期　首	減	増	期　末
資本金等の額			100	100
繰越損益金			△100	△100
差引合計額			0	0

Ⅱ　資本金等の額の計算に関する明細書				
区　分	期　首	減	増	期　末
利益積立金額			△100	△100
差引合計額			△100	△100

㈲１　譲渡対価：譲渡対価の額は、譲渡原価の額（100）（法法61の２⑰）

２　資本金等の額：（みなし配当０＋譲渡対価100）－現金（０）＝100（計算結果がプラスのため減少）（法令８①二十二）

ただし、完全支配関係がある子法人につき、残余財産が確定した場合には、一定の欠損金額を引き継ぐことができます（下記５　残余財産が確定した場合の繰越欠損金額の引継ぎ等（146頁）参照）。

（参　考）

〈完全支配関係がない法人間〉

（借方）		（貸方）	
株式滅失損	100	S社株式	100

解散した子法人につき残余財産の分配を受けないことが確定した場合、完全支配関係がない子法人であれば、その親法人は、その子法人株式の帳簿価額につき損失計上（株式滅失損）することとなります。

完全支配関係がある子法人の残余財産が確定した場合には、子法人の繰越欠損金額を引き継ぐことができますが、その繰越欠損金額の利用は引き継ぐ法人において発生年度に対応する10年間㈲のみに限られますが、完全支配関係がない子法人の株式滅失損により繰越欠損金額が生じた場合には、その事業年度から10年間㈲利用することができるという違いがあります（147頁図参照）。

なお、完全支配関係がある他の内国法人の株式又は出資で、当該他の内国法人が清算中であること、解散（合併による解散を除きます。）することが見込まれていることその他一定の要件に該当するものを有する場合には、その株式又は出資について、評価損を計上することはできません（法法33⑤他）。

詳しくは、下記８　100％グループ内の他の内国法人の株式の評価損の損金不算入（161頁）を参照してください。

㈲　平成30年４月１日前に開始した事業年度において生じた欠損金額については、９年間とされています（平27年改正法附則27①）。

国税庁質疑応答その２

問13　残余財産の分配が金銭と金銭以外の資産の両方で行われる場合のみなし配当の計算（269頁）

③　自己株式の取得があった場合

前提ｉ　Ｐ社はＳ社株式を100％保有している。

ii　自己株式の取得の対価として、現金150の交付を受けた。

iii　Ｐ社のＳ社株式の帳簿価額は120である。

iv　株式の発行法人Ｓ社の資本金等の額のうち交付の基因となった株式に対応する部分の金額（取得資本金額）は100である。

v　会計上、Ｐ社は交付を受けた現金150とＳ社株式の帳簿価額120との差額30を譲渡益として計上している。

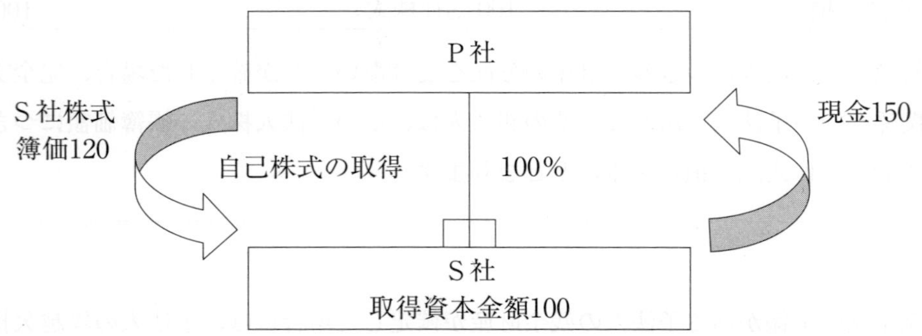

（会計上）

（借方）		（貸方）	
現金	150	Ｓ社株式	120
		譲渡益	30

（税務上）
〈P社〉

（借方）		（貸方）	
現金	150	みなし配当（注１）	50
資本金等の額（注３）	20	譲渡対価（注２）	120

（借方）		（貸方）	
譲渡原価	120	S社株式	120

（借方）		（貸方）	
みなし配当	50	社外流出	50

（申告調整）

（借方）		（貸方）	
譲渡益	30	みなし配当	50
資本金等の額	20		

（借方）		（貸方）	
みなし配当	50	社外流出	50

〈P社の別表四の記載例〉

区　分		総　額	留　保	社外流出	
当期利益又は当期欠損の額		30	30	配当	
加算	みなし配当	50	50		
	小　計	50	50		
減算	受取配当等の益金不算入額	50		※	50
	譲渡益	30	30		
	小　計	80	30		50
所得金額又は欠損金額		0	50		△50

〈P社の別表五（一）の記載例〉

Ⅰ　利益積立金額の計算に関する明細書				
区　分	期　首	減	増	期　末
資本金等の額（みなし配当）			50	50
資本金等の額（譲渡益）		30		△30
繰越損益金			30	30
差引合計額		30	80	50

Ⅱ　資本金等の額の計算に関する明細書				
区　分	期　首	減	増	期　末
利益積立金額			△20	△20
差引合計額			△20	△20

㈲１　みなし配当：現金（150）－取得資本金額（100）＝50（法法24①）

２　譲渡対価：譲渡対価の額は、譲渡原価の額（120）（法法61の２⑰）

３　資本金等の額：（みなし配当50＋譲渡対価120）－現金（150）＝20（計算結果がプラスのため減少）（法令８①二十二）

なお、みなし配当については、受取配当等の益金不算入制度の対象となります（法法23①）（自己株式の取得の対価として適格現物分配を受けた場合については、下記第２　3⑸　設例③（193頁）参照）。

(参　考)

〈完全支配関係がない法人間〉

(会計上)

(借方)		(貸方)	
現金	150	S社株式	120
		譲渡益	30

〈税務上〉
〈P社〉

(借方)		(貸方)	
現金	150	みなし配当（注１）	50
		譲渡対価（注２）	100

(借方)		(貸方)	
譲渡原価（注２）	120	S社株式	120

(借方)		(貸方)	
みなし配当	××(注３)	社外流出	××(注３)

(申告調整)

(借方)		(貸方)	
譲渡益	30	みなし配当	50
譲渡損	20		

(借方)		(貸方)	
みなし配当	××(注３)	社外流出	××(注３)

〈P社の別表四の記載例〉

区　分		総　額	留　保	社外流出	
当期利益又は当期欠損の額		30	30	配当	
加算	みなし配当	50	50		
	小　計	50	50		
減算	受取配当等の益金不算入額	××（注３）		※	××（注３）
	譲渡益	30	30		
	譲渡損	20	20		
	小　計	××（注３）	50		××（注３）
所得金額又は欠損金額		××（注３）	30		××（注３）

〈Ｐ社の別表五（一）の記載例〉

Ⅰ　利益積立金額の計算に関する明細書				
区　分	期　首	減	増	期　末
みなし配当			50	50
譲渡益		30		△30
譲渡損		20		△20
繰越損益金			30	30
差引合計額		50	80	30

㈱１　みなし配当：現金（150）－取得資本金額（100）＝50（法法24①）

２　譲渡対価：譲渡対価の額はみなし配当の額（50）を控除した金額（100）（法法61の２①）

譲渡損益：譲渡対価（100）－譲渡原価（120）＝譲渡損失額（20）（法法61の２①）

３　所有割合、負債利子等によって金額が異なります（法法23）。

なお、完全支配関係がない法人間において、自己株式として取得されることが予定されている株式を取得した場合で、その予定されていた事由に基づき生じたみなし配当（50）については、受取配当等の益金不算入制度を適用しないこととされています（法法23③）。

④　無償による自己株式の取得があった場合

前提ⅰ　Ｐ社はＳ社株式を100％保有している。

ⅱ　自己株式の取得は無償で行われた。

ⅲ　Ｐ社のＳ社株式の帳簿価額は120であり、時価は150である。

ⅳ　会計上、Ｐ社は、Ｓ社株式の帳簿価額120を譲渡損として計上している。

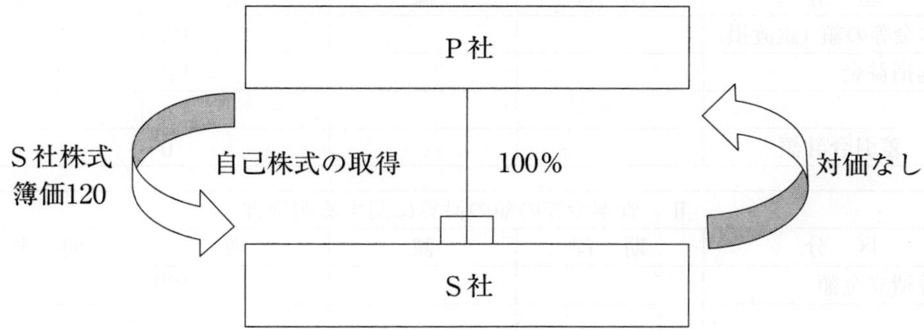

（会計上）

（借方）		（貸方）	
譲渡損	120	S社株式	120

（税務上）

〈P社〉

（借方）		（貸方）	
資本金等の額（注３）	120	譲渡対価（注１）（注２）	120

（借方）		（貸方）	
譲渡原価	120	S社株式	120

（申告調整）

（借方）		（貸方）	
資本金等の額	120	譲渡損	120

〈P社の別表四の記載例〉

区　分		総　額	留　保	社外流出	
当期利益又は当期欠損の額		△120	△120	配当	
加算	譲渡損	120	120		
	小　計	120	120		
減算					
	小　計	0	0		
所得金額又は欠損金額		0	0		

〈P社の別表五(一）の記載例〉

Ⅰ　利益積立金額の計算に関する明細書				
区　分	期　首	減	増	期　末
資本金等の額（譲渡損）			120	120
繰越損益金			△120	△120
差引合計額			0	0

Ⅱ　資本金等の額の計算に関する明細書				
区　分	期　首	減	増	期　末
利益積立金額			△120	△120
差引合計額			△120	△120

(注)１　金銭等の交付を受けていないので、みなし配当の額は発生しません（法法24①）。
　２　譲渡対価：譲渡対価の額は、譲渡原価の額（120）（法法61の２⑰）
　３　資本金等の額：（みなし配当０＋譲渡対価120）－金銭等の額（０）＝120（計算結果がプラスのため減少）（法令８①二十二）

（参　考）

〈完全支配関係がない法人間〉

（会計上）

（借方）		（貸方）	
譲渡損	120	S社株式	120

（税務上）

〈P社〉

（借方）		（貸方）	
寄附金（注１）	150	譲渡対価（注２）（注３）	150

（借方）		（貸方）	
譲渡原価（注３）	120	S社株式	120

（申告調整）

（借方）		（貸方）	
寄附金	150	譲渡損	120
		譲渡益	30

（借方）		（貸方）	
社外流出	××（注４）	寄附金	××（注４）

〈P社の別表四の記載例〉

区　分		総　額	留　保	社外流出
当期利益又は当期欠損の額		△120	△120	配当
加算	譲渡益	30	30	
	譲渡損	120	120	
	小　計	150	150	
減算	寄附金	150	150	
	小　計	150	150	
寄附金の損金不算入額		××（注４）		××（注４）
所得金額又は欠損金額		××（注４）	△120	××（注４）

㈲１　寄附金に該当するものと仮定します。

２　金銭等の交付を受けていないので、みなし配当の額は発生しません（法法24①）。

３　譲渡対価：譲渡対価の額は時価（150）からみなし配当の額（０）を控除した金額（150）（法法61の２①、法基通2―3―4）

譲渡損益：譲渡対価（150）－譲渡原価（120）＝譲渡利益額（30）（法法61の２①）

４　事業年度終了の時の所得金額、資本金等の額によって金額が異なります（法法37①）。

(5)　完全親法人株式の無償譲渡があった場合の取扱い

株式交換により、Ｓ社が保有していた自己株式に交付されたＰ社株式を、Ｐ社へ無償譲渡した場合の処理

Ｐ社は、株式交換によりＰ社株式のみを交付するものとします。

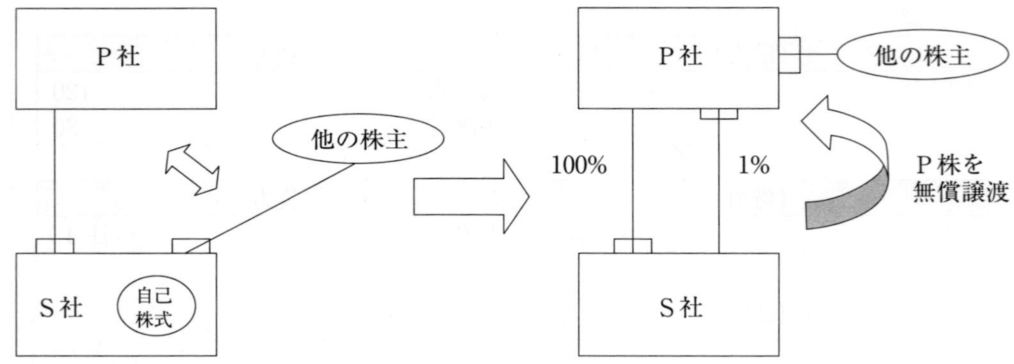

株式交換完全親法人又は株式交換完全親法人と株式交換完全親法人以外の法人との間にその法人による完全支配関係がある法人のうちいずれか一の法人の株式以外の資産が交付されなかった株式交換（金銭等不交付株式交換：法法61の２⑨、法令119の７の２④）の場合には、その株式交換により交付を受けたそのいずれか一の法人の株式の取得価額は、その株式交換完全子法人の株式のその株式交換の直前の帳簿価額相当額（交付を受けるために要した費用がある場合には、その費用の額を加算した金額）とされています（法令119①九）。

したがって、Ｓ社の自己株式に対して交付されるＰ社株式の取得価額は、株式交換完全子法人であるＳ社株式の帳簿価額相当額とされます。ただし、Ｓ社においてＳ社

株式は自己株式に該当し、帳簿価額相当は零であるため、Ｐ社株式の取得価額も零となるものと考えられます。

なお、Ｓ社が交付を受けたＰ社株式をＰ社に譲渡した場合には、Ｐ社の自己株式の取得に該当します。ただし、Ｐ社株式を無償で譲渡する場合には、交付を受ける資産がなく、Ｐ社株式の帳簿価額は零であることから、みなし配当及び譲渡損益は生じないものと考えられます（法法24①、61の２①⑰）。

また、Ｐ社においては、交付をする資産がないことから、減少する資本金等の額及び利益積立金額も零となるものと考えられます。（法令８①二十、９十四）。

㈱　このような場合は、法人税基本通達1—5—4（資本等取引に該当する利益等の分配）の取扱いからも後述する適格現物分配の方法によることになるものと考えられます。

　ちなみに、適格現物分配の要件として、被現物分配法人に交付する資産については金銭以外の資産であれば特に制限がないことから、親会社に対して親会社自身の株式を交付する場合であっても、現物分配の直前に子会社と親会社との間に完全支配関係があるときには、その現物分配は適格現物分配とされています（国税庁質疑応答その１問15（245頁））。

５　残余財産が確定した場合の繰越欠損金額の引継ぎ等

(1)　繰越欠損金の引継ぎ金額及び帰属年度

内国法人（以下、株主等法人といいます。）との間に完全支配関係（その株主等法人による完全支配関係又は一の者との間に当事者間の完全支配の関係がある法人相互の関係に限ります。）がある他の内国法人でその株主等法人が発行済株式若しくは出資の全部若しくは一部を有するものの残余財産が確定した場合において、当該他の内国法人（以下、残余財産確定法人といいます。）のその残余財産の確定の日の翌日前10年以内に開始した各事業年度（以下、前10年内事業年度といいます。）において生じた未処理欠損金額（注１）があるときは、その株主等法人のその残余財産の確定の日の翌日の属する事業年度以後の各事業年度における青色欠損金の繰越控除の適用については、その前10年内事業年度において生じた未処理欠損金額は、それぞれその未処理欠損金額の生じた前10年内事業年度開始の日の属するその株主等法人の各事業年度において生じた欠損金額とみなすこととされています（法法57②）（注２）。

この場合の欠損金額の引継ぎは、残余財産確定法人と株主等法人との間に株主等法人による完全支配関係又は一の者との間に当事者間の完全支配の関係がある法人相互の関係がある場合に限られていますので、例えば、親会社が解散して残余財産が確定した場合において、子会社が親会社の株式の一部を保有していたとしても、親会社の未処理欠損金額は子会社には引き継がれないこととされています（国税庁質疑応答その２問６（259頁））。

なお、繰越欠損金額を利用した租税回避を防止する観点から、残余財産確定法人と株主等法人との間に、株主等法人のその残余財産の確定の日の翌日の属する事業年度開始の５年前の日、残余財産確定法人の設立の日若しくは株主等法人の設立の日のうち最も遅い日から継続して支配関係がある一定の場合を除き、一定の欠損金額は、残余財産確定法人の未処理欠損金額から除かれる制限措置が設けられています（法法57③）。

㈱１　その残余財産確定法人がその欠損金額（その残余財産確定法人の欠損金額とみなされたものを含み、ないものとされたものを除きます。）の生じた前10年内事業年度について確定申告書を提出していること等の要件を満たしている場合におけるその欠損金額に限るものとし、その残余財産確定法人の前10年内事業年度の所得の金額の計算上損金の額に算入されたもの及び還付を受けるべき金額の計算の基礎となったものを除きます（法法57②かっこ書）。

２　平成30年４月１日前に開始した事業年度において生じた欠損金額については、「前

10年」を「前９年」と読み替えます（平27年改正法附則27①）。

〈残余財産が確定した場合の欠損金額の取扱い〉

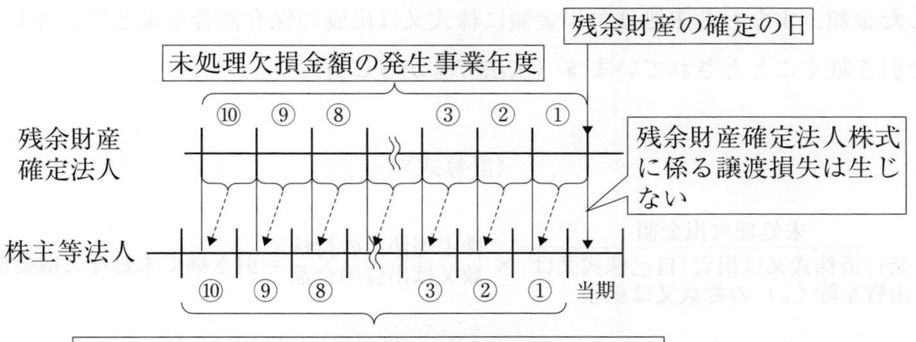

（参　考）

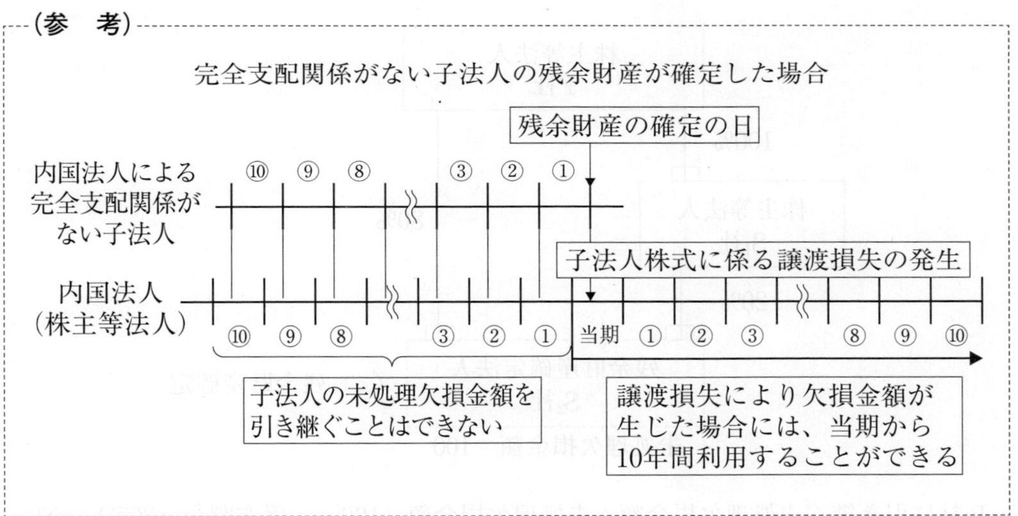

ポイント

適格合併を行った場合の欠損金額の引継ぎは、完全支配関係がある法人間の合併に限られませんが、残余財産が確定した場合の欠損金額の引継ぎは、完全支配関係がある法人の残余財産が確定した場合に限られています。

(2)　株主等法人が２以上ある場合の引き継ぐ欠損金額

上記(1)の場合において、その残余財産確定法人の株主等法人が２以上ある場合には、その未処理欠損金額をその残余財産確定法人の発行済株式又は出資（その残余財産確定法人が有する自己の株式又は出資は除きます。）の総数又は総額で除し、これにその株主等法人の有するその残余財産確定法人の株式又は出資の数又は金額を乗じて計算した金額、すなわち未処理欠損金額に株式又は出資の保有割合を乗じて計算した金額を引き継ぐこととされています（法法57②かっこ書）。

〈計算式〉

$$\frac{\text{未処理欠損金額}}{\text{発行済株式又は出資（自己株式又は出資を除く。）の総数又は総額}} \times \text{株主等法人の持株数又は出資の金額} = \text{引き継ぐ未処理欠損金額}$$

〈計算例〉

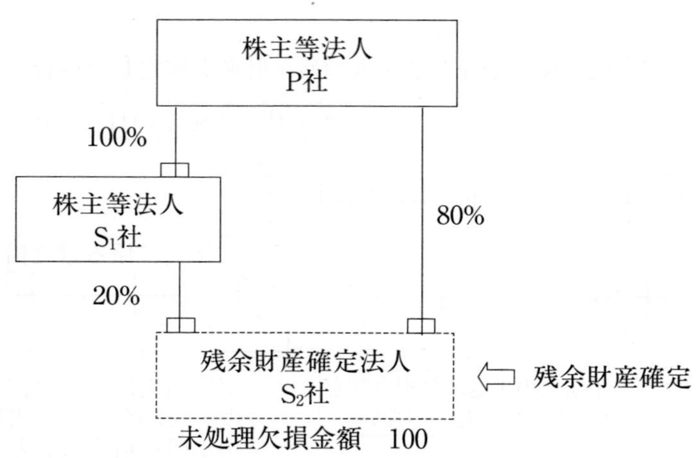

Ｐ社に引き継ぐ未処理欠損金額：未処理欠損金額（100）×保有割合（80%）＝80

S_1社に引き継ぐ未処理欠損金額：未処理欠損金額（100）×保有割合（20%）＝20

ポイント

合併法人のみが欠損金額を引き継ぐ適格合併の場合とは異なり、完全支配関係がある法人の残余財産が確定した場合の欠損金額の引継ぎは、株主等法人が複数の場合には、上記(2)のとおり、株式又は出資の保有割合に応じてそれぞれの株主等法人が欠損金額を引き継ぐこととされています。

(3)　帰属年度の例外

上記(1)の場合において、その株主等法人のその残余財産の確定の日の翌日の属する事業年度開始の日以後に開始したその残余財産確定法人のその前10年内事業年度において生じた未処理欠損金額にあっては、その残余財産の確定の日の翌日の属する事業年度の前事業年度において生じた欠損金額とみなすこととされています（法法57②かっこ書）。

〈帰属年度の例外〉

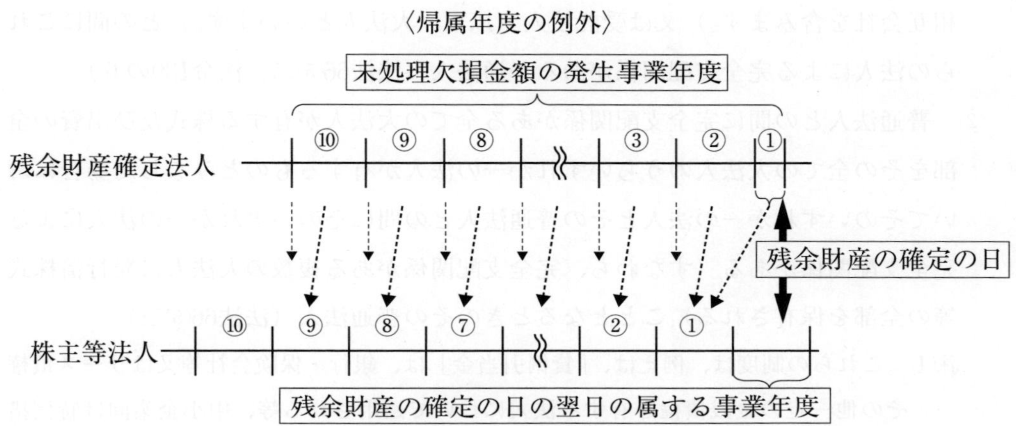

6　100%グループ内の子法人に対する中小企業向け特例措置の適用

(1)　特例措置に対する制限

イ　内容

資本金の額又は出資金の額が１億円以下である法人その他一定の法人に対して適用される下記の〈中小企業向け特例措置〉（注１）は、次の①又は②に該当する普通法人に対しては、適用しないこととされています（法法66⑤他）（注２）。

①　資本金の額又は出資金の額が５億円以上である法人（注３）、相互会社（外国相互会社を含みます。）又は受託法人（以下、大法人といいます。）との間にこれらの法人による完全支配関係がある普通法人（法法66⑤二、法令139の６）

②　普通法人との間に完全支配関係がある全ての大法人が有する株式及び出資の全部をその全ての大法人のうちいずれか一の法人が有するものとみなした場合においてそのいずれか一の法人とその普通法人との間にそのいずれか一の法人による完全支配関係がある（すなわち、完全支配関係がある複数の大法人に発行済株式等の全部を保有される）こととなるときのその普通法人（法法66⑤三）

㈨１　これらの制度は、例えば、「貸倒引当金」は、銀行・保険会社等又はリース債権その他一定の金銭債権を有する法人について適用される等、中小企業向け特例措置とは別に適用される場合があります（法法52①二、三②他）。

２　相互会社、投資法人、特定目的会社、受託法人についても〈中小企業向け特例措置〉は適用されません。

また、資本金の額又は出資金の額が１億円以下である法人が適用除外事業者（事業年度開始の日前３年以内に終了した各事業年度の所得の金額の合計額をその各事業年度の月数の合計数で除し、これに12を乗じて計算した金額が15億円を超える法人をいいます（措法42の４⑲八）。）に該当する場合には、中小企業向けの各租税特別措置は適用しないこととされています。例えば、下記の「軽減税率」及び「一括評価金銭債権に係る貸倒引当金の法定繰入率」がこの制限の対象となります。

３　外国法人が資本金の額又は出資金の額が５億円以上である法人に該当するかどうかは、その100%子法人の事業年度終了の時における外国法人の資本金の額又は出資金の額について、その事業年度終了の日の電信売買相場の仲値により換算した円換算額により判定することとされています（法基通16—5—2）。

〈中小企業向け特例措置〉

貸倒引当金	法法52①②、法令96①⑥

個別評価金銭債権(注)に係る貸倒引当金の繰入限度額

①　法令等による債権の長期棚上げがあった場合

繰入限度額 ＝ 期末個別評価金銭債権の帳簿価額 － ５年以内に弁済される金額 － 担保権の実行等による取立て等の見込額

②　債権の一部が回収不能となった場合

繰入限度額 ＝ 期末個別評価金銭債権の帳簿価額 － 取立て等の見込額

③　債務者において更生手続開始の申立て等の事実が生じている場合

繰入限度額 ＝（期末個別評価金銭債権の帳簿価額 － 実質的に債権とみられない金額 － 担保権の実行等による取立て等の見込額）× 50％

一括評価金銭債権(注)に係る貸倒引当金の繰入限度額

繰入限度額 ＝ 期末一括評価金銭債権の帳簿価額 × 貸倒実績率

貸倒実績率 ＝ ｛（前３年内事業年度の貸倒損失の額 ＋ 前３年内事業年度の個別評価による貸倒引当金の繰入額の合計額 － 前３年内事業年度の個別評価による貸倒引当金の戻入額の合計額）× 12／前３年内事業年度における事業年度の月数の合計数｝÷｛（前３年内事業年度終了の時における一括評価金銭債権の帳簿価額の合計額）÷ 前３年内事業年度における事業年度の数｝

(注)　完全支配関係がある他の法人に対して有する金銭債権を除きます（法法52⑨二）。

欠損金の繰越控除制度における繰越控除限度額	法法57①⑪

繰越欠損金 300

	原則	中小企業向け特例措置
控除前所得金額	300	300
欠損金控除額	△150	△300
控除後所得金額	150	0
翌期繰越欠損金	150	0

原則：控除前所得金額の50％相当額を控除

中小企業向け特例措置：控除前所得金額の全額を控除

軽減税率	法法66②、措法42の３の２①

	税率
資本金の額又は出資金の額が１億円以下である普通法人	年800万円まで15%〔平成24年４月１日から令和５年３月31日に開始する事業年度〕
資本又は出資を有しない普通法人 ・通常の一般社団法人等 ・持分の定めのない医療法人等	
一般社団法人等 ・非営利性が徹底された一般社団法人等 ・公益社団法人等	
人格のない社団等	
協同組合等	
公益法人等（学校法人、社会福祉法人、宗教法人、一部の厚生連等）	
特定医療法人	

特定同族会社の特別税率（いわゆる留保金課税）の不適用	法法67①③⑤

課税留保金額＝所得等の金額－（配当＋法人税等）－留保控除額㈱

特別税率：課税留保金額3,000万円以下の部分…10%
　　　　　　　　　　１億円以下の部分　…15%
　　　　　　　　　　１億円超の部分　　…20%

㈱　留保控除額
①　所得基準：所得等の金額×40%
②　定額基準：2,000万円
③　積立金基準：資本金の額又は出資金の額×25%－利益積立金額

一括評価金銭債権に係る貸倒引当金の法定繰入率	措法57の９①、措令33の７④

法定繰入率による繰入限度額

繰入限度額　＝　（期末一括評価金銭債権の帳簿価額　－　実質的に債権とみられない金額）　×　法定繰入率

法定繰入率				
卸売及び小売業（飲食店業及び料理店業を含みます。）	製造業（電気業、ガス業、熱供給業、水道業及び修理業を含みます。）	金融及び保険業	割賦販売小売業並びに包括信用購入あっせん業及び個別信用購入あっせん業	その他
$\frac{10}{1,000}$	$\frac{8}{1,000}$	$\frac{3}{1,000}$	$\frac{7}{1,000}$	$\frac{6}{1,000}$

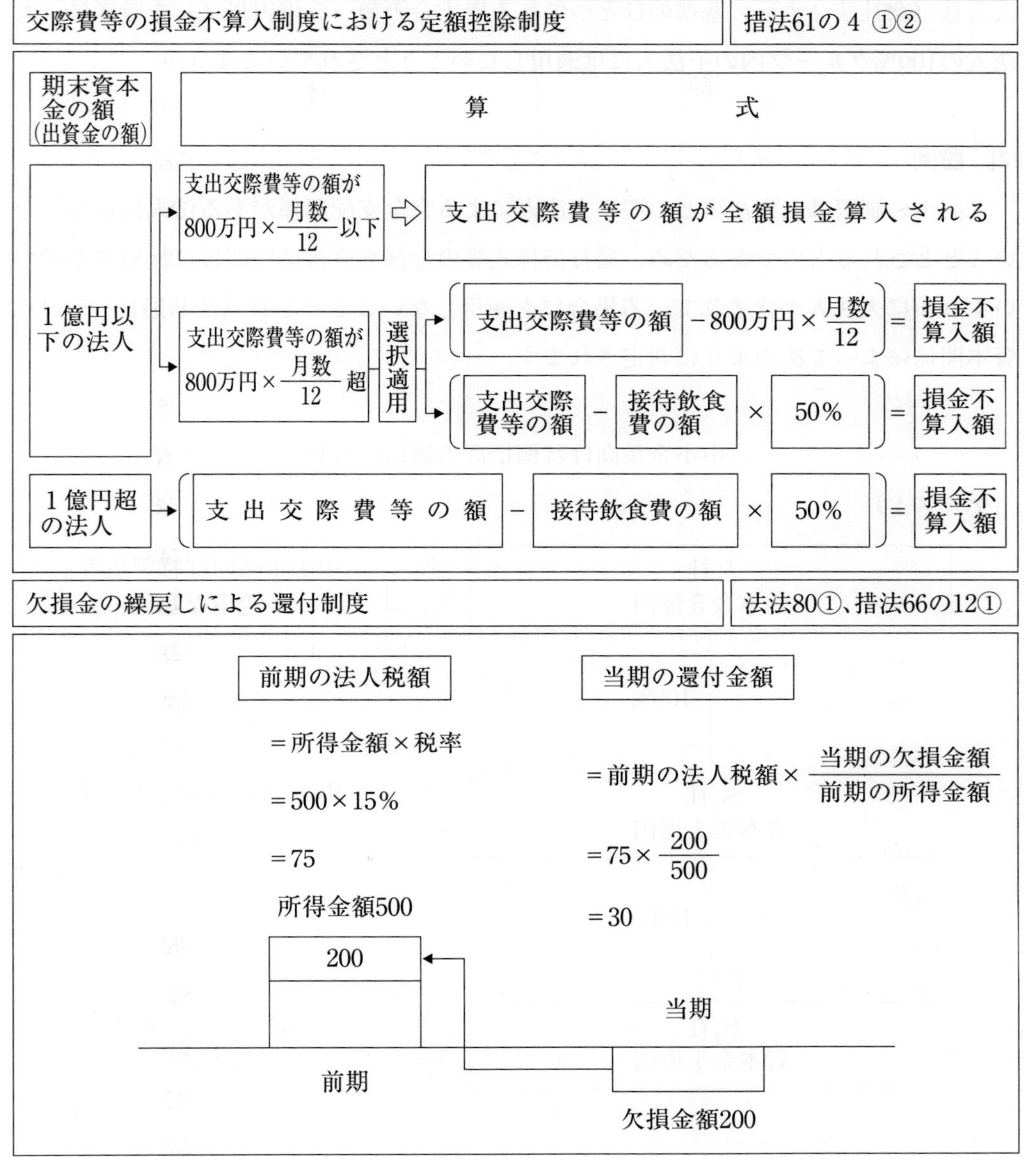

ロ　制限の趣旨

大法人の100％子会社は親会社の信用力を背景に資金調達や事業規模の拡大が可能であり、また、分社化により100％子会社を自由に設立することも可能なため、大法人の100％子会社である中小法人を単独の中小法人と同視して、単体課税における中小企業向けの特例メリットを享受させることは適当でないと考えられます。そこで、グループ法人税制においては、上記イの〈中小企業向け特例措置〉の適用につき、自らの資本金の規模に加えて、親会社の資本金の規模も考慮することとし、会社法上の大会社（会社法２六）の基準のひとつである資本金の額（５億円以上）を参考に、大法人の100％グループ内の子法人には適用しないこととされています。

(2)　設例

上記(1)の制限は、大法人との間に大法人による完全支配関係がある法人に適用しないこととされるものであるため、発行済株式等の全部を直接又は間接に保有する者のいずれかに大法人が含まれている場合にも適用しないこととされ（法基通16—5—1）、資本関係によって次のように判定されます。

〈中小企業向け特例措置の適用の有無〉

（ケース１）

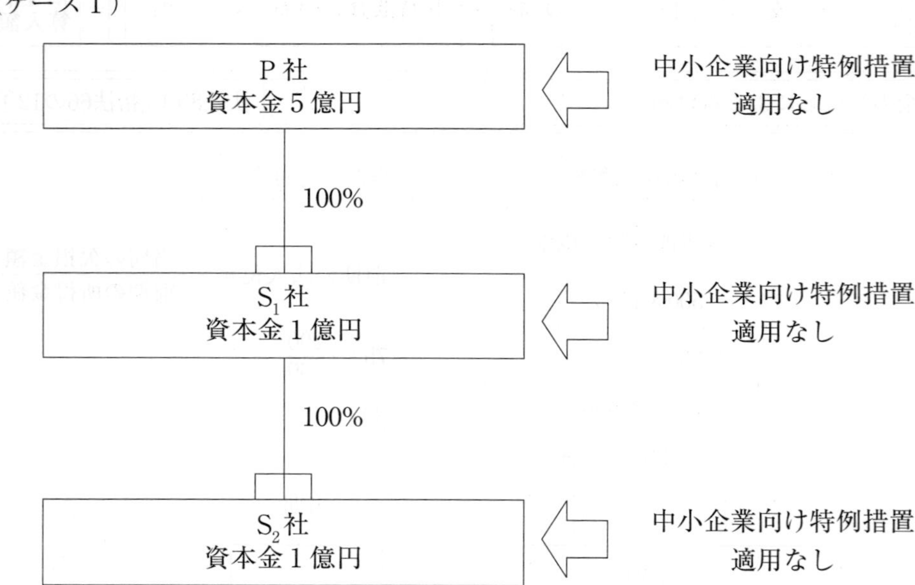

S_2社は、資本金の額が５億円以上であるＰ社による完全支配関係があるため、S_2社において〈中小企業向け特例措置〉は適用されません。

（ケース２）

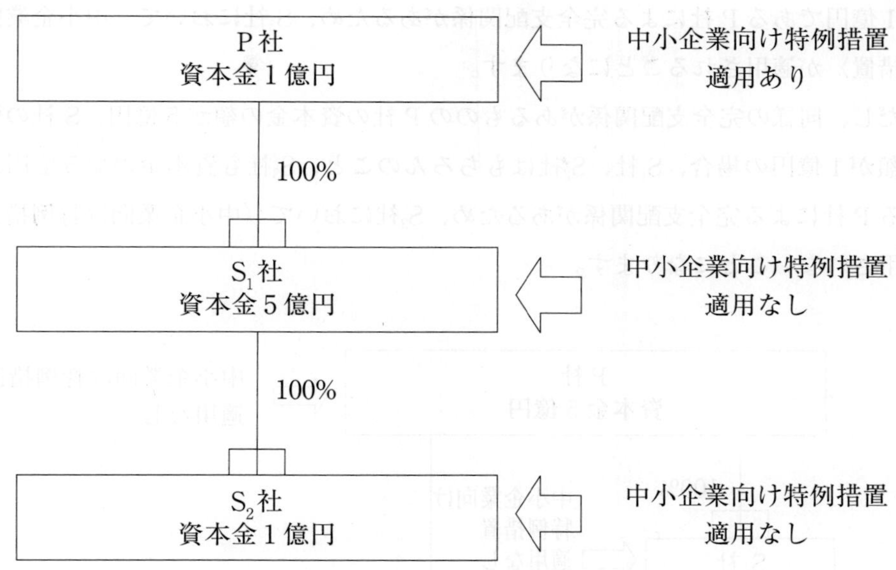

S_2社は、資本金の額が５億円未満であるＰ社による完全支配関係がありますが、資本金の額が５億円以上であるS_1社による完全支配関係があるため、S_2社において〈中小企業向け特例措置〉は適用されません。

（ケース３）

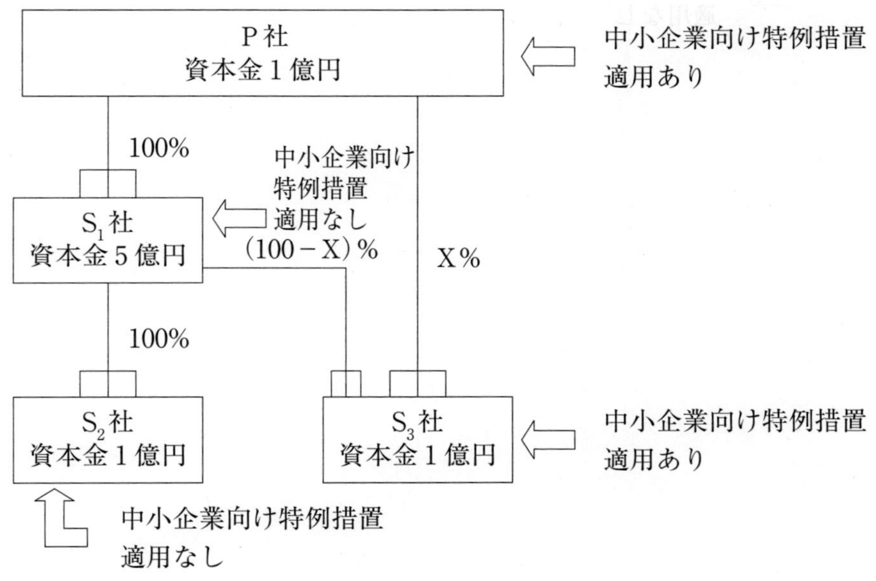

S_3社は、資本金の額が５億円以上であるS_1社による完全支配関係はなく、資本金の額が１億円であるＰ社による完全支配関係があるため、S_3社において〈中小企業向け特例措置〉が適用されることになります。

ただし、同様の完全支配関係があるもののＰ社の資本金の額が５億円、S_1社の資本金の額が１億円の場合、S_1社、S_2社はもちろんのこと、S_3社も資本金の額５億円以上であるＰ社による完全支配関係があるため、S_3社において〈中小企業向け特例措置〉は適用されないことになります。

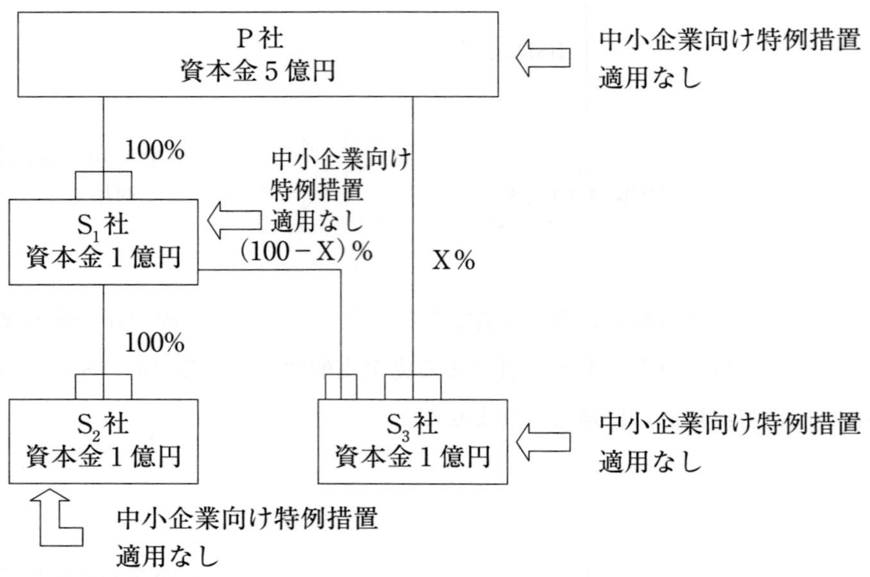

（ケース４）

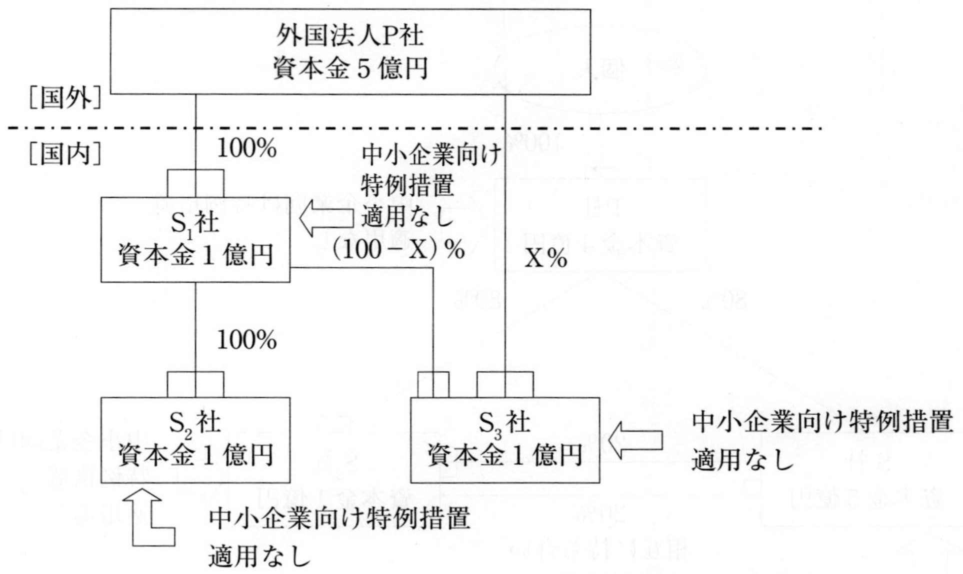

S_1社、S_2社、S_3社のいずれについても、資本金の額が５億円以上である外国法人Ｐ社による完全支配関係があるため、〈中小企業向け特例措置〉は適用されないことになります。

なお、外国法人が資本金の額又は出資金の額が５億円以上である法人に該当するかどうかは、その100％グループ内の子法人の事業年度終了の時における外国法人の資本金の額又は出資金の額について、その事業年度終了の日の電信売買相場の仲値により換算した円換算額により判定することとされています（法基通16—5—2）。

（ケース５）

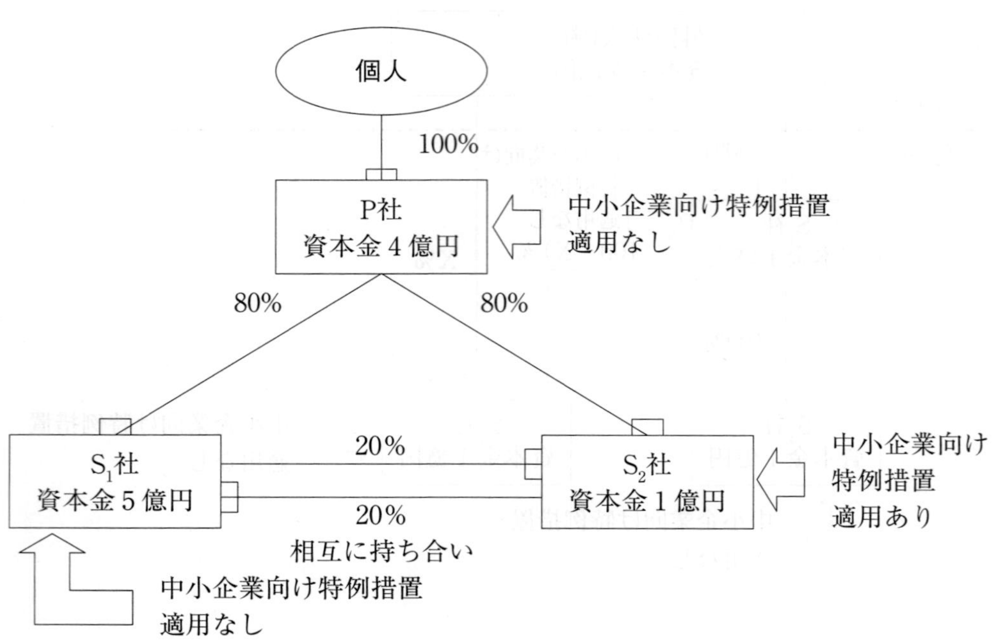

S_2社は、資本金の額が５億円以上であるS_1社による完全支配関係はなく、資本金の額が４億円であるＰ社による完全支配関係があるため、S_2社において〈中小企業向け特例措置〉が適用されることになります（国税庁質疑応答その２問３（253頁））。

（ケース６）

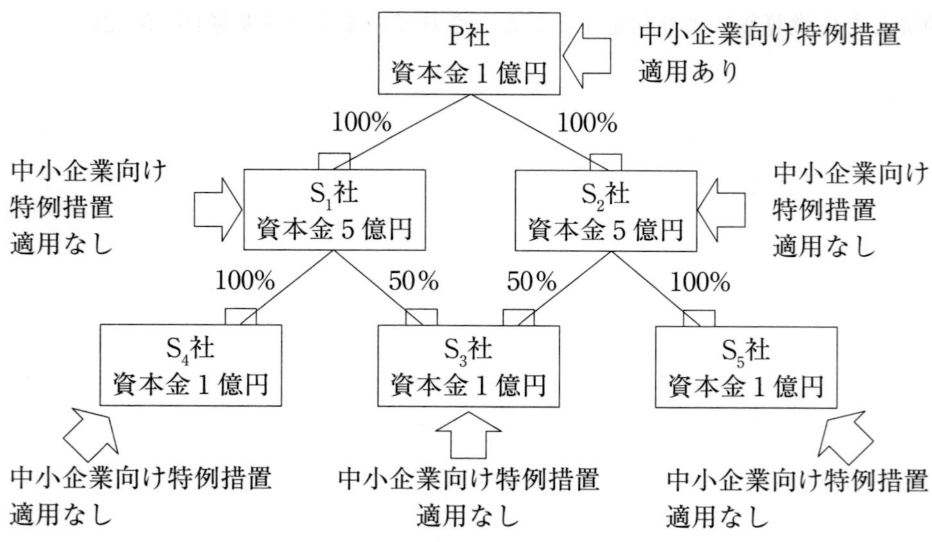

S_3社は、S_3社との間に完全支配関係がある大法人のS_1社、S_2社に発行済株式等の全部を保有されていることから、S_3社において〈中小企業向け特例措置〉は適用されません。

⑶ 欠損金の繰戻しによる還付制度の留意点

資本金の額が１億円以下である法人については、平成21年２月１日以後に終了する事業年度から親会社がいかなる会社であろうと欠損金の繰戻しによる還付制度の対象とされました（平成21年度税制改正）が、グループ法人税制の導入により、資本金の額が５億円以上である法人による完全支配関係がある法人は、その適用が再び制限されることとなります。

ただし、清算中の法人や法人が解散した場合、再生手続開始の決定があった場合等における欠損金額、災害損失欠損金額の繰戻しによる還付制度については、資本金の額が５億円以上である法人による完全支配関係があるか否かやその法人の資本金の額にかかわらず、適用があります（法法80①④⑤、措法66の12）。

7　100%グループ内の法人間の現物分配

内国法人を現物分配法人（現物分配によりその有する資産の移転を行った法人をいいます（法法２十二の五の二)。）とする現物分配のうち、その現物分配により資産の移転を受ける者がその現物分配の直前においてその内国法人との間に完全支配関係がある内国法人（普通法人又は協同組合等に限ります。）のみであるものを適格現物分配といいます（法法２十二の十五）。

〈適格要件（現物分配）〉

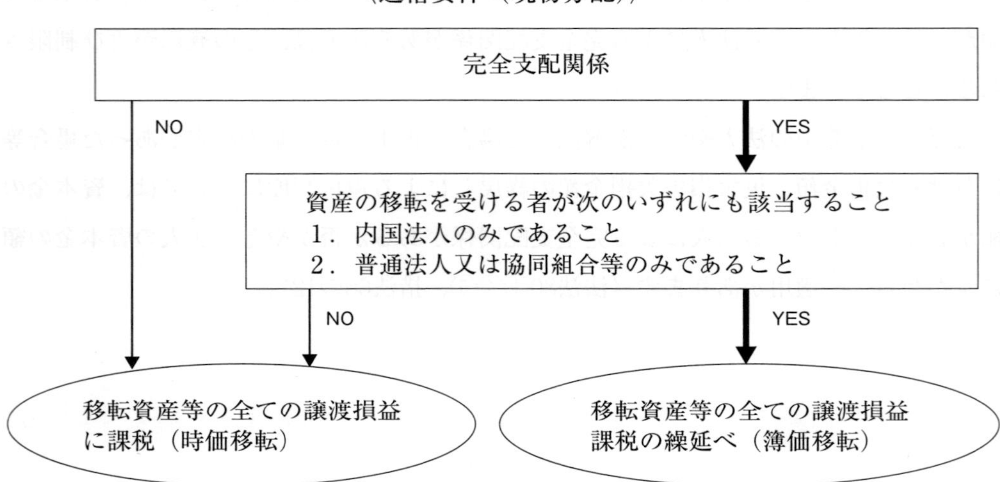

現物分配が組織再編税制の一環として位置づけられることから、適格現物分配の場合には、移転する資産は帳簿価額による譲渡をしたものとして取り扱われます（法法62の５③)。

また、適格現物分配により資産の移転を受けた被現物分配法人のその資産の取得価額は、現物分配法人の帳簿価額を引き継ぐこととされています（法令123の６①)。

具体的な取扱いについては下記第２　３　現物分配の譲渡損益等（172頁）を参照してください。

8　100％グループ内の他の内国法人の株式の評価損の損金不算入

⑴　物損等の事実の場合等の評価損

完全支配関係がある子法人の株主は、その子法人の残余財産が確定した場合には、一定の場合を除き、その子法人の繰越欠損金額を引き継ぐこととされ（上記５　残余財産が確定した場合の繰越欠損金額の引継ぎ等（146頁）参照）、また、その子法人株式につき、残余財産が確定した場合には、その清算損失の額は損金の額に算入されないこととされています（上記４⑵　100％グループ内の法人の株式の発行法人への譲渡等（122頁）参照）。しかし、残余財産が確定する前にその子法人株式につき評価損の額を損金の額に算入するとした場合には、繰越欠損金額の引継ぎと子法人株式の評価損による損失の二重控除の状態になってしまいます。

そこで、完全支配関係がある他の内国法人で次の①から③に掲げるものの株式又は出資を有する場合におけるその株式又は出資については、物損等の事実若しくは法的整理の事実が生じた場合の評価換えによる評価損の額（法法33②）、更生計画認可の決定に伴う評価換えによる評価損の額（法法33③）並びに再生計画認可の決定その他これに準ずる一定の事実が生じた場合の資産評定による評価損の額（法法33④）を損金の額に算入しないこととされています（法法33⑤、法令68の３）。

①　清算中のもの

②　解散（合併による解散を除きます。）をすることが見込まれるもの

③　その内国法人との間に完全支配関係がある他の内国法人との間で適格合併を行うことが見込まれるもの

〈繰越欠損金額の引継ぎと子法人株式の評価損による損失の二重控除〉

《通常》

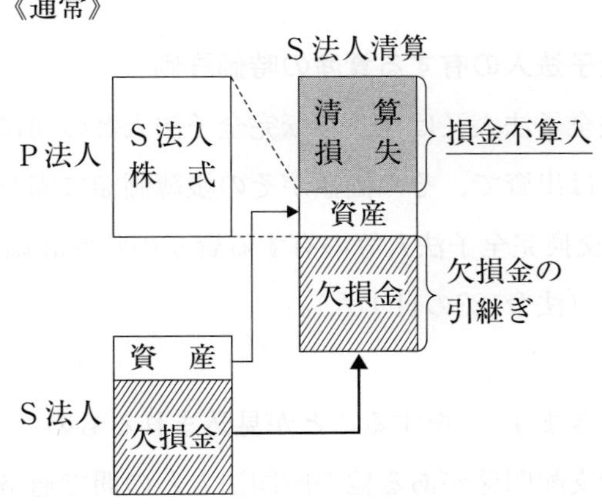

《評価損を計上した場合》

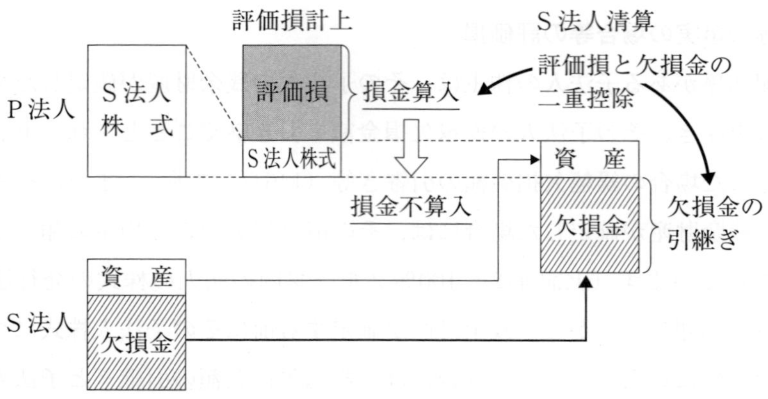

※S法人はP法人の100％子法人である。

（斎須朋之他『平成23年版　改正税法のすべて』275頁（大蔵財務協会 平成23年）を一部修正）

⑵　通算制度の開始等に伴う資産の時価評価

上記⑴と同様に、通算親法人となる内国法人との間に完全支配関係がある次の内国法人の株式又は出資で、その価額がその帳簿価額に満たないものは、通算制度の開始に伴う資産の時価評価（26頁参照）の対象外とされています（法令131の15①六）。

①　清算中のもの

②　解散（合併による解散を除きます。）をすることが見込まれるもの

③　通算親法人となる内国法人との間に完全支配関係がある他の内国法人との間で適格合併を行うことが見込まれるもの

なお、通算制度への加入及び通算制度からの離脱等に伴う資産の時価評価（26、30頁参照）においても、同様の規定が設けられています（法令131の16①四、131の17③五）。

⑶　非適格株式交換等に係る完全子法人の有する資産の時価評価

上記⑴と同様に、株式交換等完全子法人又は株式移転完全子法人との間に完全支配関係がある次の内国法人の株式又は出資で、その価額がその帳簿価額に満たないものは、非適格株式交換等に係る株式交換完全子法人等の有する資産の時価評価損益（163頁参照）の対象外とされています（法令123の11①六）。

①　清算中のもの

②　解散（合併による解散を除きます。）をすることが見込まれるもの

③　その内国法人との間に完全支配関係がある他の内国法人との間で適格合併を行うことが見込まれるもの

第２　グループ法人税制に係る組織再編

１　合併による譲渡損益調整資産の移転

⑴　非適格合併による資産及び負債の移転

被合併法人が非適格合併により合併法人にその有する資産及び負債の移転をしたときは、被合併法人がその移転する資産及び負債を合併時の価額（時価）により合併法人に譲渡したものとして譲渡損益を計上することとなります（法法62）が、100％グループ内の法人間の非適格合併にあっては譲渡損益調整資産の移転につき譲渡損益の繰延べ（上記第１　１⑴　譲渡損益の繰延べ（37頁）参照）の適用を受けることになります（法法61の11①）。

しかしながら、合併が行われた場合には、被合併法人は消滅することから、その後の譲渡損益の戻入れができないことになります。このため、非適格合併に係る被合併法人がその合併による譲渡損益調整資産の移転につき譲渡損益の繰延べの適用を受けた場合には、その譲渡損益調整資産に係る譲渡利益額に相当する金額はその合併に係る合併法人のその譲渡損益調整資産の取得価額に算入しないものとし、その譲渡損益調整資産に係る譲渡損失額に相当する金額はその合併法人のその譲渡損益調整資産の取得価額に算入することとされています㈡（法法61の11⑦）。

㈡　通算法人が行った譲渡損益調整資産の譲渡が他の通算法人（法人税法施行令第24条の３（資産の評価益の計上ができない株式の発行法人等から除外される通算法人）に規定する初年度離脱通算子法人及び通算親法人を除きます。）の株式又は出資の当該他の通算法人以外の通算法人に対する譲渡であるときは、その譲渡損益調整資産については、この規定は適用しないこととされています（法法61の11⑧）。

〈合併における資産等の流れと合併後の資本関係〉

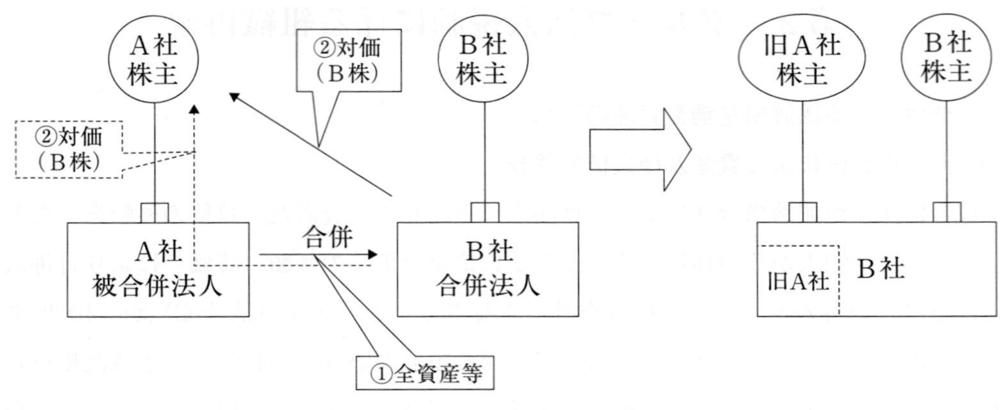

〈合併における課税関係〉

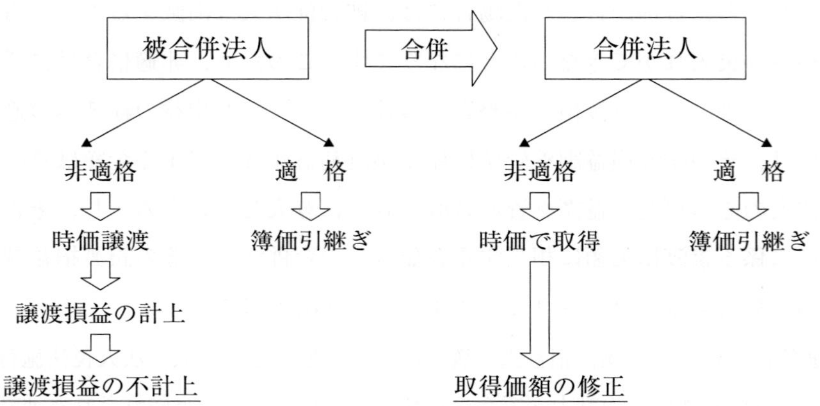

なお、譲渡利益額に相当する金額を取得価額に算入しないこととされる金額については、利益積立金額を減少し、譲渡損失額に相当する金額を取得価額に算入することとされる金額については、利益積立金額を増加することとされています（法令９一タ）。

〈帳簿価額が時価を下回る場合（帳簿価額＜時価）〉

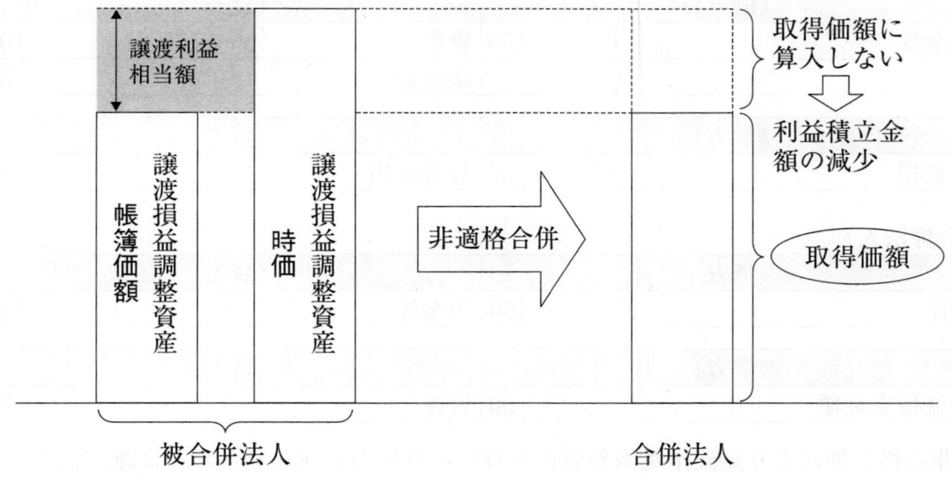

〈帳簿価額が時価を上回る場合（帳簿価額＞時価）〉

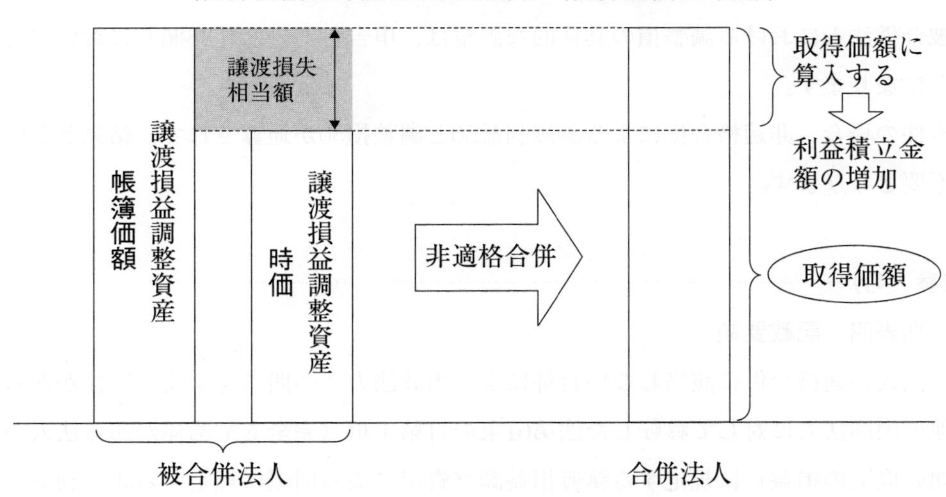

また、非適格合併に係る被合併法人がその合併による譲渡損益調整資産の移転につき譲渡損益の繰延べの適用を受けた場合には、合併法人は繰越欠損金額の利用制限（法法57④）及び特定資産の譲渡等損失額の損金不算入制度（法法62の７）の適用対象とされることから留意が必要です。

⑵　非適格合併による譲渡損益調整資産の移転の設例

被合併法人の貸借対照表が、資産100（時価150）、資本金等の額100である場合それぞれの法人は、次のように処理することになります。

〈被合併法人〉

（借方）		（貸方）	
現金等	150	資産	100
		譲渡益	50

（借方）		（貸方）	
調整損	50	社外流出	50

〈合併法人〉

（借方）		（貸方）	
資産	150	現金等	150

（借方）		（貸方）	
利益積立金額	50	資産	50

非適格合併により譲渡損益調整資産を移転する場合の譲渡利益額又は譲渡損失額に相当する金額を損金の額又は益金の額に算入する金額については、社外流出として取り扱われ、調整勘定は負債又は資産に含まれません（法令122の12⑭）。

被合併法人における調整損の具体的な調整は、申告書別表四「38欄」において行うことになります。

本件の場合、非適格合併による譲渡利益50と調整損50が通算されて、結果として記載不要となります。

（参　考）

別表四　記載要領

法人が適格合併に該当しない合併により当該法人との間に完全支配関係がある他の内国法人に対して移転した法第61条の11第１項（完全支配関係がある法人の間の取引の損益）に規定する譲渡損益調整資産に係る同項に規定する譲渡利益額又は譲渡損失額に相当する金額について、同項の規定により損金の額又は益金の額に算入される金額がある場合には、「非適格合併又は残余財産の全部分配等による移転資産等の譲渡利益額又は譲渡損失額（38)」の欄は、当該損金の額又は益金の額に算入される金額を減算し、又は加算した金額を記載すること。

国税庁質疑応答その１

問９　非適格合併による資産の移転と譲渡損益の繰延べ（226頁）

（226頁）

⑶　適格合併による資産及び負債の移転

完全支配関係がある法人間の合併が適格合併に該当する場合には、資産及び負債は帳簿価額による引継ぎをしたものとして譲渡損益を繰り延べることとされ（法法62の２①)、被合併法人につき譲渡損益は生じないため、譲渡損益調整資産の繰延べの適用はありません。

２　非適格株式交換等に係る株式交換完全子法人等の有する資産の時価評価損益

内国法人が自己を株式交換等完全子法人又は株式移転完全子法人とする株式交換等又は株式移転（適格株式交換等及び適格株式移転を除きます。以下、非適格株式交換等といいます。）を行った場合には、その内国法人がその非適格株式交換等の直前の時において有する時価評価資産の評価益の額又は評価損の額は、その非適格株式交換等の日の属する事業年度の所得の金額の計算上、益金の額又は損金の額に算入することとされています（法法62の９①）が、100％グループ間で非適格合併による資産の移転を行った場合の譲渡損益調整資産の譲渡損益を繰り延べる規定（上記１　合併による譲渡損益調整資産の移転（163頁）参照）との整合性を図る観点から、100％グループ内で行われた非適格株式交換等については、この時価評価損益の規定の対象外とされています（法法62の９①かっこ書)。

（参考①）

株式交換等の意義

株式交換等とは、株式交換及び①から③までに掲げる行為により対象法人（それぞれ①から③までに掲げる法人をいいます。）がそれぞれ①若しくは②の最大株主等である法人又は③の一の株主等である法人との間にこれらの法人による完全支配関係を有することとなることをいいます（法法2十二の十六)。

①　全部取得条項付種類株式（ある種類の株式について、これを発行した法人が株主総会その他これに類するものの決議（①において取得決議といいます。）によってその全部の取得をする旨の定めがある場合のその種類の株式をいいます。）に係る取得決議によりその取得の対価としてその法人の最大株主等（その法人以外のその法人の株主等のうちその有するその法人の株式

の数が最も多い者をいいます。）以外の全ての株主等（その法人及びその最大株主等との間に完全支配関係がある者を除きます。）に一に満たない端数の株式以外のその法人の株式が交付されないこととなる場合のその取得決議

② 株式の併合で、その併合をした法人の最大株主等（その法人以外のその法人の株主等のうちその有するその法人の株式の数が最も多い者をいいます。）以外の全ての株主等（その法人及びその最大株主等との間に完全支配関係がある者を除きます。）の有することとなるその法人の株式の数が一に満たない端数となるもの

③ 株式売渡請求（法人の一の株主等がその法人の承認を得てその法人の他の株主等（その法人及びその一の株主等との間に完全支配関係がある者を除きます。）の全てに対して法令（外国の法令を含みます。）の規定に基づいて行うその法人の株式の全部を売り渡すことの請求をいいます。）に係るその承認により法令の規定に基づきその法人の発行済株式等（その一の株主等又はその一の株主等との間に完全支配関係がある者が有するものを除きます。）の全部がその一の株主等に取得されることとなる場合のその承認

（参考②）

時価評価損益の規定の趣旨

非適格株式交換等に係る株式交換完全子法人等の有する資産の時価評価損益の規定は、平成18年度税制改正において創設されたものですが、当時の立法担当者は、その創設の趣旨について、「株式交換等（編注）は、（中略）株式取得を通じて会社財産を間接的に取得でき、合併と株式交換等は組織法上の行為による会社財産の取得という点で共通の行為と見ることができることから、非適格合併等の場合に被合併法人等の資産について譲渡損益が計上されることとの整合性などを図るため、非適格株式交換等の場合に株式交換完全子法人又は株式移転完全子法人の有する資産について時価評価により評価損益の計上を行うこととされたものです。」と述べています（青木孝徳他『平成18年版 改正税法のすべて』313頁（大蔵財務協会　平成18年））。

（編注）当時は株式交換及び株式移転を指していました。

○　株式交換

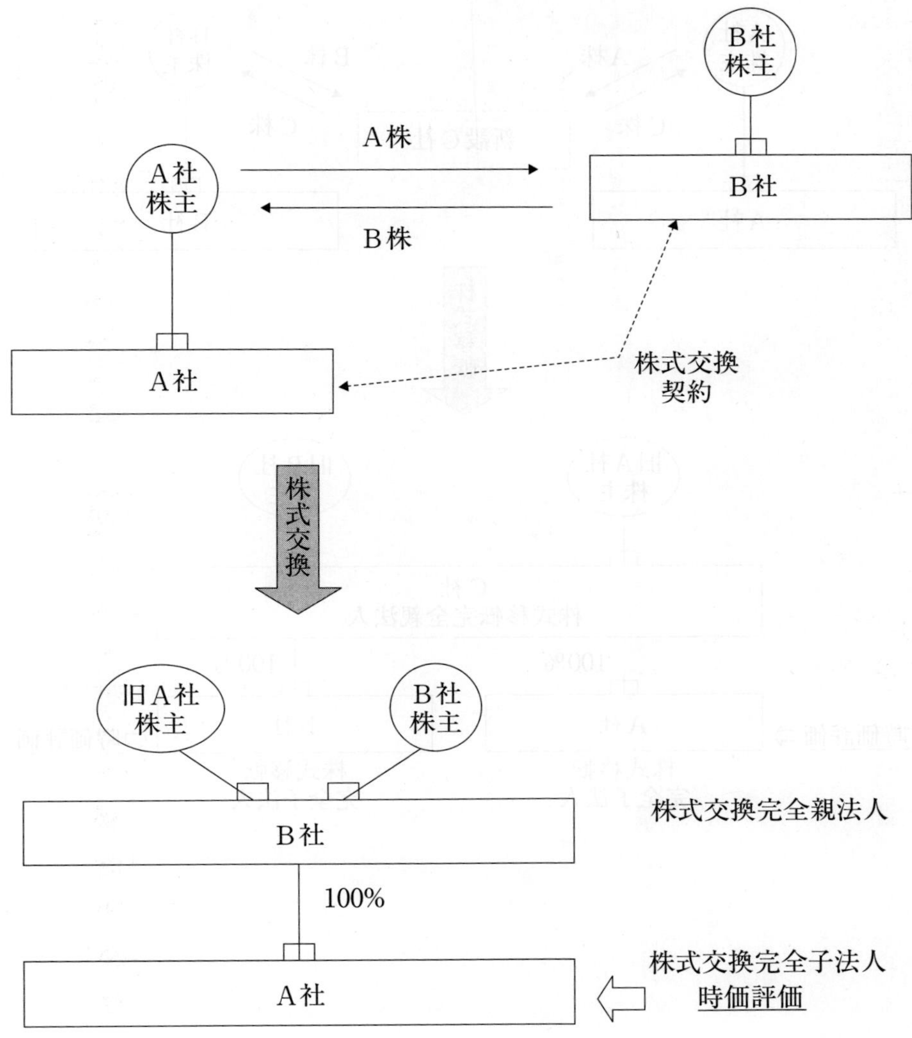
B社
株主
A株
A社
株主
B社
B株
A社
株式交換
契約
株式交換
旧A社
株主
B社
株主
株式交換完全親法人
B社
100%
株式交換完全子法人
A社
時価評価

○　株式移転

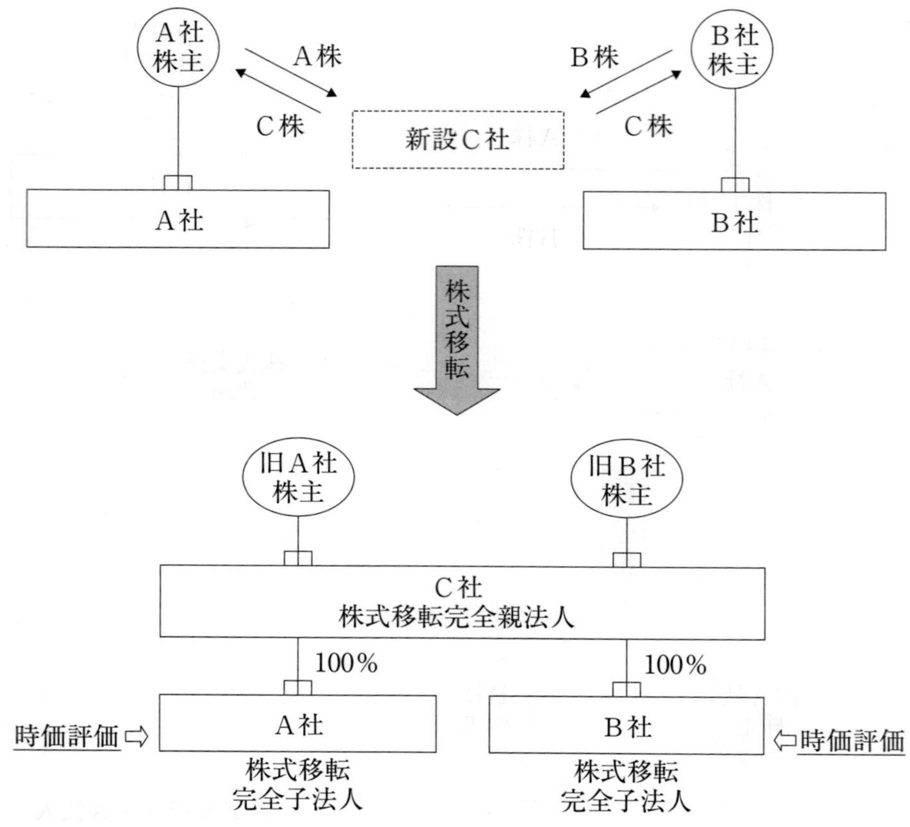

A社
株主
A株
C株
新設C社
B株
C株
B社
株主
A社
B社
株式移転
旧A社
株主
旧B社
株主
C社
株式移転完全親法人
100%
100%
時価評価
A社
B社
時価評価
株式移転
完全子法人
株式移転
完全子法人

〈グループ法人税制での取扱い〉

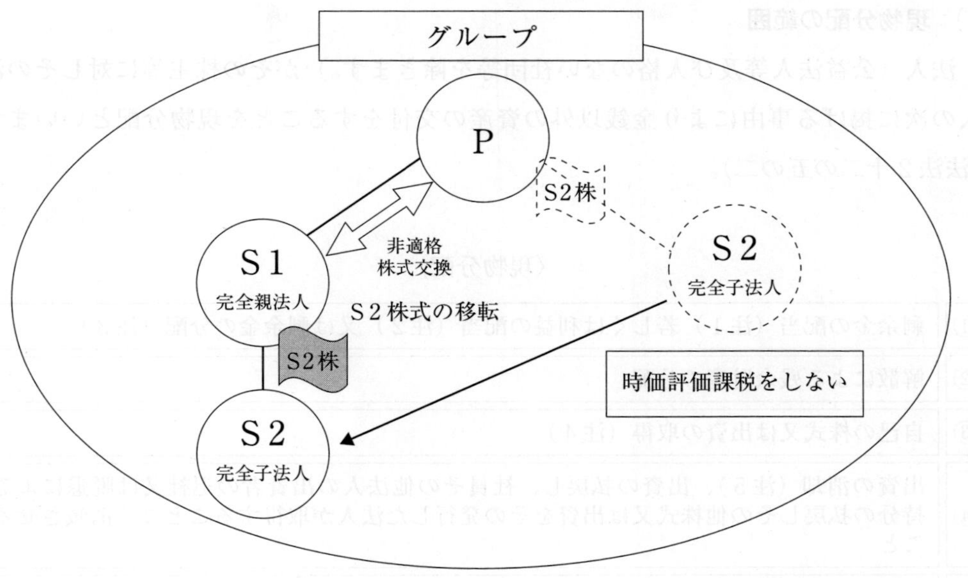

（財務省資料を一部修正）

3　現物分配の譲渡損益等

(1)　現物分配の範囲

法人（公益法人等及び人格のない社団等を除きます。）がその株主等に対しその法人の次に掲げる事由により金銭以外の資産の交付をすることを現物分配といいます（法法２十二の五の二）。

〈現物分配〉

①	剰余金の配当（注１）若しくは利益の配当（注２）又は剰余金の分配（注３）
②	解散による残余財産の分配
③	自己の株式又は出資の取得（注４）
④	出資の消却（注５）、出資の払戻し、社員その他法人の出資者の退社又は脱退による持分の払戻しその他株式又は出資をその発行した法人が取得することなく消滅させること
⑤	組織変更（注６）

(注)１　株式又は出資に係るものに限るものとし、分割型分割によるものを除きます。また、資本の払戻し（資本剰余金の額の減少に伴うものをいいます。）に該当するものと該当しないものがあります。なお、資本剰余金と利益剰余金の両方を原資とする配当が行われた場合には、利益剰余金を原資とする部分も含めて資本の払戻しに該当します（国税庁 HP 質疑応答「適格現物分配による資本の払戻しを行った場合の税務上の処理について」）。

２　分割型分割によるものを除きます。

３　出資に係るものに限ります。

４　市場における購入による取得等を除きます。

５　取得した出資について行うものを除きます。

６　その組織変更に際してその組織変更をした法人の株式又は出資以外の資産を交付したものに限ります。

ちなみに、孫法人の兄弟化の方法として、孫法人株式の譲渡、現物分配、寄附、無対価分割が考えられることになります。

〈現物分配による孫法人の兄弟化〉

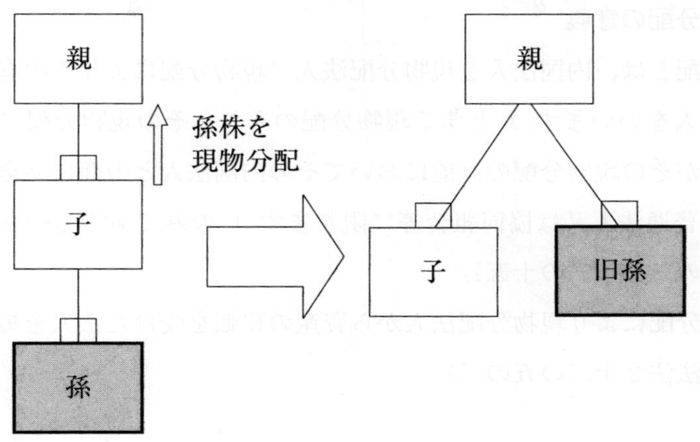

なお、現物分配のうち株式分配に該当するものについては、現物分配とは異なる独自の課税関係が規定されています。株式分配は、いわゆるスピンオフの手法として用いられるものであり、基本的に100%グループ間の取引として行われるものではないことから、本書では取り扱いません。

(参　考)

株式分配

株式分配とは、現物分配（剰余金の配当又は利益の配当に限ります。）のうち、その現物分配の直前において現物分配法人により発行済株式等の全部を保有されていた法人（完全子法人）のその発行済株式等の全部が移転するもの（その現物分配によりその発行済株式等の移転を受ける者がその現物分配の直前においてその現物分配法人との間に完全支配関係がある者のみである場合におけるその現物分配を除きます。）をいい（法法２十二の十五の二）、組織再編税制の一環として位置づけられています。

(2)　適格現物分配による資産の移転

イ　適格現物分配の意義

適格現物分配とは、内国法人を現物分配法人（現物分配によりその有する資産の移転を行った法人をいいます。）とする現物分配のうち、その現物分配により資産の移転を受ける者がその現物分配の直前においてその内国法人との間に完全支配関係がある内国法人（普通法人又は協同組合等に限ります。）のみであるものをいいます（法法２十二の五の二、十二の十五)。

なお、現物分配により現物分配法人から資産の移転を受けた法人を被現物分配法人といいます（法法２十二の五の三)。

〈適格要件（現物分配)〉

完全支配関係
- NO → 移転資産等の全ての譲渡損益に課税（時価移転）
- YES → 資産の移転を受ける者が次のいずれにも該当すること
  1．内国法人のみであること
  2．普通法人又は協同組合等のみであること
  - NO → 移転資産等の全ての譲渡損益に課税（時価移転）
  - YES → 移転資産等の全ての譲渡損益課税の繰延べ（簿価移転）

適格現物分配の場合、完全支配関係がある複数のものが資産の移転を受けることが想定されますが、被現物分配法人に外国法人が存する場合には、適格要件を満たさないこととされています。

〈複数のものが資産の移転を受ける適格現物分配〉

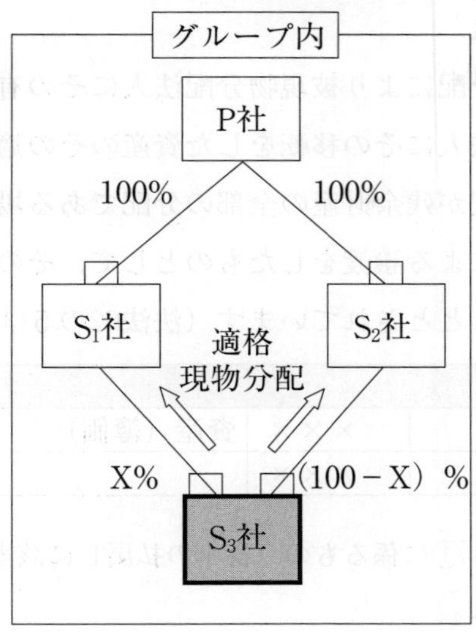

〈被現物分配法人に外国法人が存する非適格現物分配〉

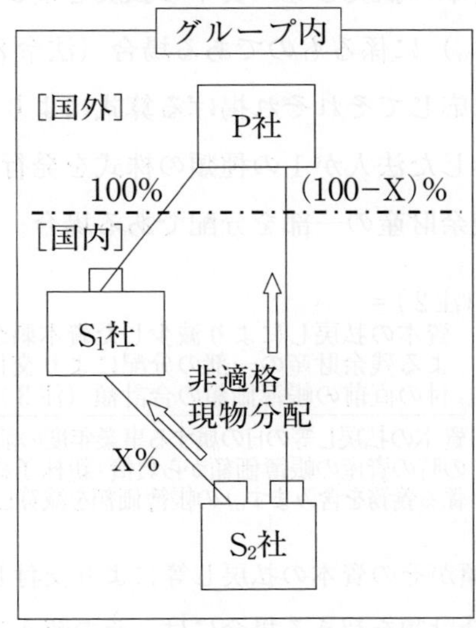

国税庁質疑応答その１

問14　完全支配関係が外国法人によるものである場合の現物分配（243頁）

ロ　現物分配法人の取扱い

⑴　帳簿価額による譲渡

内国法人が適格現物分配により被現物分配法人にその有する資産の移転をしたときは、その被現物分配法人にその移転をした資産のその適格現物分配の直前の帳簿価額（その適格現物分配が残余財産の全部の分配である場合には、その残余財産の確定の時の帳簿価額）による譲渡をしたものとして、その内国法人の各事業年度の所得の金額を計算することとされています（法法62の５③）。

（借方）		（貸方）	
資本金等の額㈡	×××	資産（簿価）	×××
利益積立金額	×××		

㈡　適格現物分配が上記⑴①に係るもの（資本の払戻しに該当するものを除きます。）である場合には生じません。

⑵　資本金等の額の減少額

①　適格現物分配が資本の払戻し等（資本の払戻し及び解散による残余財産の一部の分配をいいます。）に係るものである場合（法令８①十八）

次に掲げる場合に応じてそれぞれ掲げる算式により計算した減資資本金額

ｉ　資本の払戻しをした法人が１の種類の株式を発行していた法人である場合又は解散による残余財産の一部を分配である場合

減資資本金額（注１）（注２）＝

$$\left(\begin{array}{l}\text{資本の払戻し}\\\text{等の直前の資}\\\text{本金等の額}\end{array}\right)\times\frac{\text{資本の払戻しにより減少した資本剰余金の額又は解散による残余財産の一部の分配により交付した資産のその交付の直前の帳簿価額の合計額（注３）}}{\text{資本の払戻し等の日の属する事業年度の前事業年度（注４）終了の時の資産の帳簿価額から負債（新株予約権及び株式引受権に係る義務を含みます。）の帳簿価額を減算した金額（注５）（注６）}}\text{（注７）}$$

㈡１　計算した金額がその資本の払戻し等により交付した資産のその交付の直前の帳簿価額の合計額を超える場合には、その超える部分の金額を減算した金額となります。

２　資本の払戻し等が資本の払戻しである場合において、その計算した金額がその資本の払戻しにより減少した資本剰余金の額を超えるときは、その超える部分の金額を控除した金額となります。

３　減少した資本剰余金の額又はその合計額が分母の金額を超える場合には、分母の金額となります。

なお、資本剰余金と利益剰余金の両方を原資とする資本の払戻しが行われた場合においても、この分子の金額は、減少した資本剰余金の額となります（国税庁 HP 質疑応答「適格現物分配による資本の払戻しを行った場合の税務上の処理について」）。

4　資本の払戻し等の日以前６月以内に法人税法第72条第１項に規定する期間について同項各号に掲げる事項を記載した中間申告書を提出し、かつ、その提出した日から資本の払戻し等の日までの間に確定申告書を提出していなかった場合には、その中間申告書に係る同項に規定する期間となります。

5　その終了の時からその資本の払戻し等の直前の時までの間に資本金等の額又は利益積立金額（法人税法施行令第９条第１号及び第６号に掲げる金額を除きます。）が増加し、又は減少した場合には、その増加した金額を加算し、又はその減少した金額を減算した金額となります。

6　条文上は、資本の払戻し等を法人税法施行令第８条第１項第15号イの分割型分割とみなした場合における同号イに掲げる金額と規定されています（法令８①十八イ⑴）。

7　資本の払戻し等の直前の資本金等の額が零以下である場合には零と、その直前の資本金等の額が零を超え、かつ、分母に掲げる金額が零以下である場合には１とし、その割合に小数点以下３位未満の端数があるときはこれを切り上げます。

ii　資本の払戻しを行った法人が２以上の種類の株式を発行していた法人である場合

減資資本金額（注１）＝資本の払戻しに係る株式の種類ごとに、次に掲げる算式により計算した金額（注２）の合計額

$$\text{直前種類資本金額（注３）} \times \frac{\text{資本の払戻しにより減少した資本剰余金の額のうちその種類の株式に係る部分の金額（注４）（注５）}}{\text{資本の払戻しの日の属する事業年度の前事業年度（注６）終了の時の資産の帳簿価額から負債（新株予約権及び株式引受権に係る義務を含みます。）の帳簿価額を減算した金額（注７）（注８）} \times \dfrac{\text{直前種類資本金額}}{\text{資本の払戻しの直前の資本金等の額}}} \text{（注９）}$$

(注)１　計算した金額が資本の払戻しにより交付した資産のその交付の直前の帳簿価額の合計額を超える場合には、その超える部分の金額を減算した金額となります。

2　計算した金額が資本の払戻しにより減少した資本剰余金の額のうちその種類の株式に係る部分の金額を超える場合には、その超える部分の金額を控除した金額となります。

3　直前種類資本金額とは、資本の払戻しの直前のその種類の株式に係る種類

資本金額をいいます。なお、種類資本金額とは、資本の払戻しの直前までのその種類の株式の交付に係る増加した資本金の額又は出資金の額並びに一定の加減算（法令８①一～十一、十五～二十二）をした金額をいいます（法令８②）。

4　その金額が明らかでない場合は、次に掲げる算式により計算した金額（算式の分母の金額が零以下である場合には、分数を１として計算した金額）となります（法令８①十八ロ(2)（ⅱ））。

$$\text{資本の払戻しにより減少した資本剰余金の額} \times \frac{\text{直前種類資本金額}}{\text{資本の払戻しの直前のその資本の払戻しに係る各種類の株式に係る種類資本金額(零以下である場合には、零)の合計額}}$$

5　その金額が分母の金額を超える場合には、分母の金額となります。

6　資本の払戻しの日以前６月以内に法人税法第72条第１項に規定する期間について同項各号に掲げる事項を記載した中間申告書を提出し、かつ、その提出した日から資本の払戻しの日までの間に確定申告書を提出していなかった場合には、その中間申告書に係る同項に規定する期間となります。

7　その終了の時から資本の払戻しの直前の時までの間に資本金等の額又は利益積立金額（法人税法施行令第９条第１号及び第６号に掲げる金額を除きます。）が増加し、又は減少した場合には、その増加した金額を加算し、又はその減少した金額を減算した金額となります。

8　条文上は、資本の払戻しを法人税法施行令第８条第１項第15号イの分割型分割とみなした場合における同号イに掲げる金額と規定されています（法令８①十八イ(1)）。

9　直前種類資本金額又は資本の払戻しの直前の資本金等の額が零以下である場合には零と、直前種類資本金額及びその直前の資本金等の額が零を超え、かつ、分母の金額が零以下である場合には１とし、その割合に小数点以下３位未満の端数があるときはこれを切り上げます。

②　適格現物分配が上記(1)③から⑤に掲げる事由（以下、自己株式の取得等といいます。）に係るものである場合（法令８①二十）

次に掲げる場合に応じてそれぞれに掲げる算式により計算した取得資本金額

ｉ　自己株式の取得等をした法人が一の種類の株式（出資を含みます。以下②において同じです。）を発行していた法人（口数の定めがない出資を発行する法人を含みます。）である場合

取得資本金額(注)＝

$$\frac{\text{自己株式の取得等の直前の資本金等の額}}{\text{自己株式の取得等の直前の発行済株式又は出資（自己が有する自己の株式を除きます。）の総数（出資にあっては、総額）}} \times \left(\text{自己株式の取得等に係る株式の数又は金額}\right)$$

(注)　自己株式の取得等の直前の資本金等の額が零以下である場合には、零とし、その自己株式の取得等により交付した資産のその交付の直前の帳簿価額の合計額を超える場合には、その超える部分の金額を減算した金額となります。

ⅱ　自己株式の取得等をした法人が二以上の種類の株式を発行していた法人である場合

取得資本金額(注)＝

$$\frac{\text{自己株式の取得等の直前のその自己株式の取得等に係る株式と同一の種類の株式に係る種類資本金額}}{\text{自己株式の取得等の直前の自己株式の取得等に係る株式と同一の種類の株式（自己株式の取得等をした法人がその直前に有していた自己の株式を除きます。）の総数}} \times \left(\text{自己株式の取得等に係る株式と同一の種類の株式の数}\right)$$

(注)　自己株式の取得等の直前のその種類資本金額が零以下である場合には、零とし、その自己株式の取得等により交付した資産のその交付の直前の帳簿価額の合計額を超える場合には、その超える部分の金額を減算した金額となります。

(ハ)　利益積立金額の減少額

①　適格現物分配が上記(1)①に係るもの（資本の払戻しに該当するものを除きます。）である場合（法令９八）

その交付する資産の交付の直前の帳簿価額の合計額

②　適格現物分配が上記①以外のものに係るものである場合（法令９十二、十四）

その交付する資産の交付の直前の帳簿価額の合計額が上記(ロ)の減資資本金額又は取得資本金額を超える場合におけるその超える部分の金額

〈減少する資本金等の額及び利益積立金額〉

<table>
<tr><th></th><th>資本金等の額</th><th>利益積立金額</th></tr>
<tr><td>上記(1)①の事由（資本の払戻しに該当するものを除きます。）</td><td>――</td><td>交付資産の交付直前の帳簿価額（直前簿価）の合計額</td></tr>
<tr><td>上記(1)①の事由（資本の払戻しに該当するものに限ります。）</td><td rowspan="2">減資資本金額</td><td rowspan="2">直前簿価の合計額
－減資資本金額</td></tr>
<tr><td>上記(1)②の事由</td></tr>
<tr><td>上記(1)③～⑤の事由</td><td>取得資本金額</td><td>直前簿価の合計額
－取得資本金額</td></tr>
</table>

㈡　源泉徴収義務

適格現物分配は所得税法上の配当所得から除かれるため、源泉徴収は行わないこととされています（所法212③、24①かっこ書）。

ハ　被現物分配法人の取扱い

㈠　資産の取得価額

適格現物分配により資産の移転を受けた被現物分配法人のその資産の取得価額は、その適格現物分配の直前の帳簿価額（その適格現物分配が残余財産の全部の分配である場合には、その残余財産の確定の時の帳簿価額）相当額とされています（法令123の６①）。

㈡　みなし配当の額

適格現物分配で上記(1)①に掲げる事由のうち資本の払戻しに該当するもの及び②から⑤に掲げる事由により資産の交付を受けた場合において、現物分配法人のその交付の直前のその資産の帳簿価額相当額の合計額が現物分配法人の資本金等の額のうちその交付の基因となったその現物分配法人の株式又は出資に対応する部分の金額を超えるときは、その超える部分の金額は、みなし配当の額とすることとされています（法法24①）。

㈢　収益の額の益金不算入

適格現物分配に係る剰余金の配当等（剰余金の配当若しくは利益の配当又は剰余金の分配をいいます。）の額（みなし配当の額を含みます。）は、受取配当等の益金不算入制度の対象から除かれています（法法23①）が、内国法人が適格現物分配により資産の移転を受けたことにより生ずる収益の額は、その内国法人の各事業年度の所得の金額の計算上、益金の額に算入しないこととされています（法法62の５④）。

㈡　利益積立金額の増加

適格現物分配により、その適格現物分配に係る現物分配法人から交付を受けた資産のその適格現物分配の直前の帳簿価額相当額（その適格現物分配が上記⑴①に係るもののうち資本の払戻しに該当するもの及び②から⑤に掲げる事由に係るものである場合には、その適格現物分配に係る現物分配法人の資本金等の額のうちその交付の基因となったその現物分配法人の株式又は出資に対応する部分の金額を除きます。）は、利益積立金額に加算することとされています（法令９四）。

（借方）		（貸方）	
資産（簿価）	×××	みなし配当（利益積立金）（注１）	×××
資本金等の額（注２）	×××	譲渡対価（注２）	×××

（借方）		（貸方）	
譲渡原価（注２）	×××	株式（注２）	×××

㈱１　適格現物分配が上記⑴①に係るもの（資本の払戻しに該当するものを除きます。）である場合には取得した資産の帳簿価額が受取配当の額となります。

２　適格現物分配が上記⑴①に係るもの（資本の払戻しに該当するものを除きます。）である場合には生じませんが、上記⑴①に係るもののうち資本の払戻しに該当するもの及び②から⑤に係るものである場合には、譲渡対価の額は、譲渡原価の額と同額とし、差額を資本金等の額で調整することになります（法法61の２⑰、法令８①二十二）。

〈適格現物分配に係る資産の移転〉

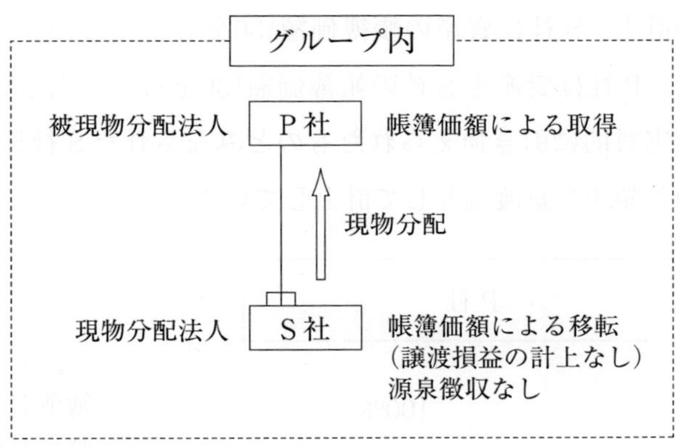

（財務省資料より）

⑶　非適格現物分配による資産の移転

現物分配を行った場合には、適格現物分配に該当する場合を除き、その資産の移転について時価により譲渡したものとして譲渡損益を計上することとされています（法法22他）。

⑷　残余財産の全部の分配又は引渡し

内国法人が残余財産の全部の分配又は引渡し（適格現物分配を除きます。）により被現物分配法人その他の者にその有する資産の移転をするときは、その被現物分配法人その他の者にその移転をする資産のその残余財産の確定の時の価額による譲渡をしたものとし、譲渡に係る譲渡利益額又は譲渡損失額は、その残余財産の確定の日の属する事業年度の所得の金額の計算上、益金の額又は損金の額に算入することとされています（法法62の５①②）。

なお、内国法人の残余財産の確定の日の属する事業年度に係る地方税法の規定による事業税の額及び特別法人事業税及び特別法人事業譲与税に関する法律の規定による特別法人事業税の額は、その内国法人のその事業年度の所得の金額の計算上、損金の額に算入することとされています（法法62の５⑤）。

⑸　設例

①　利益剰余金の配当として適格現物分配を受けた場合（上記⑴①のケース）

前提　i　利益剰余金の配当として適格現物分配により時価150、帳簿価額130の資産を受けた。

ii　会計上、Ｓ社は資産の帳簿価額130をもってその他利益剰余金を減少させ、Ｐ社は資産をＳ社の帳簿価額130をもって引き継ぎ、その帳簿価額と実質的に引き換えられたものとみなされたＳ社株式の帳簿価額100との差額30を譲渡益として計上している。

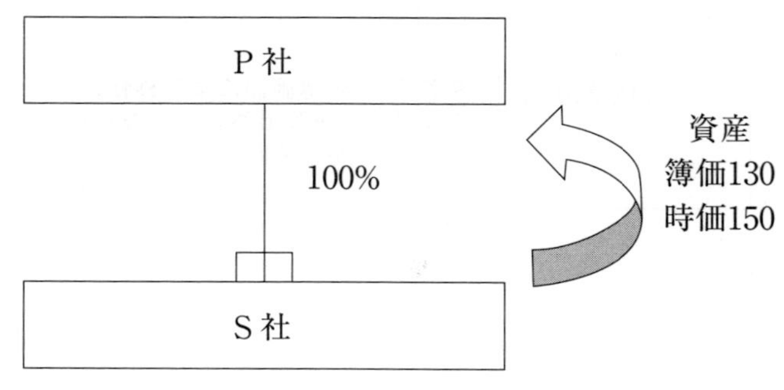

〈Ｓ社〉
（会計上）

（借方）		（貸方）	
その他利益剰余金（注１）	130	資産（簿価）（注１）	130

（税務上）

（借方）		（貸方）	
利益積立金額	130	資産（簿価）	130

（申告調整）

なし

㊟１　企業集団内の企業（同一の企業（又は個人）により最終的に支配され（取引当事者が最終的な支配企業である場合を含みます。）、かつ、その支配が一時的でない企業をいいます（企業会計基準適用指針第２号「自己株式及び準備金の額の減少等に関する会計基準の適用指針」７）。）へ金銭以外の財産を配当する場合には、配当の効力発生日における配当財産の適正な帳簿価額をもって、その他資本剰余金又はその他利益剰余金（繰越利益剰余金）を減額することとされています（企業会計基準適用指針第２号「自己株式及び準備金の額の減少等に関する会計基準の適用指針」10ただし書）。

適格現物分配の場合には、Ｐ社に移転する資産を帳簿価額により譲渡したものとされます（法法62の５③）。

〈Ｐ社〉
（会計上）

（借方）		（貸方）	
資産（簿価）（注２）	130	Ｓ社株式（注２）	100
		譲渡益（注２）	30

（税務上）

（借方）		（貸方）	
資産（簿価）	130	受取配当	130

（借方）		（貸方）	
受取配当	130	社外流出	130

（申告調整）

（借方）		（貸方）	
Ｓ社株式	100	受取配当	130
譲渡益	30		

（借方）		（貸方）	
受取配当	130	社外流出	130

〈Ｐ社の別表四の記載例〉

区　分		総　額	留　保	社外流出	
当期利益又は当期欠損の額		30	30	配当	
加算	受取配当	130	130		
	小　計	130	130		
減算	適格現物分配に係る益金不算入額	130		※	130
	譲渡益	30	30		
	小　計	160	30		130
所得金額又は欠損金額		0	130		△130

〈Ｐ社の別表五（一）の記載例〉

Ⅰ　利益積立金額の計算に関する明細書				
区　分	期　首	減	増	期　末
Ｓ社株式（受取配当）			130	130
Ｓ社株式（譲渡益）		30		△30
繰越損益金			30	30
差引合計額		30	160	130

㊟２　金銭以外の財産の分配を受けた株主の会計処理は、企業結合会計等の被結合企業の株主の会計処理に準じて行うこととされ、共通支配下の取引（結合当事企業（又は事業）の全てが、企業結合の前後で同一の株主により最終的に支配され、かつ、その支配が一時的ではない場合の企業結合をいいます（企業会計基準第20号「企業結合に関する会計基準」16)。）の場合、株主は受け取った資産をその移転前の帳簿価額により計上することとされ、その価額と実質的に引き換えられたものとみなされた株式の帳簿価額との差額は、原則として、交換損益として認識することとされています（企業会計基準適用指針第10号「企業結合会計基準及び事業分離等会計基準に関する適用指針」244、268、297)。

適格現物分配に係る剰余金の配当等の額は、受取配当等の益金不算入制度の対象から除かれています（法法23①）が、適格現物分配により資産の移転を受けたことによる収益の額について益金の額に算入しないこととされます（法法62の５④)。また、交付を受けた資産の帳簿価額相当額が利益積立金額の加算項目とされます（法令９四)。

(参　考)

〈非適格現物分配となる場合〉

〈Ｓ社〉

(会計上)

(借方)		(貸方)	
その他利益剰余金（注１）	130	資産（簿価）(注１）	130

(税務上)

(借方)		(貸方)	
利益積立金額（注２）	150	資産（簿価）	130
		譲渡益	20

(申告調整)

(借方)		(貸方)	
利益積立金額	20	譲渡益	20

〈S社の別表四の記載例〉

区　分		総　額	留　保	社外流出	
当期利益又は当期欠損の額		0	△150	配当	150
加算	譲渡益	20	20		
	小　計	20	20		
所得金額又は欠損金額		20	△130		150

〈S社の別表五（一）の記載例〉

Ⅰ　利益積立金額の計算に関する明細書				
区　分	期　首	減	増	期　末
譲渡益		20	20	0
繰越損益金			△130	△130
差引合計額		20	△110	△130

(注)１　企業集団内の企業（同一の企業（又は個人）により最終的に支配され（取引当事者が最終的な支配企業である場合を含みます。)、かつ、その支配が一時的でない企業をいいます（企業会計基準適用指針第２号「自己株式及び準備金の額の減少等に関する会計基準の適用指針」７)。）へ金銭以外の財産を配当する場合には、配当の効力発生日における配当財産の適正な帳簿価額をもって、その他資本剰余金又はその他利益剰余金（繰越利益剰余金）を減額することとされています（企業会計基準適用指針第２号「自己株式及び準備金の額の減少等に関する会計基準の適用指針」10ただし書)。

２　資産の時価相当額が利益積立金額の減算額となります。

現物分配の対象となる資産について、時価により譲渡したものとして譲渡損益が計上されます。

〈Ｐ社〉
（会計上）

（借方）		（貸方）	
資産（簿価）（注３）	130	Ｓ社株式（注３）	100
		譲渡益（注３）	30

（税務上）

（借方）		（貸方）	
資産（時価）	150	受取配当	150

（借方）		（貸方）	
受取配当	××（注４）	社外流出	××（注４）

（申告調整）

（借方）		（貸方）	
資産	20	受取配当	150
Ｓ社株式	100		
譲渡益	30		

（借方）		（貸方）	
受取配当	××（注４）	社外流出	××（注４）

〈Ｐ社の別表四の記載例〉

区　分		総　額	留　保	社外流出	
当期利益又は当期欠損の額		30	30	配当	
加算	受取配当	150	150		
	小　計	150	150		
減算	受取配当等の益金不算入額	××（注４）		※	××（注４）
	譲渡益	30	30		
	小　計	××（注４）	30		××（注４）
所得金額又は欠損金額		××（注４）	150		××（注４）

〈Ｐ社の別表五（一）の記載例〉

Ⅰ　利益積立金額の計算に関する明細書				
区　分	期　首	減	増	期　末
資産（受取配当）			20	20
Ｓ社株式（受取配当）			130	130
Ｓ社株式（譲渡益）		30		△30
繰越損益金			30	30
差引合計額		30	180	150

㊟３　金銭以外の財産の分配を受けた株主の会計処理は、企業結合会計等の被結合企業の株主の会計処理に準じて行うこととされ、共通支配下の取引（結合当事企業（又は事業）の全てが、企業結合の前後で同一の株主により最終的に支配され、かつ、その支配が一時的ではない場合の企業結合をいいます（企業会計基準第20号「企業結合に関する会計基準」16)。）の場合、株主は受け取った資産をその移転前の帳簿価額により計上することとされ、その価額と実質的に引き換えられたものとみなした株式の帳簿価額との差額は、原則として、交換損益として認識することとされています（企業会計基準適用指針第10号「企業結合会計基準及び事業分離等会計基準に関する適用指針」244、268、297)。

４　所有割合、負債利子等によって金額が異なります（法法23)。

②　残余財産の分配として適格現物分配を受けた場合（上記⑴②のケース）

前提ⅰ　残余財産の一部の分配の対価として、適格現物分配により時価150、帳簿価額130の資産を受けた。

ⅱ　現物分配法人Ｓ社株式の帳簿価額のうち譲渡原価となる金額は120である。

ⅲ　現物分配法人の資本金等の額のうち交付の基因となった株式に対応する部分の金額（減資資本金額）は100である。

ⅳ　会計上、Ｓ社は資産の帳簿価額130を仮払金として計上し、Ｐ社はＳ社から残余財産として資産130の分配を受け、これとＳ社株式の帳簿価額120との差額10を、譲渡益として計上している。

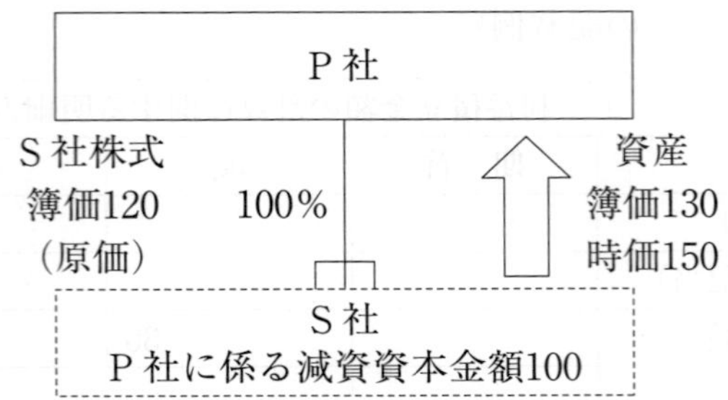

〈Ｓ社〉

（会計上）

（借方）		（貸方）	
仮払金	130	資産（簿価）	130

（税務上）

（借方）		（貸方）	
資本金等の額	100	資産（簿価）	130
利益積立金額	30		

（申告調整）

（借方）		（貸方）	
資本金等の額	100	仮払金	130
利益積立金額	30		

〈Ｓ社の別表四の記載例〉

区　分	総　額	留　保	社外流出	
当期利益又は当期欠損の額	0	△30	配当	30
所得金額又は欠損金額	0	△30		30

〈Ｓ社の別表五（一）の記載例〉

Ⅰ　利益積立金額の計算に関する明細書				
区　分	期　首	減	増	期　末
仮払金		130		△130
資本金等の額			100	100
差引合計額		130	100	△30

Ⅱ　資本金等の額の計算に関する明細書				
区　分	期　首	減	増	期　末
利益積立金額			△100	△100
差引合計額			△100	△100

適格現物分配の場合には、Ｐ社に移転する資産を帳簿価額により譲渡したものとされます（法法62の５③）。

〈Ｐ社〉
（会計上）

（借方）		（貸方）	
資産（簿価）	130	Ｓ社株式	120
		譲渡益	10

（税務上）

（借方）		（貸方）	
資産（簿価）	130	みなし配当（注１）	30
資本金等の額(差額)(注３)	20	譲渡対価（注２）	120

（借方）		（貸方）	
譲渡原価	120	Ｓ社株式	120

（借方）		（貸方）	
みなし配当	30	社外流出	30

（申告調整）

（借方）		（貸方）	
譲渡益	10	みなし配当	30
資本金等の額	20		

（借方）		（貸方）	
みなし配当	30	社外流出	30

〈Ｐ社の別表四の記載例〉

区分		総額	留保	社外流出	
当期利益又は当期欠損の額		10	10	配当	
加算	みなし配当	30	30		
	小計	30	30		
減算	適格現物分配に係る益金不算入額	30		※	30
	譲渡益	10	10		
	小計	40	10		30
所得金額又は欠損金額		0	30		△30

〈P社の別表五（一）の記載例〉

Ⅰ　利益積立金額の計算に関する明細書				
区　分	期　首	減	増	期　末
資本金等の額（みなし配当）			30	30
資本金等の額（譲渡益）		10		△10
繰越損益金			10	10
差引合計額		10	40	30

Ⅱ　資本金等の額の計算に関する明細書				
区　分	期　首	減	増	期　末
利益積立金額			△20	△20
差引合計額			△20	△20

(注)１　みなし配当：資産の帳簿価額（130）－減資資本金額（100）＝30（法法24①）

２　譲渡対価：完全支配関係における株式の発行法人への譲渡等であるため譲渡対価の額は、譲渡原価の額（120）とされます（法法61の２⑰）（上記第１　４　100％グループ内の法人の株式の発行法人への譲渡等（121頁）参照）。

３　資本金等の額：完全支配関係における株式の発行法人への譲渡等であるため譲渡損相当額は資本金等の額の減少額とされます。譲渡損相当額は、（みなし配当30＋譲渡対価120）－資産の帳簿価額（130）＝20として計算されます（法令８①二十二）（上記第１　４　100％グループ内の法人の株式の発行法人への譲渡等（121頁）参照）。

適格現物分配に係るみなし配当の額は、受取配当等の益金不算入制度の対象から除かれています（法法23①）が、適格現物分配により資産の移転を受けたことによる収益の額について益金の額に算入しないこととされます（法法62の５④）。

また、適格現物分配の場合、交付を受けた資産の帳簿価額（本例のようなみなし配当が生じる事由に係るものである場合は、株式に対応する資本金等の額を除いた額）が利益積立金額の加算項目とされます（法令９四）。

(参　考)

〈非適格現物分配となる場合〉

〈Ｓ社〉

(会計上)

(借方)		(貸方)	
仮払金	130	資産（簿価）	130

(税務上)

(借方)		(貸方)	
資本金等の額（注１）	100	資産（簿価）	130
利益積立金額（注１）	50	譲渡益	20

(申告調整)

(借方)		(貸方)	
資本金等の額	100	仮払金	130
利益積立金額	50	譲渡益	20

〈Ｓ社の別表四の記載例〉

区　分		総　額	留　保	社外流出	
当期利益又は当期欠損の額		0	△50	配当	50
加算	譲渡益	20	20		
	小　計	20	20		
所得金額又は欠損金額		20	△30		50

〈Ｓ社の別表五（一）の記載例〉

Ⅰ　利益積立金額の計算に関する明細書				
区　分	期　首	減	増	期　末
譲渡益		20	20	
仮払金		130		△130
資本金等の額			100	100
差引合計額		150	120	△30

Ⅱ　資本金等の額の計算に関する明細書				
区　分	期　首	減	増	期　末
利益積立金額			△100	△100
差引合計額			△100	△100

㈱１　資産の時価相当額が資本金等の額の減算額と利益積立金額の減算額の合計額となります。

現物分配の対象となる資産について、時価により譲渡したものとして譲渡損益が計上されます。

〈Ｐ社〉
（会計上）

（借方）		（貸方）	
資産（簿価）	130	Ｓ社株式	120
		譲渡益	10

（税務上）

（借方）		（貸方）	
資産（時価）	150	みなし配当（注２）	50
		譲渡対価（注３）	100

（借方）		（貸方）	
譲渡原価（注３）	120	Ｓ社株式	120

（借方）		（貸方）	
みなし配当	××（注４）	社外流出	××（注４）

（申告調整）

（借方）		（貸方）	
資産	20	みなし配当	50
譲渡益	10		
譲渡損	20		

（借方）		（貸方）	
みなし配当	××（注４）	社外流出	××（注４）

〈Ｐ社の別表四の記載例〉

区　分		総　額	留　保	社外流出	
当期利益又は当期欠損の額		10	10	配当	
加算	みなし配当	50	50		
	小　計	50	50		
減算	受取配当等の益金不算入額	××（注４）		※	××（注４）
	譲渡益	10	10		
	譲渡損	20	20		
	小　計	××（注４）	30		××（注４）
所得金額又は欠損金額		××（注４）	30		××（注４）

〈Ｐ社の別表五（一）の記載例〉

Ｉ　利益積立金額の計算に関する明細書				
区　分	期　首	減	増	期　末
資産（みなし配当）			50	50
資産（譲渡益）		10		△10
資産（譲渡損）		20		△20
繰越損益金			10	10
差引合計額		30	60	30

(注)２　みなし配当：資産の時価（150）－減資資本金額（100）＝50（法法24①）

３　譲渡対価：譲渡対価の額はみなし配当の額（50）を控除した金額（法法61の２①）

譲渡損益：譲渡対価（100）－譲渡原価（120）＝譲渡損失額（20）（法法61の２①）

４　所有割合、負債利子等によって金額が異なります（法法23）。

国税庁質疑応答その２

問13　残余財産の分配が金銭と金銭以外の資産の両方で行われる場合のみなし配当の計算（269頁）

③　自己株式の取得の対価として適格現物分配を受けた場合（上記⑴③のケース）

前提ｉ　自己株式の取得の対価として、適格現物分配により時価150、帳簿価額130の資産を受けた。

ii　取得された現物分配法人Ｓ社株式の帳簿価額は120である。

iii　現物分配法人の資本金等の額のうち交付の基因となった株式に対応する部分の金額（取得資本金額）は100である。

iv　会計上、Ｓ社は資産の帳簿価額130を自己株式の取得価額とし、Ｐ社は資産130の分配を受け、これとＳ社株式の帳簿価額120との差額10を譲渡益として計上している。

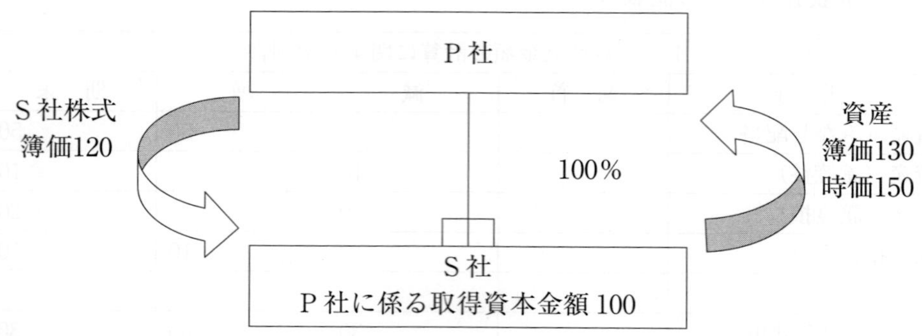

〈S社〉

(会計上)

(借方)		(貸方)	
自己株式（注１）	130	資産（簿価)(注１)	130

(税務上)

(借方)		(貸方)	
資本金等の額	100	資産（簿価）	130
利益積立金額(差額)	30		

(申告調整)

(借方)		(貸方)	
資本金等の額	100	自己株式	130
利益積立金額	30		

〈S社の別表四の記載例〉

区　分	総　額	留　保	社外流出	
当期利益又は当期欠損の額	0	△30	配当	30
所得金額又は欠損金額	0	△30		30

〈S社の別表五（一）の記載例〉

Ⅰ　利益積立金額の計算に関する明細書				
区　分	期　首	減	増	期　末
自己株式		30		△30
差引合計額		30		△30

Ⅱ　資本金等の額の計算に関する明細書				
区　分	期　首	減	増	期　末
自己株式			△100	△100
差引合計額			△100	△100

(注)１　企業集団内の企業（同一の企業（又は個人）により最終的に支配され（取引当事者が最終的な支配企業である場合を含みます。）、かつ、その支配が一時的でない企業をいいます。）から、金銭以外の財産を対価として自己株式を取得する場合、その自己株式の取得原価は、移転された資産及び負債の適正な帳簿価額により算定することとされています（企業会計基準適用指針第２号「自己株式及び準備金の額の減少等に関する会計基準の適用指針」７）。

適格現物分配の場合には、Ｐ社に移転する資産を帳簿価額により譲渡したものとされます（法法62の５③）。

〈Ｐ社〉
（会計上）

（借方）		（貸方）	
資産（簿価）	130	Ｓ社株式	120
		譲渡益	10

（税務上）

（借方）		（貸方）	
資産（簿価）	130	みなし配当（注２）	30
資本金等の額(差額)(注４)	20	譲渡対価（注３）	120

（借方）		（貸方）	
譲渡原価	120	Ｓ社株式	120

（借方）		（貸方）	
みなし配当	30	社外流出	30

（申告調整）

（借方）		（貸方）	
譲渡益	10	みなし配当	30
資本金等の額	20		

（借方）		（貸方）	
みなし配当	30	社外流出	30

〈P社の別表四の記載例〉

区　分		総　額	留　保	社外流出	
当期利益又は当期欠損の額		10	10	配当	
加算	みなし配当	30	30		
	小　計	30	30		
減算	適格現物分配に係る益金不算入額	30		※	30
	譲渡益	10	10		
	小　計	40	10		30
所得金額又は欠損金額		0	30		△30

〈P社の別表五（一）の記載例〉

Ⅰ　利益積立金額の計算に関する明細書				
区　分	期　首	減	増	期　末
資本金等の額（みなし配当）			30	30
資本金等の額（譲渡益）		10		△10
繰越損益金			10	10
差引合計額		10	40	30

Ⅱ　資本金等の額の計算に関する明細書				
区　分	期　首	減	増	期　末
利益積立金額			△20	△20
差引合計額			△20	△20

㊟２　みなし配当：資産の帳簿価額（130）－取得資本金額（100）＝30（法法24①）

３　譲渡対価：完全支配関係における株式の発行法人への譲渡等であるため譲渡対価の額は、譲渡原価の額（120）とされます（法法61の２⑰）（上記第１　４　100％グループ内の法人の株式の発行法人への譲渡等（121頁）参照）。

４　資本金等の額：完全支配関係における株式の発行法人への譲渡等であるため譲渡損相当額は資本金等の額の減少額とされます。譲渡損相当額は、（みなし配当30＋譲渡対価120）－資産の帳簿価額（130）＝20として計算されます（法令８①二十二）（上記第１　４　100％グループ内の法人の株式の発行法人への譲渡等（121頁）参照）。

適格現物分配に係るみなし配当の額は、受取配当等の益金不算入制度の対象から除かれています（法法23①）が、適格現物分配により資産の移転を受けたことによる収益の額について益金の額に算入しないこととされます（法法62の５④）。

また、適格現物分配の場合、交付を受けた資産の帳簿価額（本例のようなみなし配当が生じる事由に係るものである場合は、株式に対応する資本金等の額を除いた額）が利益積立金額の加算項目とされます（法令９四）。

（参　考）

〈非適格現物分配となる場合〉

〈Ｓ社〉

（会計上）

（借方）		（貸方）	
自己株式（注１）	130	資産（簿価）（注１）	130

（税務上）

（借方）		（貸方）	
資本金等の額（注２）	100	資産（簿価）	130
利益積立金額（注２）	50	譲渡益	20

（申告調整）

（借方）		（貸方）	
資本金等の額	100	自己株式	130
利益積立金額	50	譲渡益	20

〈S社の別表四の記載例〉

区　分		総　額	留　保	社外流出	
当期利益又は当期欠損の額		0	△50	配当	50
加算	譲渡益	20	20		
	小　計	20	20		
所得金額又は欠損金額		20	△30		50

〈S社の別表五（一）の記載例〉

Ⅰ　利益積立金額の計算に関する明細書				
区　分	期　首	減	増	期　末
譲渡益		20	20	
自己株式		30		△30
差引合計額		50	20	△30

Ⅱ　資本金等の額の計算に関する明細書				
区　分	期　首	減	増	期　末
自己株式			△100	△100
差引合計額			△100	△100

(注)１　企業集団内の企業（同一の企業（又は個人）により最終的に支配され（取引当事者が最終的な支配企業である場合を含みます。）、かつ、その支配が一時的でない企業をいいます。）から、金銭以外の財産を対価として自己株式を取得する場合、その自己株式の取得原価は、移転された資産及び負債の適正な帳簿価額により算定することとされています（企業会計基準適用指針第２号「自己株式及び準備金の額の減少等に関する会計基準の適用指針」７）。

２　資産の時価相当額が資本金等の額の減算額と利益積立金額の減算額の合計額となります。

現物分配の対象となる資産について、時価により譲渡したものとして譲渡損益が計上されます。

〈Ｐ社〉
(会計上)

(借方)		(貸方)	
資産（簿価）	130	Ｓ社株式	120
		譲渡益	10

(税務上)

(借方)		(貸方)	
資産（時価）	150	みなし配当（注３）	50
		譲渡対価（注４）	100

(借方)		(貸方)	
譲渡原価（注４）	120	Ｓ社株式	120

(借方)		(貸方)	
みなし配当	××(注５)	社外流出	××(注５)

(申告調整)

(借方)		(貸方)	
資産	20	みなし配当	50
譲渡益	10		
譲渡損	20		

(借方)		(貸方)	
みなし配当	××(注５)	社外流出	××(注５)

〈P社の別表四の記載例〉

区　分		総　額	留　保	社外流出	
当期利益又は当期欠損の額		10	10	配当	
加算	みなし配当	50	50		
	小　計	50	50		
減算	受取配当等の益金不算入額	××（注５）		※	××（注５）
	譲渡益	10	10		
	譲渡損	20	20		
	小　計	××（注５）	30		××（注５）
所得金額又は欠損金額		××（注５）	30		××（注５）

〈P社の別表五（一）の記載例〉

Ⅰ　利益積立金額の計算に関する明細書				
区　分	期　首	減	増	期　末
資産（みなし配当）			50	50
資産（譲渡益）		10		△10
資産（譲渡損）		20		△20
繰越損益金			10	10
差引合計額		30	60	30

㈱３　みなし配当：資産の時価（150）－取得資本金額（100）＝50（法法24①）

４　譲渡対価：譲渡対価の額はみなし配当の額（50）を控除した金額（法法61の2①）

譲渡損益：譲渡対価（100）－譲渡原価（120）＝譲渡損失額（20）（法法61の2①）

５　所有割合、負債利子等によって金額が異なります（法法23）。

なお、完全支配関係がない法人間において、自己株式として取得されることを予定して取得した株式である場合には、みなし配当（50）については、受取配当等の益金不算入制度を適用しないこととされています（法法23③）。

国税庁質疑応答その２

問12　適格現物分配を行ったときのみなし配当の計算方法（263頁）

(6)　現物分配のまとめ

現物分配は組織再編成の一環として位置づけられ、他の組織再編成の場合と同様に、非適格の場合には時価により譲渡損益を計上し、適格の場合には帳簿価額により譲渡したものとすることとされています。

また、現物分配が組織再編税制の一環として位置づけられていることから、適格現物分配の場合、被現物分配法人においては、繰越欠損金額の利用制限（法法57④）及び特定資産の譲渡等損失額の損金不算入制度（法法62の７）の適用対象とされています。

第３章　租税回避行為の防止

グループ法人税制においては、第２章第１ 3　100％グループ内の法人間の寄附金・受贈益（92頁参照）で説明しましたように、個人による完全支配関係がある法人間の寄附については、寄附をした側の寄附金の全額損金不算入及び寄附を受けた側の受贈益の全額益金不算入とする取扱いから除くこととされています。これは、個人によって支配されているものには、親族によって支配されているものも含まれており、そうしたものについても受贈益の益金不算入を適用すると、相続税や贈与税の潜脱行為に利用される懸念があるためであると考えられます。

なお、グループ法人税制の対象から逃れるために、意図的に完全支配関係を崩すような行為については、同族会社に係る包括否認規定や組織再編成に係る包括否認規定の適用対象とされることも考えられます（法法132、132の２）。

（参　考）

従業員に対する第三者割当増資によるグループ外しが同族会社に係る包括否認規定の適用により否認された事例（平成28年１月６日非公開裁決）

○　裁決要旨

請求人は、従業員に対して第三者割当増資（本件割当増資）により取得条項付株式を発行したことに伴って請求人との間に完全支配関係を有しないこととなった法人に対し、譲渡損益調整資産を譲渡し、当該譲渡に係る譲渡損失額を各事業年度の損金の額に算入したことについて、請求人の税負担の軽減を講じつつ、種々の取引を行うこと自体は禁止されているものではなく、本件割当増資は従業員の士気高揚という目的もあることなどから、法人税法第132条《同族会社等の行為又は計算の否認》の規定の適用はできない旨主張する。しかしながら、本件割当増資は、請求人の事業規模に照らして資金調達等の経済的効果はないに等しいと評価できる上、その発行条件等（発行価額、取得条項）は、法人税法第61条の13《完全支配関係がある法人の間の取引の損益》第１項（編注）の規定の適用を免れる観点から定められたものと認められる一方、経済的合理性の観点から財産状況や経営状態等を具体的に勘案した形跡はうかがわれないこと、また、募集事項の立案検討に関与した従業員一人のみに当該株式が発行され、同人以外の従業員には募集の周知すらしていないことなど、これらの諸点に鑑みれば、本件割当増資は、経済的、実質的見地において純粋経済人として不合理、不自然な行為であると言わざるを得ず、本件割当増資によって、法人税法第61条の13の適用要件（完全支配関係）を不十足とすることにより本来繰り延べられるべき譲渡損失額を損金の額に算入したことは、法人税法第132条に規定する法人税の負担を不当に減少させる結果となるものと認めることができる。

（編注）　現行法は、法人税法第61条の11となります。本事例において同様です。

（出典　国税不服審判所ホームページ）

第４章　地方税関係

法人住民税における法人税割の課税標準は法人税額とされ、法人事業税における所得割の課税標準は法人税の課税標準である所得の計算の例による所得とされていることから、法人住民税及び法人事業税においても、グループ法人単体課税制度と同様の効果が生じることとなります。

（参　考）

グループ通算制度について

グループ通算制度においても、各法人が納税単位とされており、各法人の法人住民税における法人税割の課税標準は法人税額とされ、法人事業税における所得割の課税標準は所得金額とされています（地法23①三、72の23①一、292①三）。

ただし、グループ通算制度における損益通算及び欠損金の通算については、法人住民税及び法人事業税の計算に影響がないようにする調整措置が設けられています（地法53⑪⑫、72の23②、321の８⑪⑫）。

この調整措置は、グループ通算制度移行前の連結納税制度においても同様とされており、その理由は、「地方税は、応益的な性格を有するものであり、地方公共団体ごとに、地域内の法人それぞれが事業活動を行うに当たり提供される行政サービスの対価として課税することが原則であるところ、そもそも、法人の「選択」による地域外の法人との損益通算に伴い地域内の法人の税負担が変動する仕組みは、地方税には馴染まないことなどから、連結納税制度を遮断しています。」と説明されています（内藤景一朗他『令和２年版　改正税法のすべて』1237頁（大蔵財務協会　令和２年））。

なお、通算グループの開始又は加入前の欠損金につき、法人税法上、切り捨てられた欠損金については、法人住民税及び法人事業税の計算においては、グループ通算制度を採用していない法人との公平の観点から、その利用ができる一定の調整措置が設けられています（地法53③④、72の23②、321の８③④、地令20の３）。

参考資料

〈付　録〉

〔付録１〕
平成22年度税制改正に係る法人税質疑
応答事例（グループ法人税制関係）（情報）
（平成22年８月）

〔付録２〕
平成22年度税制改正に係る法人税質疑応答
事例（グループ法人税制その他の資本に関係する
取引等に係る税制関係）（情報）
（平成22年10月）

〔付録３〕
平成22年６月30日付課法２－１ほか１課共同
「法人税基本通達等の一部改正について」
（法令解釈通達）の趣旨説明（抜粋）

〔付録４〕
平成24年８月３日付札幌国税局審理官文書
回答「グループ法人税制における
譲渡損益の実現事由について」

〔付録５〕
平成29年11月29日付広島国税局審理官文書
回答「グループ法人税制で繰り延べた
譲渡利益の戻入の要否」

【付　録１】

平成22年度税制改正に係る法人税質疑応答事例（グループ法人税制関係）（情報）平成22年８月10日

㈳　この情報は、平成22年６月30日現在の法令・通達に基づいて作成しています。

なお、この情報で取り上げているグループ法人税制は、原則として、平成22年10月１日以後の取引について適用されます。

目　　次

〔編注〕

本質疑応答事例中、【関係法令】等については、省略しています。

問１　完全支配関係を有することとなった日の判定

> **問**　当社は現在、Ａ社の発行済株式の 80％を保有していますが、今後、残りの 20％を購入して、Ａ社を 100％子会社化する予定です。
> 　この場合、完全支配関係を有することとなった日は、Ａ社の株式の購入に係る契約日となるのでしょうか。

答　株式の購入に係る契約日ではなく、Ａ社の株式の引渡しを受けて、その発行済株式のすべてを保有することとなった日となります。

【解説】

平成 22 年度の税制改正により、100％持株関係のある法人間の取引等について一定の措置が講じられました。この 100％持株関係のことを「完全支配関係」といいますが、完全支配関係を有するに至る原因が株式の購入である場合の完全支配関係を有することとなった日とは、株式の購入に係る契約の成立した日、あるいは株式の引渡しの日等のいずれの日をいうのかという疑義が生じます。

この点、完全支配関係を有することとなった日とは、一方の法人が他方の法人を支配することができる関係が生じた日をいい、株式の購入により完全支配関係を有することとなる場合には、株式の購入に係る契約が成立した日ではなく、当該株式の株主権が行使できる状態になる株式の引渡しが行われた日となります。

なお、お尋ねとは逆のケースで、株式の譲渡により完全支配関係を有しないこととなる場合において、完全支配関係を有しないこととなった日とは、株主権が行使できない状態になる株式の引渡しの日となります。

(注1)　連結納税制度における完全支配関係を有することとなった日の判定についても同様の取扱いとすることとし、平成 22 年 10 月 1 日前に締結された株式の購入に係る契約については、従前どおり株式の購入に係る契約の成立した日により判定することとしています。

(注2)　法人が株式を譲渡した場合の譲渡損益については、原則として、株式の引渡しの日ではなく、その譲渡に係る契約をした日の属する事業年度に計上することとなります。

【関係法令】(略)

問２　いわゆる「みなし直接完全支配関係」

問　完全支配関係の判定において、いわゆる「みなし直接完全支配関係」とは、具体的にどのように株式を保有している場合をいうのでしょうか。

答　一の者が法人の発行済株式等の全部を保有する場合における当該一の者と当該法人との間の関係を直接完全支配関係といい、当該一の者がこれとの間に直接完全支配関係がある法人を通じて他の法人の発行済株式等の全部を保有する場合における当該一の者と当該他の法人との間の関係を一般的に「みなし直接完全支配関係」と言っています。

【解説】

１　一の者が法人の発行済株式等の全部を保有する場合における当該一の者と当該法人との間の関係を直接完全支配関係といいます。

２　また、一の者が法人の発行済株式等の全部を直接に保有する場合に限らず、次の①、②のように、一の者がこれとの間に直接完全支配関係がある法人（Ｇ１）を通じて他の法人（Ｇ２）の発行済株式等の全部を保有する場合にも、当該一の者と当該他の法人（Ｇ２）との間には直接完全支配関係があるとみなされます。

①　一の者及びこれとの間に直接完全支配関係がある法人（Ｇ１）が他の法人（Ｇ２）の発行済株式等の全部を保有する場合（直接保有割合＋間接保有割合＝100％）　[例１]

②　一の者との間に直接完全支配関係がある法人（Ｇ１）が他の法人（Ｇ２）の発行済株式等の全部を保有する場合（間接保有割合＝100％）　[例２]

[例１]　　　　　　　　　　[例２]

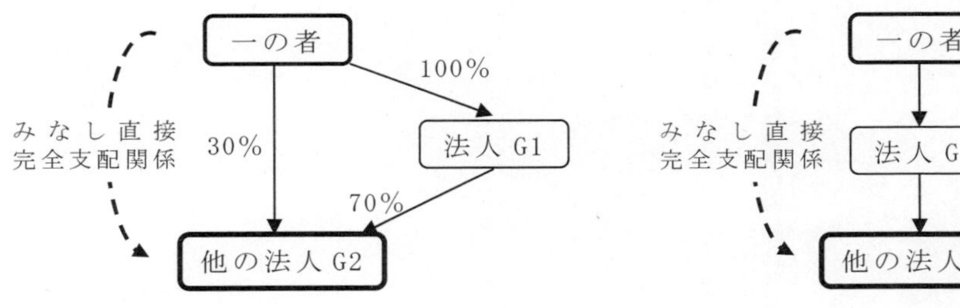

３　さらに、直接完全支配関係があるとみなされた当該他の法人（Ｇ２）との間に直接完全支配関係がある別の法人（Ｇ３）がある場合には、当該一の者と当該別の法人（Ｇ３）との間にも直接完全支配関係があるとみなされます。[例１’、例２’]

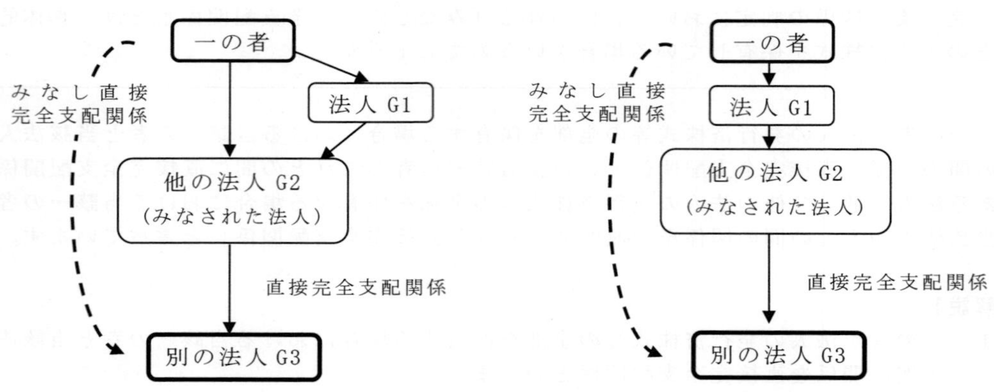

(注)　一の者は、必ずしも完全支配関係のあるグループの最上層に位置する者に限られるものではありません。上記の例において、Ｇ３からみれば、Ｇ２も一の者とみることができます。

4　２と３のように、一の者との間に直接完全支配関係があるとみなされる関係を一般的に「みなし直接完全支配関係」と言っており、その関係は、そのみなされた法人による直接完全支配関係（みなし直接完全支配関係を含みます。）がある法人が存在する限り連鎖することになります。

【関係法令】（略）

問３　完全支配関係における５％ルール

問　当社は、発行済株式 100,000 株のうち 98,000 株を親会社に保有され、残り 2,000 株を当社従業員のみで構成される従業員持株会に保有されています。
　ところで、グループ法人税制が適用される完全支配関係とは 100％の持株関係をいうと聞きましたが、当社と親会社とは 98％の保有関係しかないことから、グループ法人税制の適用はないのでしょうか。

答　完全支配関係の判定上、一定の従業員持株会の株式保有割合が５％未満である場合には、その５％未満の株式を発行済株式から除いたところで保有割合を計算することとされています。
　貴社の従業員持株会が一定の要件を満たすものである場合、持株会保有株式を除く発行済株式（98,000 株）の 100％を親会社が保有することから、貴社と親会社との間には完全支配関係があると判定され、その取引等にグループ法人税制が適用されます。

【解説】

1　完全支配関係とは、一の者が法人の発行済株式（当該法人が有する自己の株式を除きます。）の全部を直接又は間接に保有する関係（以下「当事者間の完全支配の関係」といいます。）又は一の者との間に当事者間の完全支配の関係がある法人相互の関係をいいます。
　そして、この完全支配関係があるかどうかの判定上、発行済株式の総数のうちに次の①及び②の株式の合計数の占める割合が５％に満たない場合には、①及び②の株式を発行済株式から除いて、その判定を行うこととされています。
①　法人の使用人が組合員となっている民法第 667 条第１項に規定する組合契約（当該法人の発行する株式を取得することを主たる目的とするものに限ります。）による組合（組合員となる者が当該使用人に限られているものに限ります。）の主たる目的に従って取得された当該法人の株式
②　会社法第 238 条第２項の決議等により法人の役員等に付与された新株予約権等の行使によって取得された当該法人の株式（当該役員等が有するものに限ります。）

2　したがって、お尋ねの場合の完全支配関係の判定においては、民法上の組合に該当するいわゆる証券会社方式による従業員持株会が保有する株式は、上記①の株式に該当します（完全支配関係：有）が、人格のない社団等に該当するいわゆる信託銀行方式による従業員持株会が保有する株式は、上記①の株式には該当しない（完全支配関係：無）ことに注意する必要があります。

【関係法令】(略)

問４　資本関係がグループ内で完結している場合の完全支配関係

問　下図のように子会社間（Ｂ、Ｃ）で発行済株式の一部を相互に持ち合っている場合には、親会社Ａと子会社Ｂの間、親会社Ａと子会社Ｃの間及び子会社ＢとＣの間に完全支配関係はないものと考えてよろしいでしょうか。

【株式の保有関係図】

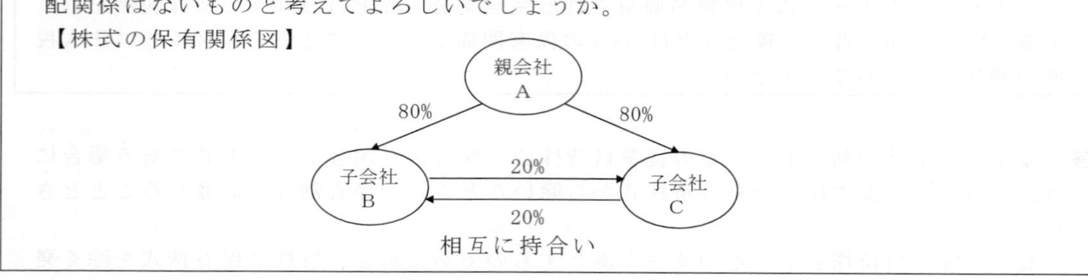

答　親会社Ａと子会社Ｂの間、親会社Ａと子会社Ｃの間及び子会社ＢとＣの間には、それぞれ完全支配関係があることとなります。

【解説】

1　法人税法上、完全支配関係とは、①一の者が法人の発行済株式等の全部を直接若しくは間接に保有する関係として政令で定める関係（以下「当事者間の完全支配の関係」といいます。）又は②一の者との間に当事者間の完全支配の関係がある法人相互の関係をいいます。

お尋ねのように、子会社Ｂと子会社Ｃとの間でその発行済株式の一部を相互に保有し合い、相互保有の株式以外の株式のすべてを親会社Ａが保有している場合には、①親会社Ａは、子会社（Ｂ又はＣ）の発行済株式のすべてを保有していないことから、親会社Ａと子会社Ｂとの間及び親会社Ａと子会社Ｃとの間には当事者間の完全支配の関係がないことになるのか、②そうであれば、子会社Ｂと子会社Ｃとの間にも当事者間の完全支配の関係がある法人相互の関係もないことになるのか、という疑義が生じます。

2　この点について、平成22年度の税制改正により、100%持株関係のあるグループ内の法人間の取引につき課税上の措置が講じられた趣旨は、グループ法人が一体的に経営されている実態に鑑みれば、グループ内法人間の資産の移転が行われた場合であっても実質的には資産に対する支配は継続していること、グループ内法人間の資産の移転の時点で課税関係を生じさせると円滑な経営資源再配置に対する阻害要因にもなりかねないことから、その時点で課税関係を生じさせないことが実態に合った課税上の取扱いであると考えられたものです。

そして、この100%持株関係について、「完全支配関係」と定義されたものです。

これらのことを前提とすれば、完全支配関係とは、基本的な考え方として、法人の発行済株式のすべてがグループ内のいずれかの法人によって保有され、その資本関係がグループ内で完結している関係、換言すればグループ内法人以外の者によってその発行済株式が保有されていない関係をいうものと解されます。

3　したがって、お尋ねのようにグループ内法人以外の者によってその発行済株式が保有されていない子会社Ｂと親会社Ａの間、子会社Ｃと親会社Ａの間及び子会社ＢとＣの間には、完全支配関係があるものとして取り扱うこととなります。

【関係法令】(略)

問５　グループ法人税制の適用対象法人等の比較

問　平成 22 年度の税制改正により措置されたグループ法人税制については、例えば、寄附金の損金不算入・受贈益の益金不算入の規定は、法人による完全支配関係がある内国法人間の寄附金・受贈益に限って適用されるなど、100％グループ内の法人間の取引であっても、制度によって適用対象法人等に違いがあると聞いています。
そこで、グループ法人税制の各制度について、その違いを教えてください。

答　平成 22 年度の税制改正により措置された主なグループ法人税制の各制度について、適用対象法人、取引相手の制限及び完全支配関係に関する制限をまとめると、次の表のようになります。

【グループ法人税制の比較（主なもの）】

制　　度	適用対象法人	取引相手の制限	完全支配関係に関する制限
ｉ　100％グループ内の法人間の資産の譲渡取引等（譲渡損益の繰延べ）（法 61 の 13）	資産の譲渡法人［内国法人（普通法人又は協同組合等に限る。）］	資産の譲受法人［完全支配関係のある他の内国法人（普通法人又は協同組合等に限る。）］	制限なし
ii　100％グループ内の法人間の寄附金の損金不算入（法 37②）	寄附を行った法人［内国法人］	寄附を受けた法人［完全支配関係のある他の内国法人］	法人による完全支配関係に限られる。
iii　100％グループ内の法人間の受贈益の益金不算入（法 25 の２）	寄附を受けた法人［内国法人］	寄附を行った法人［完全支配関係のある他の内国法人］	法人による完全支配関係に限られる。
iv　100％グループ内の法人間の現物分配（適格現物分配による資産の簿価譲渡）（法２十二の六、十二の十五、62 の５③）	現物分配法人［内国法人（公益法人等及び人格のない社団等を除く。）］	被現物分配法人［完全支配関係のある他の内国法人（普通法人又は協同組合等に限る。）］	制限なし
ｖ　100％グループ内の法人からの受取配当等の益金不算入（負債利子控除をせず全額益金不算入）（法 23①④⑤）	配当を受けた法人［・内国法人 ・外国法人(注)］	配当を行った法人［配当等の額の計算期間を通じて完全支配関係があった他の内国法人（公益法人等及び人格のない社団等を除く。）］	制限なし
vi　100％グループ内の法人の株式の発行法人への譲渡に係る損益（譲渡損益の非計上）（法 61 の２⑯）	株式の譲渡法人［内国法人］	株式の発行法人［完全支配関係がある他の内国法人］	制限なし

(注)　上記のとおりｉ～iv及びviの制度は、外国法人について適用がありません。したがって、ｖの制度のみが外国法人に適用されますが、その適用対象となる外国法人は法人税法第 141 条第１号から第３号《外国法人に係る各事業年度の所得に対する法人税の課税標準》に掲げる外国法人、換言すれば、いわゆる恒久的施設が我が国にあることにより

法人税の納税義務を有する外国法人に限られます。

【関係法令】(略)

[参考図]

i　100%グループ内の法人間の資産の譲渡取引等（譲渡損益の繰延べ・法61の13）

（ケース１）内国法人から他の内国法人への譲渡損益調整資産の譲渡

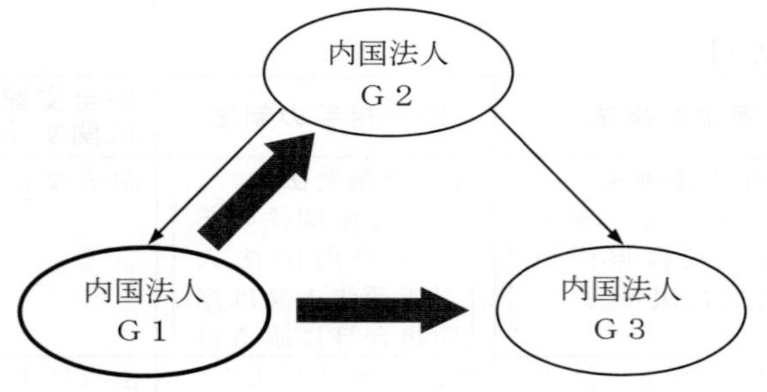

内国法人から他の内国法人への譲渡損益調整資産の譲渡は、その譲渡損益を繰り延べる。

（ケース２）内国法人から個人への譲渡損益調整資産の譲渡

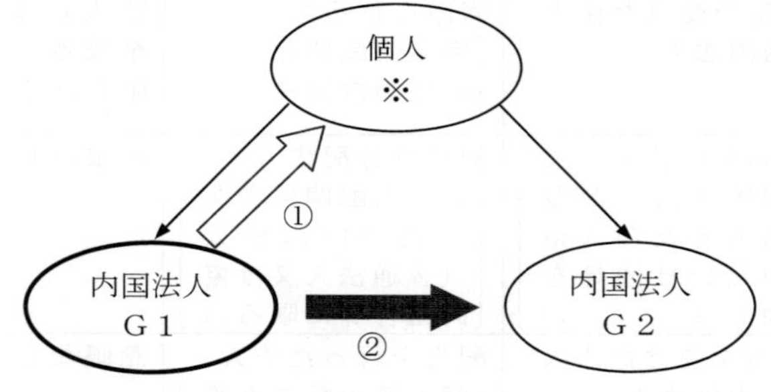

①　内国法人から個人への譲渡損益調整資産の譲渡は、その譲渡損益の繰延べの適用はない。

②　ケース１と同じ。

※　個人及びその個人と法令４①に規定する特殊の関係のある個人をいう（法令４の２②）。以下ⅱ～ⅳまでにおいて同じ。

（ケース３）内国法人から外国法人への譲渡損益調整資産の譲渡

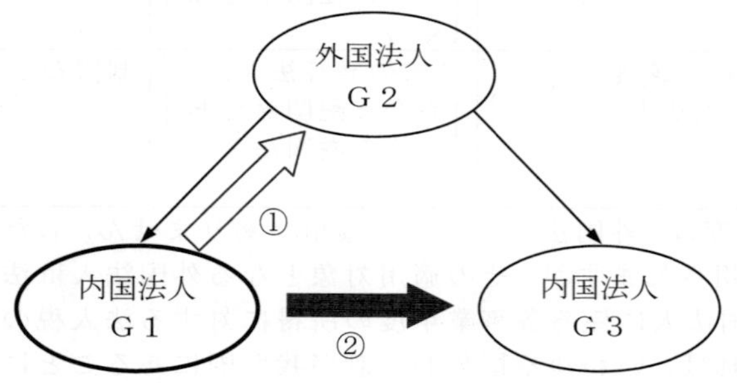

①　内国法人から外国法人への譲渡損益調整資産の譲渡は、その譲渡損益の繰延べの適用はない。

②　ケース１と同じ。

国税庁質疑応答その１

ⅱ・ⅲ　100%グループ内の法人間の寄附金の損金不算入、受贈益の益金不算入（法 37②、法 25 の２）

（ケース１）内国法人による完全支配関係がある内国法人間の寄附金・受贈益

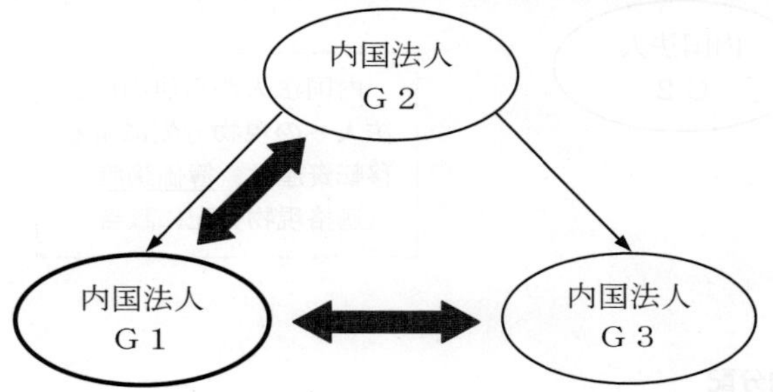

法人による完全支配関係のある内国法人間の寄附金の額は全額損金不算入、受贈益の額は全額益金不算入。

（ケース２）個人による完全支配関係がある内国法人間の寄附金・受贈益

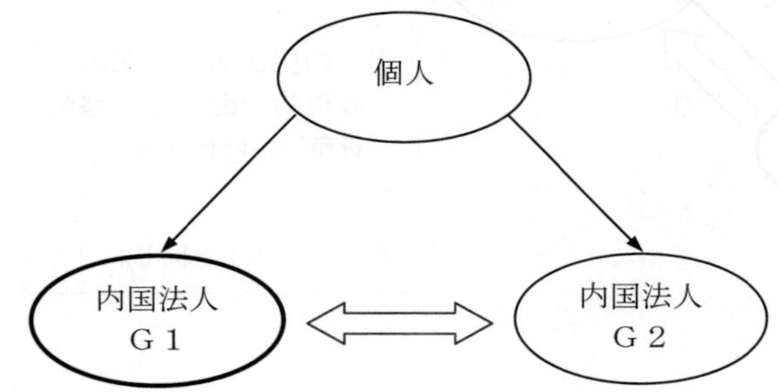

個人による完全支配関係のある内国法人間の寄附金の額は損金算入限度額あり、受贈益の額は全額益金算入。

（ケース３）外国法人による完全支配関係がある法人間の寄附金・受贈益

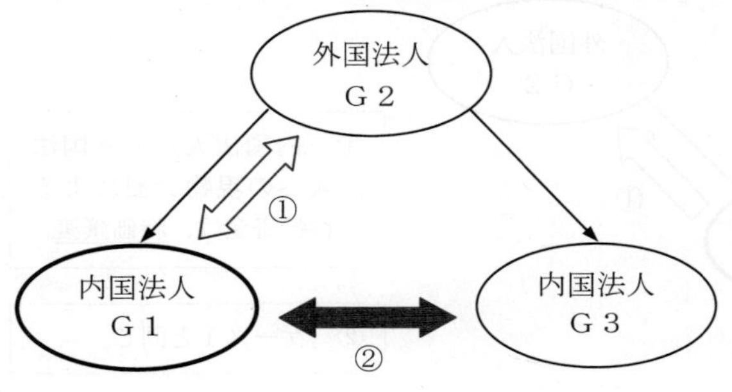

①　外国法人への寄附金の額（その外国法人の国内ＰＥに帰属しないものに限ります。）は国外関連者に対する寄附金損金不算入制度（措法 66 の４③）が適用され全額損金不算入、外国法人からの受贈益の額は全額益金算入。

②　ケース１と同じ。

iv　100％グループ内の法人間の現物分配（適格現物分配による資産の簿価譲渡・法２十二の六、十二の十五、法 62 の５③）

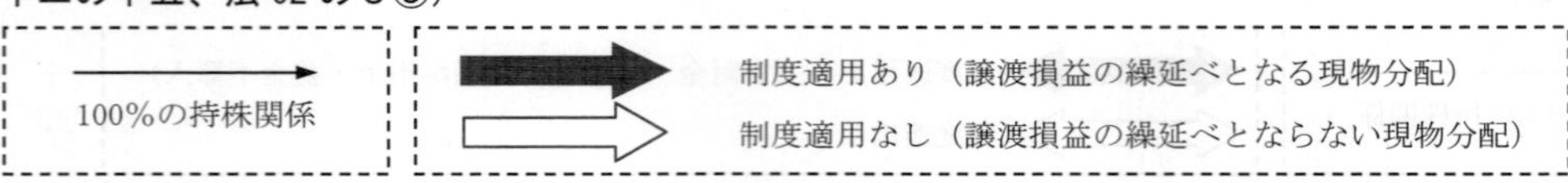

（ケース１）内国法人から他の内国法人への現物分配（適格現物分配）

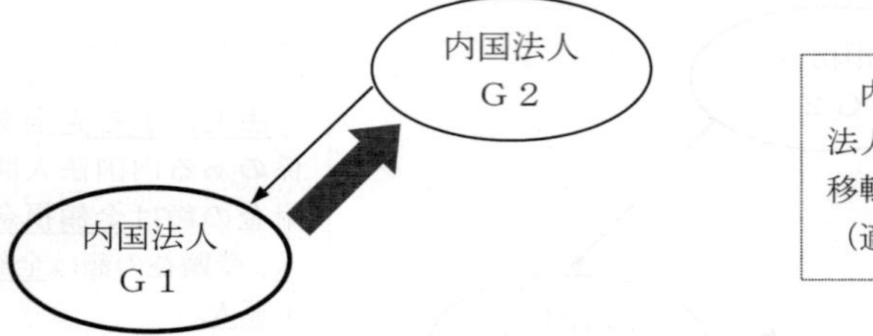

内国法人から他の内国法人への現物分配による移転資産は、簿価譲渡。
（適格現物分配に該当）

（ケース２）内国法人から個人への現物分配

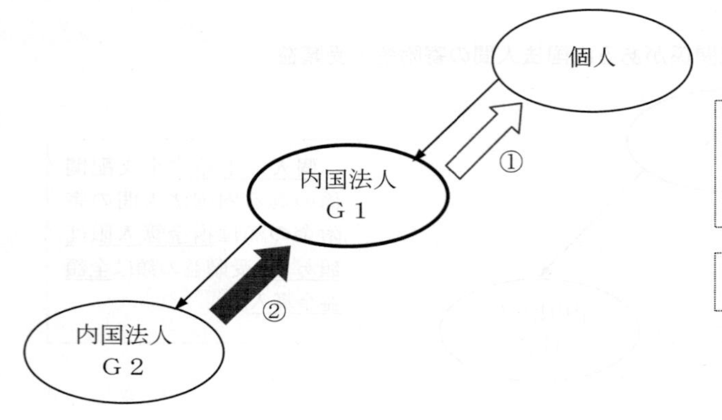

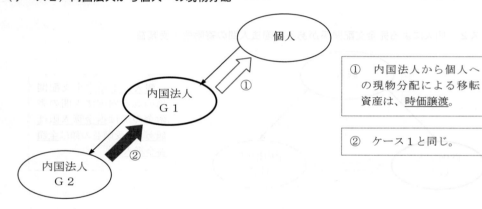

①　内国法人から個人への現物分配による移転資産は、時価譲渡。

②　ケース１と同じ。

（ケース３）内国法人から外国法人への現物分配

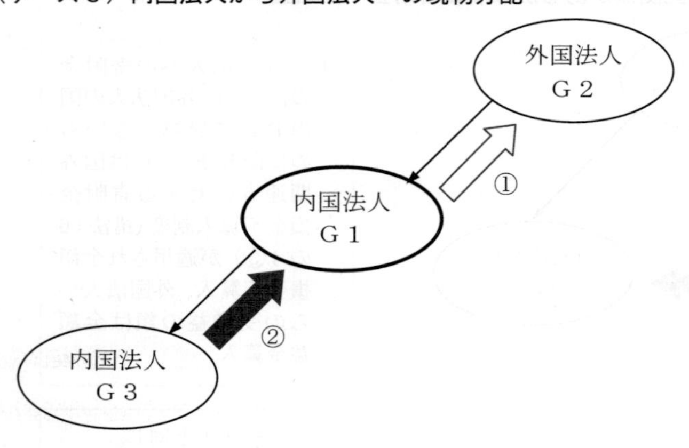

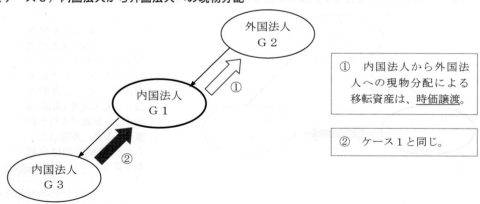

①　内国法人から外国法人への現物分配による移転資産は、時価譲渡。

②　ケース１と同じ。

v　100%グループ内の法人からの受取配当等の益金不算入（負債利子控除をせず全額益金不算入・法 23①④⑤）

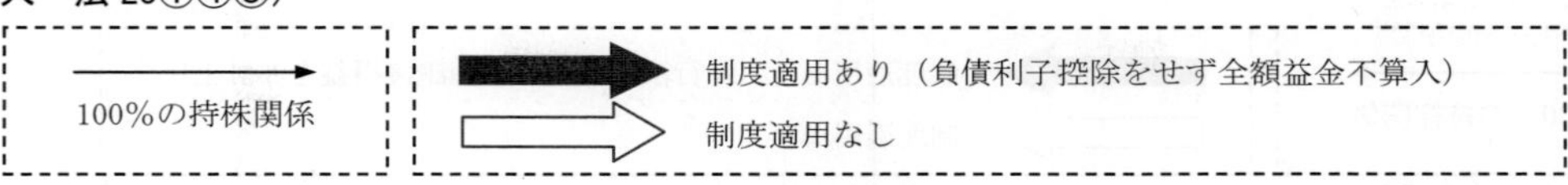

(注1)　いずれのケースにおいても、配当等の額の計算期間を通じて配当等を行った他の内国法人との間に完全支配関係があったものとします。
(注2)　外国法人の課税関係については、租税条約の適用を前提としていません。（以下ⅵにおいても同様です。）

（ケース１）内国法人が他の内国法人から受ける受取配当等

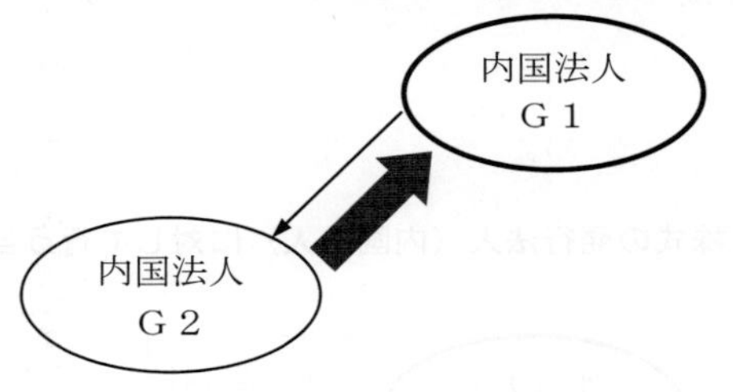

配当等の額の全額が益金不算入。

（ケース２）外国法人（国内ＰＥあり）が内国法人から受ける受取配当等

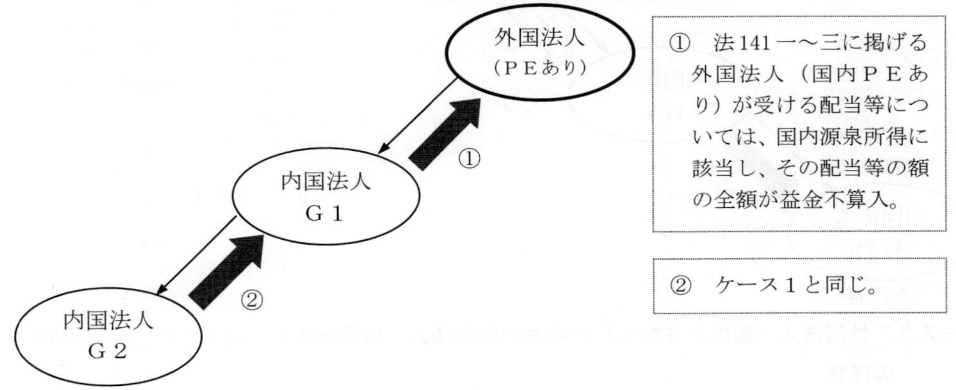

①　法 141 一～三に掲げる外国法人（国内ＰＥあり）が受ける配当等については、国内源泉所得に該当し、その配当等の額の全額が益金不算入。

②　ケース１と同じ。

（ケース３）外国法人（国内ＰＥなし）が内国法人から受ける受取配当等

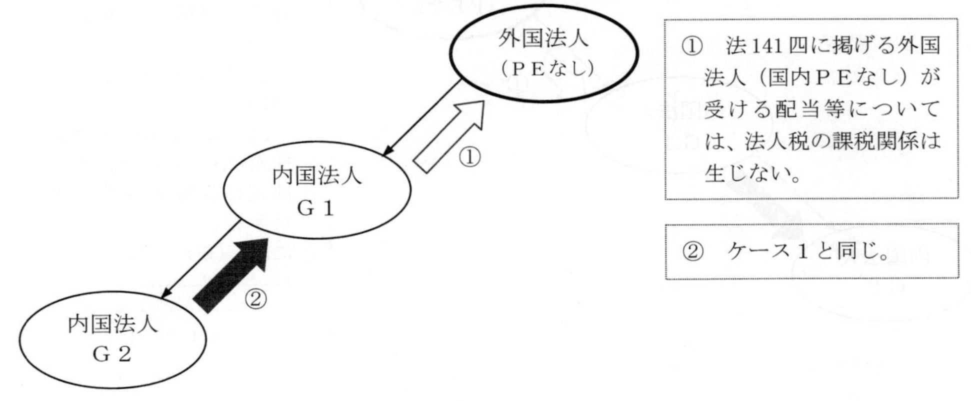

①　法 141 四に掲げる外国法人（国内ＰＥなし）が受ける配当等については、法人税の課税関係は生じない。

②　ケース１と同じ。

vi　100%グループ内の法人の株式の発行法人への譲渡に係る損益（譲渡損益の非計上・法 61 の 2⑯）

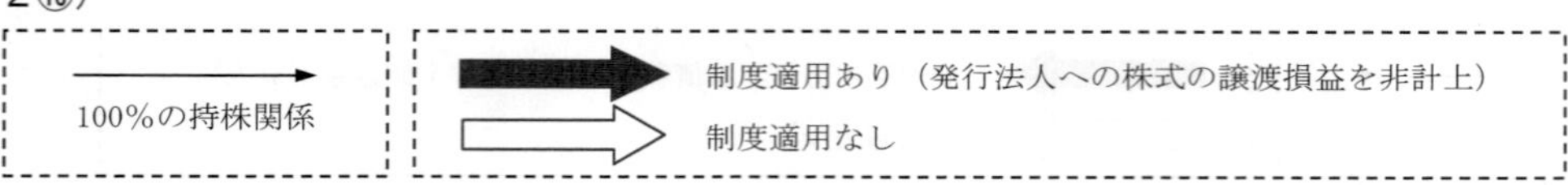

（ケース１）内国法人が株式の発行法人（内国法人）に対して行う当該株式の譲渡

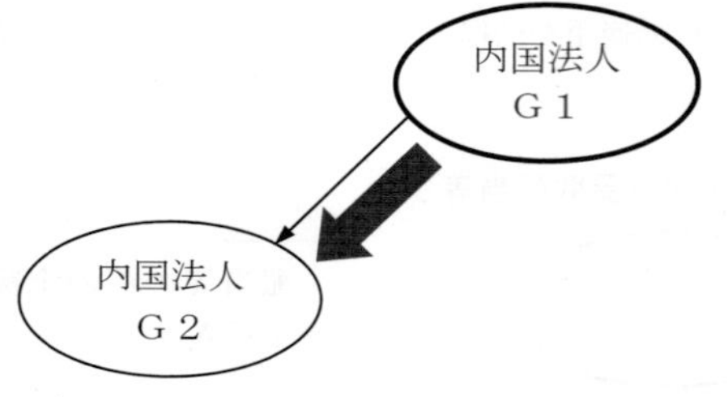

当該株式の譲渡は簿価譲渡となり、その譲渡損益を計上しない。

（ケース２）外国法人（国内ＰＥあり）が株式の発行法人（内国法人）に対して行う当該株式の譲渡

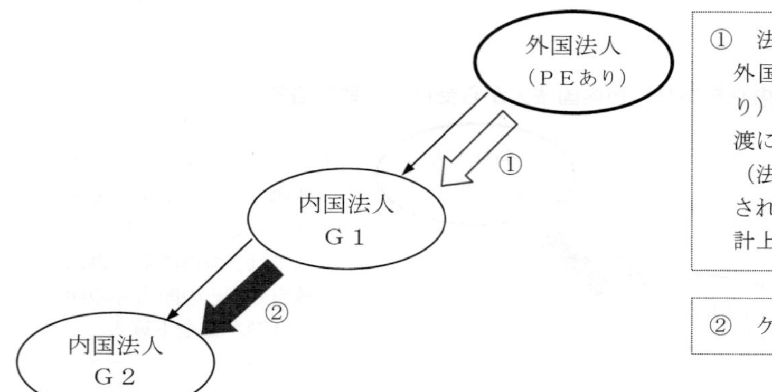

①　法 141 一～三に掲げる外国法人（国内ＰＥあり）が行う当該株式の譲渡については、この制度（法 61 の 2⑯）は適用されず、その譲渡損益を計上する。（※）

②　ケース１と同じ。

（ケース３）外国法人（国内ＰＥなし）が株式の発行法人（内国法人）に対して行う当該株式の譲渡

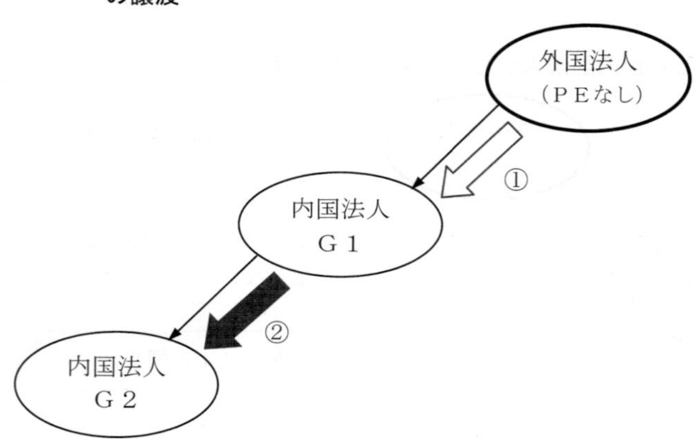

①　法 141 四に掲げる外国法人（国内ＰＥなし）が行う当該株式の譲渡については、原則として法人税の課税関係は生じない。

ただし、事業譲渡類似株式の譲渡益など、その株式の譲渡益が国内源泉所得に該当する場合には、（※）と同じ。

②　ケース１と同じ。

問６　完全子法人株式等に該当するかどうかの判定

問　当社（３月決算、内国法人）は、当期（自平成22年４月１日至平成23年３月31日）中の平成22年７月30日に、数年前から発行済株式の100％を継続保有している子会社（４月決算、内国法人）から配当の額を受けました。

当該子会社における当該配当の額の計算期間は、平成22年度の税制改正前の期間を含む平成21年５月１日から平成22年４月30日までの期間ですが、この配当の額については、税務上、どのように取り扱われますか。

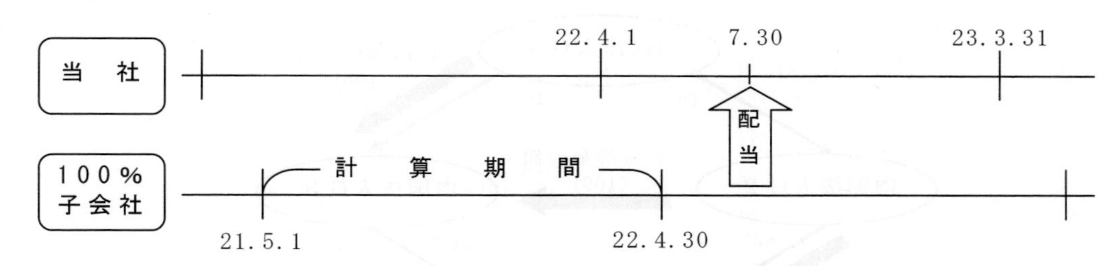

答　貴社が受ける当該配当の額は、完全子法人株式等に係る配当等の額に該当し、負債利子を控除することなく、その全額が益金不算入となります。

【解説】

1　法人が支払を受ける「完全子法人株式等」に係る配当等の額については、負債の利子の額を控除することなく、その全額が益金不算入とされます。

この場合の「完全子法人株式等」とは、配当等の額の計算期間の開始の日から当該計算期間の末日まで継続して、配当等の額の支払を受ける内国法人と配当等の額を支払う他の内国法人との間に完全支配関係があった場合の当該他の内国法人の株式又は出資をいいます。

2　ところで、お尋ねのように配当等の額を支払う他の内国法人における計算期間が平成22年度の税制改正前、すなわち平成22年４月１日前に開始している場合には、当該計算期間の開始の日から平成22年３月31日までの間は「完全子法人株式等」という概念がないと考えれば、結果として従前の課税関係（関係法人株式等に係る配当等の額として、負債利子を控除した金額を益金不算入とする。）になるのではないかとの疑義が生じ得ます。

3　しかしながら、この完全子法人株式等に係る配当等の額についての措置は、平成22年４月１日以後に開始する事業年度の所得に対する法人税について適用され、同日前に開始した事業年度の所得に対する法人税については従前の課税関係どおりとされており、その適用関係は配当等の額の支払を受ける内国法人の事業年度の開始の日がいつであるかにより定められているのであって、配当等の額を支払う法人における計算期間によるものではありません。

4　したがって、配当等の額を支払う他の内国法人の計算期間の開始の日が平成22年４月１日前であっても、当該計算期間を通じて、配当等の額の支払を受ける内国法人と当該他の内国法人との間に100％の持株関係（完全支配関係）がある場合には、当該内国法人の平成22年４月１日以後に開始する事業年度において支払を受ける当該配当等の額は、完全子法人株式等に係る配当等の額に該当し、負債利子を控除することなく、その全額が益金不算入となります。

【関係法令】(略)

問７　寄附修正事由が生じた場合の株主の処理

問　次のような内国法人による完全支配関係がある法人間で寄附が行われた場合、その寄附を行った又は寄附を受けた法人の株主においてはどのような処理を行うこととなりますか。

(1)　Ｇ２がＧ３に対して寄附金の額100を支出した場合

(2)　Ｇ２がＧ４に対して寄附金の額100を支出した場合

(3)　Ｇ１がＧ３に対して寄附金の額100を支出した場合

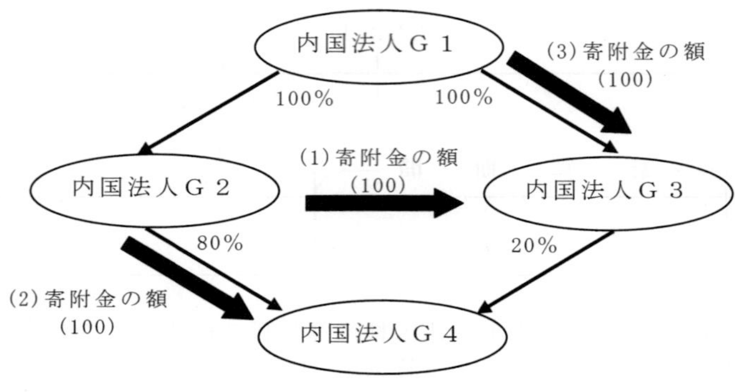

答

(1)　Ｇ２とＧ３の株主であるＧ１において、Ｇ２株式及びＧ３株式の帳簿価額の修正を行うこととなります。

(2)　Ｇ２の株主であるＧ１において、Ｇ２株式の帳簿価額の修正を行い、Ｇ４の株主であるＧ２及びＧ３において、Ｇ４株式の帳簿価額の修正を行うこととなります。

(3)　Ｇ３の株主であるＧ１において、Ｇ３株式の帳簿価額の修正を行うこととなります。

【解説】

1　寄附修正の概要

法人が有する当該法人との間に完全支配関係がある法人（以下「子法人」といいます。）の株式等について次のイ又はロに掲げる事由（以下「寄附修正事由」といいます。）が生ずる場合には、以下の算式により計算した金額を利益積立金額及びその寄附修正事由が生じた時の直前の子法人の株式等の帳簿価額に加算することとされています。

イ　子法人が法人による完全支配関係のある他の内国法人から益金不算入の対象となる受贈益の額を受けたこと

ロ　子法人が法人による完全支配関係のある他の内国法人に対して損金不算入の対象となる寄附金の額を支出したこと

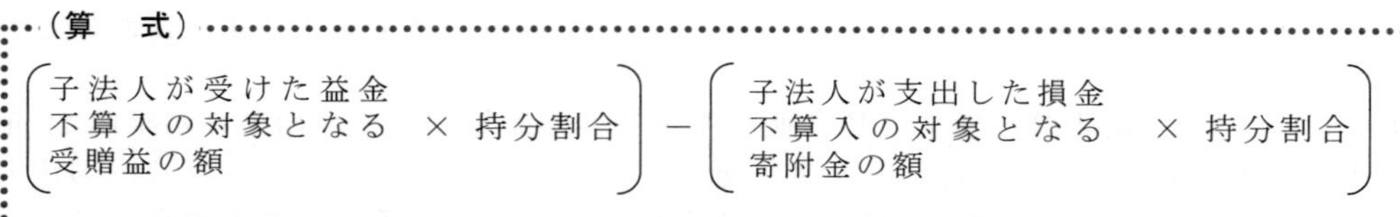

この算式の持分割合とは、当該子法人の寄附修正事由が生じた時の直前の発行済株式又は出資（当該子法人が有する自己の株式又は出資を除きます。）の総数又は総額のうちに当該法人が当該直前に有する当該子法人の株式又は出資の数又は金額の占める割合をいいます。

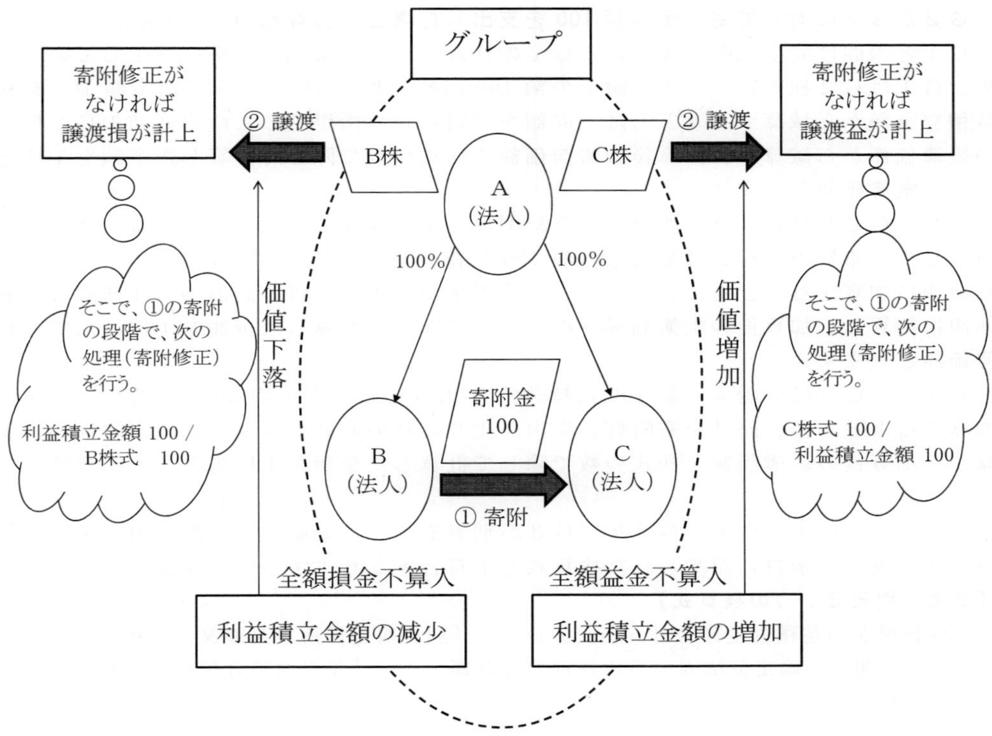

2　Ｇ２がＧ３に対して寄附金の額 100 を支出した場合（お尋ねの(1)の場合）

Ｇ１との間に完全支配関係があるＧ２及びＧ３の株式について寄附修正事由が生じているため、Ｇ１はＧ２株式について寄附金の額 100 に持分割合 100%を乗じた金額 100 を利益積立金額から減算するとともに、同額を寄附修正事由が生じた時の直前のＧ２株式の帳簿価額から減算し、減算後の帳簿価額を株式の数で除して計算した金額を１株当たりの帳簿価額とします。

また、Ｇ３株式については、受贈益の額 100 に持分割合 100%を乗じた金額 100 を利益積立金額に加算するとともに、同額を寄附修正事由が生じた時の直前のＧ３株式の帳簿価額に加算し、加算後の帳簿価額を株式の数で除して計算した金額を１株当たりの帳簿価額とします。

＜Ｇ１の処理＞

（申告調整）
利益積立金額　100　／　Ｇ２株式　　100
Ｇ３株式　　　100　／　利益積立金額　100

＜Ｇ１の別表五(一)の記載例（抜粋）＞

区分	期首	減	増	期末
Ｇ２株式（寄附修正）		100		△ 100
Ｇ３株式（寄附修正）			100	100
計		100	100	0

3　Ｇ２がＧ４に対して寄附金の額100を支出した場合（お尋ねの(2)の場合）

Ｇ１との間に完全支配関係があるＧ２の株式について寄附修正事由が生じているため、Ｇ１はＧ２株式について寄附金の額100に持分割合100％を乗じた金額100を利益積立金額から減算するとともに、同額を寄附修正事由が生じた時の直前のＧ２株式の帳簿価額から減算し、減算後の帳簿価額を株式の数で除して計算した金額を１株当たりの帳簿価額とします。

また、Ｇ２及びＧ３との間に完全支配関係があるＧ４の株式について寄附修正事由が生じているため、Ｇ２は受贈益の額100に持分割合80％を乗じた金額80を利益積立金額に加算するとともに、同額を寄附修正事由が生じた時の直前のＧ４株式の帳簿価額に加算し、加算後の帳簿価額を株式の数で除して計算した金額を１株当たりの帳簿価額とします。

同様に、Ｇ３は受贈益の額100に持分割合20％を乗じた金額20を利益積立金額に加算するとともに、同額を寄附修正事由が生じた時の直前のＧ４株式の帳簿価額に加算し、加算後の帳簿価額を株式の数で除して計算した金額を１株当たりの帳簿価額とします。

なお、これによりＧ１、Ｇ２及びＧ３が別表五(一)に記載した金額に相当する金額が、同別表の左余白に記載された検算式と不符合となりますのでご注意ください。

【参考：別表五(一)の検算式】

「期首現在利益積立金額合計「31」①」　＋　「別表四留保所得金額又は欠損金額「44」」　－　「中間分、確定分法人税県市民税の合計額」　＝　「差引翌期首現在利益積立金額合計「31」④」

＜Ｇ１の処理＞

（申告調整）
利益積立金額　100　／　Ｇ２株式　100

＜Ｇ１の別表五(一)の記載例（抜粋）＞

区分	期首	減	増	期末
Ｇ２株式（寄附修正）		100		△ 100
計		100		△ 100

＜Ｇ２の処理＞

（申告調整）
Ｇ４株式　80　／　利益積立金額　80

＜Ｇ２の別表五(一)の記載例（抜粋）＞

区分	期首	減	増	期末
Ｇ４株式（寄附修正）			80	80
計			80	80

＜Ｇ３の処理＞

（申告調整）
Ｇ４株式　20　／　利益積立金額　20

＜Ｇ３の別表五(一)の記載例（抜粋）＞

区分	期首	減	増	期末
Ｇ４株式（寄附修正）			20	20
計			20	20

4　Ｇ１がＧ３に対して寄附金の額100を支出した場合（お尋ねの(3)の場合）

Ｇ１との間に完全支配関係があるＧ３の株式について寄附修正事由が生じているため、Ｇ１はＧ３株式について受贈益の額100に持分割合100％を乗じた金額100を利益積立金額に加算するとともに、同額を寄附修正事由が生じた時の直前のＧ３株式の帳簿価額に加算し、加算後の帳簿価額を株式の数で除して計算した金額を１株当たりの帳簿価額とします。

なお、これによりＧ１が別表五(一)に記載した金額に相当する金額が、同別表の左余白に記載された検算式と不符合となりますのでご注意ください。

＜Ｇ１の処理＞

（申告調整）
Ｇ３株式　100　／　利益積立金額　100

＜Ｇ１の別表五(一)の記載例（抜粋）＞

区分	期首	減	増	期末
Ｇ３株式（寄附修正）			100	100
計			100	100

5　Ｇ１が４において寄附修正を行ったＧ３株式を売却した場合

Ｇ１が上記４において帳簿価額の修正を行ったＧ３株式を他に売却した場合には、修正後の帳簿価額によりその譲渡損益の計算を行うことになります。

例えば、寄附修正前のＧ３株式の帳簿価額を1,000、寄附修正後の帳簿価額を1,100、売却した価額を1,200とした場合の処理は次のとおりです。

＜Ｇ１の処理＞

（会計上）
現金　1,200　／　Ｇ３株式　1,000
　　　　　　　／　株式売却益　200

（税務上）
現金　1,200　／　Ｇ３株式　1,100
　　　　　　　／　株式売却益　100

（申告調整）
株式売却益　100　／　Ｇ３株式　100

【付　　録】

＜Ｇ１の別表四の記載例（抜粋）＞

区分		総額	処分	
			留保	社外流出
		①	②	③
当期利益又は当期欠損の額	1	200	200	
減算　株式売却益（Ｇ３株式）		100	100	
所得金額又は欠損金額	44	100	100	

＜Ｇ１の別表五(一)の記載例（抜粋）＞

区分	期首	減	増	期末
Ｇ３株式（寄附修正）	100	100		0
計	100	100		0

【適用関係】(略)

【関係法令】(略)

問８　完全支配関係がある法人間の資産の譲渡取引における譲渡の意義

問　内国法人Ｇ１は完全支配関係のある他の内国法人Ｇ２に対して譲渡損益調整資産を譲渡して、その譲渡に係る譲渡損益を繰り延べました。
　その後、譲渡を受けた他の内国法人Ｇ２が完全支配関係のある別の内国法人Ｇ３にその譲渡損益調整資産を譲渡しましたが、完全支配関係のあるグループ内の法人間の譲渡であることから、Ｇ１は譲渡損益の戻入処理を行うことなく、繰り延べたままにしておくのでしょうか。

答　Ｇ１から譲渡損益調整資産を譲り受けたＧ２が、その後、グループ内のＧ３にその資産を譲渡した場合には、Ｇ１は繰り延べていた譲渡損益の戻入れを行うこととなります。

【解説】

　内国法人が完全支配関係のある他の内国法人に譲渡した譲渡損益調整資産に係る譲渡利益額又は譲渡損失額を繰り延べた場合において、その譲渡を受けた他の内国法人においてその譲渡損益調整資産の譲渡、償却、評価換え、貸倒れ、除却等の事由が生じたときは、その譲渡利益額又は譲渡損失額に相当する金額は、所定の計算により算出した金額を益金の額又は損金の額に算入する（戻し入れる）こととされています。
　上記の「譲渡」からは、完全支配関係のある別の内国法人への譲渡が除かれていませんので、譲渡損益調整資産をＧ１から取得したＧ２が、さらにその資産をグループ内のＧ３に譲渡した場合には、Ｇ１は繰り延べた譲渡損益を戻し入れることとなります。
　一方、Ｇ２は、その譲渡損益調整資産をＧ３に譲渡したことにより生じた譲渡利益額又は譲渡損失額に相当する金額を損金の額又は益金の額に算入して譲渡損益を繰り延べることとなります。

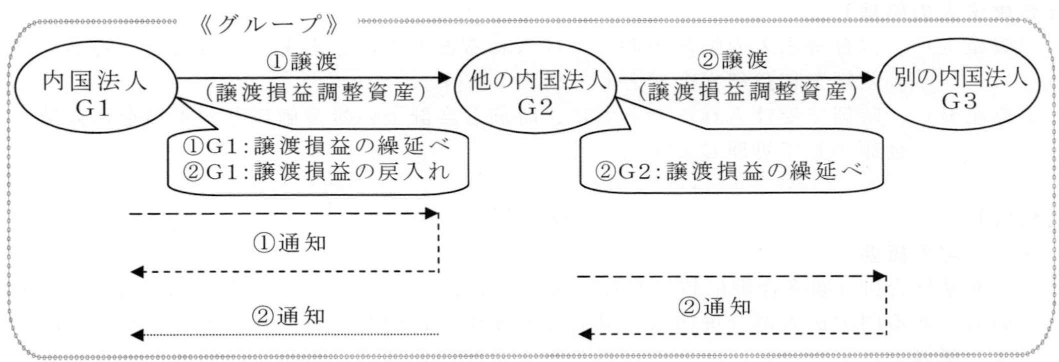

【適用関係】（略）

【関係法令】（略）

問９　非適格合併による資産の移転と譲渡損益の繰延べ

問　次の前提においてグループ法人間で非適格合併が行われた場合の被合併法人及び合併法人の申告調整等の処理はどのようになりますか。

《前提》

イ　被合併法人の合併直前のＢ／Ｓは次のとおりです。

（被合併法人の合併直前のＢ／Ｓ）

資産Ａ　1,800 （含み益　200）	利益積立金額 1,900
資産Ｂ　600 （含み益　300）	資本　500

ロ　資産Ａは譲渡損益調整資産に該当します（時価 2,000）。

ハ　資産Ｂは譲渡損益調整資産に該当しません（時価 900）。

ニ　最後事業年度の当期利益の額は、1,000 とします。

ホ　合併対価は、2,900 とします。

ヘ　被合併法人から合併法人への移転資産（資産Ａ、Ｂ）の移転は、会計上、被合併法人の帳簿価額が引き継がれています。

答

〔被合併法人の処理〕

（資産Ａ）　申告調整をする必要はありません。

（資産Ｂ）　時価譲渡したものとして時価と帳簿価額との差額について申告調整をする必要があります。

〔合併法人の処理〕

（資産Ａ）　被合併法人の帳簿価額で受け入れるとともに、本来の取得価額（時価）との差額を利益積立金額として処理します。

（資産Ｂ）　時価で受け入れるとともに、時価と会計上の帳簿価額との差額を利益積立金額として処理します。

【解説】

１　処理の概要

非適格合併（適格合併に該当しない合併をいいます。）が行われた場合には、被合併法人である内国法人が合併法人に対して移転する資産及び負債はその移転時の価額により譲渡したものとされ、その移転した資産及び負債に係るその移転による譲渡利益額又は譲渡損失額は被合併法人の最後事業年度（被合併法人の合併の日の前日の属する事業年度をいいます。以下同じです。）の所得の金額の計算上、益金の額又は損金の額に算入されます。

また、合併法人においては、その移転を受けた資産及び負債はその移転時の価額により受け入れることとなります。

ただし、グループ法人間で非適格合併が行われた場合において、被合併法人である内国法人から移転した資産が譲渡損益調整資産に該当するときには、被合併法人においては、その譲渡損益調整資産に係る譲渡利益額又は譲渡損失額を計上しないこととなります。一方、合併法人においては、移転を受けたその譲渡損益調整資産を被合併法人の帳簿価額により受け入れることとなります。

つまり、グループ法人間で非適格合併が行われた場合には、その合併によって移転した譲渡損益調整資産に係る譲渡損益は合併時に被合併法人において認識することなく、合併法人に帳簿価額で移転し、例えば、合併法人がその譲渡損益調整資産を他に譲渡したときなどに損益を認識することとなります。

2　被合併法人における処理

非適格合併により移転した資産が譲渡損益調整資産に該当する場合には、その譲渡損益調整資産に係る譲渡利益額又は譲渡損失額に相当する金額は、被合併法人の最後事業年度において、損金の額又は益金の額に算入されることとなりますので、被合併法人の所得の金額に何ら影響しないこととなり、お尋ねの前提のように帳簿価額による引継ぎが行われているときには、被合併法人がその最後事業年度において行う申告調整は結果としてありません。

したがって、資産Ａに係る申告調整はありません。

また、譲渡損益調整資産に該当しない資産を移転した場合において、帳簿価額により引継ぎが行われているときには、時価と帳簿価額の差額を移転資産に係る譲渡損益として申告調整を行うこととなりますので、資産Ｂについては、その資産に係る時価と帳簿価額の差額について申告調整を行うこととなります。

お尋ねの前提に基づく具体的な処理例については、次のとおりとなります。

○　被合併法人の処理（申告調整）

イ　別表四

資産Ａに係る処理はない。

資産Ｂは法 61 の 13①適用なし

区分		総額	処分		
			留保	社外流出	
		①	②	③	
当期利益又は当期欠損の額	1	1,000	1,000		
非適格の合併等又は残余財産の全部分配等による移転資産等の譲渡利益又は譲渡損失額	40	300		※	300
所得金額又は欠損金額	44	1,300	1,000		300

ロ　別表五(一)

記載なし

㈴　法人税法第61条の13第３項《完全支配関係がある法人の間の取引の損益》において、完全支配関係を有しなくなった場合の譲渡損益の戻入れについて規定されていますが、非適格合併による合併法人への譲渡損益調整資産の移転により被合併法人が同条第１項の規定の適用を受けた場合を除く旨が規定されていますので、譲渡損益を繰り延べた直後に合併法人との間に完全支配関係を有しないこととなった場合であっても、譲渡損益の戻入れを行う必要はありません。

この譲渡損益については、被合併法人において戻入れを行いませんが、その譲渡損益調整資産は合併法人に帳簿価額で移転しますので（次の３を参照してください。）、合併法人がその譲渡損益調整資産を他に譲渡したときなどに損益が認識されることとなります。

3　合併法人における処理

非適格合併における被合併法人において、譲渡損益調整資産に係る譲渡利益額又は譲渡損失額を計上しないこととされた場合には、その譲渡利益額に相当する金額はその非適格合併に係る合併法人のその譲渡損益調整資産の取得価額に算入しないものとし、その譲渡損失額に相当する金額はその合併法人のその譲渡損益調整資産の取得価額に算入するものとされています。

この場合において、合併法人において譲渡損益調整資産の取得価額に算入しない譲渡利益額に相当する金額から譲渡損益調整資産の取得価額に算入する譲渡損失額に相当する金額を減算した金額は、合併法人の利益積立金額の期末の減算項目とされています。

したがって、資産Aについては、譲渡損益調整資産に該当する資産の移転であることから帳簿価額で受け入れ、譲渡利益額に相当する額（本来の取得価額（時価）と被合併法人における帳簿価額との差額）を利益積立金額の減算項目として処理します。

また、資産Bについては、譲渡損益調整資産に該当しない資産の移転であることから、時価で受け入れることとなります。

簿価引継ぎなど、お尋ねの前提に基づく具体的な処理例については、次のとおりとなります。

○　合併法人の処理（申告調整）

合併法人において、非適格合併により受け入れた資産A及び資産Bについて、会計上、簿価（資産A　1,800、資産B　600）で受け入れ、簿価と時価との差額は通常ののれんとして処理します。この場合の申告調整は次のとおりです。

（会計上）

資産A	1,800	／	合併対価	2,900
資産B	600	／		
のれん	500	／		

（税務上）

資産A	1,800	／	合併対価	2,900
資産B	900	／		
利益積立金額	200	／		

（申告調整）※

資産B	300	／	のれん	500
利益積立金額	200	／		

※　この処理の考え方を仕訳により説明すれば、次のとおりです。

・　非適格合併における移転資産の移転時の価額による受入れ

資産A	200	／	のれん	500
資産B	300	／		

・　被合併法人において繰り延べた譲渡損益調整資産に係る譲渡利益額に相当する金額を移転資産の取得価額に不算入（法61の13⑦）

利益積立金額	200	／	資産A	200

イ　別表四

記載なし

ロ　別表五(一)

区分	期首	減	増	期末
(資産Ａ)		(200)	(200)	(0)
資産Ｂ			300	300
のれん		500		△ 500
計		500 (700)	300 (500)	△ 200

【適用関係】(略)

【関係法令】(略)

問 10　譲渡損益調整資産（非減価償却資産）を簿価により譲渡した場合の課税関係

問　内国法人Ｇ１は、完全支配関係を有する他の内国法人Ｇ２に対して時価 100 百万円の土地をＧ１の帳簿価額 80 百万円で譲渡することとしました。

帳簿価額で譲渡することとした理由は、グループ法人税制の創設によって、①完全支配関係がある法人間の譲渡損益調整資産の譲渡による譲渡利益額は繰り延べられることとされ、また、②時価と帳簿価額との差額をＧ１において寄附金の額とし、Ｇ２において受贈益の額としても、寄附金の損金不算入及び受贈益の益金不算入規定により、いずれの法人においても所得の金額に影響がないと思われるからです。

(1)　このように譲渡損益調整資産を帳簿価額で譲渡した場合には、Ｇ１及びＧ２の所得の金額に影響がないことから、税務上もＧ１の土地の譲渡対価の額を帳簿価額である 80 百万円とし、Ｇ２の当該土地の取得価額を 80 百万円としてもよろしいでしょうか。

(2)　仮に(1)の処理が認められない場合には、譲渡法人Ｇ１及び譲受法人Ｇ２は、それぞれどのような申告調整を行う必要がありますか。

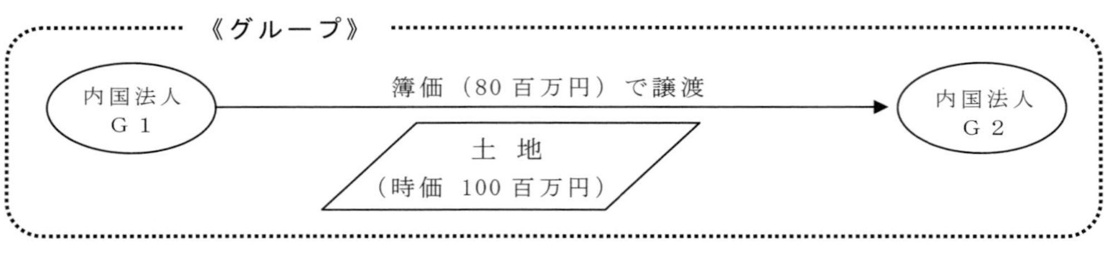

答

(1)　Ｇ１及びＧ２の所得の金額に影響があるなしにかかわらず、税務上は時価により譲渡があったものとなりますので、Ｇ１の譲渡対価の額は 100 百万円、Ｇ２の取得価額は 100 百万円として、それぞれ申告調整を行うこととなります。

(2)　譲渡法人Ｇ１は、時価（100 百万円）と帳簿価額（80 百万円）との差額（20 百万円）について、①譲渡利益額（20 百万円）の計上と②その繰延べ処理及び③寄附金認容（20 百万円）と④その損金不算入処理を行います。

また、譲受法人Ｇ２は、⑤受贈益（20 百万円）の計上（取得価額の加算）と⑥その益金不算入処理を行います。

【解説】

1　譲渡対価の額と取得価額（低廉譲渡の場合）

(1)　譲渡に係る対価の額（Ｇ１の処理）

譲渡損益調整資産に該当する資産の譲渡であっても、資産の譲渡であることには変わりはありませんので、その譲渡に係る対価の額は実際に収受した金銭等の額ではなく、譲渡時の当該資産の価額（時価）によることとなります。

100％グループ法人間の譲渡損益調整の規定（法61の13）は、このことを前提とした上で、その譲渡に係る譲渡利益額又は譲渡損失額を調整することとしたものです。

したがって、Ｇ１における譲渡対価の額は、譲渡損益調整資産である土地の譲渡時の時価（100百万円）となります。

(2)　土地の取得価額（Ｇ２の処理）

法人が無償又は低廉により資産を取得した場合でその資産の価額のうち贈与

又は経済的利益の供与を受けたと認められる部分があるときは、その資産の取得のために通常要する価額（時価）が取得価額となります。

したがって、Ｇ２が取得した土地に付すべき取得価額は、当該土地の譲渡の時の時価である100百万円となります。

2　譲渡法人と譲受法人の申告調整の概要

１のとおり完全支配関係を有する法人間で帳簿価額により譲渡損益調整資産を譲渡した場合において、譲渡法人、譲受法人がともに会計上も帳簿価額による譲渡と処理しているときには、次の(1)、(2)の区分に応じ、それぞれ次のように申告調整することになります。

(1)　低廉譲渡（時価＞簿価）の場合

譲渡法人においては、時価と譲渡対価の額との差額（以下「時価差額」といいます。）を譲渡利益額として計上した上で、その譲渡利益額の繰延べ処理を行います。また、同額を寄附金の額として認容した上で、その全額を損金不算入とする申告調整を行います。

譲受法人においては、時価差額を受贈益として計上し、資産の取得価額に加算した上で、その全額を益金不算入とする申告調整を行います。

譲渡法人の税務処理	譲受法人の税務処理
・譲渡利益額の計上 ・譲渡利益額の繰延べ（益金不算入） ・寄附金認容 ・寄附金の損金不算入	・受贈益の計上 ・受贈益の益金不算入

(2)　高額譲渡（時価＜簿価）の場合

譲渡法人においては、時価差額を譲渡損失額として計上した上で、その譲渡損失額の繰延べ処理を行います。また、同額を受贈益として計上した上で、その全額を益金不算入とする申告調整を行います。

譲受法人においては、時価差額を寄附金の額として認容し、資産の取得価額から減算した上で、その全額を損金不算入とする申告調整を行います。

譲渡法人の税務処理	譲受法人の税務処理
・譲渡損失額の計上 ・譲渡損失額の繰延べ（損金不算入） ・受贈益の計上 ・受贈益の益金不算入	・寄附金認容 ・寄附金の損金不算入

3　具体的な申告調整例

お尋ねの場合には、低廉譲渡に当たりますので、具体的な申告調整等は次のとおりとなります。

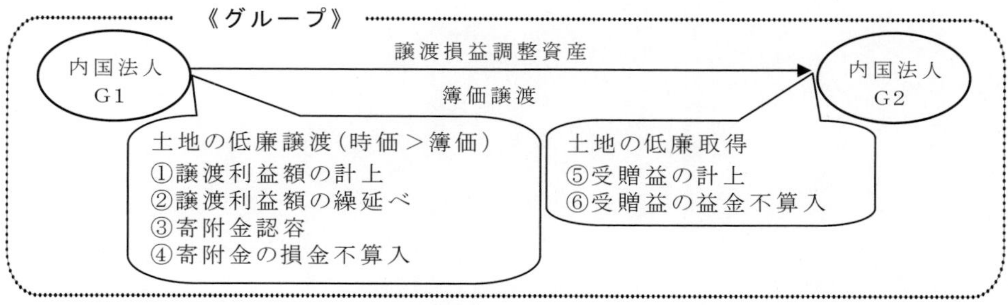

【付　　録】

《税務仕訳等》　（単位：百万円）

内　容	譲渡法人（G１）の処理	譲受法人（G２）の処理
譲渡時	《会計処理》 現金　80／土地　80	《会計処理》 土地　80／現金　80
① 譲渡利益額の計上 （法 22②）	《税務仕訳》 現金　80／土地　80 未収入金 20／譲渡益　20 《申告調整》 譲渡益計上もれ 20（加算・留保）	
② 譲渡利益額の繰延べ （法 61 の 13①）	《税務仕訳》 譲渡損益調整勘定繰入額（損金）20 ／譲渡損益調整勘定 20 《申告調整》 譲渡損益調整勘定繰入額 20 （減算・留保）	
③ 寄附金認容 （法 22③）	《税務仕訳》 寄附金　20／未収入金　20 《申告調整》 寄附金認容 20（減算・留保）	
④ 寄附金の損金不算入 （法 37②）	《税務仕訳》 寄附金損金不算入 20 ／その他流出 20 《申告調整》 寄附金損金不算入 20（加算・流出）	
⑤ 受贈益の計上 （法 22②）		《税務仕訳》 土地　100／現金　80 ／受贈益　20 《申告調整》 受贈益計上もれ 20（加算・留保） ※ 上記の留保は、土地の取得価額の増加となる。
⑥ 受贈益の益金不算入 （法 25 の 2）		《税務仕訳》 受贈益益金不算入 20 ／その他流出 20 《申告調整》 受贈益益金不算入 20 （減算・流出）

《別表記載例》

譲渡法人（Ｇ１）

別表四 （単位：円）

区分			総額	留保	社外流出	
加算	譲渡益計上もれ		20,000,000	① 20,000,000		
	小計	13	20,000,000	20,000,000		
減算	譲渡損益調整勘定繰入額		20,000,000	② 20,000,000		
	寄附金認容		20,000,000	③ 20,000,000		
	小計	25	40,000,000	40,000,000		
寄附金の損金不算入額		27	20,000,000		その他	④ 20,000,000
所得金額又は欠損金額		44	0	△20,000,000		20,000,000

別表五（一）

区分	期首	減	増	期末
未収入金		③ 20,000,000	① 20,000,000	0
譲渡損益調整勘定（土地）		② 20,000,000		△20,000,000
計		40,000,000	20,000,000	△20,000,000

譲受法人（Ｇ２）

別表四

区分			総額	留保	社外流出	
加算	受贈益計上もれ		20,000,000	⑤ 20,000,000		
	小計	13	20,000,000	20,000,000		
減算	受贈益の益金不算入額	18	20,000,000		※	⑥ 20,000,000
	小計	25	20,000,000			20,000,000
所得金額又は欠損金額		44	0	20,000,000		△20,000,000

別表五（一）

区分	期首	減	増	期末
土地			⑤ 20,000,000	20,000,000
計			20,000,000	20,000,000

【関係法令】（略）

問 11　譲渡損益調整資産（減価償却資産）を簿価で譲り受けた場合の譲受法人の申告調整

問　内国法人Ｇ１は、完全支配関係を有する他の内国法人Ｇ２に対して時価 100 百万円の機械をＧ１の帳簿価額 80 百万円で譲渡することとしました。

この場合、譲受法人Ｇ２の譲受けの日を含む事業年度における申告調整はどのようになりますか。

答　譲受法人Ｇ２は、①受贈益の計上（取得価額の加算）、②その益金不算入処理及び③減価償却超過額の損金不算入処理を行います。

【解説】

譲受法人Ｇ２における具体的な申告調整は、次のとおりとなります。

①　譲受法人Ｇ２において時価よりも低い価額で取得した機械（減価償却資産）について、その取得価額として経理した金額（80 百万円）がその機械の取得時の時価（100 百万円）に満たない場合のその満たない金額（20 百万円）をその機械の取得価額に加算し、同額を内国法人Ｇ１からの受贈益として、益金の額に加算します。

≪税務仕訳≫　　機械　　20 百万円／受贈益　　20 百万円
≪申告調整≫　　受贈益計上もれ　　20 百万円（加算・留保（機械））

②　この受贈益の額は完全支配関係のある内国法人Ｇ１から受けた受贈益の額であることから、その全額を益金不算入とします。

≪申告調整≫　　受贈益の益金不算入　　20 百万円（減算・その他流出）

③　この機械に係る減価償却費の損金算入限度額の計算については、上記①により調整した税務上の取得価額（100 百万円）を基礎として、当該機械の譲受時（事業供用時）から当該事業年度末までの期間分の減価償却費の損金算入限度額を計算します。

④　譲受法人Ｇ２が当該事業年度においてその償却費として損金経理をした金額のうち、上記③により計算した損金算入限度額を超える部分の金額が減価償却超過額として損金不算入となります。

お尋ねのように、減価償却資産を時価よりも低い価額で譲り受けた場合で、その譲り受けた価額をその取得価額として経理しているときには、上記①により当該機械の取得価額に加算した時価に満たない金額（20 百万円）は、「償却費として損金経理をした金額」に含まれますので（基通７－５－１(4)）、減価償却超過額の計算に当たっては、この 20 百万円を償却費として損金経理をした金額に含めて計算を行います。

例えば、当該機械に係る上記③により計算した減価償却費の損金算入限度額が

15百万円、当該事業年度においてその償却費として損金経理した金額が30百万円（会計上10百万円＋加算分20百万円）である場合には、減価償却超過額は15百万円（30百万円－15百万円）となりますので、15百万円を減価償却超過額として損金不算入とします。

≪税務仕訳≫　減価償却費　20百万円／機械　20百万円
　減価償却超過額　15百万円／減価償却費　15百万円
≪申告調整≫　減価償却費認容　20百万円（減算・留保）
　減価償却超過額　15百万円（加算・留保）

《別表記載例》
譲受法人（Ｇ２）
別表四　（単位：円）

区分			総額	留保	社外流出
加算	受贈益計上もれ		20,000,000	① 20,000,000	
	減価償却の償却超過額	7	15,000,000	④ 15,000,000	
	小計	13	35,000,000	35,000,000	
減算	受贈益の益金不算入額	18	20,000,000		※ ② 20,000,000
	減価償却費認容		20,000,000	④ 20,000,000	
	小計	25	40,000,000	20,000,000	20,000,000
所得金額又は欠損金額		44	△ 5,000,000	15,000,000	△20,000,000

別表五（一）

区分	期首	減	増	期末
減価償却超過額			④ 15,000,000	15,000,000
機械		④ 20,000,000	① 20,000,000	0
計		20,000,000	35,000,000	15,000,000

【関係法令】（略）

問12　譲渡損益調整資産が減価償却資産である場合の戻入額の計算

問　譲渡法人から譲り受けた譲渡損益調整資産が譲受法人において減価償却資産である場合において、その譲渡法人が繰り延べている譲渡利益額又は譲渡損失額の戻入額の計算はどのように行うこととなりますか。

答　譲渡法人における戻入額（益金の額又は損金の額に算入する金額）の計算は次の①原則法又は②簡便法により行うこととなります。

① 原則法

戻入額(注1) ＝ 譲渡損益調整資産に係る譲渡利益額又は譲渡損失額に相当する金額 × $\dfrac{\text{譲受法人において償却費として損金の額に算入された金額}}{\text{譲受法人における譲渡損益調整資産の取得価額}}$

② 簡便法

戻入額 ＝ 譲渡損益調整資産に係る譲渡利益額又は譲渡損失額に相当する金額 × $\dfrac{\text{譲渡法人の当該事業年度開始の日からその終了の日までの期間(注2)の月数}}{\text{譲受法人がその譲渡損益調整資産について適用する耐用年数}\times 12}$

(注1)　調整済額がある場合には一定の調整計算を要します。
調整済額とは、譲渡損益調整資産に係る譲渡利益額又は譲渡損失額に相当する金額につき、既に譲渡法人の各事業年度の所得の金額又は各連結事業年度の連結所得の金額の計算上益金の額又は損金の額に算入された金額の合計額をいいます。

(注2)　譲渡の日を含む事業年度にあっては譲渡の日から当該事業年度終了の日までの期間となります。

(注3)　②の簡便法の適用をするためには一定の要件を満たす必要があります。

【解説】

譲受法人において減価償却資産に該当する譲渡損益調整資産については、その償却費が損金の額に算入された場合、譲渡利益額又は譲渡損失額を繰り延べている内国法人（譲渡法人）は、その繰り延べている譲渡利益額又は譲渡損失額に相当する金額に一定割合を乗じて計算した戻入額を、益金の額又は損金の額に算入することとなります。

この戻入額を計算する方法には、原則法、簡便法の二つがあります。

原則法とは、譲受法人における譲渡損益調整資産の取得価額に占める償却費として損金の額に算入された金額の割合を用いる方法をいい、簡便法とは、譲受法人が適用する耐用年数に 12 を乗じたものに占める譲渡法人の事業年度の月数の割合を用いる方法をいいます。

なお、簡便法を適用する場合には次の点に注意する必要があります。

(1)　対象資産

簡便法は譲受法人において減価償却資産又は繰延資産に該当するものに限り適用することができます。

(2)　適用要件

簡便法を適用しようとする譲渡損益調整資産の譲渡の日の属する事業年度の確定申告書に簡便法により計算した益金の額又は損金の額に算入する金額及びその計算

に関する明細の記載がある場合に限り適用されます（この明細の記載がない場合には原則法によります。）。この明細の記載に当たっては、別表十四（四）の該当欄を使用します。

(3)　宥恕規定

上記(2)の記載がない確定申告書の提出があった場合でも、その記載がなかったことについてやむを得ない事情があると認められるときは、簡便法を適用することができます。

(4)　その他

簡便法を適用した場合の戻入額は、譲受法人において償却費として損金の額に算入された金額に関係なく、その譲渡損益調整資産について譲受法人が適用する耐用年数を基礎として計算を行うこととなりますので、譲受法人において償却費として損金の額に算入した金額を毎期譲渡法人に対して通知する必要はなく、取得時に適用する耐用年数を通知するだけで足ります。

なお、譲受法人において償却費として損金の額に算入された金額にかかわらず（例えばゼロであっても）、譲渡法人側においては簡便法により計算した戻入額を益金の額又は損金の額に算入することとなります。

【適用関係】（略）

【関係法令】（略）

問 13　譲渡損益調整資産に係る通知義務

問　譲渡損益調整資産の譲渡損益の繰延制度（法 61 の 13）について、譲渡損益調整資産の譲渡法人及び譲受法人にはそれぞれ通知義務があるとのことですが、その通知義務の内容について教えてください。
また、その通知については、何か決められた方法や手続等があるのでしょうか。

答　通知義務の内容については、【解説】の表１、表２を参照してください。
また、通知の方法については法令上、特に決められた方法はありません。

【解説】

1　通知義務の内容

お尋ねの「譲渡損益調整資産の譲渡損益の繰延制度」とは、内国法人（以下「譲渡法人」といいます。）が譲渡損益調整資産を譲渡法人との間に完全支配関係がある他の内国法人（以下「譲受法人」といいます。）に譲渡した場合に、その譲渡損益調整資産に係る譲渡利益額又は譲渡損失額に相当する金額をその譲渡した日の属する事業年度の所得の金額の計算上、それぞれ損金の額又は益金の額に算入することによって課税を繰り延べる制度です。

この制度により譲渡法人において繰り延べられた譲渡損益は、譲受法人において譲渡損益調整資産の譲渡が行われた場合など一定の事由（以下「戻入事由」といいます。）が生じた場合に取り戻すこととされています。

したがって、譲渡法人又は譲受法人において、次の表１に掲げる通知事由が生じた場合には、譲受法人又は譲渡法人に対して、それぞれ次の表１に掲げる通知内容を通知しなければならないこととされています。

［表１］（通知事由と通知内容）

通知者	通　知　事　由	通　知　内　容
譲渡法人	譲渡損益調整資産を譲受法人に譲渡したこと	譲受法人に対して譲渡した資産が譲渡損益調整資産である旨（減価償却資産又は繰延資産につき簡便法（※）の適用を受けようとする場合には、その旨を含みます。）（法令 122 の 14⑯）
譲受法人	（ⅰ）　譲渡損益調整資産が売買目的有価証券であること	その旨（法令 122 の 14⑰一）
	（ⅱ）　譲渡損益調整資産が減価償却資産又は繰延資産である場合において譲渡法人から簡便法を適用しようとする旨の通知を受けたこと	当該資産について適用する耐用年数又は当該資産の支出の効果の及ぶ期間（法令 122 の 14⑰二）
	（ⅲ）　表２に掲げる戻入事由（上記（ⅱ）の通知を受けていた場合の表２⑤及び⑥の事由が生じた場合を除きます。）が生じたこと	その旨（減価償却資産又は繰延資産の場合には、その償却費の額を含みます。）及びその生じた日（法令 122 の 14⑱）

［表２］譲受法人における戻入事由ごとの譲渡法人における戻入額

<table>
<tr><th>戻入事由</th><th>戻入額</th></tr>
<tr><td>①　譲渡損益調整資産の譲渡、貸倒れ、除却、その他これらに類する事由</td><td rowspan="4">譲渡利益額又は譲渡損失額に相当する金額（以下「A」といいます。）</td></tr>
<tr><td>②　譲渡損益調整資産の適格分割型分割による分割承継法人（譲受法人との間に完全支配関係があるものを除きます。）への移転</td></tr>
<tr><td>③　普通法人又は協同組合等である譲受法人が公益法人等に該当することとなったこと</td></tr>
<tr><td>④　譲渡損益調整資産が譲受法人において、
・法人税法第25条第２項に規定する評価換えによりその帳簿価額を増額され、その増額された部分の金額が益金の額に算入されたこと
・法人税法第25条第３項に規定する資産に該当し、当該譲渡損益調整資産の同項に規定する評価益の額として一定の金額が益金の額に算入されたこと</td></tr>
<tr><td>⑤　譲渡損益調整資産が譲受法人において減価償却資産に該当し、その償却費が損金の額に算入されたこと</td><td rowspan="2">$(\mathrm{A}) \times \frac{\text{損金の額に算入された償却費の金額}}{\text{譲渡損益調整資産の取得価額又は額}}$（※）</td></tr>
<tr><td>⑥　譲渡損益調整資産が譲受法人において繰延資産に該当し、その償却費が損金の額に算入されたこと</td></tr>
<tr><td>⑦　譲渡損益調整資産が譲受法人において、
・法人税法第33条第２項に規定する評価換えによりその帳簿価額を減額され、当該譲渡損益調整資産の同項に規定する差額に達するまでの金額が損金の額に算入されたこと
・法人税法第33条第３項に規定する評価換えによりその帳簿価額を減額され、その減額された部分の金額が損金の額に算入されたこと
・法人税法第33条第４項に規定する資産に該当し、当該譲渡損益調整資産の同項に規定する評価損の額として一定の金額が損金の額に算入されたこと</td><td>（A）</td></tr>
<tr><td>⑧　有価証券である当該譲渡損益調整資産と銘柄を同じくする有価証券（売買目的有価証券を除きます。）の譲渡（譲受法人が取得した当該銘柄を同じくする有価証券である譲渡損益調整資産の数に達するまでの譲渡に限ります。）</td><td>（A）のうちその譲渡をした数に対応する部分の金額</td></tr>
<tr><td>⑨　譲渡損益調整資産が譲受法人において法人税法施行令第119条の14に規定する償還有価証券に該当し、当該譲渡損益調整資産につき法人税法施行令第139条の２第１項に規定する調整差益又は調整差損が益金の額又は損金の額に算入されたこと</td><td>$(\mathrm{A}) \times \frac{\text{(B)のうち譲渡法人の当該事業年度の日数}}{\text{譲渡法人の当該事業年度開始の日から当該償還有価証券の償還日までの期間の日数（B）}}$</td></tr>
<tr><td>⑩　譲渡損益調整資産が譲受法人において法人税法第61条の11第１項に規定する時価評価資産に該当し、当該譲渡損益調整資産につき同項に規定する評価益又は評価損が益金の額又は損金の額に算入されたこと</td><td>（A）</td></tr>
</table>

※　上記⑤及び⑥の戻入額については原則法による計算式を記載しています。簡便法による戻入額の計算式については、問12を参照してください。

2　通知の方法

通知については、譲渡法人と譲受法人という民間において行われるものであることから、法令等において特段、その方法や手続（様式など）は定められていません。したがって譲渡法人と譲受法人との間で任意の方法を用いて通知を行っていただくことになります。

また、連結納税を選択している企業グループ内にあっては、連結親法人が連結法人の帳簿等を集約して決算・申告の事務を行っている実態などから、事実上、連結法人間の通知行為が行われているとみることもできますので、このような場合には形式的な通知は省略しても差し支えないものと考えられます。

なお、法令で定められた通知内容を盛り込んだ通知書の書式の例として、別紙のようなものが考えられますので、実務上の参考としてください（241、242ページ参照）。

【関係法令】（略）

（別紙）

法人税法第６１条の１３（完全支配関係がある法人の間の取引の損益）に規定する譲渡損益調整資産に関する通知書

譲渡法人（甲）
（法人名）
（住　所）
（連絡先）

譲受法人（乙）
（法人名）
（住　所）
（連絡先）

（譲渡法人→譲受法人）

［通知年月日］　平成○年○月○日

１　当社（甲）が、平成○年○月○日付で貴社（乙）に譲渡した次の資産については、法人税法第６１条の１３に規定する譲渡損益調整資産に該当しますので、その旨通知します。

資産の種類	固定資産　・　土地　・　有価証券　・　金銭債権　・　繰延資産
資産の名称	
譲渡数量	

（譲渡損益調整資産が固定資産又は繰延資産である場合）

２　なお、上記の資産が貴社（乙）において、減価償却資産又は繰延資産に該当する場合には、当社（甲）では、法人税法施行令第１２２条の１４第６項に規定する簡便法の適用を（　受ける　・　受けない　）　予定ですので、その旨通知します。

（譲受法人→譲渡法人）

［通知年月日］　平成○年○月○日

３　上記１の資産は、当社（乙）において、次のとおりとなりますので、その旨通知します。

・上記１の資産が、有価証券である場合 当社（乙）において、売買目的有価証券に	該当する　・　該当しない
・上記１の資産が、貴社（甲）において固定資産である場合 当社（乙）において、減価償却資産に	該当する　・　該当しない
減価償却資産に該当する場合に、 その減価償却資産に適用される耐用年数	年
・上記１の資産が、貴社（甲）において繰延資産である場合 当社（乙）において、繰延資産に	該当する　・　該当しない
繰延資産に該当する場合に、 その繰延資産となった費用の支出の効果の及ぶ期間	年

［通知年月日］　平成〇年〇月〇日

４　上記１の資産について、当社（乙）において次の事由が生じましたので、その旨通知します。

該当有無〇表示	発　生　事　由	発生年月日	左記の日の属する事業年度	備　考
	①　上記１の資産について次の事実が発生したこと 【　譲渡　・　貸倒れ　・　除却　・　その他類する事由　】 その他類する事由（　　　　　　　　　）	平　．　．	自：平　．　． 至：平　．　．	
	②　上記１の資産を適格分割型分割により分割承継法人へ移転したこと	平　．　．	自：平　．　． 至：平　．　．	
	③　普通法人又は協同組合等である当社（乙）が、公益法人等に該当することとなったこと	平　．　．	自：平　．　． 至：平　．　．	
	④　上記１の資産につき当社（乙）において、 ・　法人税法第２５条第２項に規定する評価換えによりその帳簿価額を増額し、その増額した部分の金額を益金の額に算入したこと ・　法人税法第２５条第３項に規定する資産に該当し、上記１の資産の同項に規定する評価益の額として政令で定める金額を益金の額に算入したこと	平　．　．	自：平　．　． 至：平　．　．	
	⑤　上記１の資産が当社（乙）において、減価償却資産に該当し、その償却費を損金の額に算入したこと	償却費を損金の額に算入した事業年度 自：平　．　． 至：平　．　． ※　上記事業年度の末日が発生年月日です		損金の額に算入した償却費の額 円
	⑥　上記１の資産が当社（乙）において、繰延資産に該当し、その償却費を損金の額に算入したこと	償却費を損金の額に算入した事業年度 自：平　．　． 至：平　．　． ※　上記事業年度の末日が発生年月日です		損金の額に算入した償却費の額 円
	⑦　上記１の資産につき当社（乙）において、 ・　法人税法第３３条第２項に規定する評価換えによりその帳簿価額を減額し、上記１の資産の同項に規定する差額に達するまでの金額を損金の額に算入したこと ・　法人税法第３３条第３項に規定する評価換えによりその帳簿価額を減額し、その減額した部分の金額を損金の額に算入したこと ・　法人税法第３３条第４項に規定する資産に該当し、上記１の資産の同項に規定する評価損の額として政令で定める金額を損金の額に算入したこと	平　．　．	自：平　．　． 至：平　．　．	
	⑧　上記１の資産が有価証券である場合で、当社（乙）において、上記１の資産と銘柄を同じくする有価証券（売買目的有価証券以外のもの）を譲渡したこと （上記１の資産の数に達するまでの譲渡に限る。）	平　．　．	自：平　．　． 至：平　．　．	譲渡した数量
	⑨　上記１の資産が当社（乙）において、法人税法施行令第119条の１４に規定する償還有価証券に該当し、上記１の資産について法人税法施行令第139条の２第１項に規定する調整差益又は調整差損を益金の額又は損金の額に算入したこと	平　．　．	自：平　．　． 至：平　．　．	
	⑩　上記１の資産が当社（乙）において、法人税法第６１条の１１第１項に規定する時価評価資産に該当し、上記１の資産について同項に規定する評価益又は評価損を益金の額又は損金の額に算入したこと	平　．　．	自：平　．　． 至：平　．　．	

問 14　完全支配関係が外国法人によるものである場合の現物分配

問　当グループの株式の保有関係は下図のとおりであり、Ｇ１からＧ４までの各法人（いずれも普通法人）の間には完全支配関係がありますが、Ｇ１とＧ２との間又はＧ１とＧ３との間の完全支配関係は外国法人Ｇ４によるものとなっています。Ｇ１がグループ内の他の内国法人であるＧ２及びＧ３に対して、現物分配により資産を移転した場合に、Ｇ１の課税関係はどうなりますか。

（図）

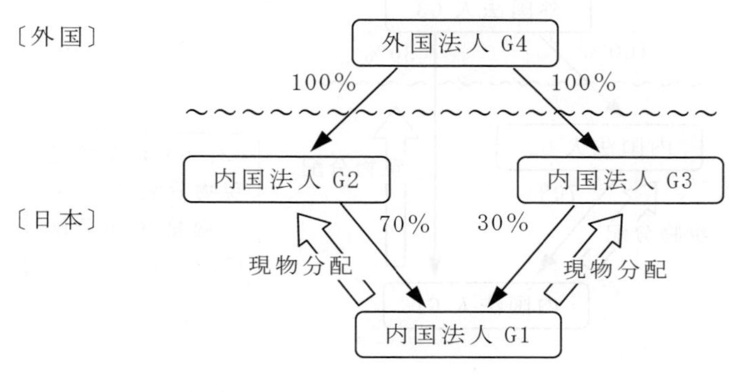

答　お尋ねの現物分配は適格現物分配に該当しますから、Ｇ１が行ったＧ２及びＧ３に対する現物分配による資産の移転は、その適格現物分配の直前のＧ１における当該資産の帳簿価額により譲渡したものとして所得の金額を計算することとなります。

【解説】

1　平成 22 年度の税制改正前において、法人が剰余金の配当又は利益の配当として金銭以外の資産を移転した場合には、無償による資産の譲渡に該当し、当該資産の譲渡益又は譲渡損の額は益金の額又は損金の額に算入することとされていました。

平成 22 年度の税制改正により、現物分配が組織再編成の一形態として位置付けられ、適格現物分配の場合、内国法人が被現物分配法人（現物分配により現物分配法人から資産の移転を受けた法人をいいます。）にその有する資産の移転をしたときには、その被現物分配法人に移転をした資産のその適格現物分配の直前の帳簿価額による譲渡をしたものとして所得の金額を計算することとされました。

2　この現物分配とは、法人（公益法人等及び人格のない社団等を除きます。）がその株主等に対し当該法人の剰余金の配当などの一定の事由により金銭以外の資産を交付することと定義されています。また、適格現物分配とは、内国法人を現物分配法人（現物分配によりその有する資産の移転を行った法人をいいます。）とする現物分配のうち、その現物分配により資産の移転を受ける者がその現物分配の直前において当該内国法人との間に完全支配関係がある内国法人（普通法人又は協同組合等に限ります。）のみであるものをいうと定義されています。

このように、適格現物分配の定義上、完全支配関係がある現物分配法人と被現物分配法人がともに一定の内国法人であれば足りることから、お尋ねのように、内国法人である現物分配法人Ｇ１と他の内国法人である被現物分配法人Ｇ２及びＧ３との間の完全支配関係がいずれも外国法人Ｇ４によるものであったとしても、その外国法人Ｇ

4が現物分配の当事者でなければ、適格現物分配に該当するかどうかの判定に影響はありません。

3　したがって、下図のように、内国法人G1の行った現物分配における被現物分配法人が複数ある場合において、その被現物分配法人の中に外国法人（G3）が含まれるときには、その現物分配全体が適格現物分配に該当しないことになります。

（図）

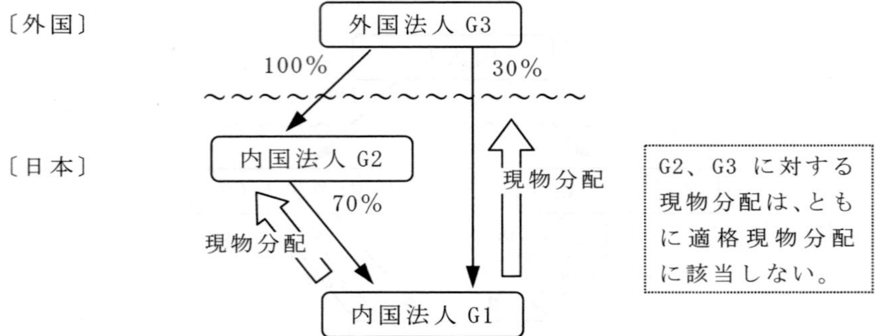

【適用関係】（略）

【関係法令】（略）

問 15　親会社株式の現物分配

問　内国法人Ｇ２（普通法人）は、自らを合併法人とする吸収合併により被合併法人Ａが保有していた内国法人Ｇ１（普通法人）の株式を承継しましたが、Ｇ１とＧ２との間にはＧ１がＧ２の発行済株式の全部を保有する完全支配関係があったことから、当該吸収合併により承継したＧ１株式をＧ１に対し現物分配を行う予定です。
当該現物分配は適格現物分配として取り扱われますか。

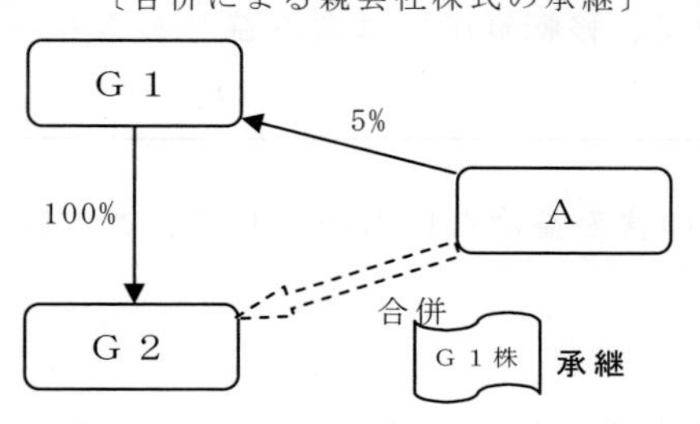

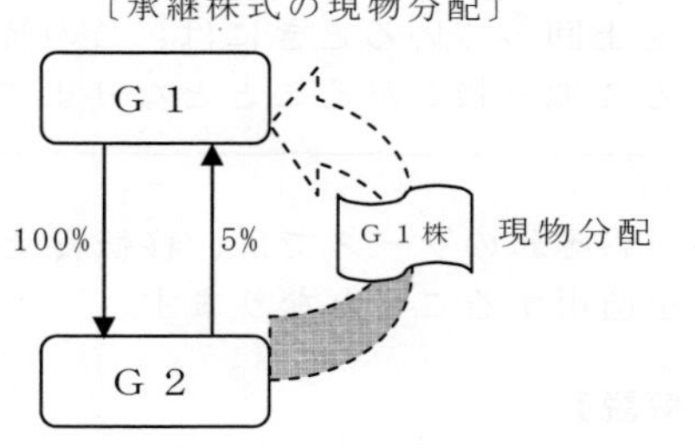

答　お尋ねの現物分配は適格現物分配となります。

【解説】

現物分配とは、法人（公益法人等及び人格のない社団等を除きます。）がその株主等に対し当該法人の次に掲げる事由により金銭以外の資産を交付することをいいます。

① 剰余金の配当（株式又は出資に係るものに限るものとし、資本剰余金の額の減少に伴うもの及び分割型分割によるものを除きます。）若しくは利益の配当（分割型分割によるものを除きます。）又は剰余金の分配（出資に係るものに限ります。）

② 法人税法第 24 条第１項第３号から第６号まで《配当等の額とみなす金額》に掲げる事由

この現物分配によりその有する資産の移転を行った法人を現物分配法人、現物分配により現物分配法人から資産の移転を受けた法人を被現物分配法人といいます。

そして、適格現物分配とは、内国法人を現物分配法人とする現物分配のうち、その現物分配により資産の移転を受ける者がその現物分配の直前において当該内国法人との間に完全支配関係がある内国法人（普通法人又は協同組合等に限ります。）のみであるものをいいます。

このように、適格現物分配の要件として、被現物分配法人に交付する資産については金銭以外の資産であれば特に制限がないことから、お尋ねのように親会社（Ｇ１）に対して親会社自身の株式（Ｇ１株）を交付する場合であっても、現物分配の直前に子会社（Ｇ２）と親会社（Ｇ１）との間に完全支配関係があるときには、その現物分配は適格現物分配となります。

【関係法令】（略）

問16　適格現物分配制度の創設に伴う欠損金の制限措置の改正

問　適格現物分配の制度が創設されたことにより、欠損金の制限措置についても、これに関連した改正が行われ、この制限措置により被現物分配法人において切り捨てられる欠損金額を適格現物分配による移転資産の含み益の範囲内とする特例が設けられたと聞いています。

ところで、問 15 のように適格現物分配による移転資産が被現物分配法人（親会社）の自己株式である場合、その親会社株式の市場における価額が現物分配法人の帳簿価額を上回っているときには、この特例の適用において、移転資産には含み益があるものとして取り扱われることとなりますか。

答　お尋ねのケースでは、移転資産（親会社株式）の含み益はないものとして、この特例を適用することとなります。

【解説】

1　平成 22 年度の税制改正により適格現物分配の制度が創設されたことにより、欠損金の制限措置についても、これに関連した改正が行われています。

具体的には、内国法人と支配関係法人（当該内国法人との間に支配関係がある法人をいいます。）との間で当該内国法人を被現物分配法人とする適格現物分配が行われた場合には、一定の場合を除き、その内国法人の適格現物分配の日の属する事業年度開始の日前 7 年以内に開始した各事業年度において生じた欠損金額のうち、①支配関係事業年度（当該内国法人と当該支配関係法人との間に最後に支配関係があることとなった日の属する事業年度をいいます。）前に生じた金額及び②支配関係事業年度以後に生じた金額のうち法人税法第 62 条の 7 第 2 項《特定資産に係る譲渡等損失額の損金不算入》に規定する特定資産譲渡等損失額相当額の合計額は、ないもの（切り捨てるもの）とする措置が設けられました（法 57④）。これは、適格合併などの適格組織再編成等と同様に、移転資産から生ずる利益と内国法人が有していた欠損金を相殺する租税回避行為を防止することを目的としたものです。

また、この欠損金の制限措置に関し、確定申告書への明細書の添付等を要件として、この措置によりないものとする（切り捨てられる）欠損金額を移転資産の含み益の範囲内とすることができる特例が設けられました（令 113⑤⑥）。

2　この特例の適用に関して、お尋ねのケースのように適格現物分配による移転資産が被現物分配法人（親会社）の自己株式である場合で、例えば、親会社株式について市場における価額が 150、現物分配法人の当該適格現物分配の直前における帳簿価額が 100 であるときに、親会社にとって含み益があるのかないのか疑義が生じます。

この点、親会社にとって自己株式の取得は資本等取引であり、適格現物分配により移転を受けた自己株式については、現物分配法人における当該適格現物分配の直前の帳簿価額に相当する金額を資本金等の額から減算することとされていることから、税法上、親会社においてその自己株式は資産として取り扱われません。

したがって、お尋ねのケースのように親会社が移転を受けた自己株式（移転資産）については、含み益の計算には影響させないものとして、この特例を適用することとなります。

【関係法令】(略)

【付　録２】

平成22年度税制改正に係る法人税質疑応答事例（グループ法人税制その他の資本に関係する取引等に係る税制関係）（情報）平成22年10月６日

㈱　この情報は、平成22年６月30日現在の法令・通達に基づいて作成しています。

なお、この情報で取り上げているグループ法人税制は、原則として、平成22年10月１日以後の取引について適用されます。

目　次

〔編注〕

本質疑応答事例中、一部の質疑応答等については、省略しています。

問１　完全支配関係を系統的に示す図

> **問**　内国法人が、100％子会社や親会社、あるいはグループ内の兄弟会社など、当該内国法人との間に完全支配関係がある他の法人を有する場合には、法人税の確定申告書に当該内国法人との間に完全支配関係がある法人との関係を系統的に示した図を添付する必要があるとのことですが、この完全支配関係がある法人との関係を系統的に示した図は、どのようなものを添付すればよろしいのでしょうか。

答　お尋ねの完全支配関係がある法人との関係を系統的に示した図の作成に当たっては、【解説】の出資関係図の作成例を参照してください。

【解説】

平成22年度の税制改正により、内国法人が、当該内国法人との間に完全支配関係がある他の法人を有する場合には、法人税の確定申告書に当該内国法人との間に完全支配関係がある法人との関係を系統的に示した図（以下「出資関係図」といいます。）を添付することとされています(注)。

この出資関係図には、原則として、当期末において当該内国法人との間に完全支配関係があるすべての法人を記載することとなります。

なお、この出資関係図の作成に当たっては、次のページの作成例を参照してください。

(注)　連結確定申告書についても同様です。なお、仮決算による中間申告書、連結法人の個別帰属額の届出書及び清算事業年度予納申告書に関しては、添付不要です。

○ 出資関係図の作成例

(1) 出資関係を系統的に記載した図

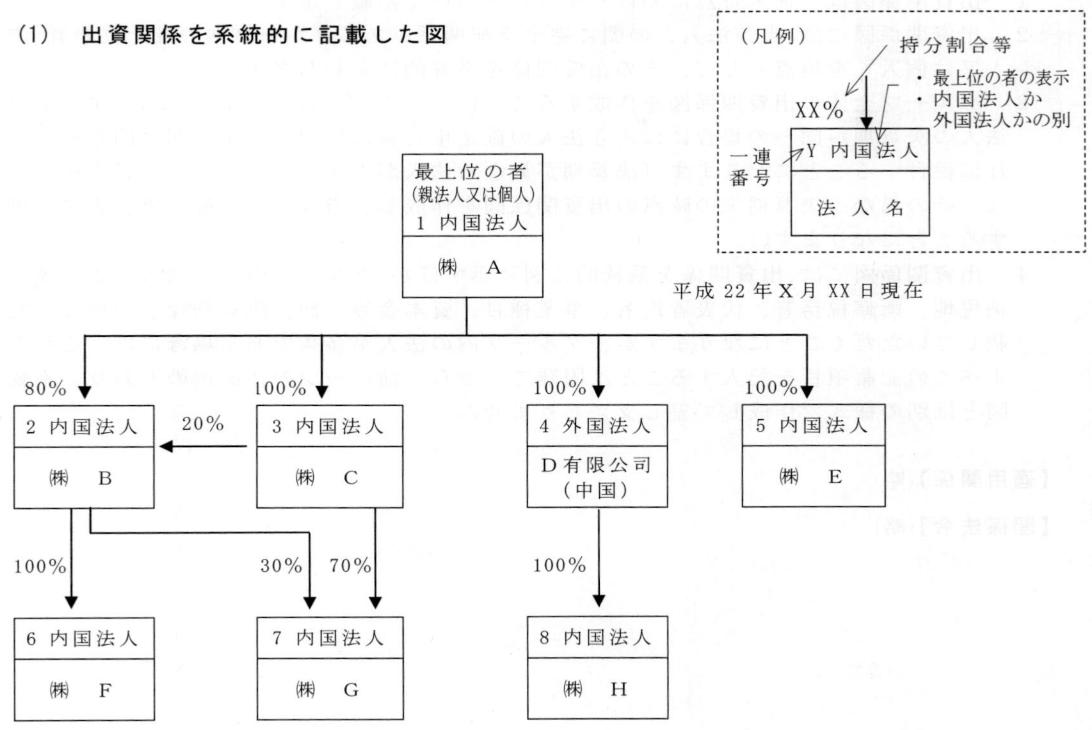

（注）1　原則として、グループ内の最上位の者及びその最上位の者との間に完全支配関係があるすべての法人を記載してください。

2　グループ法人が外国法人である場合には、法人名の下にその所在地国を記載してください。

(2) グループ一覧

平成 22 年Ｘ月 XX 日現在

一連番号	所轄税務署名	法人名	納税地	代表者氏名	事業種目	資本金等（千円）	決算期	備考
1	麹町	㈱ A	千代田区大手町 1-3-3	a	鉄鋼	314,158,750	3. 31	
2	仙台北	㈱ B	仙台市青葉区本町 3-3-1	b	機械修理	34,150,000	6. 30	
⋮	⋮	⋮	⋮	⋮	⋮	⋮	⋮	

（注）1　一連番号は、上記(1)の出資関係を系統的に記載した図の一連番号に合わせて付番してください。

2　最上位の者が個人である場合には、その氏名を「法人名」欄に記載してください。

【付　　録】

（出資関係図の作成に当たって）

1　出資関係図は、期末時点における状況に基づいて記載します。

2　出資関係図には、当該法人との間に完全支配関係があるグループ内の最上位の者（法人又は個人）を頂点として、その出資関係を系統的に記載します。

3　グループ全体の出資関係図を作成することになりますから、グループ内のすべての法人の決算期が同一の場合には、各法人の確定申告書には同一の出資関係図をそれぞれに添付することになります（決算期が異なる法人がグループ内に存している場合には、その異なる決算期末の時点の出資関係図を作成し、当該法人の確定申告書に添付することになります。）。

4　出資関係図には、出資関係を系統的に図に示すほか、グループ内の各法人の法人名、納税地、所轄税務署、代表者氏名、事業種目、資本金等の額、決算期などの項目を記載していただくことになりますが、グループ内の法人が多数である場合には、これらすべての記載項目を記入することは困難ですから、前ページの作成例のとおり、系統図とは別の様式で作成して差し支えありません。

【適用関係】（略）

【関係法令】（略）

問２　出資関係図に記載するグループ内の法人

問　内国法人である当社（Ｇ４）は、外国に本店を置く外国法人Ｇ１の傘下にあるグループ内の法人です。

平成 22 年度の税制改正により、完全支配関係がある法人を有する場合には、問１のような出資関係図を、法人税の確定申告書に添付する必要があるとのことですが、当社が所属するＧ１グループは、世界各地に関連会社を有しており、当社においては完全支配関係がある法人がどれだけあるのか把握していません。

ところで、当社のように、完全支配関係がある法人をすべて把握していない場合には、この出資関係図には、グループ内の法人をどの程度記載すればよろしいですか。

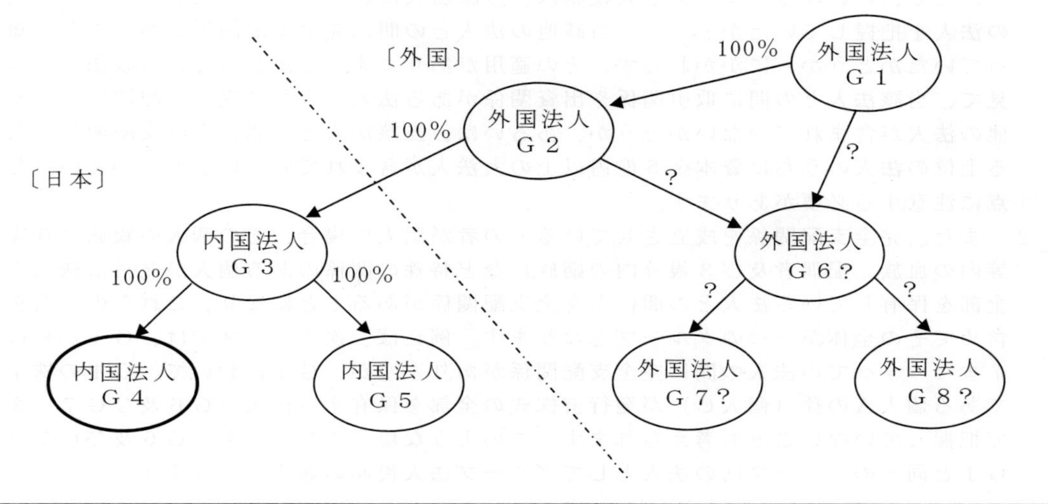

答　お尋ねの出資関係図には、把握できた範囲で貴社と完全支配関係があるグループ内の法人を記載していただくことになります。

なお、いわゆるグループ法人税制は、貴社において完全支配関係がある他の法人を把握していたかどうかにかかわらず、その適用がありますので、貴社との間に取引関係や出資関係がある法人については、完全支配関係があるかどうかにつき特に留意する必要があります。

【解説】

1　出資関係図には、原則として、当期末において当該内国法人との間に完全支配関係があるすべての法人を記載することとなります。

この完全支配関係とは、①一の者が法人の発行済株式等の全部を直接若しくは間接に保有する関係として政令で定める関係（以下「当事者間の完全支配の関係」といいます。）又は②一の者との間に当事者間の完全支配の関係がある法人相互の関係をいい、この一の者が個人である場合には、その個人の親族など特殊の関係のある個人を含めて完全支配関係があるかどうか判定することとなります。

ところで、お尋ねのケースのように、グループ内の法人に外国法人が含まれている場合には、その外国法人についても完全支配関係があるかどうかを判定する必要がありますが、大規模な企業グループなどにあっては、そのグループ内の法人のすべてを把握できないことも考えられるところです。

例えば、内国法人Ｇ４が、Ｇ４との間に完全支配関係がある法人を判定するに当たり、Ｇ１がグループ内の最上位の法人であることは承知しているものの、取引関係や出資関係が全くないＧ６、Ｇ７、Ｇ８については、同じＧ１傘下の法人でありながらそのような法人があるのかどうか、グループ内の法人に当たるかどうかを把握していないケースなどが考えられます。

この点について、出資関係図には、原則として法人税の確定申告書を提出する法人との間に完全支配関係がある法人のすべてを記載することとなりますが、お尋ねのように、グループ内の法人のすべてを把握できない場合には、把握できた範囲で完全支配関係がある法人を記載することとなります。

ただし、いわゆるグループ法人税制は、当該法人において、完全支配関係がある他の法人を把握していたかどうか（当該他の法人との間に完全支配関係があることを知っていたかどうか）にかかわらず、その適用があります。したがって、当該法人から見て、当該法人との間に取引関係や出資関係がある法人のうちに完全支配関係のある他の法人が含まれていないかどうか、あるいは、当該法人との間に完全支配関係がある上位の法人のうちに資本金５億円以上の大法人が含まれていないかどうかといった点に注意する必要があります。

2　また、完全支配関係を成立させている一の者が個人の場合、その個人の親族（６親等内の血族、配偶者及び３親等内の姻族）など特殊の関係のある個人が発行済株式の全部を保有している法人との間にも完全支配関係があることになり、これらの法人を含めてその全体が一つのグループとなります。例えば、次のケースでは、Ｇ１からＧ７までのすべての法人の間に完全支配関係がありますが、Ｇ１において、Ｇ１の株主である個人Ａの孫（個人Ｃ）が発行済株式の全部を保有する法人（Ｇ６及びＧ７）まで把握していないことも考えられます。このような場合であっても、Ｇ６及びＧ７はＧ１と同一のグループ内の法人としてグループ法人税制の適用があります。

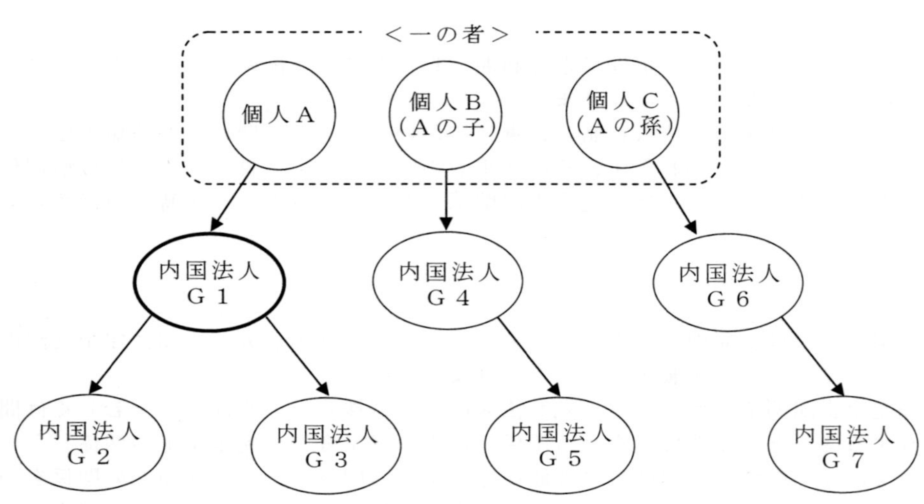

※　矢印は、100％の持株割合を表します。

【適用関係】（略）

【関係法令】（略）

問３　株式持ち合いの場合の中小特例の適用の有無

問　下図のように法人間（Ｂ社、Ｃ社）で発行済株式の一部を相互に持ち合っている場合には、Ａ社とＢ社の間、Ａ社とＣ社の間及びＢ社とＣ社の間には、それぞれ完全支配関係があると聞いています（グループ法人税制情報問４）。Ｃ社（資本金１億円）は、資本金５億円のＢ社にその株式の一部を保有されていますが、この場合、Ｃ社は中小特例の適用がないことになりますか。

【株式の保有関係図】

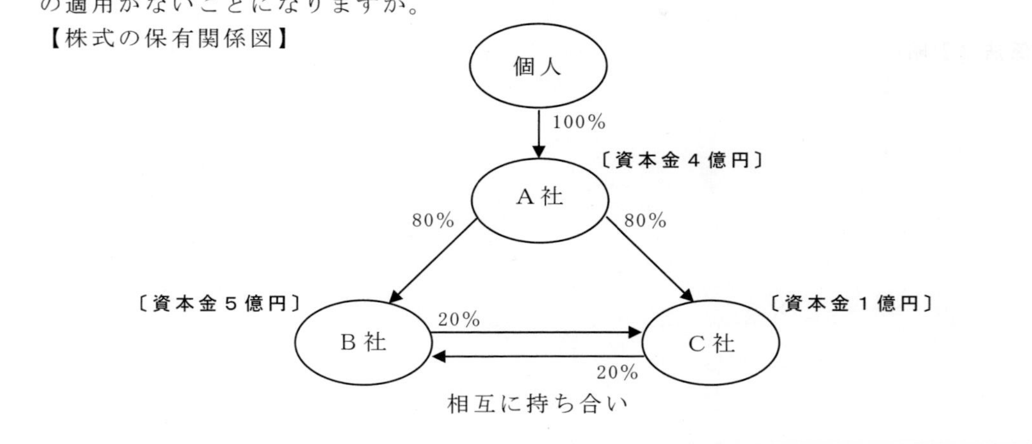

答　お尋ねの場合、Ｃ社には中小特例の適用があります。

【解説】

１　法人税法上、期末の資本金の額又は出資金の額が１億円以下の法人については、中小企業向け特例として、①軽減税率の適用、②特定同族会社の特別税率の不適用、③貸倒引当金の法定繰入率の選択適用、④交際費等の損金不算入制度における定額控除、⑤欠損金の繰戻しによる還付の各特例（以下「中小特例」といいます。）が設けられています。

　ただし、これらの①から⑤までの中小特例については、次に掲げる法人（以下「大法人」といいます。）との間に当該大法人による完全支配関係がある普通法人には適用がありません。

イ　資本金の額又は出資金の額が５億円以上である法人

ロ　保険業法に規定する相互会社（外国相互会社を含みます。）

ハ　法人税法第４条の７に規定する受託法人

２　このように、大法人による完全支配関係がある普通法人につき中小特例を適用しないこととされている趣旨は、次のような事情があったことによるものです。

①　大法人の 100％子会社は、親会社の信用力を背景として資金調達や事業規模の拡大等が可能と考えられること

②　大法人は分社化により 100％子会社を自由に設立することが可能であるため、グループとして活動しながら単体課税による中小特例のメリットを享受することができること

３　お尋ねは、株式の相互持ち合いにより完全支配関係があることとなる場合に、中小特例の適用の有無をどのように判定するかということです。株式の持ち合いには様々なケースが考えられることから一概には言えませんが、原則として、親法人が大法人に該当するかどうかによって判定することとなります。お尋ねの出資関係にあっては

B社ではなくA社がC社の親法人となりますから、当該A社が大法人に該当するかどうかによって「大法人による完全支配関係」に該当するかどうかを判定することになります。

したがって、お尋ねの場合のC社にあっては、親法人であるA社の資本金が４億円で大法人に該当しないことから、A社によるC社との完全支配関係は「大法人による完全支配関係」に該当せず、C社には中小特例の適用があることになります。

【関係法令】(略)

問４　株式持ち合いの場合の寄附修正

問　内国法人との間に完全支配関係がある法人（子法人）が、法人による完全支配関係がある他の法人から寄附を受け、又は寄附を行った場合には、当該内国法人（株主）において、子会社の株式についてその帳簿価額の修正（寄附修正）を行うこととなります。

ところで、次のように法人間で発行済株式を相互に持ち合っており、かつ、完全支配関係がある法人のグループ内において寄附が行われた場合には、どのように帳簿価額の修正を行うこととなりますか。

(1)　Ｇ２がＧ３に対して寄附金の額 100 を支出した場合

(2)　Ｇ１がＧ３に対して寄附金の額 100 を支出した場合

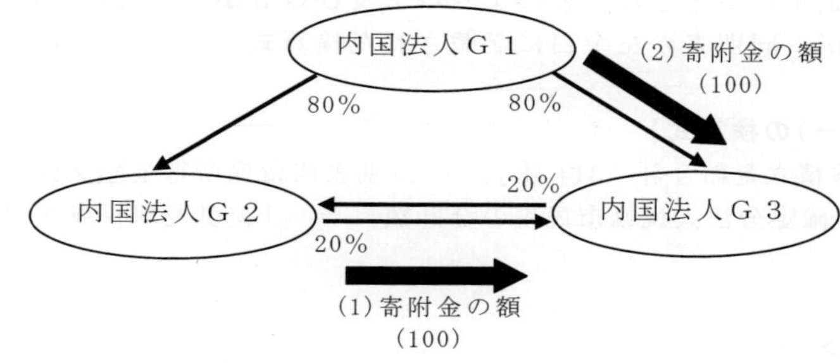

答

(1)　Ｇ２の株主であるＧ１及びＧ３において、Ｇ２株式の帳簿価額の修正を行い、Ｇ３の株主であるＧ１及びＧ２において、Ｇ３株式の帳簿価額の修正を行うこととなります。

(2)　Ｇ３の株主であるＧ１及びＧ２において、Ｇ３株式の帳簿価額の修正を行うこととなります。

【解説】

1　寄附修正の概要

グループ法人税制情報問７にあるとおり、法人が有する当該法人との間に完全支配関係がある法人の株式について寄附修正事由が生じた場合には、当該株式についてその帳簿価額の修正を行うこととなります。

お尋ねは、株式の相互持ち合いがあり、かつ、完全支配関係がある法人のグループ内において寄附が行われた場合に、どのように寄附修正をするのかということですが、この点については、相互に持ち合っている株式（持合株式）であっても、寄附修正事由が生ずる場合にはその持合株式の株主として、持分割合に応じて持合株式の帳簿価額を修正することになります。

2　Ｇ２がＧ３に対して寄附金の額 100 を支出した場合（お尋ねの(1)の場合）

Ｇ１及びＧ３との間に完全支配関係があるＧ２の株式について寄附修正事由が生じているため、Ｇ１は、Ｇ２株式について寄附金の額 100 に持分割合 80% を乗じた金額 80 を利益積立金額から減算するとともに、同額を寄附修正事由が生じた時の直前のＧ２株式の帳簿価額から減算し、減算後の帳簿価額を株式の数で除して計算した金額を１株当たりの帳簿価額とします。

Ｇ３は、Ｇ２株式について寄附金の額 100 に持分割合 20% を乗じた金額 20 を利益積立金額から減算するとともに、同額を寄附修正事由が生じた時の直前のＧ２株式の帳簿価額から減算し、減算後の帳簿価額を株式の数で除して計算した金額を１株当たりの帳簿価額とします。

また、Ｇ１及びＧ２との間に完全支配関係があるＧ３の株式について寄附修正事由が生じているため、Ｇ１は、Ｇ３株式について受贈益の額 100 に持分割合 80% を乗じた金額 80 を利益積立金額に加算するとともに、同額を寄附修正事由が生じた時の直前のＧ３株式の帳簿価額に加算し、加算後の帳簿価額を株式の数で除して計算した金額を１株当たりの帳簿価額とします。

Ｇ２は、Ｇ３株式について受贈益の額 100 に持分割合 20% を乗じた金額 20 を利益積立金額に加算するとともに、同額を寄附修正事由が生じた時の直前のＧ３株式の帳簿価額に加算し、加算後の帳簿価額を株式の数で除して計算した金額を１株当たりの帳簿価額とします。

なお、寄附修正事由が生じたことによりＧ２及びＧ３が別表五(一)に記載した金額に相当する金額が、同別表の左余白に記載された検算式と不符合となりますのでご注意ください。

【参考：別表五(一)の検算式】

「期首現在利益積立金額合計「31」①」 ＋ 「別表四留保所得金額又は欠損金額「44」」 － 「中間分、確定分法人税県市民税の合計額」 ＝ 「差引翌期首現在利益積立金額合計「31」④」

<Ｇ１の処理>

（申告調整）
利益積立金額　80　／　Ｇ２株式　80
Ｇ３株式　80　／　利益積立金額　80

<Ｇ１の別表五(一)の記載例（抜粋）>

区分	期首	減	増	期末
Ｇ２株式（寄附修正）		80		△ 80
Ｇ３株式（寄附修正）			80	80
計		80	80	0

<Ｇ２の処理>

（申告調整）
Ｇ３株式　20　／　利益積立金額　20

<Ｇ２の別表五(一)の記載例（抜粋）>

区分	期首	減	増	期末
Ｇ３株式（寄附修正）			20	20
計			20	20

<Ｇ３の処理>

（申告調整）
利益積立金額　20　／　Ｇ２株式　20

＜Ｇ３の別表五(一)の記載例（抜粋）＞

区分	期首	減	増	期末
Ｇ２株式（寄附修正）		20		△ 20
計		20		△ 20

３　Ｇ１がＧ３に対して寄附金の額 100 を支出した場合（お尋ねの(2)の場合）

Ｇ１及びＧ２との間に完全支配関係があるＧ３の株式について寄附修正事由が生じているため、Ｇ１は、Ｇ３株式について受贈益の額 100 に持分割合 80％を乗じた金額 80 を利益積立金額に加算するとともに、同額を寄附修正事由が生じた時の直前のＧ３株式の帳簿価額に加算し、加算後の帳簿価額を株式の数で除して計算した金額を１株当たりの帳簿価額とします。

Ｇ２は、Ｇ３株式について受贈益の額 100 に持分割合 20％を乗じた金額 20 を利益積立金額に加算するとともに、同額を寄附修正事由が生じた時の直前のＧ３株式の帳簿価額に加算し、加算後の帳簿価額を株式の数で除して計算した金額を１株当たりの帳簿価額とします。

なお、これにより、Ｇ１及びＧ２が別表五(一)に記載した金額に相当する金額が、同別表の左余白に記載された検算式と不符合となりますのでご注意ください。

＜Ｇ１の処理＞

（申告調整）
Ｇ３株式　　80　／　利益積立金額　80

＜Ｇ１の別表五(一)の記載例（抜粋）＞

区分	期首	減	増	期末
Ｇ３株式（寄附修正）			80	80
計			80	80

＜Ｇ２の処理＞

（申告調整）
Ｇ３株式　　20　／　利益積立金額　20

＜Ｇ２の別表五(一)の記載例（抜粋）＞

区分	期首	減	増	期末
Ｇ３株式（寄附修正）			20	20
計			20	20

【適用関係】(略)

【関係法令】(略)

問５　譲渡損益調整資産の譲渡原価の額

問　内国法人Ｇ１は、完全支配関係を有する他の内国法人Ｇ２に対して譲渡損益調整資産に該当する減価償却資産Ｘ（以下「資産Ｘ」といいます。）を事業年度の中途において譲渡しました。

この譲渡した資産Ｘに係る譲渡利益額又は譲渡損失額（以下「譲渡損益額」といいます。）は「譲渡に係る対価の額」と「譲渡に係る原価の額」の差額として計算されますが、当該譲渡を行った日の属する事業年度の期首から譲渡時点までの期間分の資産Ｘに係る減価償却費相当額を会計上償却費として計上した場合、譲渡損益額の計算における「譲渡に係る原価の額」には、その減価償却費相当額は含まれないものと解してよろしいでしょうか。

答　貴社が期首から譲渡時点までの期間に係る減価償却費相当額を会計上償却費として計上した場合には、その減価償却費相当額を税務上も当該事業年度における費用の額として損金の額に算入することになりますから、譲渡損益額の計算上、その譲渡に係る原価の額に含まれません。

【解説】

1　内国法人がその有する譲渡損益調整資産をその内国法人と完全支配関係がある他の内国法人に譲渡した場合には、その譲渡損益調整資産に係る譲渡利益額又は譲渡損失額に相当する金額（以下「譲渡損益額」といいます。）は、その内国法人の所得の金額の計算上、損金の額又は益金の額に算入することとされ、その譲渡の時点において譲渡損益額を繰り延べることとなります。そして、この場合の譲渡損益額は、「譲渡に係る対価の額」と「譲渡に係る原価の額」の差額として計算することとされています。

2　ところで、お尋ねのように、譲渡損益調整資産に該当する減価償却資産が事業年度の中途で譲渡された場合において、法人が当該事業年度の期首から譲渡時点までの期間について、月次決算などにより会計上当該減価償却資産に係る償却費を計上していたときには、その譲渡損益額の計算上、その譲渡に係る原価の額から、当該償却費に相当する金額を控除することになるのかどうか疑義が生じます。

3　この点、法人が当該減価償却資産について期首から譲渡時点までの期間に係る減価償却費相当額を会計上償却費として計上した場合には、その減価償却費相当額（その金額が当該事業年度の確定した決算において費用として経理されるものに限ります。以下「期中償却額」といいます。）は税務上も当該事業年度における費用の額として損金の額に算入することになりますから、譲渡損益額の計算上、当該譲渡に係る原価の額には含まれません。

一方、当該減価償却資産について、期中償却額がない場合には、当該譲渡に係る原価の額は、当該減価償却資産の譲渡直前の帳簿価額となります。

4　なお、譲渡損益調整資産からは、その譲渡の直前の帳簿価額が1,000万円に満たない資産が除かれますが、この1,000万円の判定に当たっても、期中償却額がある場合には、その期中償却額を控除した後の当該資産の帳簿価額によることとなります。

【関係法令】(略)

問6　残余財産が確定した場合の青色欠損金額の引継ぎ

問　内国法人による完全支配関係がある法人グループ内において、未処理欠損金額を有する法人が解散し、その法人の残余財産が確定した場合には、その解散した法人と完全支配関係があり、かつ、その解散した法人の発行済株式を保有する法人は、解散した法人の未処理欠損金額の引継ぎができることとなったと聞いています。

ところで、次のように未処理欠損金額1,000を有する内国法人Ｇ４の残余財産が確定した場合には、その未処理欠損金額は、どのように引き継がれることとなりますか。

なお、内国法人Ｇ１、Ｇ２、Ｇ３及びＧ４には、残余財産確定の日よりも５年以上前から支配関係があり、法人税法第 57 条第３項による欠損金額の引継額の制限はないものとします。

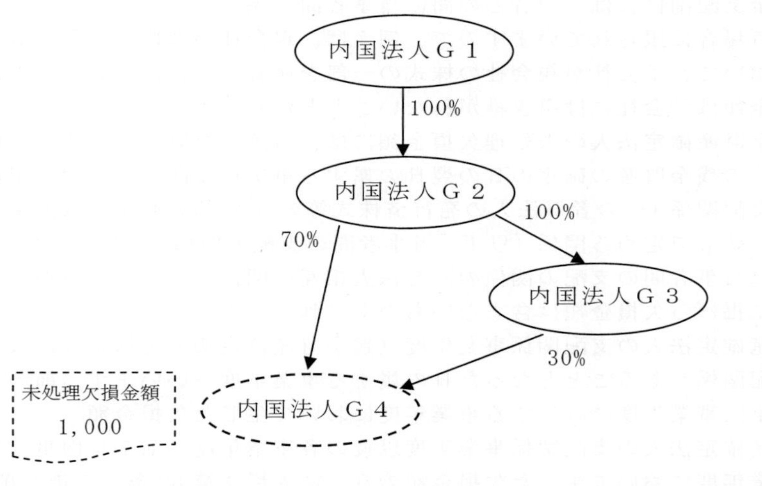

答　Ｇ４の未処理欠損金額 1,000 のうち 700 はＧ２が引き継ぎ、残りの 300 をＧ３が引き継ぐこととなります。

【解説】

1　残余財産が確定した場合の欠損金の引継ぎの概要

内国法人（以下「株主等法人」といいます。）との間に完全支配関係がある他の内国法人で株主等法人が発行済株式又は出資の全部又は一部を有するものの残余財産が確定した場合において、当該他の内国法人（以下「残余財産確定法人」といいます。）のその残余財産の確定の日の翌日前７年以内に開始した各事業年度（以下「前７年内事業年度」といいます。）において生じた未処理欠損金額（前７年内事業年度における青色欠損金額から、当該各事業年度の所得の金額の計算上損金の額に算入されたもの及び欠損金の繰戻しによる還付を受けるべき金額の計算の基礎となった金額を除いた金額をいいます。）があるときは、株主等法人のその残余財産の確定の日の翌日の属する事業年度以後の各事業年度における青色欠損金額の繰越控除に関する規定の適用については、残余財産確定法人の前７年内事業年度において生じた未処理欠損金額は、それぞれその未処理欠損金額の生じた前７年内事業年度開始の日の属する株主等法人の各事業年度において生じた欠損金額とみなすこととされています。これは、災害損失欠損金額についても同様です。

この場合、残余財産確定法人の株主等が２以上あるときには、次の算式により計算した金額をそれぞれの株主等法人の欠損金額としてみなすこととされています。

（算　式）

$$\frac{\text{未処理欠損金額又は未処理災害損失欠損金額}}{\text{残余財産確定法人の発行済株式又は出資（自己株式等を除きます。）の総数又は総額}} \times \text{株主等法人の有する残余財産確定法人の株式又は出資の数又は金額}$$

この場合の欠損金額の引継ぎは、残余財産確定法人と株主等法人との間に株主等法人による完全支配関係又は一の者との間に当事者間の完全支配の関係がある法人相互の関係がある場合に限られていますので、例えば、親会社が解散して残余財産が確定した場合において、子会社が親会社の株式の一部を保有していたとしても、親会社の未処理欠損金額は子会社には引き継がれないこととなります。

また、残余財産確定法人の未処理欠損金額には、当該残余財産確定法人と株主等法人との間にその残余財産の確定の日の翌日の属する事業年度開始の日の５年前の日から継続して支配関係（一の者が法人の発行済株式等の50%超を直接又は間接に保有する関係として政令で定める関係（以下「当事者間の支配の関係」といいます。）又は一の者との間に当事者間の支配の関係のある法人相互の関係をいいます。）がある場合等を除き、次に掲げる欠損金額は含まないものとされています。

①　残余財産確定法人の支配関係事業年度（残余財産確定法人と株主等法人との間に最後に支配関係があることとなった日の属する事業年度をいいます。）前の各事業年度で前７年内事業年度に該当する事業年度において生じた欠損金額

②　残余財産確定法人の支配関係事業年度以後の各事業年度で前７年内事業年度に該当する事業年度において生じた欠損金額のうち法人税法第62条の７第２項《特定資産に係る譲渡等損失額の損金不算入》に規定する特定資産譲渡等損失額に相当する金額から成る部分の金額として政令で定める金額

（①及び②のいずれの欠損金額からも、残余財産確定法人において前７年内事業年度の所得の金額の計算上損金の額に算入されたもの及び欠損金の繰戻しによる還付を受けるべき金額の計算の基礎となったものを除きます。）

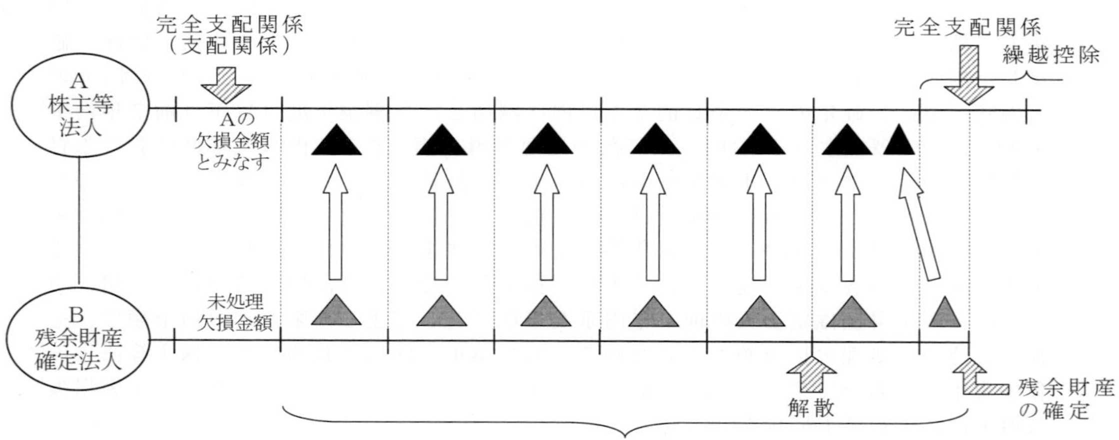

２　残余財産確定法人の株主等が２以上ある場合の欠損金額の引継ぎ（お尋ねの場合）

Ｇ４との間に完全支配関係がある法人のうち、Ｇ４の発行済株式を保有するＧ２及びＧ３は、Ｇ４の未処理欠損金額のうち、それぞれの持分割合に応じた次の金額を引き継ぐこととなります。

(1)　Ｇ２　Ｇ４の未処理欠損金額1,000のうち、Ｇ２の持分割合70％を乗じた金額700

(2)　Ｇ３　Ｇ４の未処理欠損金額1,000のうち、Ｇ３の持分割合30％を乗じた金額300

【適用関係】(略)

【関係法令】(略)

問７　最後に支配関係があることとなった日の判定（略）

問８　期限切れ欠損金額の算定方法（略）

問９　残余財産がないことの見込みが変わった場合の期限切れ欠損金額の取扱い（略）

問10　残余財産がないと見込まれることの意義（略）

問11　実在性のない資産の取扱い（略）

問 12　適格現物分配を行ったときのみなし配当の計算方法

問　内国法人Ｇ２（普通法人）は、この度、株主である内国法人Ｇ３（普通法人）から自己株式（Ｇ２株式）の取得を行うに当たり、Ｇ３に対して、その自己株式の取得の対価として、Ｇ２の有する資産（土地）を交付（現物分配）することとしました。

Ｇ２とＧ３との間には、完全支配関係（Ｇ２とＧ３のそれぞれが、Ｇ１との間に当事者間の完全支配の関係がある法人相互の関係）があることから、当該現物分配は適格現物分配に該当します。

この場合の現物分配法人Ｇ２と被現物分配法人Ｇ３の税務上の処理はどのようになりますか。

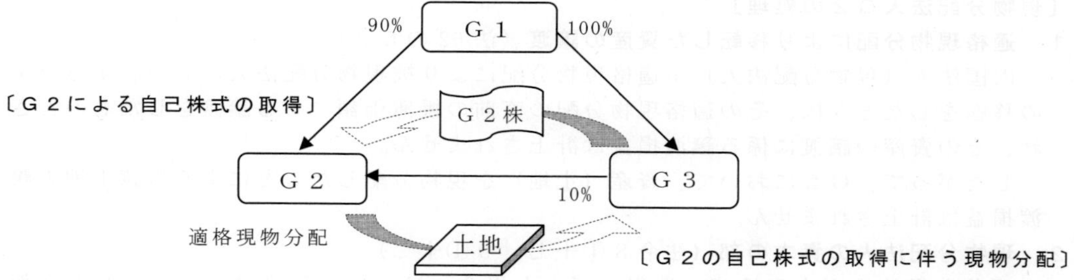

《前提》

イ　Ｇ２の自己株式取得直前のＢ／Ｓは次のとおりです。

〔Ｇ２の自己株式取得直前のＢ／Ｓ〕

資産 2,000	負債 500
	資本 600
	利益積立金額 900

ロ　Ｇ２は、発行済株式 10 株のうち、１株をＧ３から取得する。

ハ　Ｇ２がＧ３に交付する土地の帳簿価額は、100 とします（時価 150)。

ニ　Ｇ３が保有するＧ２株式の帳簿価額は、150（1 株）とします。

ホ　Ｇ２は、種類株式を発行していません。

答

〔現物分配法人Ｇ２の処理〕

Ｇ２が、自己株式の取得に伴い土地を分配し、その現物分配が適格現物分配に該当する場合の税務上の処理は、次の仕訳のとおりです。

資本金等の額	60 ／	土地	100
利益積立金額 （みなし配当）	40 ／		

なお､適格現物分配により生じるみなし配当相当額については､源泉徴収は不要です。

〔被現物分配法人Ｇ３の処理〕

Ｇ３が、グループ内法人の自己株式（Ｇ２株式）の譲渡に伴い、その対価として資産（土地）の分配を受け､その現物分配が適格現物分配に該当する場合の税務上の処理は、次の仕訳のとおりです。

土地	100 ／	Ｇ２株式	150
資本金等の額	90 ／	みなし配当（利益積立金額）	40
適格現物分配に係る受取配当の益金不算入	40 ／	その他流出	40

【解説】

〔現物分配法人Ｇ２の処理〕

1　適格現物分配により移転した資産の譲渡（法62の5③）

内国法人（現物分配法人）が適格現物分配により被現物分配法人にその有する資産の移転をしたときは、その適格現物分配の直前の帳簿価額による譲渡をしたものとされ、その資産の譲渡に係る譲渡損益は計上されません。

したがって、Ｇ２において、資産（土地）を現物分配したことによる当該土地の譲渡損益は計上されません。

2　現物分配法人の資本の部（法令8①十七、9①十二）

現物分配法人が自己株式の取得を行った場合には、次の算式により計算した金額(注)を資本金等の額から減算することとなります。

(注)　当該金額が自己株式の取得により交付した金銭及び金銭以外の資産の価額（適格現物分配に係る資産にあっては、その交付直前の帳簿価額）の合計額を超える場合には、その超える部分を減算した金額となります。

（算　式：Ｇ2が一の種類の株式の発行法人である場合）

$$\frac{\text{Ｇ２の自己株式の取得等の直前の資本金等の額}}{\text{自己株式の取得等の直前の発行済株式の総数}} \times \text{自己株式の取得等に係る株式の数}$$

お尋ねの場合には、前提イ、ロにより、資本金等の額から減算する金額（以下「取得資本金額」といいます。）は、60となります。

〔60 ＝ 直前の資本金等の額（600）／ 発行済株式総数（10）× 取得株式数（1）〕

また、自己株式の取得により交付した資産の価額の合計額（適格現物分配に係る資産にあっては、その交付直前の帳簿価額）が、取得資本金額を超える場合のその超える部分の金額は、Ｇ２の利益積立金額から減算することとなります（この利益積立金額から減算する金額がみなし配当の金額となります。）。

お尋ねの場合には、Ｇ２は適格現物分配により土地を交付していますので、下記の計算のとおり、利益積立金額から減算する金額（みなし配当の金額）は、40となります。

〔40 ＝ 交付資産（土地）の帳簿価額（100）－ 取得資本金額（60）〕

3　みなし配当の額に対する源泉徴収（所法24①）

みなし配当が適格現物分配による場合には、所得税法に規定する「配当等」から除かれていますので、お尋ねの場合に上記2より計算されたみなし配当については、源泉徴収の必要はありません。

4　現物分配法人の処理（申告調整）

Ｇ２において、土地の帳簿価額に相当する金額を、自己株式（Ｇ２株式）の取得価額として会計処理していた場合の申告調整は次のとおりです。

（会計上）
　自己株式　100　／　土地　100
（Ｇ２株式）

（税務上）
　資本金等の額　60　／　土地　100
　利益積立金額　40　／

（申告調整）
　資本金等の額　60　／　自己株式　100
　利益積立金額　40　／（Ｇ２株式）

イ　別表四

記載なし

ロ　別表五(一)

＜Ｇ２の別表五(一)の記載例（抜粋）＞

Ⅰ　利益積立金額の計算に関する明細書

区分	期首	減	増	期末
自己株式		40		△ 40
計		40		△ 40

Ⅱ　資本金等の額の計算に関する明細書

区分	期首	減	増	期末
自己株式		60		△ 60
計		60		△ 60

〔被現物分配法人Ｇ３の処理〕

1　適格現物分配により交付を受けた資産に係る損益（法62の5④）

内国法人（被現物分配法人）が適格現物分配により資産の移転を受けたことにより生ずる収益の額は、その内国法人の各事業年度の所得の金額の計算上、益金の額に算入しないこととされていますので、Ｇ３が、Ｇ２から交付を受けた土地に係る収益の額については、益金の額に算入されません。

2　みなし配当の額に相当する金額の取扱い（法令９①四）

適格現物分配が、自己株式の取得など法人税法第24条第１項第３号から第６号までに掲げる事由に係るものである場合には、被現物分配法人（Ｇ３）は、現物分配法人から交付を受けた資産（土地）の当該適格現物分配の直前の帳簿価額相当額（100）から、当該現物分配法人の資本金等の額（600）のうちその交付の基因となった現物分配法人（Ｇ２）の株式に対応する部分の金額（60：取得資本金額）を除いた金額（40）を利益積立金額に加算することとされています。

つまり、適格現物分配の場合には、現物分配法人の自己株式取得に伴い生ずるみなし配当の額に相当する金額について、①その金額の計算は、交付を受けた資産の（時価ではなく）適格現物分配の直前の帳簿価額に基づき行うこと、②そのみなし配当の額は、被現物分配法人において益金の額に算入されないことから、利益積立金額の増加額として処理することとなります。

お尋ねの場合には、前提ハ及び〔現物分配法人Ｇ２の処理〕２により、利益積立金額に加算する金額は、40となります。

〔40 ＝ 交付資産（土地）の適格現物分配直前の帳簿価額(100) － 取得資本金額（60）〕

3　現物分配法人株式（Ｇ２株式）の譲渡損益（法61の２⑯、法令８①十九、123の６①）

内国法人（Ｇ３）が、所有株式を発行した他の内国法人（完全支配関係があるものに限ります。）から、みなし配当事由（法24①各号に掲げる一定の事由をいいます。）により金銭その他の資産の交付を受けた場合には、その所有株式について帳簿価額による譲渡があったものとされ、当該内国法人（Ｇ３）において、その譲渡損益は計上されません。

また、この場合の譲渡損益に相当する金額（次の算式により計算される金額をいいます。）は、当該内国法人（Ｇ３）の資本金等の額から加減算することとなります。

（算　式）

〔みなし配当事由によるそのみなし配当の金額 ＋ 法61の２⑯の規定により、譲渡対価の額とみなされる金額（株式の帳簿価額）〕 － 交付を受けた金銭又は資産の価額の合計額（適格現物分配に係る資産にあっては、現物分配法人におけるその資産の帳簿価額）

お尋ねの場合には、Ｇ３が完全支配関係のあるＧ２から、みなし配当事由（Ｇ２における自己株式の取得）により、資産（土地）の交付を受けていますので、Ｇ３がＧ２に対して譲渡したＧ２株式については、その帳簿価額による譲渡があったものとされ、譲渡損益は計上されません。

また、この場合、資本金等の額から減算することとなるＧ２株式の譲渡損益に相当する金額（90）は、①〔現物分配法人Ｇ２の処理〕２により計算されたみなし配当の金額（40）に、②前提ニにより、Ｇ３においてＧ２株式の譲渡対価の額とみなされるＧ２株式の帳簿価額（150）を加算し、③Ｇ２から交付を受けた資産（土地）の帳簿価額（100）を減算して計算することとなります。

〔90 ＝ みなし配当の金額（40）＋ みなし譲渡対価（150）
－ 交付を受けた資産の帳簿価額（100）〕

４　被現物分配法人の処理（申告調整）

Ｇ３において、土地の取得価額をＧ２における当該土地の帳簿価額に相当する金額100として会計処理していた場合の申告調整は次のとおりです。

なお、会計上、みなし配当の額を収益の額として計上していない場合には、法人税申告書別表四において、みなし配当の額を収益の額として計上（加算留保）し、その同額を適格現物分配に係る受取配当の益金不算入（減算流出）として、申告調整を行います。

（会計上）
　土地　100　／　Ｇ２株式　150
　譲渡損　50　／

（税務上）
　土地　100　／　Ｇ２株式　150
　資本金等の額　90　／　みなし配当（利益積立金額）　40
　適格現物分配に係る受取配当の益金不算入　40　／　その他流出　40

（申告調整）
　資本金等の額　90　／　譲渡損　50
　　　　　　　　　　／　みなし配当（利益積立金額）　40
　適格現物分配に係る受取配当の益金不算入　40　／　その他流出　40

イ　別表四

＜Ｇ３の別表四の記載例（抜粋）＞

区分			総額	処分		
				留保	社外流出	
			①	②	③	
加算	Ｇ２株式譲渡損		50	50		
	受取配当		40	40		
	小計	13	90	90		0
減算	適格現物分配に係る益金不算入額	19	40		※	40
	小計	25	40	0	※	40
所得金額又は欠損金額		44	50	90		△ 40

ロ　別表五(一)

＜Ｇ３の別表五(一)の記載例（抜粋）＞

Ｉ　利益積立金額の計算に関する明細書

区分	期首	減	増	期末
Ｇ２株式(株式譲渡損)			50	50
Ｇ２株式(みなし配当)			40	40
計			90	90

Ⅱ　資本金等の額の計算に関する明細書

区分	期首	減	増	期末
Ｇ２株式（株式譲渡損）		90		△ 90
計		90		△ 90

＜参考＞
適格現物分配により交付する資産が被現物分配法人の自己株式である場合の処理

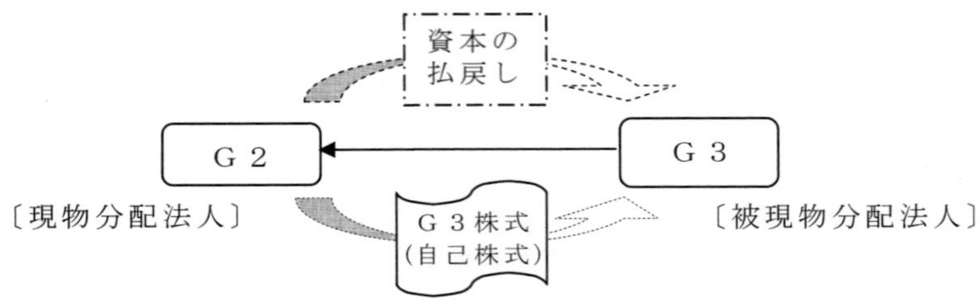

1　現物分配法人におけるみなし配当の額の計算

適格現物分配を行う場合のみなし配当の額の計算については、〔現物分配法人Ｇ２の処理〕２のとおり、現物分配法人が適格現物分配により交付する資産の当該適格現物分配の直前の帳簿価額に基づいて計算することとなりますが、この点は、適格現物分配により交付する資産が被現物分配法人の自己株式である場合であっても同様ですので、この場合のみなし配当の額の計算は、Ｇ２におけるＧ３株式の当該適格現物分配の直前の帳簿価額に基づいて行うこととなります。

2　被現物分配法人の資本金等の額（法令８①十八ロ）

適格現物分配により、被現物分配法人が移転を受ける資産が自己株式（Ｇ３株式）である場合には、現物分配法人における当該適格現物分配の直前の帳簿価額に相当する金額を、被現物分配法人の資本金等の額から減額することとなります。

【適用関係】（略）

【関係法令】（略）

問 13　残余財産の分配が金銭と金銭以外の資産の両方で行われる場合のみなし配当の計算

問　内国法人Ｇ１（普通法人）の 100％子会社である内国法人Ｇ２（普通法人）は、平成 22 年 10 月に解散し、清算手続を経て残余財産が確定したため、Ｇ１に対して、平成 23 年 10 月１日にその残余財産の分配を行うことになりました。

Ｇ１に対する残余財産の分配は、金銭とともに金銭以外の資産（土地）も併せて行う予定です。

この場合、Ｇ２がＧ１に対して行う残余財産の分配のうち金銭以外の資産（土地）の分配は、適格現物分配となりますか。また、この残余財産の分配に係るＧ１及びＧ２の税務上の処理について教えてください。

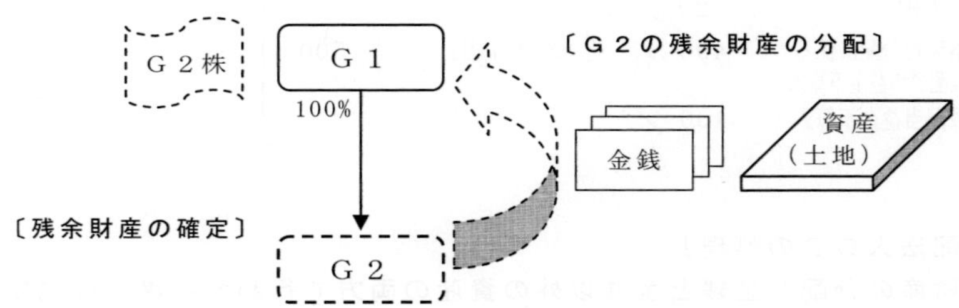

《前提》

イ　Ｇ２の残余財産確定の直前のＢ／Ｓは次のとおりです。

〔Ｇ２の残余財産確定の直前のＢ／Ｓ〕

資産	資本
1,500	1,000
（残余財産）	利益積立金額 500

ロ　残余財産 1,500 の内訳は、現金 300、土地 1,200（時価 1,700）とします。

ハ　Ｇ１が保有するＧ２株式の帳簿価額は、1,000 とします。

ニ　Ｇ２の残余財産の分配に係るみなし配当の計算における「資本金等の額のうち交付の基因となった株式に対応する金額」は、1,000 とします。

ホ　Ｇ２株式は、法人税法第 23 条第５項の完全子法人株式等に該当するものとします。

ヘ　説明の便宜上、最後事業年度の事業税の額は、考慮しないものとします。

答　お尋ねの残余財産の分配のうち金銭以外の資産（土地）の分配は、適格現物分配に該当します。

〔現物分配法人Ｇ２の処理〕

Ｇ２が、金銭と金銭以外の資産（土地）による残余財産の分配を行ったときの税務上の処理は、次の仕訳のとおりです。

資本金等の額	1,000 ／	残余財産	1,500
利益積立金額 （みなし配当）	500 ／		

みなし配当の額は、金銭の交付に係るものが 100、現物分配に係るものが 400 とな

ります。なお、適格現物分配により生じたみなし配当の額400に対する源泉徴収は行う必要がありませんので、金銭の交付に係るみなし配当の額100に対してのみ源泉徴収（20）を行います。

〔被現物分配法人Ｇ１の処理〕

Ｇ１が、Ｇ２の残余財産の分配により、金銭の分配及び金銭以外の資産（土地）の分配を受けたときの税務上の処理は、次の仕訳のとおりです。

借方	金額		貸方	金額
土地	1,200	／	Ｇ２株式	1,000
現金	280	／	受取配当	500
源泉税	20	／		
適格現物分配に係る受取配当の益金不算入	400	／	その他流出	500
受取配当益金不算入	100	／		

【解説】

〔現物分配法人Ｇ２の処理〕

1　残余財産の分配が金銭と金銭以外の資産の両方で行われる場合の現物分配

適格現物分配とは、内国法人を現物分配法人とする現物分配のうち、その現物分配により資産の移転を受ける者がその現物分配の直前において当該内国法人との間に完全支配関係がある内国法人（普通法人又は協同組合等に限ります。）のみであるものをいいます。

ところで、お尋ねのように、残余財産の分配の場面において、清算中の子会社から金銭と金銭以外の資産の両方が分配されることもあるところです。

このような残余財産の分配は、金銭以外の資産の分配が現物分配に該当しますので、これが適格現物分配に該当するかどうかが問題となりますが、この点、お尋ねの残余財産の分配のうち金銭以外の資産（土地）の分配は、Ｇ２と現物分配の直前において完全支配関係があるＧ１のみに対して行う現物分配であり、適格現物分配の要件を満たすことから、当該土地の現物分配は適格現物分配に該当することとなります。

2　適格現物分配により移転した資産の譲渡（法62の5③）

内国法人（現物分配法人）が適格現物分配により被現物分配法人にその有する資産の移転をしたときは、その適格現物分配の直前の帳簿価額による譲渡をしたものとされ、その資産の譲渡に係る譲渡損益は計上されません。

したがって、Ｇ２において、資産（土地）を現物分配したことによる当該土地の譲渡損益は計上されません。

3　残余財産の分配におけるみなし配当の額（法24①、法令23①三）

残余財産が確定したことにより、残余財産の最後の分配が行われた場合のみなし配当の額は、次の算式により計算した金額となります。

お尋ねの場合には、前提ロ及びニにより、みなし配当の額は、500となります。

〔500 ＝ 交付した金銭の額（300）及び適格現物分配に係る資産の交付直前の帳簿価額（1,200）の合計額（1,500） － 資本金等の額のうちその交付の基因となった株式に対応する部分の金額（1,000）〕

（算　式）

みなし配当の金額（法 24①）＝ 交付した金銭の額及び金銭以外の資産の価額（適格現物分配に係る資産にあっては、交付直前の帳簿価額）－ 資本金等の額のうちその交付の基因となった株式に対応する部分の金額(※1)

※１
資本金等の額のうちその交付の基因となった株式に対応する部分の金額（法令23①三による計算）＝ 解散による残余財産の分配を行った法人（以下「払戻法人」という。）の分配時の直前の払戻等対応資本金等(※2) ／ 払戻法人の株式の総数 × 直前に有していた払戻法人の株式の数

※２
払戻等対応資本金等 ＝ 払戻法人の分配直前の資本金等の額 × 解散による残余財産の分配により交付した金銭の額及び金銭以外の資産の価額（適格現物分配にあっては、その交付の直前の帳簿価額）の合計額 ／ 払戻法人の前期末時の資産の帳簿価額から負債の帳簿価額を減算した金額

4　みなし配当の額に対する源泉徴収（所法 24①）

みなし配当が適格現物分配による場合には、所得税法上、源泉徴収の対象となる配当等から除かれています（所法 24①）。

したがって、上記３で計算された適格現物分配によるみなし配当については、源泉徴収を行う必要はありません。なお、金銭の交付によるみなし配当の部分について、源泉徴収を行う必要があります。

お尋ねの場合は、金銭の交付 300 に係るみなし配当の額として計算された金額 100 について源泉徴収 20（100×20％）を行います。

金銭の交付に係るみなし配当の額（上記３の算式）

100 ＝ 交付した金銭の額（300）－ 資本金等の額のうちその交付の基因となった株式に対応する部分の金額（200）※

※　資本金等の額のうちその交付の基因となった株式に対応する部分の金額 1,000 のうち、金銭の交付に係る金額

$$1{,}000 \times \frac{300\text{（金銭）}}{1{,}500\text{（残余財産）}} = 200$$

5　現物分配法人の処理（申告調整）

Ｇ２においては、残余財産の分配として、残余財産である現金と土地を分配していますが、税務上は、当該土地の譲渡損益を計上しませんので、お尋ねの現物分配に係る申告調整を行う必要はありません。

（会計上）
残余財産の分配として、現金 300 及び土地 1,200 の分配を行う（土地の譲渡損益の認識なし）

（税務上）
資本金等の額 1,000 ／ 残余財産 1,500
利益積立金額 500 ／
（みなし配当）

（申告調整）
調整不要
※ ただし、みなし配当（現金交付部分）100 に対する源泉徴収 20 が必要

〔被現物分配法人Ｇ１の処理〕

1　適格現物分配により交付を受けた資産に係る損益（法 62 の 5④）

内国法人（被現物分配法人）が適格現物分配により資産の移転を受けたことにより生ずる収益の額は、その内国法人の各事業年度の所得の金額の計算上、益金の額に算入しないこととされていますので、Ｇ１が、Ｇ２から交付を受けた土地に係る収益の額については、益金の額に算入されません。

2　みなし配当の額に相当する金額の取扱い（法 23①⑤、24①三、法令 9①四）

残余財産の分配により受けた金銭及び金銭以外の資産に係るみなし配当の金額のうち、金銭の交付に係る部分については、法人税法第 23 条第 5 項《完全子法人株式等》に規定する完全子法人株式等に係るものである場合、同条第 1 項《受取配当等の益金不算入》の規定の適用により、そのみなし配当の金額を益金の額に算入しないことができます。

お尋ねの場合には、Ｇ１が保有するＧ２株式は完全子法人株式等に該当するとのことですので、Ｇ１がＧ２からの残余財産の分配により受けたみなし配当の金額のうち、金銭の交付に係る部分（〔現物分配法人Ｇ２の処理〕４により算出した 100）については、法人税申告書別表四において加算（留保）するとともに、同額を減算（その他流出）することとなります。

一方、みなし配当の金額のうち適格現物分配に係る部分については、その適格現物分配が法人税法第 24 条第 1 項第 3 号から第 6 号までに掲げる事由に係るものである場合には、法人税法第 62 条の 5《現物分配による資産の譲渡》の規定により、その収益の額は、益金の額に算入しないこととされています。

したがって、お尋ねの場合のＧ１がＧ２から残余財産の分配により受けたみなし配当の金額のうち、金銭以外の資産の交付に係る部分（〔現物分配法人Ｇ２の処理〕３により算出したみなし配当の額 500 から金銭の交付に係るみなし配当の額 100 を差し引いた 400）については、法人税申告書別表四において加算（留保）するとともに、その同額を減算（その他流出）することとなります。

3　現物分配法人株式（Ｇ２株式）の譲渡損益（法 61 の 2⑯、法令 8①十九、123 の 6①）

内国法人（Ｇ１）が、所有株式を発行した他の内国法人（完全支配関係があるものに限ります。）から、みなし配当事由（法 24①各号に掲げる一定の事由をいいます。）により金銭その他の資産の交付を受けた場合には、その所有株式について帳簿価額に

よる譲渡があったものとされ、当該内国法人（Ｇ１）において、その譲渡損益は計上されません。

また、この場合の譲渡損益に相当する金額（次の算式により計算された金額をいいます。）は、当該内国法人（Ｇ１）の資本金等の額から加減算することとなります。

（算　式）

〔みなし配当事由によるそのみなし配当の金額 ＋ 法61の２⑯の規定により、譲渡対価の額とみなされる金額（株式の帳簿価額）〕 － 交付を受けた金銭又は資産の価額の合計額（適格現物分配に係る資産にあっては、現物分配法人におけるその資産の帳簿価額）

お尋ねの場合には、Ｇ１が完全支配関係のあるＧ２から、みなし配当事由（Ｇ２からの残余財産の分配）により、資産（土地）の交付を受けていますので、Ｇ１がＧ２に対して譲渡したＧ２株式については、その帳簿価額による譲渡があったものとされ、譲渡損益は計上されません。

また、この場合、Ｇ２株式の譲渡損益に相当する金額は、①〔現物分配法人Ｇ２の処理〕３により計算されたみなし配当の金額（500）に、②前提ハにより、Ｇ１においてＧ２株式の譲渡対価の額とみなされるＧ２株式の帳簿価額（1,000）を加算し、③Ｇ２から交付を受けた金銭の額（300）と資産（土地）の帳簿価額（1,200）の合計額（1,500）を減算した金額（0）となりますので、資本金等の額の調整はありません。

〔０　＝　みなし配当の金額（500）＋ みなし譲渡対価（1,000）
　　　　　　　　　　－ 交付を受けた資産の価額の合計額（1,500）〕

４　被現物分配法人の処理（申告調整）

Ｇ１において、Ｇ２から残余財産として土地1,200と現金300（うち源泉税20）の分配を受け、これとＧ２株式の帳簿価額1,000との差額500を、Ｇ２株式の譲渡利益として会計処理していた場合の申告調整は次のとおりです。

（会計上）

土地	1,200	／	Ｇ２株式	1,000
現金	280	／	譲渡利益	500
源泉税	20	／		

（税務上）

土地	1,200	／	Ｇ２株式	1,000
現金	280	／	受取配当	500
源泉税	20	／		
適格現物分配に係る受取配当の益金不算入	400	／	その他流出	500
受取配当益金不算入	100	／		

（申告調整）

譲渡利益過大	500	／	受取配当	500
適格現物分配に係る受取配当の益金不算入	400	／	その他流出	500
受取配当益金不算入	100	／		

イ　別表四

＜Ｇ１の別表四の記載例（抜粋）＞

区分			総額	処分		
				留保	社外流出	
			①	②	③	
加算	受取配当		500	500		
	小計	13	500	500		0
減算	受取配当等の益金不算入	16	100		※	100
	適格現物分配に係る益金不算入額	19	400		※	400
	株式譲渡利益過大		500	500		
	小計	25	1,000	500	※	500
所得金額又は欠損金額		44	△ 500	0	※	△ 500

ロ　別表五(一)

＜Ｇ１の別表五(一)の記載例（抜粋）＞

Ⅰ　利益積立金額の計算に関する明細書

区分	期首	減	増	期末
Ｇ２株式譲渡損益		500	500	0
計		500	500	0

【適用関係】(略)

【関係法令】(略)

【付　録３】

平成22年６月30日付課法２－１ほか１課共同「法人税基本通達等の一部改正について」（法令解釈通達）の趣旨説明（抜粋）

この趣旨説明は、平成22年６月30日現在の法令に基づいて作成している。

目　次（略）

省略用語例

法令等の名称	本文中略語	引用略語
法人税法	－	法
法人税法施行令	－	法令
法人税法施行規則	－	法規
法人税基本通達	－	基通
連結納税基本通達	－	連基通

（注）　この趣旨説明は、平成22年６月30日現在の法令に基づいて作成している。

第1　法人税基本通達関係

1　支配関係及び完全支配関係

【新設】（名義株がある場合の支配関係及び完全支配関係の判定）

1－3の2－1　法第2条第12号の7の5《支配関係》の規定の適用上、一の者と法人との間に当該一の者による支配関係があるかどうかは、当該法人の株主名簿、社員名簿又は定款に記載又は記録されている株主等により判定するのであるが、その株主等が単なる名義人であって、当該株主等以外の者が実際の権利者である場合には、その実際の権利者が保有するものとして判定する。

同条第12号の7の6《完全支配関係》の規定の適用上、一の者と法人との間に当該一の者による完全支配関係があるかどうかについても、同様とする。

【解説】

1　法人税法上、支配関係とは、一の者が法人の発行済株式等の50%超を直接又は間接に保有する関係と認められる一定の関係（以下「当事者間の支配の関係」という。）又は一の者との間に当事者間の支配の関係がある法人相互の関係をいう（法2十二の七の五）。

ところで、会社法上、会社が株式を発行した場合には、株主名簿に株主の氏名又は名称及び住所その他所要の事項を記載等することが要され（会社法121）、また、会社の株主に対する通知又は催告は、株主名簿に記載等された株主の住所又は株主が会社に通知した連絡先にあてることをもって足りることとされている（同法126①）。したがって、一の者と法人との間に当該一の者による支配関係があるかどうかは、原則として、当該法人の株主名簿等に記載等された株主等の持株数又は出資金額を基礎としてその判定を行うこととなる。

2　しかし、現実問題として、株主名簿等に記載等されている株主等が単なる名義人であって、実際の権利者が他に存在する場合も少なくない。この点、税務上は、いわゆる「名義株」をその外形どおりに取り扱うこととすると税制の適用が恣意的に行われる可能性もあることから、株主名簿等に記載等されている株主等が単なる名義人であって、他に実際の権利者がいる場合には、その実際の権利者が株式等を保有するものとして、その判定を行うこととしている。本通達の前段では、支配関係の判定に当たっても、名義株がある場合には、実際の権利者が株式等を保有するものとして判定することを明らかにしている。

3　また、法人税法上、完全支配関係とは、一の者が法人の発行済株式等の全部を直接又は間接に保有する関係と認められる一定の関係（以下「当事者間の完全支配の関係」という。）又は一の者との間に当事者間の完全支配の関係がある法人相互の関係をいうが（法２十二の七の六）、本通達の後段では、この完全支配関係の判定に当たっても、名義株がある場合には同様に取り扱うことを明らかにしている。

4　連結納税制度においても、同様の通達（連基通１－２－１）を定めている。

【新設】（支配関係及び完全支配関係を有することとなった日の意義）

１－３の２－２　支配関係又は完全支配関係があるかどうかの判定における当該支配関係又は当該完全支配関係を有することとなった日とは、例えば、その有することとなった原因が次に掲げる場合には、それぞれ次に掲げる日となることに留意する。

⑴　株式の購入　当該株式の引渡しのあった日

⑵　新たな法人の設立　当該法人の設立後最初の事業年度開始の日

⑶　合併（新設合併を除く。）　合併の効力を生ずる日

⑷　分割（新設分割を除く。）　分割の効力を生ずる日

⑸　株式交換　株式交換の効力を生ずる日

（注）　上記⑴の株式を譲渡した法人における法第61条の２第１項《有価証券の譲渡損益の益金算入等》に規定する譲渡利益額又は譲渡損失額の計上は、原則として、当該株式の譲渡に係る契約の成立した日に行うことに留意する。

【解説】

1　「支配関係又は完全支配関係を有することとなった日」とは、一般的には、一方の法人が他方の法人の発行済株式の過半数又は全部を直接・間接に保有するに至った日をいう。株式を保有するに至る原因は様々であることから、本通達では、代表的な原因を掲げ、その原因ごとに、その日がいつであるかを明らかにしている。以下では、「支配関係を有することとなった日」について、本通達で掲げている代表的な原因ごとに解説していくが、この解説は「完全支配関係を有することとなった日」についても通ずるものである。

⑴　株式を保有するに至る原因が株式の購入である場合の「支配関係を有することとなった日」とは、株式の購入に係る契約の成立した日、あるいは株式の引渡しの日等のいずれの日をいうのかという疑義が生じる。

この点、「支配関係を有することとなった日」とは、一方の法人が他方の法人を支配することができる関係が生じた日をいうのであるが、株式の購入により支

配関係を有することとなる場合、例えば、当該他方の法人が株券発行会社であるときには、会社法上、株券発行会社の株式の譲渡は、当該株式に係る株券を交付しなければ、その効力を生じないこととされている（会社法128①）。したがって、株券の交付（引渡し）をもってその譲渡の効力が生じ、譲受人は株主としての権利を行使することができることになる。すなわち、株式の購入により支配関係を有することとなる場合には、株式の購入に係る契約が成立した日ではなく、当該株式の株主権が行使できる状態になる株式の引渡しが行われた日となる。

（注）

1　法人の発行済株式の一定割合以上の株式を有するかどうかによりその判定を行う関係法人株式等（法23⑥）の判定や同族会社（法２十）の判定にあっても、その法人が支配されているかどうかといった点を判断要素としていることから、これらの判定においても上記の取扱いと同様になろう。

2　平成21年１月５日から実施されている株券の電子化（株式振替制度）により、上場会社の株式に係る株券はすべて廃止され、株券の存在を前提として行われてきた株主権の管理が、証券保管振替機構及び証券会社等に開設された口座において電子的に行われることとなった。これにより、上場会社の株式を譲渡する場合には、株券の引渡しに代えて、譲受人がその口座における保有欄に当該譲渡に係る数の増加の記載又は記録を受けることで、その効力が生ずることになる（社債、株式等の振替に関する法律140）。したがって、この場合の「株式の引渡しのあった日」とは、譲渡人の口座から譲受人の口座への株式の振替の記録がされた日となる。

なお、株主として法人を支配する権利の移動ではなく、株式を譲渡した法人においてそのキャピタルゲインを認識し、帰属させることとなる当該株式の譲渡損益の計上時期は、従来どおり、原則として、当該株式の譲渡に係る契約の成立した日となる。本通達の注書では、このことを留意的に明らかにしている。

⑵　法人が、金銭出資、現物出資等により他の法人を新設したことにより、当該他の法人との間に支配関係を有することとなった場合の「支配関係を有することとなった日」は、新設された法人の設立後最初の事業年度開始の日（設立の日）となる。

⑶　法人が合併法人となる吸収合併が行われた場合、被合併法人である他の法人に当該他の法人による支配関係がある子法人が存するときには、当該合併法人は、その吸収合併により当該子法人との間に支配関係を有することとなる。会社法上、吸収合併を行う場合には、吸収合併契約に効力発生日を定めることとされ（会社

法749①六、751①七)、吸収合併存続会社(合併法人)はその効力発生日に吸収合併消滅会社(被合併法人)の権利義務を承継することとされていることから(同法750①、752①)、吸収合併における「支配関係を有することとなった日」は、合併の効力を生ずる日となる。

(4) 法人が分割承継法人となる吸収分割が行われた場合、その吸収分割に係る分割法人から当該分割法人による支配関係がある子法人の株式のすべてを承継したときには、当該分割承継法人は、その吸収分割により当該子法人との間に支配関係を有することとなる。会社法上、吸収分割を行う場合には、吸収分割契約に効力発生日を定めることとされ(会社法758七、760六)、吸収分割承継会社(分割承継法人)はその効力発生日に吸収分割会社(分割法人)の権利義務を承継することとされていることから(同法759①、761①)、吸収分割における「支配関係を有することとなった日」は、分割の効力を生ずる日となる。

(5) 法人による支配関係がある他の法人を株式交換完全親法人とする株式交換が行われた場合、当該法人は、その株式交換により株式交換完全子法人との間に支配関係を有することとなる場合がある。会社法上、株式交換を行う場合には、株式交換契約に効力発生日を定めることとされ(会社法768①六、770①五)、株式交換完全親会社(株式交換完全親法人)はその効力発生日に株式交換完全子会社(株式交換完全子法人)の発行済株式の全部を取得することとされていることから(同法769①、771①)、株式交換における「支配関係を有することとなった日」は、株式交換の効力を生ずる日となる。

2 連結納税制度においても、同様の通達(連基通1－2－2)を定めている。

【新設】(完全支配関係の判定における従業員持株会の範囲)

1－3の2－3 令第4条の2第2項第1号《支配関係及び完全支配関係》に規定する組合は、民法第667条第1項《組合契約》に規定する組合契約による組合に限られるのであるから、いわゆる証券会社方式による従業員持株会は原則としてこれに該当するが、人格のない社団等に該当するいわゆる信託銀行方式による従業員持株会はこれに該当しない。

【解説】

1 完全支配関係とは、一の者が法人の発行済株式等(当該法人が有する自己の株式等を除く。)の全部を直接若しくは間接に保有する関係と認められる一定の関係(以下「当事者間の完全支配の関係」という。)又は一の者との間に当事者間の完全支配の関係がある法人相互の関係をいう（法２十二の七の六）。

そして、この完全支配関係があるかどうかの判定上、発行済株式の総数のうちに次の①及び②の株式の合計数の占める割合が５％に満たない場合には、①及び②の株式を発行済株式から除いて、その判定を行うこととされている（法令４の２②）。

①　法人の使用人が組合員となっている民法第667条第１項に規定する組合契約（当該法人の発行する株式を取得することを主たる目的とするものに限る。）による組合（組合員となる者が当該使用人に限られているものに限る。）の主たる目的に従って取得された当該法人の株式

②　会社法第238条第２項の決議等により法人の役員等に付与された新株予約権等の行使によって取得された当該法人の株式（当該役員等が有するものに限る。）

2　ところで、社外委託により運営される従業員持株会を、その委託先に応じて分類すれば、一般的には、証券会社方式と信託銀行方式の２つに区分できる。そして、証券会社方式による従業員持株会は、通常民法上の組合としての性格を有し（参考：平成20年６月「持株制度に関するガイドライン」日本証券業協会）、信託銀行方式によるものは、一般的には従業員の任意団体（法人税法上の人格のない社団等）として組織されることとなる。

したがって、一口に従業員持株会といっても、証券会社方式による持株会に取得された株式は、その持株会の主たる目的がその法人の株式の取得であり、かつ、会員を使用人に限定しているものである限り、上記①の株式に該当することとなるが、信託銀行方式による持株会に取得された株式は上記①の株式には該当しないこととなる。本通達では、このことを明らかにしている。

3　なお、法人が、証券会社方式によっている場合であっても民法上の組合に該当しないものが存する可能性があり、証券会社方式以外の方式によっている場合であっても民法上の組合に該当する可能性があることから、持株会により取得された株式が上記①の株式に該当するかどうかは、その持株会の法的性格、目的及び会員となれる者の範囲を上記①に照らして判断することとなる。

4　連結納税制度においても、同様の通達（連基通１－２－３）を定めている。

【新設】（従業員持株会の構成員たる使用人の範囲）

１－３の２－４　令第４条の２第２項第１号《支配関係及び完全支配関係》の「当該法人の使用人」には、法第34条第５項《使用人兼務役員の範囲》に規定する使用人としての職務を有する役員は含まれないことに留意する。

【解説】

1　完全支配関係の判定上、次の①及び②の株式の合計数が発行済株式の総数に占める割合が５％未満の場合には、これらの株式を発行済株式から除いてその判定を行うこととされている。そして、①の組合は、組合員となる者がその法人の「使用人」に限られているものとされている（法令４の２②）。

①　民法上の組合である一定の従業員持株会によって取得された株式

②　新株予約権等の行使によって法人の役員等に取得された株式

2　ところで、法人の役員には、使用人としての職制上の地位を有し、かつ、常時使用人としての職務に従事する者（いわゆる使用人兼務役員）が存在し（法34⑤）、その使用人としての職務に対する給与は役員給与の損金不算入規定の適用対象から除かれているが（同①）、この使用人兼務役員が上記①の組合の組合員となる「使用人」に含まれるかどうか疑義が生ずる。

この点、使用人兼務役員といえども法人税法上の「役員」であることに変わりはないことから、上記①の組合の組合員となる「使用人」には含まれず、仮に法人が従業員持株会の会員に使用人兼務役員を含めている場合には、その従業員持株会によって保有される株式は、完全支配関係の判定上、発行済株式から除かれる株式に該当しないこととなる。本通達では、このことを明らかにしている。

3　連結納税制度においても、同様の通達（連基通１－２－４）を定めている。

第１　法人税基本通達関係　２～４　（省略）

5　受贈益

【新設】（寄附金の額に対応する受贈益）

4－2－4　内国法人が当該内国法人との間に完全支配関係（法人による完全支配関係に限る。以下４－２－６までにおいて同じ。）がある他の内国法人から受けた受贈益の額が、当該他の内国法人において法第37条第７項《寄附金の損金不算入》に規定する寄附金の額に該当する場合であっても、例えば、当該他の内国法人が公益法人等であり、その寄附金の額が当該他の内国法人において法人税が課されない収益事業以外の事業に属する資産のうちから支出されたものであるときには、当該寄附金の額を当該他の内国法人において損金の額に算入することができないのであるから、当該受贈益の額は法第25条の２第１項《完全支配関係のある法人間の受贈益の益金不算入》に規定する「寄附金の額に対応するもの」に該当しないことに留意する。

【解説】

1　平成22年度税制改正において、内国法人が当該内国法人との間に完全支配関係（法人による完全支配関係に限る。）がある他の内国法人に対して支出した寄附金の額がある場合には、その全額を損金不算入とするとともに（法37②）、当該他の内国法人が受けた受贈益の額についてその全額を益金不算入とする制度が設けられた（法25の２①）。そして、寄附を受けた法人において益金不算入とされる受贈益の額は、法人税法第37条《寄附金の損金不算入》の規定を適用しないとした場合に寄附した内国法人の各事業年度の所得の金額の計算上損金の額に算入される同条第７項に規定する寄附金の額に対応するものに限ることとされている（法25の２①かっこ書）。

2　この制度の適用に当たり、例えば、公益法人等（親法人）による完全支配関係のある普通法人（子法人）に対して、親法人から非収益事業に係る寄附が行われた場合、子法人側では受贈益の額を認識することとなるが、この受贈益の額が全額益金不算入とされるのかどうかという疑義が生ずる。

この点、寄附金・受贈益の損金不算入・益金不算入制度は、グループ内部の寄附・受贈について課税関係を生じさせないという観点から設けられたものであることから、公益法人等が支出した法人税の課税対象でない非収益事業における寄附のように、公益法人等の課税対象となる所得金額の計算上損金の額に算入することができない寄附金の額に対応する受贈益の額については、その全額を益金不算入とする本制度の適用はないのである。本通達では、このことを明らかにしている。

3　このほかにも、完全支配関係のある内国法人間において、例えば、一方の法人が増資を行うに当たり、他方の法人に特に有利な払込金額で募集株式の発行を行う場合（いわゆる有利発行を行う場合）、有利発行を受けた法人側ではその募集株式の時価とその払込金額との差額について受贈益の額を認識することとなるが、有利発行を行った法人側では資本等取引として払込金額による資本金の増加の処理を行うことになり、その募集株式の時価とその払込金額の差額については何らの処理も行わない（寄附金の額に該当しない）ことから、このような受贈益の額も上記例と同様に、全額益金不算入の対象とはならない。

4　連結納税制度においても、同様の通達（連基通４－２－４）を定めている。

【新設】（益金不算入とされない受贈益の額）

4－2－5 内国法人が当該内国法人との間に完全支配関係がある他の内国法人から受けた受贈益の額が、当該他の内国法人が当該内国法人に対して行った損失負担又は債権放棄等により供与する経済的利益の額に相当するものである場合において、その経済的利益の額が9－4－1又は9－4－2により当該他の内国法人において法第37条第7項《寄附金の損金不算入》に規定する寄附金の額に該当しないときには、当該受贈益の額は当該内国法人において法第25条の2第1項《完全支配関係のある法人間の受贈益の益金不算入》の規定の適用がないことに留意する。

【解説】

1　内国法人が当該内国法人との間に完全支配関係（法人による完全支配関係に限る。）がある他の内国法人から受けた受贈益の額を益金不算入とする措置（法25の2①）において、その益金不算入とされる受贈益の額は、法人税法第37条《寄附金の損金不算入》の規定を適用しないとした場合に寄附をした他の内国法人の各事業年度の所得の金額の計算上損金の額に算入される同条第7項に規定する寄附金の額に対応するものに限ることとされている（法25の21かっこ書）。

2　ところで、法人が経営危機に瀕した子会社等を整理するに当たって損失負担等をした場合であっても、その損失負担等をしたことについて相当の理由があると認められるときには、その損失負担等により供与する経済的利益の額は、寄附金の額に該当しないものとして取り扱っている（基通9－4－1）。

また法人が業績不振の子会社等を再建するに当たって行った無利息貸付け等に相当の理由があると認められる場合には、それにより供与する経済的利益の額は、同様に寄附金の額に該当しないものとして取り扱っている（同9－4－2）。

これらの場合の子会社等においては、その受けた経済的利益の額を受贈益として認識することになるが、この受贈益の額が益金不算入とされるのかどうかという疑義が生じる。

3　この点、内国法人（子会社等）が当該内国法人との間に法人による完全支配関係がある他の内国法人から受けた受贈益の額が法人税基本通達9－4－1又は9－4－2により当該他の内国法人において寄附金の額に該当しない場合には、当該受贈益の額は「寄附金の額に対応するもの」に該当しないのであるから、受贈益の額を益金不算入とする措置の適用はない。本通達では、このことを留意的に明らかにしている。

4　連結納税制度においても、同様の通達（連基通４－２－５）を定めている。

【新設】（受贈益の額に該当する経済的利益の供与）

4－2－6　内国法人が、当該内国法人との間に完全支配関係がある他の内国法人から、例えば、金銭の無利息貸付け又は役務の無償提供などの経済的利益の供与を受けた場合には、支払利息又は役務提供の対価の額を損金の額に算入するとともに同額を受贈益の額として益金の額に算入することとなるのであるが、当該経済的利益の額が当該他の内国法人において法第37条第７項《寄附金の損金不算入》に規定する寄附金の額に該当するときには、当該受贈益の額は当該内国法人において法第25条の２第１項《完全支配関係のある法人間の受贈益の益金不算入》の規定の適用があることに留意する。

【解説】

1　従来、子会社が負担すべき費用に相当する金額を親会社が負担したことにより、その負担した金額が親会社において寄附金の額に該当する場合であっても、子会社においては当該費用の額と受贈益の額が相殺され、所得金額に影響がないことから、あえて両建て処理を行わないこととしても法人税の課税所得の計算上特段問題は生じなかった。

しかし、平成22年度の税制改正において、法人による完全支配関係がある内国法人から受けた受贈益の額については益金不算入とされたことから（法25の２①）、上記のような子会社にあっては、当該費用の額を損金算入するとともに、当該受贈益の額を益金算入する両建て処理を行い、併せて、当該受贈益の額を益金不算入とすることが必要となり、その所得金額に影響が生じることになった。

2　そこで、本通達においては、このことを明らかにするため、内国法人がその内国法人との間に法人による完全支配関係がある他の内国法人から、例えば、金銭の無利息貸付け又は役務の無償提供など金銭の授受を伴わない経済的利益の供与を受けた場合において、この経済的利益の額が当該他の内国法人において法人税法上の寄附金の額に該当するときには、当該内国法人においては、その受けた経済的利益の額が受贈益の額となり、その全額が益金不算入とされることを留意的に明らかにしている。

3　連結納税制度においても、同様の通達（連基通４－２－６）を定めている。

6　寄附金

【新設】（完全支配関係がある他の内国法人に対する寄附金）

9－4－2の5　内国法人が他の内国法人に対して寄附金を支出した場合において、当該内国法人と当該他の内国法人との間に一の者（法人に限る。）による完全支配関係がある場合には、当該内国法人及び当該他の内国法人の発行済株式等の全部を当該一の者を通じて個人が間接に保有することによる完全支配関係があるときであっても、当該寄附金の額には法第37条第２項《完全支配関係がある法人間の寄附金の損金不算入》の規定の適用があることに留意する。

【解説】

1　内国法人が、その内国法人との間に完全支配関係のある他の内国法人に対して寄附金を支出した場合において、その寄附金の額の全額が損金不算入とされる場合の当該内国法人と当該他の内国法人との間の完全支配関係は、法人による完全支配関係に限られ、個人による完全支配関係は除かれている（法37②）。

2　ところで、内国法人が寄附金を支出した他の内国法人との間に法人による完全支配関係があるだけでなく、更に個人による完全支配関係もある場合があり得る。すなわち、内国法人及び他の内国法人の発行済株式等の全部を法人である一の者が保有し、当該法人である一の者の発行済株式等の全部を個人が保有することにより、当該個人が当該内国法人及び当該他の内国法人の発行済株式等の全部を間接に保有している場合には、当該内国法人及び当該他の内国法人との間には、法人による完全支配関係だけでなく、更に個人による完全支配関係もあることになる。この場合に、当該内国法人が当該他の内国法人に対して支出した寄附金の額の全額が損金不算入とされるのかという疑義が生じる。

3　この点、個人による完全支配関係が除かれているのは、例えば、個人Ｘが発行済株式の100％を保有する法人ＡからＸの子であるＹが発行済株式の100％を保有する法人Ｂへの寄附について、Ａにおいて損金不算入かつＢにおいて益金不算入とすると、実質的には親（Ｘ）から子（Ｙ）への経済的価値の移転が無税で行われることになり、相続税・贈与税の回避に利用されるおそれが強いことによるものである（参考図１参照）。しかしながら、寄附金を支出した内国法人Ｄと寄附金を受けた他の内国法人Ｅとの間に法人Ｃによる完全支配関係がある場合には、更に法人Ｃを通じて個人（親であるＸとその子Ｙ）による完全支配関係があったとしても、個人が株式を保有する法人Ｃにおいて資産の変動がなく、親Ｘと子Ｙの間でも経済的価値の移転もないので、相続税・贈与税の回避に利用されるおそれはないことから（参考図２参照）、当該寄附金の額はその全額が損金不算入とされるよう制度設計されているのである。本通達では、このことを留意的に明らかにしている。

4　連結納税制度においても、同様の通達（連基通８－４－６）を定めている。

（参考）

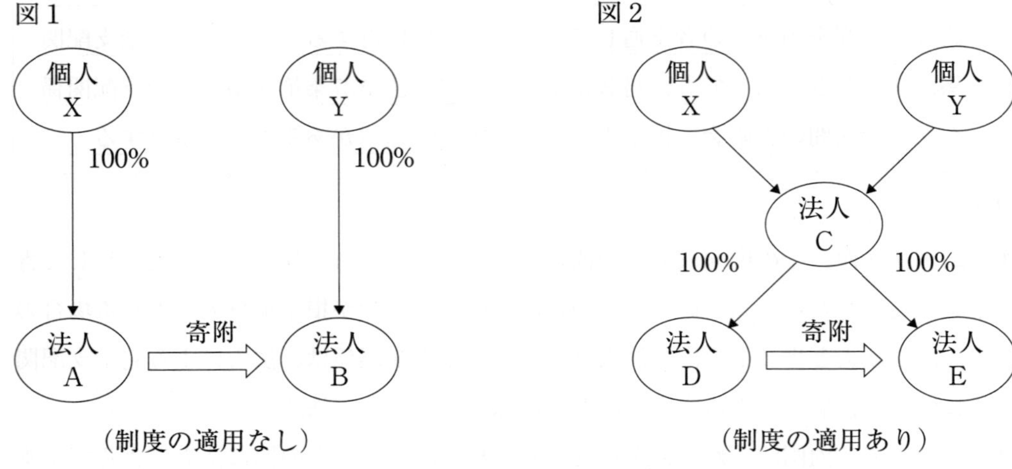

【新設】（受贈益の額に対応する寄附金）

9－4－2の6　内国法人が当該内国法人との間に完全支配関係（法人による完全支配関係に限る。）がある他の内国法人に対して支出した寄附金の額が、当該他の内国法人において法第25条の２第２項《受贈益の益金不算入》に規定する受贈益の額に該当する場合であっても、例えば、当該他の内国法人が公益法人等であり、その受贈益の額が当該他の内国法人において法人税が課されない収益事業以外の事業に属するものとして区分経理されているときには、当該受贈益の額を当該他の内国法人において益金の額に算入することができないのであるから、当該寄附金の額は法第37条第２項《完全支配関係のある法人間の寄附金の損金不算入》に規定する「受贈益の額に対応するもの」に該当しないことに留意する。

【解説】

1　平成22年度税制改正において、内国法人が当該内国法人との間に完全支配関係（法人による完全支配関係に限る。）がある他の内国法人に対して支出した寄附金の額がある場合には、その全額を損金不算入とするとともに（法37②）、当該他の内国法人が受けた受贈益の額についてその全額を益金不算入とする制度が設けられた

(法25の２①)。そして、寄附金を支出した法人において全額損金不算入とされる寄附金の額は、法人税法第25条の２《受贈益の益金不算入》の規定を適用しないとした場合に寄附を受けた内国法人の各事業年度の所得の金額の計算上益金の額に算入される同条第２項に規定する受贈益の額に対応するものに限ることとされている(法37②かっこ書)。

2　この制度の適用に当たり、例えば、公益法人等（親法人）が、完全支配関係のある普通法人（子法人）から親法人の非収益事業に係る寄附を受けた場合、子法人側では寄附金の額を認識することとなるが、この寄附金の額が全額損金不算入とされるのかどうかという疑義が生ずる。

この点、寄附金・受贈益の損金不算入・益金不算入制度は、グループ内部の寄附・受贈について課税関係を生じさせないという観点から設けられたものであることから、公益法人等が受けた法人税の課税対象でない非収益事業に対する寄附のように、公益法人等の課税対象となる所得金額の計算上益金の額に算入することができない受贈益の額に対応する寄附金の額については、その全額を損金不算入とする本制度の適用はないのである。本通達では、このことを明らかにしている。

3　連結納税制度においても、同様の通達（連基通８－４－６の２）を定めている。

第１　法人税基本通達関係　7～10（省略）

11　中小企業者等の軽減税率

【新設】（大法人による完全支配関係）

16－５－１　法第66条第６項第２号イ《中小企業者等に対する軽減税率の不適用》に規定する「資本金の額又は出資金の額が５億円以上である法人」（以下16－５－１において「大法人」という。）による完全支配関係とは、大法人が普通法人の発行済株式等の全部を直接又は間接に保有する関係をいうのであるから、例えば、普通法人の発行済株式等の全部を直接に保有する法人（以下16－５－１において「親法人」という。）が大法人以外の法人であり、かつ、当該普通法人の発行済株式等の全部を当該親法人を通じて間接に保有する法人が大法人である場合のように、当該普通法人の発行済株式等の全部を直接又は間接に保有する者のいずれかに大法人が含まれている場合には、当該普通法人と当該大法人との間に大法人による完全支配関係があることに留意する。

【解説】

1　資本金の額又は出資金の額が１億円以下の普通法人であっても、資本金の額又は出資金の額が５億円以上である法人（以下「大法人」という。）との間に大法人による完全支配関係がある場合には、中小企業者等の軽減税率の適用がないこととされているが（法66⑥二イ）、この場合の「大法人による完全支配関係」とは、大法人によって発行済株式等の全部を直接に保有される関係のみをいうのか、それとも大法人によって発行済株式等の全部を間接に保有される関係も含むのかという疑義が生じる。

2　この点について、「完全支配関係」とは、一の者が法人の発行済株式等の全部を直接又は間接に保有する一定の関係をいうことから（法２十二の七の六）、「大法人による完全支配関係」とは、大法人が普通法人の発行済株式等の全部を直接又は間接に保有する関係をいい、普通法人の発行済株式等の全部を直接又は間接に保有する者のいずれかが大法人である場合には、その普通法人は大法人による完全支配関係があることとなる。

3　したがって、例えば、普通法人（孫法人）の発行済株式等の全部を直接に保有する法人（子法人）が大法人でなかったとしても、その孫法人の発行済株式等の全部をその子法人を通じて間接に保有する法人（親法人）が大法人である場合には、その孫法人は大法人による完全支配関係があることになる。本通達では、このことを留意的に明らかにしている。

4　連結納税制度においても、同様の通達（連基通19－５－１）を定めている。

（参考）

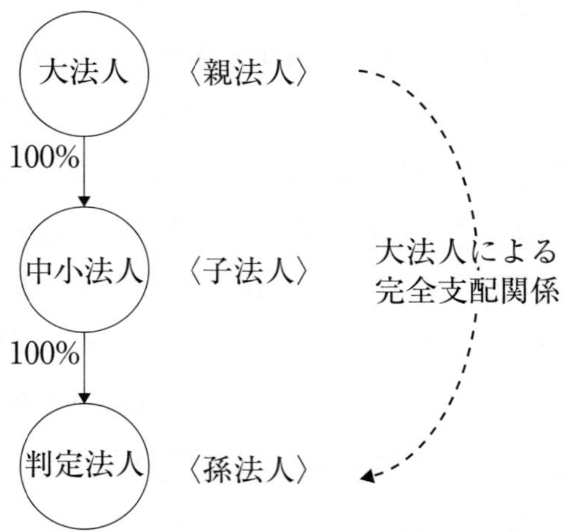

【新設】（資本金等の額の円換算）

16－5－2　普通法人が法第66条第６項第２号《中小企業者等に対する軽減税率の不適用》に掲げる普通法人に該当するかどうかを判定する場合において、当該普通法人との間に完全支配関係がある法人が外国法人であるときは、当該外国法人が同号イに規定する「資本金の額又は出資金の額が５億円以上である法人」に該当するかどうかは、当該普通法人の当該事業年度終了の時における当該外国法人の資本金の額又は出資金の額について、当該事業年度終了の日の電信売買相場の仲値により換算した円換算額により判定する。

【解説】

1　内国法人である普通法人のうち、各事業年度終了の時において、資本金の額又は出資金の額（以下「資本金の額等」という。）が５億円以上である法人（以下「大法人」という。）との間に大法人による完全支配関係がある普通法人については、中小企業者等の軽減税率の適用がないこととされている（法66⑥二イ）。

当該内国法人の発行済株式等の全部を直接又は間接に保有する法人が外国法人である場合において、その外国法人が「資本金の額等が５億円以上である法人」に該当するかどうかを判定するに当たり、その外国法人の資本金の額等はいつの時点のいかなる為替相場により円換算をした金額によるのかという疑義が生じる。

2　この点、中小企業者等の軽減税率は、内国法人がその事業年度終了の時において大法人による完全支配関係がある場合には適用されないこととされている。また、外国法人の資本金の額等の円換算に用いる為替相場は、外国法人の国内源泉所得に係る所得の金額又は法人税額の計算に関して設けられている法人税基本通達20－３－14《資本金の額等の円換算》と同様に、手数料を加味しないところの相場によることが合理的であると考えられる。

したがって、この場合の外国法人の資本金の額等の円換算は、当該内国法人の事業年度終了の時における当該外国法人の資本金の額等について、当該事業年度終了の日の電信売買相場の仲値（Ｔ．Ｔ．Ｍ.）によることになる。本通達では、このことを明らかにしている。

3　連結納税制度においても、同様の通達（連基通19－５－２）を定めている。

第１　法人税基本通達関係　12　（省略）

第２　連結納税基本通達関係　（省略）

【付　録４】

平成24年８月３日付札幌国税局審理官文書回答

グループ法人税制における譲渡損益の実現事由について

照会の内容

照会の内容等	①　事前照会の趣旨（法令解釈・適用上の疑義の要約及び事前照会者の求める見解の内容）	別紙の２のとおり
	②　事前照会に係る取引等の事実関係（取引等関係者の名称、取引等における権利・義務関係等）	別紙の１のとおり
	③　②の事実関係に対して事前照会者の求める見解となることの理由	別紙の３のとおり
④　関係する法令条項等		法人税法第61条の２、第61条の13 法人税法施行令第119条の３、第119条の４、第122条の14
⑤　添付書類		

回答

⑥　**回答年月日**	平成24年８月３日	⑦　**回答者**	札幌国税局　審理官

⑧回答内容	標題のことについては、ご照会に係る事実関係を前提とする限り、貴見のとおりで差し支えありません。 ただし、次のことを申し添えます。 (1)　ご照会に係る事実関係が異なる場合又は新たな事実が生じた場合は、この回答内容と異なる課税関係が生ずることがあります。 (2)　この回答内容は札幌国税局としての見解であり、事前照会者の申告内容等を拘束するものではありません。

（別紙）

グループ法人税制における譲渡損益の実現事由について

下記の事実関係において、譲渡損益調整資産たる有価証券を発行する法人の適格合併による解散が譲渡法人の法人税法第61条の13第２項（完全支配関係がある法人の間の取引の損益）に規定される譲渡損益調整資産に係る譲渡利益額の益金算入事由である「譲渡、償却、評価換え、貸倒れ、除却その他の政令で定める事由」に該当するか否かにつき照会したく、宜しく御願い申し上げます。

1　事前照会に係る取引等の事実関係

本件照会の前提となる事実関係は、次のとおりである。

(1)　子会社Ｂ社株式の譲渡及び譲渡損益の繰延処理

当社は、100％子会社であるＢ社の株式を100％親会社であるＣ社（譲受法人）に譲渡した。その際、Ｂ社株式についての譲渡利益額（以下「Ｂ社株式譲渡益」とする。）が発生したが、法人税法第61条の13第１項の規定に基づきＢ社株式譲渡益に相当する金額を、その譲渡を行った事業年度の損金の額に算入する、いわゆる譲渡損益の繰延処理を行っている。

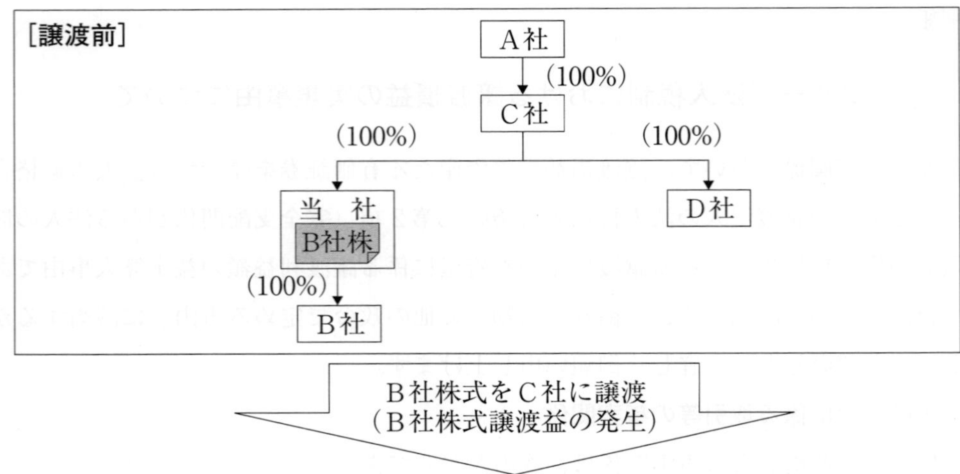

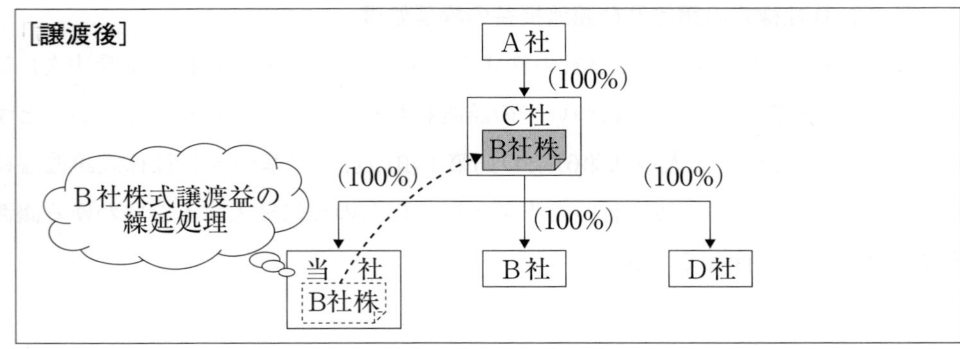

⑵　C社事業の一部を適格分割（無対価）によりA社へ引継ぎ

その後、上記⑴のB社株式（譲渡損益調整資産）の譲渡に係る譲受法人であるC社は、その保有する当社株式、B社株式及びD社株式の全てを適格分割（無対価）によりA社に移転した。

このC社からA社へのB社株式の移転は、B社株式の譲渡に係る譲受法人であるC社から、C社との間に完全支配関係のあるA社への譲渡損益調整資産（B社株式）の適格分割による移転に該当することから、法人税法第61条の13第２項によるB社株式譲渡益に相当する金額の益金算入をする必要はなく（法令122の14④、法61の13⑥）、A社をB社株式の譲渡に係る譲受法人とみなした上で、上記⑴によるB社株式譲渡益に係る譲渡損益繰延処理を当社において継続している（法61の13⑥）。

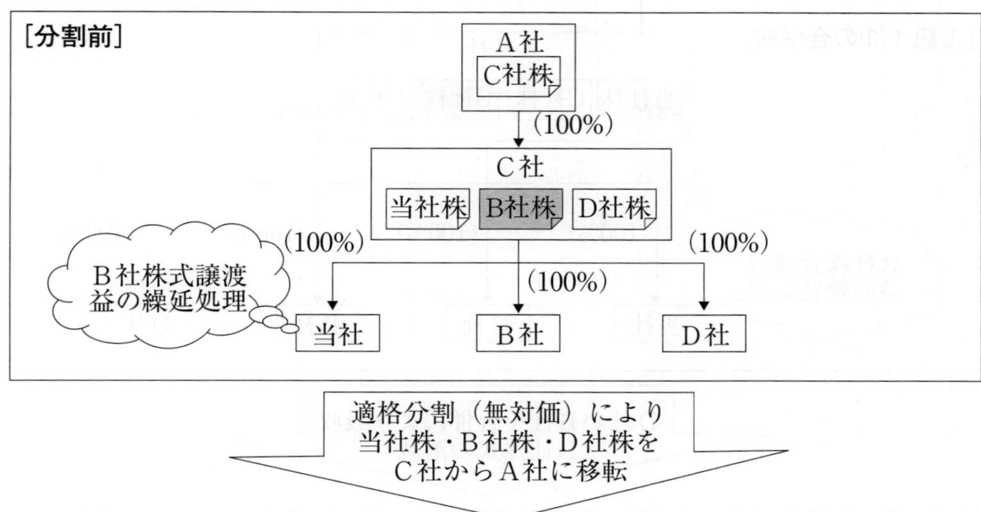

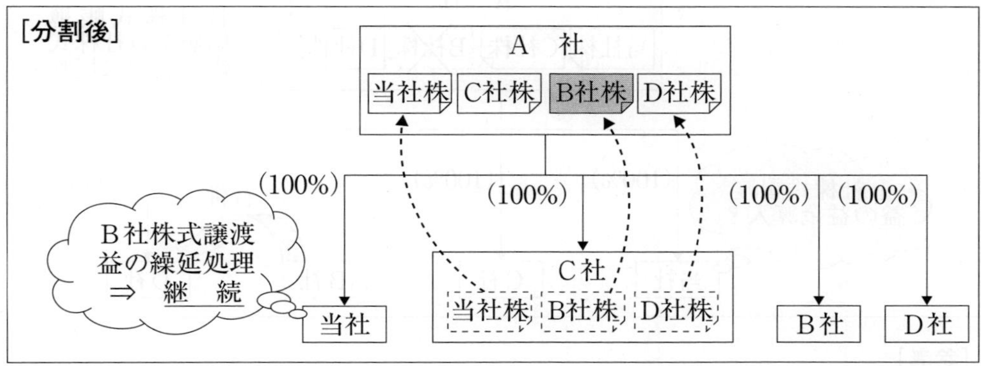

⑶ 適格合併によるB社の消滅

今後、D社を合併法人とし、B社を被合併法人とする適格合併（無対価）を行うことを予定している。

この合併により、B社の資産及び負債並びに権利及び義務はD社に包括的に引き継がれ、B社及びD社の100％親会社であるA社においては、B社株式の合併による消滅に伴いB社株式の帳簿価額をD社株式の帳簿価額に加算する調整を行うこととなる（法令119の3⑩、119の4①）。

2 照会の要旨

上記1⑶の適格合併を行った場合、当社の所得の金額の計算においては、法人税法第61条の13第2項により、B社株式譲渡益の繰延処理を終了して、このB社株式譲渡益に相当する金額を益金算入することとなると解して差し支えないか。

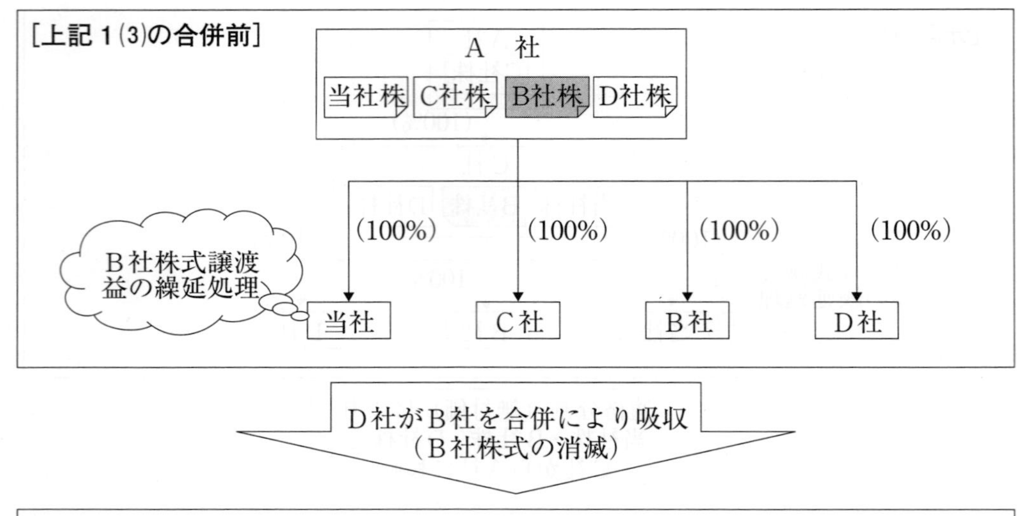

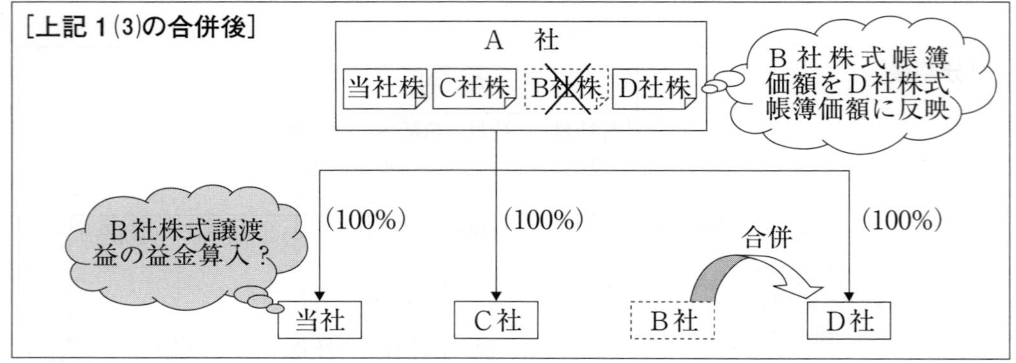

［参考］

上記１⑵の適格分割の場合、完全支配関係のある法人間での適格分割により譲渡損益調整資産（Ｂ社株式）がＡ社に移転したことから、Ｂ社株式譲渡益の繰延処理を継続することとなると認識している。

その一方で、上記１⑶の適格合併も、完全支配関係のある法人間での適格合併であり、譲渡損益調整資産（Ｂ社株式）は消滅するものの、その帳簿価額は合併法人の株式（Ｄ社株式）の帳簿価額に反映されることから、Ａ社においてＤ社株式に繰延処理を終了する一定の事由（法令122の14④）が生じるまでは、上記１⑵の適格分割の場合と同様に繰延処理を継続することとなるのではないかとの疑問が生じたため、念のため今回の照会により確認を行うこととしたところである。

3　事前照会者の求める見解の内容及びその理由

⑴　譲渡損益の繰延処理

内国法人がその有する譲渡損益調整資産を完全支配関係のある他の内国法人（以下「譲受法人」という。）に譲渡した場合には、その譲渡損益調整資産に係る譲渡利益額（又は譲渡損失額）に相当する金額は、その譲渡した事業年度の所得の金額の計算上、損金の額（又は益金の額）に算入される。

この損金の額（又は益金の額）への算入により、譲渡損益調整資産に係る譲渡利益額（又は譲渡損失額）は、譲渡の時点では計上せず繰り延べることとなる（以下「譲渡損益の繰延処理」という。）。

(2) 繰り延べた譲渡損益の実現

内国法人が譲渡損益の繰延処理を行っている場合に、譲受法人において繰延処理の対象となっている譲渡損益調整資産の譲渡、償却、評価換え、貸倒れ、除却その他一定の事由（以下「譲渡損益の実現事由」という。）が生じたときは、その譲渡損益調整資産に係る譲渡利益額（又は譲渡損失額）に相当する金額は、その内国法人の所得の金額の計算上、益金の額（又は損金の額）に算入される（法61の13②）。

この益金の額（又は損金の額）への算入により、上記(1)で繰り延べた譲渡損益調整資産に係る譲渡利益額（又は譲渡損失額）を実現させることとなる。

ところで、法人税法第61条の２第２項では、内国法人が、その有する株式の発行法人を被合併法人とする適格合併（無対価）が行われたことにより、その株式を有しないこととなった場合には、その適格合併の直前の帳簿価額によりその株式を譲渡したものとして有価証券の譲渡損益を計算するものと規定されている。当該規定から明らかなように、法人税法上、適格合併による被合併法人発行の株式の消滅は同株式の「譲渡」に該当することから、法人税法第61条の13第２項の適用に当たっても譲渡損益の実現事由が生じていることとなる。

ただし、譲受法人が、完全支配関係のある法人との間で、適格合併、適格分割、適格現物出資又は適格現物分配（以下「適格合併等」という。）により、合併法人、分割承継法人、被現物出資法人又は被現物分配法人（以下「合併法人等」という。）へ譲渡損益調整資産を移転している場合には、譲渡損益の実現事由は生じていないこととされる特例措置（以下「特例措置」という。）が設けられている（法令122の14④、法61の13⑥）。

(3) 本件への当てはめ

上記１(3)の適格合併（以下「本件合併」という。）は、内国法人（Ａ社）が有する株式（Ｂ社株式）を譲渡損益調整資産とする譲渡損益の繰延処理を行っている場合において、その株式（Ｂ社株式）の発行法人（Ｂ社）を被合併法人とする適格合併（無対価）が行われた場合に該当する。そうすると、上記(2)のとおり、法人税法上、適格合併（無対価）による被合併法人発行の株式の消滅は「譲渡」に該当することから、本件合併によるＡ社が有する譲渡損益調整資産（Ｂ社株式）の消滅は法人税法第61条の13第２項の適用に当たり、譲渡損益の実現事由に該当するものと思料する。

その一方で、本件合併は、完全支配関係のある法人間での適格合併であり、譲渡損益調整資産（Ｂ社株式）は消滅するものの、その帳簿価額は合併法人の株式（Ｄ社株式）の帳簿価額に反映された上で、その合併法人の株式（Ｄ社株式）を譲受法人（Ａ社）が継続して保有することからすれば、譲渡損益の実現事由が生じていないと解することとなるのではないかとも考えられる。

しかしながら、上記⑵のただし書きに記載した特例措置は、適格合併等により譲渡損益調整資産が被合併法人等である譲受法人から合併法人等に移転している場合に適用されるものであるところ、本件合併はＢ社とＤ社との間で行われ、この合併によりＢ社株式は消滅してしまうこととなる。

結果として、本件合併の場合、被合併法人は譲受法人であるＡ社ではなくＢ社であり、また、Ｂ社株式（譲渡損益調整資産）が合併法人（Ｄ社）に移転することもないことから、特例措置は適用されないこととなる。

【付　録５】

平成29年11月29日付広島国税局審理官文書回答

グループ法人税制で繰り延べた譲渡利益の戻入の要否

照会

<table>
<tr><td rowspan="3">照会の内容</td><td>①　事前照会の趣旨（法令解釈・適用上の疑義の要約及び事前照会者の求める見解の内容）</td><td>別紙の１のとおり</td></tr>
<tr><td>②　事前照会に係る取引等の事実関係</td><td>別紙の１のとおり</td></tr>
<tr><td>③　②の事実関係に対して事前照会者の求める見解となることの理由</td><td>別紙の２のとおり</td></tr>
<tr><td colspan="2">④　関係する法令条項等</td><td>法人税法第61条の13
法人税法施行令第８条第１項21号ロ、第122条の14第４項</td></tr>
<tr><td colspan="2">⑤　添付書類</td><td></td></tr>
</table>

回答

⑥	回答年月日	平成29年11月29日	⑦	回答者	広島国税局審理官

<table>
<tr><td>⑧
回答内容</td><td>標題のことについては、ご照会に係る事実関係を前提とする限り、貴見のとおりで差し支えありません。
ただし、次のことを申し添えます。
(1)　ご照会に係る事実関係が異なる場合又は新たな事実が生じた場合は、この回答内容と異なる課税関係が生ずることがあります。
(2)　この回答内容は広島国税局としての見解であり、事前照会者の申告内容等を拘束するものではありません。</td></tr>
</table>

（別紙）

グループ法人税制で繰り延べた譲渡利益の戻入の要否

1　事前照会の趣旨及び事実関係

(1)　当社（３月決算、以下「Ａ社」といいます。）は、平成25年４月に、保有していたＢ社の株式（法人税法第61条の13に規定する譲渡損益調整資産に該当するもの。）をＣ社に譲渡していましたが、当該譲渡の時点においてＡ社とＣ社との間には完全支配関係があったことから、当該譲渡によりＡ社で生じた譲渡益については、平成26年３月期においていわゆるグループ法人税制（法61の13①）を適用し、課税の繰延べをしていました。

その後、グループ内で株式の譲渡等が行われ、Ｃ社、Ａ社及びＢ社における資本関係は、Ｃ社がＢ社及びＡ社の発行済株式の全部を保有する関係にあります。

この度、Ｂ社は、平成29年12月１日に、Ｃ社を被合併法人とする吸収合併（以下「本件合併」といいます。）を行うことを予定していますが、本件合併は、100％子会社であるＢ社が親会社のＣ社を合併するものですから、Ｂ社（合併法人）は、Ｃ社が保有するＢ社株式（自己株式）を取得し、その後、直ちにその自己株式を消却する予定です。

(2)　ところで、譲渡法人が、いわゆるグループ法人税制における譲渡損益額の繰延べの適用を受けた場合において、その譲渡を受けた法人（譲受法人）において、一定の事由が生じたときは、その譲渡法人はその譲渡損益額に相当する金額を益金の額又は損金の額に算入することとなりますが（法61の13②）、本件合併によりＢ社がＢ社株式（自己株式）を取得し消却することとなるため、上記の一定の事由が生じたものとして、Ａ社で繰り延べたＢ社株式に係る譲渡益の額は、益金の額に算入する（戻入処理する）こととして差し支えないかご照会いたします。

なお、照会の趣旨として、「自己株式の消却」は、法人税法第61条の13第２項に規定する一定の事由として明示的に列挙されていないことから、Ａ社において譲渡益の戻入処理は必要ないのではないかとの疑義が生じたため、照会を行うものです。

2　事前照会者の求める見解となることの理由

(1)　100％グループ内の法人間の資産の譲渡取引に係る譲渡損益額の繰延べ等

内国法人がその有する譲渡損益調整資産をその内国法人との間に完全支配関係が

ある他の内国法人に譲渡した場合には、その譲渡損益調整資産に係る譲渡利益額又は譲渡損失額に相当する金額は、損金の額又は益金の額に算入する（法61の13①）こととされています。

その後、内国法人が譲渡した譲渡損益調整資産につき、譲受法人において次のイからリまでの一定の事由が生じた場合には、その内国法人は、その譲渡損益調整資産に係る譲渡損益調整額の全部又は一部を益金の額又は損金の額に算入する（法61の13②、法令122の14④）こととされています。

イ　譲渡、貸倒れ、除却、その他これらに類する事由（全部認識）
ロ　適格分割型分割による外部の分割承継法人への移転（全部認識）
ハ　譲受法人が公益法人等に該当することとなったこと（全部認識）
ニ　評価換え（全部認識）
ホ　減価償却資産の減価償却（部分認識）
ヘ　繰延資産の償却（部分認識）
ト　譲渡損益調整資産と同一銘柄の有価証券の譲渡（部分認識）
チ　償還有価証券の調整差損益の益金・損金算入（部分認識）
リ　連結納税開始・加入時の時価評価損益の認識（全部認識）

これは、グループ法人が一体的に経営されている実態に鑑みれば、グループ内法人間の資産の移転が行われた場合であっても実質的には資産に対する支配は継続していること、グループ内法人間の資産の移転の時点で課税関係を生じさせると円滑な経営資源再配置に対する阻害要因にもなりかねないことから、連結納税の選択の有無にかかわらず、その時点で課税関係を生じさせないことが実態に合った課税上の取扱いと考えられることから導入されたものです。

そして、上記イの譲渡、貸倒れ、除却は、いずれも譲渡損益調整資産の譲受法人において、当該譲渡損益調整資産を有しなくなる事由が掲げられていると考えられます。

(2)　譲受法人の適格合併等による譲渡損益調整資産の移転

内国法人（譲渡法人）が譲渡損益調整資産に係る譲渡損益額につき上記(1)による課税の繰延べの適用を受けた場合において、その譲渡損益調整資産に係る譲受法人が適格合併等により合併法人等にその譲渡損益調整資産を移転したときは、その移転した日以後に終了するその譲渡法人の各事業年度においては、その合併法人等をその譲渡損益調整資産に係る譲受法人とみなして、上記(1)の繰延べ制度を適用することとなります（法61の13⑥）。

(3) 当てはめ

イ　C社（譲受法人）の適格合併による譲渡損益調整資産の移転

上記(2)のとおり、譲受法人が適格合併等により合併法人等にその譲渡損益調整資産を移転したときは、その合併法人等をその譲渡損益調整資産に係る譲受法人とみなすこととされていますが、C社（譲受法人）は、上記1(1)のとおり、100％子会社であるB社に吸収合併（適格合併）され、C社が保有するB社株式（譲渡損益調整資産）は、B社に移転することから、そのB社（合併法人）がその移転した日以後に終了するその譲渡法人の各事業年度においては、譲受法人とみなされることとなります。

なお、本件合併により、A社は、C社（譲受法人）との間に完全支配関係を有しないこととなりますが、上記のとおり、本件合併はC社との間に完全支配関係があるB社との間で行われるものですから、本件合併が適格合併であることを前提とすれば、法人税法第61条の13第3項の「完全支配関係を有しないこととなったとき」には該当しません。

ロ　本件合併時におけるB社（合併法人）の処理

本件合併は、100％親子間で行われる合併であり、100％子会社であるB社が親会社のC社を合併するものですから、B社（合併法人）は、C社が保有するB社株式（自己株式）を取得し、その後、直ちにその自己株式を消却する予定です。

具体的には、次の処理が行われることとなります。

（合併直前の被合併法人のB/S）

C社（被合併法人）	
資産 B社株式	負債

（合併法人の合併時の受入仕訳）

B社（合併法人）	
資産	負債 △自己株式 （B社株式）
（注）B社は、自己株式取得後、直ちに自己株式の消却を予定していることから、その消却した株式数が減少し、会計上、上記の処理を経ず直接にその他資本剰余金の額を減算します。税務上は、取得時に既に資本金等の額を減算しているため（法令8①二十一ロ）、消却に伴う処理はありません。	

ハ　自己株式の取得・消却による譲渡益の戻入れの要否

法人税法施行令第122条の14第４項第１号イに列挙されている譲渡、貸倒れ、除却は、いずれも譲渡損益調整資産の譲受法人において、当該譲渡損益調整資産を有しなくなる事由が掲げられていると考えられますが、Ｂ社（合併法人）は、本件合併によりＣ社が保有するＢ社株式（自己株式）を取得し、その後、直ちにその自己株式を消却する予定ですから、Ａ社がＣ社に平成25年４月に譲渡したＢ社の株式（譲渡損益調整資産）は消滅することとなるため、譲受法人とみなされたＢ社は、譲渡損益調整資産を有しないこととなります。

このことからすれば、本件の「自己株式の消却」は、上記⑴の戻入処理の一定の事由として明示的に列挙されているものではありませんが、上記⑴イの「譲渡、貸倒れ、除却、その他これらに類する事由」の「その他これらに類する事由」として、一定の事由に該当すると考えられますから、Ａ社において繰り延べた譲渡益の額は、本件合併の日を含む事業年度において益金の額に算入する（戻入処理する）こととなると考えます。

参考資料

〈参照条文等〉

・法人税法
・法人税法施行令
・法人税法施行規則
・法人税基本通達
・租税特別措置法
・所得税法

（編注）参照条文等は、令和４年10月１日現在において施行されているものによっています。

法人税法

（定義）

第２条　この法律において、次の各号に掲げる用語の意義は、当該各号に定めるところによる。

十二の五の二　現物分配法人　現物分配（法人（公益法人等及び人格のない社団等を除く。）がその株主等に対し当該法人の次に掲げる事由により金銭以外の資産の交付をすることをいう。以下この条において同じ。）によりその有する資産の移転を行つた法人をいう。

イ　剰余金の配当（株式又は出資に係るものに限るものとし、分割型分割によるものを除く。）若しくは利益の配当（分割型分割によるものを除く。）又は剰余金の分配（出資に係るものに限る。）

ロ　解散による残余財産の分配

ハ　第24条第１項第５号から第７号まで（配当等の額とみなす金額）に掲げる事由

十二の五の三　被現物分配法人　現物分配により現物分配法人から資産の移転を受けた法人をいう。

十二の七の五　支配関係　一の者が法人の発行済株式若しくは出資（当該法人が有する自己の株式又は出資を除く。以下この条において「発行済株式等」という。）の総数若しくは総額の100分の50を超える数若しくは金額の株式若しくは出資を直接若しくは間接に保有する関係として政令で定める関係（以下この号において「当事者間の支配の関係」という。）又は一の者との間に当事者間の支配の関係がある法人相互の関係をいう。

十二の七の六　完全支配関係　一の者が法人の発行済株式等の全部を直接若しくは間接に保有する関係として政令で定める関係（以下この号において「当事者間の完全支配の関係」という。）又は一の者との間に当事者間の完全支配の関係がある法人相互の関係をいう。

十二の七の七　通算完全支配関係　通算親法人と通算子法人との間の完全支配関係（第64条の９第１項に規定する政令で定める関係に限る。以下この号において同じ。）又は通算親法人との間に完全支配関係がある通算子法人相互の関係をいう。

十二の十五　適格現物分配　内国法人を現物分配法人とする現物分配のうち、その現物分配により資産の移転を受ける者がその現物分配の直前において当該内国法人との間に完全支配関係がある内国法人（普通法人又は協同組合等に限る。）のみであるものをいう。

十二の十五の二　株式分配　現物分配（剰余金の配当又は利益の配当に限る。）のうち、その現物分配の直前において現物分配法人により発行済株式等の全部を保有されていた法人（次号において「完全子法人」という。）の当該発行済株式等の全部が移転するもの（その現物分配により当該発行済株式等の移転を受ける者がその現物分配の直前において当該現物分配法人との間に完全支配関係がある者のみである場合における当該現物分配を除く。）をいう。

十二の十七　適格株式交換等　次のいずれかに該当する株式交換等で株式交換等完全子法人の株主等に株式交換等完全親法人又は株式交換完全支配親法人（株式交換完全親法人との間に当該株式交換完全親法人の発行済株式等の全部を直接又は間接に保有する関係として政令で定める関係がある法人をいう。）のうちいずれか一の法人の株式以外の資産（当該株主等に対する剰余金の配当として交付される金銭その他の資産、株式交換等に反対する当該株主等に対するその買取請求に基づく対価として交付される金銭その他の資産、株式交換の直前において株式交換完全親法人が株式交換完全子法人の発行済株式（当該株式交換完全子法人が有する自己の株式を除く。）の総数の

参照条文等

３分の２以上に相当する数の株式を有する場合における当該株式交換完全親法人以外の株主に交付される金銭その他の資産、前号イの取得の価格の決定の申立てに基づいて交付される金銭その他の資産、同号イに掲げる行為に係る同号イの一に満たない端数の株式又は同号ロに掲げる行為により生ずる同号ロに規定する法人の一に満たない端数の株式の取得の対価として交付される金銭その他の資産及び同号ハの取得の対価として交付される金銭その他の資産を除く。）が交付されないものをいう。

イ　その株式交換に係る株式交換完全子法人と株式交換完全親法人との間に当該株式交換完全親法人による完全支配関係その他の政令で定める関係がある場合の当該株式交換

ロ　その株式交換等に係る株式交換等完全子法人と株式交換等完全親法人との間にいずれか一方の法人による支配関係その他の政令で定める関係がある場合の当該株式交換等のうち、次に掲げる要件の全てに該当するもの

⑴　当該株式交換等完全子法人の当該株式交換等の直前の従業者のうち、その総数のおおむね100分の80以上に相当する数の者が当該株式交換等完全子法人の業務（当該株式交換等完全子法人との間に完全支配関係がある法人の業務並びに当該株式交換等後に行われる適格合併又は当該株式交換等完全子法人を分割法人若しくは現物出資法人とする適格分割若しくは適格現物出資（ロにおいて「適格合併等」という。）により当該株式交換等完全子法人の当該株式交換等前に行う主要な事業が当該適格合併等に係る合併法人、分割承継法人又は被現物出資法人（ロにおいて「合併法人等」という。）に移転することが見込まれている場合における当該合併法人等及び当該合併法人等との間に完全支配関係がある法人の業務を含む。）に引き続き従事することが見込まれていること。

⑵　当該株式交換等完全子法人の当該株式交換等前に行う主要な事業が当該株式交換等完全子法人（当該株式交換等完全子法人との間に完全支配関係がある法人並びに当該株式交換等後に行われる適格合併等により当該主要な事業が当該適格合併等に係る合併法人等に移転することが見込まれている場合における当該合併法人等及び当該合併法人等との間に完全支配関係がある法人を含む。）において引き続き行われることが見込まれていること。

ハ　その株式交換に係る株式交換完全子法人と株式交換完全親法人とが共同で事業を行うための株式交換として政令で定めるもの

（内国法人の課税所得の範囲）

第５条　内国法人に対しては、各事業年度の所得について、各事業年度の所得に対する法人税を課する。

（事業年度の特例）

第14条　次の各号に掲げる事実が生じた場合には、その事実が生じた法人の事業年度は、前条第１項の規定にかかわらず、当該各号に定める日に終了し、これに続く事業年度は、第２号又は第５号に掲げる事実が生じた場合を除き、同日の翌日から開始するものとする。

２　通算親法人について第64条の10第５項又は第６項（第３号、第４号又は第７号に係る部分に限る。）（通算制度の取りやめ等）の規定により第64条の９第１項（通算承認）の規定による承認が効力を失つた場合には、当該通算親法人であつた内国法人の事業年度は、前条第１項の規定にかかわらず、その効力を失つた日の前日に終了し、これに続く事業年度は、当該効力を失つた日から開始するものとする。

３　通算子法人で当該通算子法人に係る通算親法人の事業年度開始の時に当該通算親法人との間に通算完全支配関係があるものの事業年度は、当該開始の日に開始するものとし、通算子法人で当該通算子法人に係る通算親法人の事業年度終了の時に当該通算親法人との間に通算完全支配関係があるものの事業年度は、当該終了の日に終了するものとする。

４　次の各号に掲げる事実が生じた場合には、その事実が生じた内国法人の事業年度は、当

該各号に定める日の前日に終了し、これに続く事業年度は、第２号の内国法人の合併による解散又は残余財産の確定に基因して同号に掲げる事実が生じた場合を除き、当該各号に定める日から開始するものとする。

一　内国法人が通算親法人との間に当該通算親法人による完全支配関係（第64条の９第１項に規定する政令で定める関係に限る。以下この条において同じ。）を有することとなつたこと　その有することとなつた日

二　内国法人が通算親法人との間に当該通算親法人による通算完全支配関係を有しなくなつたこと　その有しなくなつた日

5　次の各号に掲げる内国法人の事業年度は、当該各号に定める日の前日に終了し、これに続く事業年度は、当該各号に定める日から開始するものとする。

一　親法人（第64条の９第１項に規定する親法人をいう。以下この条において同じ。）の申請特例年度（第64条の９第９項に規定する申請特例年度をいう。以下この条において同じ。）開始の時に当該親法人との間に完全支配関係がある内国法人　その申請特例年度開始の日

二　親法人の申請特例年度の期間内に当該親法人との間に当該親法人による完全支配関係を有することとなつた内国法人　その有することとなつた日

6　前項の場合において、同項各号に掲げる内国法人が第64条の９第１項の規定による承認を受けなかつたとき、又は前項各号に掲げる内国法人が同条第10項第１号若しくは第12項第１号に掲げる法人に該当するときは、これらの内国法人の前項各号に定める日から開始する事業年度は、申請特例年度終了の日（同日前にこれらの内国法人の合併による解散又は残余財産の確定により当該各号の親法人との間に完全支配関係を有しなくなつた場合（以下この項において「合併による解散等の場合」という。）には、その有しなくなつた日の前日。次項において「終了等の日」という。）に終了し、これに続く事業年度は、合併による解散等の場合を除き、当該申請特例年度終了の日の翌日から開始するものとする。

7　内国法人の通算子法人に該当する期間（第５項各号に掲げる内国法人の当該各号に定める日から終了等の日までの期間を含む。）については、前条第１項及び第１項の規定は、適用しない。

8　内国法人が、通算親法人との間に当該通算親法人による完全支配関係を有することとなり、又は親法人の申請特例年度の期間内に当該親法人との間に当該親法人による完全支配関係を有することとなつた場合において、当該内国法人のこの項の規定の適用がないものとした場合に加入日（これらの完全支配関係を有することとなつた日をいう。第１号において同じ。）の前日の属する事業年度に係る第74条第１項（確定申告）の規定による申告書の提出期限となる日までに、当該通算親法人又は親法人（第１号において「通算親法人等」という。）がこの項の規定の適用を受ける旨、同号イ又はロに掲げる期間その他財務省令で定める事項を記載した書類を納税地の所轄税務署長に提出したときは、第４項（第１号に係る部分に限る。）、第５項（第２号に係る部分に限る。）及び前２項の規定の適用については、次の各号に掲げる場合の区分に応じ当該各号に定めるところによる。

一　当該加入日から当該加入日の前日の属する特例決算期間（次に掲げる期間のうち当該書類に記載された期間をいう。以下この号において同じ。）の末日まで継続して当該内国法人と当該通算親法人等との間に当該通算親法人等による完全支配関係がある場合　当該内国法人及び当該内国法人が発行済株式又は出資を直接又は間接に保有する他の内国法人（当該加入日から当該末日までの間に当該通算親法人等との間に完全支配関係を有することとなつたものに限る。次号において「他の内国法人」という。）については、当該加入日の前日の属する特例決算期間の末日の翌日をもつて第４項第１号又は第５項第２号に定める日とする。この場合において、当該翌日が申請特例年度終了の日後であるときは、当該末日を申請特例年度終了の日とみなして、第６項の規定を適用する。

イ　当該内国法人の月次決算期間（会計期間をその開始の日以後１月ごとに区分した各期間（最後に１月未満の期間を生じたときは、その１月未満の期間）をいう。）

ロ　当該内国法人の会計期間

二　前号に掲げる場合以外の場合　当該内国法人及び他の内国法人については、第４項（第１号に係る部分に限る。）及び第５項（第２号に係る部分に限る。）の規定は、適用しない。

第二款　各事業年度の所得の金額の計算の通則

第22条　内国法人の各事業年度の所得の金額は、当該事業年度の益金の額から当該事業年度の損金の額を控除した金額とする。

２　内国法人の各事業年度の所得の金額の計算上当該事業年度の益金の額に算入すべき金額は、別段の定めがあるものを除き、資産の販売、有償又は無償による資産の譲渡又は役務の提供、無償による資産の譲受けその他の取引で資本等取引以外のものに係る当該事業年度の収益の額とする。

３　内国法人の各事業年度の所得の金額の計算上当該事業年度の損金の額に算入すべき金額は、別段の定めがあるものを除き、次に掲げる額とする。

一　当該事業年度の収益に係る売上原価、完成工事原価その他これらに準ずる原価の額

二　前号に掲げるもののほか、当該事業年度の販売費、一般管理費その他の費用（償却費以外の費用で当該事業年度終了の日までに債務の確定しないものを除く。）の額

三　当該事業年度の損失の額で資本等取引以外の取引に係るもの

４　第２項に規定する当該事業年度の収益の額及び前項各号に掲げる額は、別段の定めがあるものを除き、一般に公正妥当と認められる会計処理の基準に従つて計算されるものとする。

第一目　収益の額

第22条の２　内国法人の資産の販売若しくは譲渡又は役務の提供（以下この条において「資産の販売等」という。）に係る収益の額は、別段の定め（前条第４項を除く。）があるものを除き、その資産の販売等に係る目的物の引渡し又は役務の提供の日の属する事業年度の所得の金額の計算上、益金の額に算入する。

４　内国法人の各事業年度の資産の販売等に係る収益の額として第１項又は第２項の規定により当該事業年度の所得の金額の計算上益金の額に算入する金額は、別段の定め（前条第４項を除く。）があるものを除き、その販売若しくは譲渡をした資産の引渡しの時における価額又はその提供をした役務につき通常得べき対価の額に相当する金額とする。

（受取配当等の益金不算入）

第23条　内国法人が次に掲げる金額（第１号に掲げる金額にあつては、外国法人若しくは公益法人等又は人格のない社団等から受けるもの及び適格現物分配に係るものを除く。以下この条において「配当等の額」という。）を受けるときは、その配当等の額（関連法人株式等に係る配当等の額にあつては当該配当等の額から当該配当等の額に係る利子の額に相当するものとして政令で定めるところにより計算した金額を控除した金額とし、完全子法人株式等、関連法人株式等及び非支配目的株式等のいずれにも該当しない株式等（株式又は出資をいう。以下この条において同じ。）に係る配当等の額にあつては当該配当等の額の100分の50に相当する金額とし、非支配目的株式等に係る配当等の額にあつては当該配当等の額の100分の20に相当する金額とする。）は、その内国法人の各事業年度の所得の金額の計算上、益金の額に算入しない。

一　剰余金の配当（株式等に係るものに限るものとし、資本剰余金の額の減少に伴うもの並びに分割型分割によるもの及び株式分配を除く。）若しくは利益の配当（分割型分割によるもの及び株式分配を除く。）又は剰余金の分配（出資に係るものに限る。）の額

二　投資信託及び投資法人に関する法律第137条（金銭の分配）の金銭の分配（出資総額等の減少に伴う金銭の分配として財務省令で定めるもの（第24条第１項第４号（配当等の額とみなす金額）において「出資等減少分配」という。）を除く。）の額

三　資産の流動化に関する法律第115条第１項（中間配当）に規定する金銭の分配の額

２　前項の規定は、内国法人がその受ける配当等の額（第24条第１項の規定により、その内

国法人が受ける配当等の額とみなされる金額を除く。以下この項において同じ。）の元本である株式等をその配当等の額に係る基準日等（次の各号に掲げる配当等の額の区分に応じ当該各号に定める日をいう。以下この項において同じ。）以前１月以内に取得し、かつ、当該株式等又は当該株式等と銘柄を同じくする株式等を当該基準日等後２月以内に譲渡した場合におけるその譲渡した株式等のうち政令で定めるものの配当等の額については、適用しない。

一　株式会社がする前項第１号に規定する剰余金の配当で当該剰余金の配当を受ける者を定めるための会社法第124条第１項（基準日）に規定する基準日（以下この項において「基準日」という。）の定めがあるものの額　当該基準日

二　株式会社以外の法人がする前項第１号に規定する剰余金の配当若しくは利益の配当若しくは剰余金の分配、同項第２号に規定する金銭の分配又は同項第３号に規定する金銭の分配（以下この号及び次号において「配当等」という。）で、当該配当等を受ける者を定めるための基準日に準ずる日の定めがあるものの額　同日

三　配当等で当該配当等を受ける者を定めるための基準日又は基準日に準ずる日の定めがないものの額　当該配当等がその効力を生ずる日（その効力を生ずる日の定めがない場合には、当該配当等がされる日）

3　第１項の規定は、内国法人がその受ける配当等の額（第24条第１項（第５号に係る部分に限る。）の規定により、その内国法人が受ける配当等の額とみなされる金額に限る。以下この項において同じ。）の元本である株式等でその配当等の額の生ずる基因となる同号に掲げる事由が生ずることが予定されているものの取得（適格合併又は適格分割型分割による引継ぎを含む。）をした場合におけるその取得をした株式等に係る配当等の額（その予定されていた事由（第61条の２第17項（有価証券の譲渡益又は譲渡損の益金又は損金算入）の規定の適用があるものを除く。）に基因するものとして政令で定めるものに限る。）については、適用しない。

4　第１項及に規定する関連法人株式等とは、内国法人（当該内国法人との間に完全支配関係がある他の法人を含む。）が他の内国法人（公益法人等及び人格のない社団等を除く。）の発行済株式又は出資（当該他の内国法人が有する自己の株式等を除く。）の総数又は総額の３分の１を超える数又は金額の株式等を有する場合として政令で定める場合における当該他の内国法人の株式等（次項に規定する完全子法人株式等を除く。）をいう。

5　第１項に規定する完全子法人株式等とは、配当等の額の計算期間を通じて内国法人との間に完全支配関係がある他の内国法人（公益法人等及び人格のない社団等を除く。）の株式等として政令で定めるものをいう。

6　第１項に規定する非支配目的株式等とは、内国法人（当該内国法人との間に完全支配関係がある他の法人を含む。）が他の内国法人（公益法人等及び人格のない社団等を除く。）の発行済株式又は出資（当該他の内国法人が有する自己の株式等を除く。）の総数又は総額の100分の５以下に相当する数又は金額の株式等を有する場合として政令で定める場合における当該他の内国法人の株式等（前項に規定する完全子法人株式等を除く。）をいう。

7　第１項の規定は、確定申告書、修正申告書又は更正請求書に益金の額に算入されない配当等の額及びその計算に関する明細を記載した書類の添付がある場合に限り、適用する。この場合において、同項の規定により益金の額に算入されない金額は、当該金額として記載された金額を限度とする。

8　適格合併、適格分割、適格現物出資又は適格現物分配により株式等の移転が行われた場合における第１項及び第２項の規定の適用その他第１項から第６項までの規定の適用に関し必要な事項は、政令で定める。

（配当等の額とみなす金額）

第24条　法人（公益法人等及び人格のない社団等を除く。以下この条において同じ。）の株主等である内国法人が当該法人の次に掲げる事由により金銭その他の資産の交付を受けた場合において、その金銭の額及び金銭以外の資産の価額（適格現物分配に係る資産にあつては、当該法人のその交付の直前の当該資産の帳簿価額に相当する金額）の合計額が当該法人の資本金等の額のうちその交付の基因となつた当該法人の株式又は出資に対応する部

分の金額を超えるときは、この法律の規定の適用については、その超える部分の金額は、第23条第１項第１号又は第２号（受取配当等の益金不算入）に掲げる金額とみなす。
一　合併（適格合併を除く。）
二　分割型分割（適格分割型分割を除く。）
三　株式分配（適格株式分配を除く。）
四　資本の払戻し（剰余金の配当（資本剰余金の額の減少に伴うものに限る。）のうち分割型分割によるもの及び株式分配以外のもの並びに出資等減少分配をいう。）又は解散による残余財産の分配
五　自己の株式又は出資の取得（金融商品取引法第２条第16項（定義）に規定する金融商品取引所の開設する市場における購入による取得その他の政令で定める取得及び第61条の２第14項第１号から第３号まで（有価証券の譲渡益又は譲渡損の益金又は損金算入）に掲げる株式又は出資の同項に規定する場合に該当する場合における取得を除く。）
六　出資の消却（取得した出資について行うものを除く。）、出資の払戻し、社員その他法人の出資者の退社又は脱退による持分の払戻しその他株式又は出資をその発行した法人が取得することなく消滅させること。

第三目　受贈益

第25条の２　内国法人が各事業年度において当該内国法人との間に完全支配関係（法人による完全支配関係に限る。）がある他の内国法人から受けた受贈益の額（第37条（寄附金の損金不算入）の規定の適用がないものとした場合に当該他の内国法人の各事業年度の所得の金額の計算上損金の額に算入される同条第７項に規定する寄附金の額に対応するものに限る。）は、当該内国法人の各事業年度の所得の金額の計算上、益金の額に算入しない。

２　前項に規定する受贈益の額は、寄附金、拠出金、見舞金その他いずれの名義をもつてされるかを問わず、内国法人が金銭その他の資産又は経済的な利益の贈与又は無償の供与（広告宣伝及び見本品の費用その他これらに類する費用並びに交際費、接待費及び福利厚生費とされるべきものを除く。次項において同じ。）を受けた場合における当該金銭の額若しくは金銭以外の資産のその贈与の時における価額又は当該経済的な利益のその供与の時における価額によるものとする。

３　内国法人が資産の譲渡又は経済的な利益の供与を受けた場合において、その譲渡又は供与の対価の額が当該資産のその譲渡の時における価額又は当該経済的な利益のその供与の時における価額に比して低いときは、当該対価の額と当該価額との差額のうち実質的に贈与又は無償の供与を受けたと認められる金額は、前項の受贈益の額に含まれるものとする。

第二目　資産の評価損

第33条

２　内国法人の有する資産につき、災害による著しい損傷により当該資産の価額がその帳簿価額を下回ることとなつたことその他の政令で定める事実が生じた場合において、その内国法人が当該資産の評価換えをして損金経理によりその帳簿価額を減額したときは、その減額した部分の金額のうち、その評価換えの直前の当該資産の帳簿価額とその評価換えをした日の属する事業年度終了の時における当該資産の価額との差額に達するまでの金額は、前項の規定にかかわらず、その評価換えをした日の属する事業年度の所得の金額の計算上、損金の額に算入する。

３　内国法人がその有する資産につき更生計画認可の決定があつたことにより会社更生法又は金融機関等の更生手続の特例等に関する法律の規定に従つて行う評価換えをしてその帳簿価額を減額した場合には、その減額した部分の金額は、第１項の規定にかかわらず、その評価換えをした日の属する事業年度の所得の金額の計算上、損金の額に算入する。

４　内国法人について再生計画認可の決定があつたことその他これに準ずる政令で定める事実が生じた場合において、その内国法人がその有する資産の価額につき政令で定める評定を行つているときは、その資産（評価損の計上に適しないものとして政令で定めるものを除く。）の評価損の額として政令で定める金額は、第１項の規定にかかわらず、これらの事実が生じた日の属する事業年度の所得の金額の計算上、損金の額に算入する。

５　前３項の内国法人がこれらの内国法人との間に完全支配関係がある他の内国法人で政令

で定めるものの株式又は出資を有する場合における当該株式又は出資及びこれらの規定の内国法人が通算法人である場合におけるこれらの内国法人が有する他の通算法人（第64条の５（損益通算）の規定の適用を受けない法人として政令で定める法人及び通算親法人を除く。）の株式又は出資については、前三項の規定は、適用しない。

（寄附金の損金不算入）

第37条　内国法人が各事業年度において支出した寄附金の額（次項の規定の適用を受ける寄附金の額を除く。）の合計額のうち、その内国法人の当該事業年度終了の時の資本金の額及び資本準備金の額の合計額若しくは出資金の額又は当該事業年度の所得の金額を基礎として政令で定めるところにより計算した金額を超える部分の金額は、当該内国法人の各事業年度の所得の金額の計算上、損金の額に算入しない。

2　内国法人が各事業年度において当該内国法人との間に完全支配関係（法人による完全支配関係に限る。）がある他の内国法人に対して支出した寄附金の額（第25条の２（受贈益）の規定の適用がないものとした場合に当該他の内国法人の各事業年度の所得の金額の計算上益金の額に算入される同条第２項に規定する受贈益の額に対応するものに限る。）は、当該内国法人の各事業年度の所得の金額の計算上、損金の額に算入しない。

7　前各項に規定する寄附金の額は、寄附金、拠出金、見舞金その他いずれの名義をもつてするかを問わず、内国法人が金銭その他の資産又は経済的な利益の贈与又は無償の供与（広告宣伝及び見本品の費用その他これらに類する費用並びに交際費、接待費及び福利厚生費とされるべきものを除く。次項において同じ。）をした場合における当該金銭の額若しくは金銭以外の資産のその贈与の時における価額又は当該経済的な利益のその供与の時における価額によるものとする。

8　内国法人が資産の譲渡又は経済的な利益の供与をした場合において、その譲渡又は供与の対価の額が当該資産のその譲渡の時における価額又は当該経済的な利益のその供与の時における価額に比して低いときは、当該対価の額と当該価額との差額のうち実質的に贈与又は無償の供与をしたと認められる金額は、前項の寄附金の額に含まれるものとする。

第七目　貸倒引当金

第52条　次に掲げる内国法人が、その有する金銭債権（債券に表示されるべきものを除く。以下この項及び次項において同じ。）のうち、更生計画認可の決定に基づいて弁済を猶予され、又は賦払により弁済されることその他の政令で定める事実が生じていることによりその一部につき貸倒れその他これに類する事由による損失が見込まれるもの（当該金銭債権に係る債務者に対する他の金銭債権がある場合には、当該他の金銭債権を含む。以下この条において「個別評価金銭債権」という。）のその損失の見込額として、各事業年度（被合併法人の適格合併に該当しない合併の日の前日の属する事業年度及び残余財産の確定（その残余財産の分配が適格現物分配に該当しないものに限る。次項において同じ。）の日の属する事業年度を除く。）において損金経理により貸倒引当金勘定に繰り入れた金額については、当該繰り入れた金額のうち、当該事業年度終了の時において当該個別評価金銭債権の取立て又は弁済の見込みがないと認められる部分の金額を基礎として政令で定めるところにより計算した金額（第５項において「個別貸倒引当金繰入限度額」という。）に達するまでの金額は、当該事業年度の所得の金額の計算上、損金の額に算入する。

一　当該事業年度終了の時において次に掲げる法人に該当する内国法人

　イ　普通法人（投資法人及び特定目的会社を除く。）のうち、資本金の額若しくは出資金の額が１億円以下であるもの（第66条第５項第２号又は第３号（各事業年度の所得に対する法人税の税率）に掲げる法人に該当するもの及び同条第６項に規定する大通算法人を除く。）又は資本若しくは出資を有しないもの（同項に規定する大通算法人を除く。）

　ロ　公益法人等又は協同組合等

　ハ　人格のない社団等

二　次に掲げる内国法人

　イ　銀行法（昭和56年法律第59号）第２条第１項（定義等）に規定する銀行

ロ　保険業法（平成７年法律第105号）第２条第２項（定義）に規定する保険会社
ハ　イ又はロに掲げるものに準ずるものとして政令で定める内国法人

三　第64条の２第１項（リース取引に係る所得の金額の計算）の規定により売買があつたものとされる同項に規定するリース資産の対価の額に係る金銭債権を有する内国法人その他の金融に関する取引に係る金銭債権を有する内国法人として政令で定める内国法人（前２号に掲げる内国法人を除く。）

2　前項各号に掲げる内国法人が、その有する売掛金、貸付金その他これらに準ずる金銭債権（個別評価金銭債権を除く。以下この条において「一括評価金銭債権」という。）の貸倒れによる損失の見込額として、各事業年度（被合併法人の適格合併に該当しない合併の日の前日の属する事業年度及び残余財産の確定の日の属する事業年度を除く。）において損金経理により貸倒引当金勘定に繰り入れた金額については、当該繰り入れた金額のうち、当該事業年度終了の時において有する一括評価金銭債権の額及び最近における売掛金、貸付金その他これらに準ずる金銭債権の貸倒れによる損失の額を基礎として政令で定めるところにより計算した金額（第６項において「一括貸倒引当金繰入限度額」という。）に達するまでの金額は、当該事業年度の所得の金額の計算上、損金の額に算入する。

9　第１項、第２項、第５項及び第６項の規定の適用については、個別評価金銭債権及び一括評価金銭債権には、次に掲げる金銭債権を含まないものとする。

一　第１項第３号に掲げる内国法人（第５項又は第６項の規定を適用する場合にあつては、適格分割等の直前の時を事業年度終了の時とした場合に同号に掲げる内国法人に該当するもの）が有する金銭債権のうち当該内国法人の区分に応じ政令で定める金銭債権以外のもの

二　内国法人が当該内国法人との間に完全支配関係がある他の法人に対して有する金銭債権

（欠損金の繰越し）

第57条　内国法人の各事業年度開始の日前10年以内に開始した事業年度において生じた欠損金額（この項の規定により当該各事業年度前の事業年度の所得の金額の計算上損金の額に算入されたもの及び第80条（欠損金の繰戻しによる還付）の規定により還付を受けるべき金額の計算の基礎となつたものを除く。）がある場合には、当該欠損金額に相当する金額は、当該各事業年度の所得の金額の計算上、損金の額に算入する。ただし、当該欠損金額に相当する金額が損金算入限度額（本文の規定を適用せず、かつ、第59条第３項及び第４項（会社更生等による債務免除等があつた場合の欠損金の損金算入）並びに第62条の５第５項（現物分配による資産の譲渡）の規定を適用しないものとして計算した場合における当該各事業年度の所得の金額の100分の50に相当する金額をいう。）から当該欠損金額の生じた事業年度前の事業年度において生じた欠損金額に相当する金額で本文の規定により当該各事業年度の所得の金額の計算上損金の額に算入される金額を控除した金額を超える場合は、その超える部分の金額については、この限りでない。

2　前項の内国法人を合併法人とする適格合併が行われた場合又は当該内国法人との間に完全支配関係（当該内国法人による完全支配関係又は第２条第12号の７の６（定義）に規定する相互の関係に限る。）がある他の内国法人で当該内国法人が発行済株式若しくは出資の全部若しくは一部を有するものの残余財産が確定した場合において、当該適格合併に係る被合併法人又は当該他の内国法人（以下この項において「被合併法人等」という。）の当該適格合併の日前10年以内に開始し、又は当該残余財産の確定の日の翌日前10年以内に開始した各事業年度（以下この項、次項及び第７項第１号において「前10年内事業年度」という。）において生じた欠損金額（当該被合併法人等が当該欠損金額（この項の規定により当該被合併法人等の欠損金額とみなされたものを含み、第４項から第６項まで、第８項若しくは第９項又は第58条第１項（青色申告書を提出しなかつた事業年度の欠損金の特例）の規定によりないものとされたものを除く。次項において同じ。）の生じた前10年内事業年度について確定申告書を提出していることその他の政令で定める要件を満たしてい

る場合における当該欠損金額に限るものとし、前項の規定により当該被合併法人等の前10年内事業年度の所得の金額の計算上損金の額に算入されたもの及び第80条の規定により還付を受けるべき金額の計算の基礎となつたものを除く。以下この項において「未処理欠損金額」という。）があるときは、当該内国法人の当該適格合併の日の属する事業年度又は当該残余財産の確定の日の翌日の属する事業年度（以下この項において「合併等事業年度」という。）以後の各事業年度における前項の規定の適用については、当該前10年内事業年度において生じた未処理欠損金額（当該他の内国法人に株主等が２以上ある場合には、当該未処理欠損金額を当該他の内国法人の発行済株式又は出資（当該他の内国法人が有する自己の株式又は出資を除く。）の総数又は総額で除し、これに当該内国法人の有する当該他の内国法人の株式又は出資の数又は金額を乗じて計算した金額）は、それぞれ当該未処理欠損金額の生じた前10年内事業年度開始の日の属する当該内国法人の各事業年度（当該内国法人の合併等事業年度開始の日以後に開始した当該被合併法人等の当該前10年内事業年度において生じた未処理欠損金額にあつては、当該合併等事業年度の前事業年度）において生じた欠損金額とみなす。

6　通算法人が第64条の11第１項各号（通算制度の開始に伴う資産の時価評価損益）又は第64条の12第１項各号（通算制度への加入に伴う資産の時価評価損益）に掲げる法人（次項第１号及び第８項において「時価評価除外法人」という。）に該当しない場合（当該通算法人が通算子法人である場合において、当該通算法人について第64条の９第１項（通算承認）の規定による承認（以下この条において「通算承認」という。）の効力が生じた日から同日の属する当該通算法人に係る通算親法人の事業年度終了の日までの間に第64条の10第５項又は第６項（通算制度の取りやめ等）の規定により当該通算承認が効力を失つたとき（当該通算法人を被合併法人とする合併で他の通算法人を合併法人とするものが行われたこと又は当該通算法人の残余財産が確定したことに基因してその効力を失つた場合を除く。）を除く。）には、当該通算法人（当該通算法人であつた内国法人を含む。）の通算承認の効力が生じた日以後に開始する各事業年度における第１項の規定の適用については、同日前に開始した各事業年度において生じた欠損金額（同日前に開始した各事業年度において第２項の規定により当該各事業年度前の事業年度において生じた欠損金額とみなされたものを含む。）は、ないものとする。

11　次の各号に掲げる内国法人の当該各号に定める各事業年度の所得に係る第１項ただし書の規定の適用については、同項ただし書中「所得の金額の100分の50に相当する金額」とあるのは、「所得の金額」とする。

一　第１項の各事業年度終了の時において次に掲げる法人（次号及び第３号において「中小法人等」という。）に該当する内国法人　当該各事業年度

イ　普通法人（投資法人、特定目的会社及び第４条の３（受託法人等に関するこの法律の適用）に規定する受託法人を除く。第３号において同じ。）のうち、資本金の額若しくは出資金の額が１億円以下であるもの（第66条第５項第２号又は第３号（各事業年度の所得に対する法人税の税率）に掲げる法人に該当するもの及び同条第６項に規定する大通算法人を除く。）又は資本若しくは出資を有しないもの（保険業法に規定する相互会社及び同項に規定する大通算法人を除く。）

ロ　公益法人等又は協同組合等

ハ　人格のない社団等

（青色申告書を提出しなかつた事業年度の欠損金の特例）

第58条　内国法人の各事業年度開始の日前10年以内に開始した事業年度のうち青色申告書を提出する事業年度でない事業年度において生じた欠損金額に係る第57条第１項（欠損金の繰越し）の規定の適用については、当該欠損金額のうち、棚卸資産、固定資産又は政令で定める繰延資産について震災、風水害、火災その他政令で定める災害により生じた損失の額で政令で定めるもの（次項及び第３項において「災害損失金額」という。）を超える部分の金額は、ないものとする。

２　内国法人の各事業年度開始の日前10年以内

に開始した事業年度のうち青色申告書を提出する事業年度でない事業年度において生じた欠損金額に係る第57条第１項の規定の適用については、当該欠損金額のうち、災害損失金額に達するまでの金額については、同条第３項及び第４項並びに前条の規定は、適用しない。

３　欠損金額の生じた事業年度の確定申告書、修正申告書又は更正請求書に災害損失金額の計算に関する明細を記載した書類の添付がない場合には、当該事業年度の災害損失金額はないものとして、前２項の規定を適用する。

４　前３項の規定の適用に関し必要な事項は、政令で定める。

（会社更生等による債務免除等があつた場合の欠損金の損金算入）

第59条

４　内国法人が解散した場合において、残余財産がないと見込まれるときは、その清算中に終了する事業年度（前３項の規定の適用を受ける事業年度を除く。以下この項において「適用年度」という。）前の各事業年度において生じた欠損金額を基礎として政令で定めるところにより計算した金額に相当する金額（当該相当する金額がこの項及び第62条の５第５項の規定を適用しないものとして計算した場合における当該適用年度の所得の金額を超える場合には、その超える部分の金額を控除した金額）は、当該適用年度の所得の金額の計算上、損金の額に算入する。

（有価証券の譲渡益又は譲渡損の益金又は損金算入）

第61条の２　内国法人が有価証券の譲渡をした場合には、その譲渡に係る譲渡利益額（第１号に掲げる金額が第２号に掲げる金額を超える場合におけるその超える部分の金額をいう。）又は譲渡損失額（同号に掲げる金額が第１号に掲げる金額を超える場合におけるその超える部分の金額をいう。）は、第62条から第62条の５まで（合併等による資産の譲渡）の規定の適用がある場合を除き、その譲渡に係る契約をした日（その譲渡が剰余金の配当その他の財務省令で定める事由によるものである場合には、当該剰余金の配当の効力が生ずる日その他の財務省令で定める日）の属する事業年度の所得の金額の計算上、益金の額又は損金の額に算入する。

一　その有価証券の譲渡の時における有償によるその有価証券の譲渡により通常得べき対価の額（第24条第１項（配当等の額とみなす金額）の規定により第23条第１項第１号又は第２号（受取配当等の益金不算入）に掲げる金額とみなされる金額がある場合には、そのみなされる金額に相当する金額を控除した金額）

二　その有価証券の譲渡に係る原価の額（その有価証券についてその内国法人が選定した一単位当たりの帳簿価額の算出の方法により算出した金額（算出の方法を選定しなかつた場合又は選定した方法により算出しなかつた場合には、算出の方法のうち政令で定める方法により算出した金額）にその譲渡をした有価証券の数を乗じて計算した金額をいう。）

２　内国法人が、旧株（当該内国法人が有していた株式（出資を含む。以下この条において同じ。）をいう。以下この項において同じ。）を発行した法人の合併（当該法人の株主等に合併法人又は合併法人との間に当該合併法人の発行済株式若しくは出資（自己が有する自己の株式を除く。以下この条において「発行済株式等」という。）の全部を直接若しくは間接に保有する関係として政令で定める関係がある法人のうちいずれか一の法人の株式以外の資産（当該株主等に対する第２条第12号の８（定義）に規定する剰余金の配当等として交付された金銭その他の資産及び合併に反対する当該株主等に対するその買取請求に基づく対価として交付される金銭その他の資産を除く。）が交付されなかつたものに限る。以下この項及び第６項において「金銭等不交付合併」という。）により当該株式の交付を受けた場合又は旧株を発行した法人の特定無対価合併（当該法人の株主等に合併法人の株式その他の資産が交付されなかつた合併で、当該法人の株主等に対する合併法人の株式の交付が省略されたと認められる合併として政令で定めるものをいう。以下この項において同じ。）により当該旧株を有しないこととなつた場合における前項の規定の適用については、同項第１号に掲げる金額は、これらの旧株の当該金銭等不交付合併又は特定無対価合併の直前の帳簿価額に相当する金額とする。

4　内国法人が所有株式（当該内国法人が有する株式をいう。以下この項において同じ。）を発行した法人の行つた分割型分割により分割承継法人の株式その他の資産の交付を受けた場合には、当該所有株式のうち当該分割型分割により当該分割承継法人に移転した資産及び負債に対応する部分の譲渡を行つたものとみなして、第１項の規定を適用する。この場合において、その分割型分割（第２条第12号の９イに規定する分割対価資産として分割承継法人又は分割承継法人との間に当該分割承継法人の発行済株式等の全部を直接若しくは間接に保有する関係として政令で定める関係がある法人（以下この項において「親法人」という。）のうちいずれか一の法人の株式以外の資産が交付されなかつたもの（当該株式が分割法人の発行済株式等の総数又は総額のうちに占める当該分割法人の各株主等の有する当該分割法人の株式の数又は金額の割合に応じて交付されたものに限る。以下この項において「金銭等不交付分割型分割」という。）を除く。）により分割承継法人の株式その他の資産の交付を受けたときにおける第１項の規定の適用については、同項第２号に掲げる金額は、その所有株式の当該分割型分割の直前の帳簿価額を基礎として政令で定めるところにより計算した金額（以下この項において「分割純資産対応帳簿価額」という。）とし、その分割型分割（金銭等不交付分割型分割に限る。）により分割承継法人又は親法人の株式の交付を受けたときにおける第１項の規定の適用については、同項各号に掲げる金額は、いずれもその所有株式の当該分割型分割の直前の分割純資産対応帳簿価額とする。

8　内国法人が所有株式（当該内国法人が有する株式をいう。以下この項において同じ。）を発行した法人の行つた株式分配により第２条第12号の15の２に規定する完全子法人（以下この項において「完全子法人」という。）の株式その他の資産の交付を受けた場合には、当該所有株式のうち当該完全子法人の株式に対応する部分の譲渡を行つたものとみなして、第１項の規定を適用する。この場合において、その株式分配（完全子法人の株式以外の資産が交付されなかつたもの（当該株式が現物分配法人の発行済株式等の総数又は総額のうちに占める当該現物分配法人の各株主等の有する当該現物分配法人の株式の数又は金額の割合に応じて交付されたものに限る。以下この項において「金銭等不交付株式分配」という。）を除く。）により完全子法人の株式その他の資産の交付を受けたときにおける第１項の規定の適用については、同項第２号に掲げる金額は、その所有株式の当該株式分配の直前の帳簿価額を基礎として政令で定めるところにより計算した金額（以下この項において「完全子法人株式対応帳簿価額」という。）とし、その株式分配（金銭等不交付株式分配に限る。）により完全子法人の株式の交付を受けたときにおける第１項の規定の適用については、同項各号に掲げる金額は、いずれもその所有株式の当該株式分配の直前の完全子法人株式対応帳簿価額とする。

9　内国法人が、旧株（当該内国法人が有していた株式をいう。以下この項において同じ。）を発行した法人の行つた株式交換（当該法人の株主に株式交換完全親法人又は株式交換完全親法人との間に当該株式交換完全親法人の発行済株式等の全部を直接若しくは間接に保有する関係として政令で定める関係がある法人のうちいずれか一の法人の株式以外の資産（当該株主に対する剰余金の配当として交付された金銭その他の資産及び株式交換に反対する当該株主に対するその買取請求に基づく対価として交付される金銭その他の資産を除く。）が交付されなかつたものに限る。以下この項及び次項において「金銭等不交付株式交換」という。）により当該株式の交付を受けた場合又は旧株を発行した法人の行つた特定無対価株式交換（当該法人の株主に株式交換完全親法人の株式その他の資産が交付されなかつた株式交換で、当該法人の株主に対する株式交換完全親法人の株式の交付が省略されたと認められる株式交換として政令で定めるものをいう。以下この項において同じ。）により当該旧株を有しないこととなつた場合における第１項の規定の適用については、同項第１号に掲げる金額は、これらの旧株の当該金銭等不交付株式交換又は特定無対価株式交換の直前の帳簿価額に相当する金額とする。

17　内国法人が、所有株式（当該内国法人が有していた株式をいう。）を発行した他の内国法人（当該内国法人との間に完全支配関係があるものに限る。）の第24条第１項各号に掲げる事由（第２項の規定の適用がある合併、第４項に規定する金銭等不交付分割型分割及び第８項に規定する金銭等不交付株式分配を除く。）により金銭その他の資産の交付を受けた場合（当該他の内国法人の同条第１項第２号に掲げる分割型分割、同項第３号に掲げる株式分配、同項第４号に規定する資本の払戻し若しくは解散による残余財産の一部の分配又は口数の定めがない出資についての出資の払戻しに係るものである場合にあつては、その交付を受けた時において当該所有株式を有する場合に限る。）又は当該事由により当該他の内国法人の株式を有しないこととなつた場合（当該他の内国法人の残余財産の分配を受けないことが確定した場合を含む。）における第１項の規定の適用については、同項第１号に掲げる金額は、同項第２号に掲げる金額（第４項、第８項、次項又は第19項の規定の適用がある場合には、これらの規定により同号に掲げる金額とされる金額）に相当する金額とする。

18　内国法人が所有株式（当該内国法人が有する株式をいう。）を発行した法人の第24条第１項第４号に規定する資本の払戻し又は解散による残余財産の一部の分配（以下この項において「払戻し等」という。）として金銭その他の資産の交付を受けた場合における第１項の規定の適用については、同項第２号に掲げる金額は、当該所有株式の払戻し等の直前の帳簿価額を基礎として政令で定めるところにより計算した金額とする。

19　内国法人がその出資（口数の定めがないものに限る。以下この項において「所有出資」という。）を有する法人の出資の払戻し（以下この項において「払戻し」という。）として金銭その他の資産の交付を受けた場合における第１項の規定の適用については、同項第２号に掲げる金額は、当該払戻しの直前の当該所有出資の帳簿価額に当該払戻しの直前の当該所有出資の金額のうちに当該払戻しに係る出資の金額の占める割合を乗じて計算した金額に相当する金額とする。

第五目　完全支配関係がある法人の間の取引の損益

第61条の11　内国法人（普通法人又は協同組合等に限る。）がその有する譲渡損益調整資産（固定資産、土地（土地の上に存する権利を含み、固定資産に該当するものを除く。）、有価証券、金銭債権及び繰延資産で政令で定めるもの以外のものをいう。以下この条において同じ。）を他の内国法人（当該内国法人との間に完全支配関係がある普通法人又は協同組合等に限る。）に譲渡した場合には、当該譲渡損益調整資産に係る譲渡利益額（その譲渡に係る収益の額が原価の額を超える場合におけるその超える部分の金額をいう。以下この条において同じ。）又は譲渡損失額（その譲渡に係る原価の額が収益の額を超える場合におけるその超える部分の金額をいう。以下この条において同じ。）に相当する金額は、その譲渡した事業年度（その譲渡が適格合併に該当しない合併による合併法人への移転である場合には、次条第２項に規定する最後事業年度）の所得の金額の計算上、損金の額又は益金の額に算入する。

2　内国法人が譲渡損益調整資産に係る譲渡利益額又は譲渡損失額につき前項の規定の適用を受けた場合において、その譲渡を受けた法人（以下この条において「譲受法人」という。）において当該譲渡損益調整資産の譲渡、償却、評価換え、貸倒れ、除却その他の政令で定める事由が生じたときは、当該譲渡損益調整資産に係る譲渡利益額又は譲渡損失額に相当する金額は、政令で定めるところにより、当該内国法人の各事業年度（当該譲渡利益額又は譲渡損失額につき次項又は第４項の規定の適用を受ける事業年度以後の事業年度を除く。）の所得の金額の計算上、益金の額又は損金の額に算入する。

3　内国法人が譲渡損益調整資産に係る譲渡利益額又は譲渡損失額につき第１項の規定の適用を受けた場合（当該譲渡損益調整資産の適格合併に該当しない合併による合併法人への移転により同項の規定の適用を受けた場合を除く。）において、当該内国法人が当該譲渡損益調整資産に係る譲受法人との間に完全支配関係を有しないこととなつたとき（次に掲げる事由に基因して完全支配関係を有しないこととなつた場合を除く。）は、当該譲渡損益調整資産に係る譲渡利益額又は譲渡損失額に相当する金額（その有しないこととなつた日の前日の属する事業年度前の各事業年度の所得の金額又は各連結事業年度の連結所得の金額の計算上益金の額又は損金の額に算入された金額を除く。）は、当該内国法人の当該前日の属する事業年度の所得の金額の計算上、益金の額又は損金の額に算入する。

一　当該内国法人の適格合併（合併法人（法人を設立する適格合併にあつては、他の被合併法人の全て。次号において同じ。）が当該内国法人との間に完全支配関係がある内国法人であるものに限る。）による解散

二　当該譲受法人の適格合併（合併法人が当該譲受法人との間に完全支配関係がある内国法人であるものに限る。）による解散

4　第64条の11第１項（通算制度の開始に伴う資産の時価評価損益）に規定する内国法人、第64条の12第１項（通算制度への加入に伴う資産の時価評価損益）に規定する他の内国法人又は第64条の13第１項（通算制度からの離脱等に伴う資産の時価評価損益）に規定する通算法人が時価評価事業年度（第64条の11第１項に規定する通算開始直前事業年度、第64条の12第１項に規定する通算加入直前事業年度又は第64条の13第１項に規定する通算終了直前事業年度をいう。以下この項において同じ。）以前の各事業年度において譲渡損益調整資産に係る譲渡利益額又は譲渡損失額につき第１項の規定の適用を受けた法人である場合には、当該譲渡損益調整資産に係る譲渡利益額又は譲渡損失額に相当する金額（当該時価評価事業年度前の各事業年度の所得の金額の計算上益金の額又は損金の額に算入された金額を除く。以下この項において「譲渡損益調整額」という。）は、譲渡損益調整資産のうち譲渡損益調整額が少額であるものその他の政令で定めるものに係る譲渡損益調整額（同条第１項に規定する通算法人のうち同項第２号に掲げる要件に該当するものにあつては、当該政令で定めるものに係る譲渡損益調整額及び次に掲げる要件のいずれかに該当しない譲渡損益調整額）を除き、当該時価評価事業年度の所得の金額の計算上、益金の額又は損金の額に算入する。

一　10億円を超えること。

二　譲渡損失額に係るものであること。

三　当該譲渡損益調整資産に係る譲受法人において当該譲渡損益調整資産の譲渡、評価換え、貸倒れ、除却その他の政令で定める事由が生ずることが見込まれていること又は当該通算法人が当該譲渡損益調整資産に係る譲受法人との間に完全支配関係を有しないこととなること（前項各号に掲げる事由に基因して完全支配関係を有しないこととなることを除く。）が見込まれていること。

5　内国法人が譲渡損益調整資産に係る譲渡利益額又は譲渡損失額につき第１項の規定の適用を受けた場合において、当該内国法人が適格合併（合併法人（法人を設立する適格合併にあつては、他の被合併法人の全て）が当該内国法人との間に完全支配関係がある内国法人であるものに限る。）により解散したときは、当該適格合併に係る合併法人の当該適格合併の日の属する事業年度以後の各事業年度においては、当該合併法人を当該譲渡利益額又は譲渡損失額につき同項の規定の適用を受けた法人とみなして、この条の規定を適用する。

6　内国法人が譲渡損益調整資産に係る譲渡利益額又は譲渡損失額につき第１項の規定の適用を受けた場合において、当該譲渡損益調整資産に係る譲受法人が適格合併、適格分割、適格現物出資又は適格現物分配（合併法人、分割承継法人、被現物出資法人又は被現物分配法人（法人を設立する適格合併、適格分割又は適格現物出資にあつては、他の被合併法人、他の分割法人又は他の現物出資法人の全て）が当該譲受法人との間に完全支配関係がある内国法人であるものに限る。）により合併法人、分割承継法人、被現物出資法人又は被現物分配法人（以下この項において「合併法人等」という。）に当該譲渡損益調整資産を移転したときは、その移転した日以後に終了する当該内国法人の各事業年度においては、当該合併法人等を当該譲渡損益調整資産に係る譲受法人とみなして、この条の規定を適用する。

7　適格合併に該当しない合併に係る被合併法人が当該合併による譲渡損益調整資産の移転につき第１項の規定の適用を受けた場合に

は、当該譲渡損益調整資産に係る譲渡利益額に相当する金額は当該合併に係る合併法人の当該譲渡損益調整資産の取得価額に算入しないものとし、当該譲渡損益調整資産に係る譲渡損失額に相当する金額は当該合併法人の当該譲渡損益調整資産の取得価額に算入するものとする。

8　通算法人が譲渡損益調整資産に係る譲渡利益額又は譲渡損失額につき第１項の規定の適用を受けた場合において、当該譲渡損益調整資産の譲渡が他の通算法人（第64条の５（損益通算）の規定の適用を受けない法人として政令で定める法人及び通算親法人を除く。）の株式又は出資の当該他の通算法人以外の通算法人に対する譲渡であるときは、当該譲渡損益調整資産については、第２項から前項までの規定は、適用しない。

（合併及び分割による資産等の時価による譲渡）

第62条　内国法人が合併又は分割により合併法人又は分割承継法人にその有する資産又は負債の移転をしたときは、当該合併法人又は分割承継法人に当該移転をした資産及び負債の当該合併又は分割の時の価額による譲渡をしたものとして、当該内国法人の各事業年度の所得の金額を計算する。この場合においては、当該合併又は当該分割（第２条第12号の９イ（定義）に規定する分割対価資産（以下この項において「分割対価資産」という。）の全てが分割法人の株主等に直接に交付される分割型分割及び同号ロに規定する無対価分割に該当する分割型分割で分割法人の株主等に対する分割承継法人の株式（出資を含む。以下この項及び次条第３項において同じ。）の交付が省略されたと認められる分割型分割として政令で定めるものに限る。以下この項において「特定分割型分割」という。）により当該資産又は負債の移転をした当該内国法人（資本又は出資を有しないものを除く。）は、当該合併法人又は当該特定分割型分割に係る分割承継法人から新株等（当該合併法人が当該合併により交付した当該合併法人の株式その他の資産（第24条第２項（配当等の額とみなす金額）に規定する場合において同項の規定により交付を受けたものとみなされる当該合併法人の株式その他の資産及び同条第３項に規定する場合において同項の規定により交付を受けたものとみなされる当該合併法人の株式を含む。）をいう。）又は当該特定分割型分割に係る分割対価資産（第24条第３項に規定する場合において同項の規定により交付を受けたものとみなされる分割承継法人の株式を含む。）をその時の価額により取得し、直ちに当該新株等又は当該分割対価資産を当該内国法人の株主等に交付したものとする。

2　合併により合併法人に移転をした資産及び負債の当該移転による譲渡に係る譲渡利益額（当該合併の時の価額が当該譲渡に係る原価の額を超える場合におけるその超える部分の金額をいう。）又は譲渡損失額（当該譲渡に係る原価の額が当該合併の時の価額を超える場合におけるその超える部分の金額をいう。）は、当該合併に係る最後事業年度（被合併法人の合併の日の前日の属する事業年度をいう。次条第１項において同じ。）の所得の金額の計算上、益金の額又は損金の額に算入する。

3　前項に規定する原価の額の計算その他前２項の規定の適用に関し必要な事項は、政令で定める。

（適格合併及び適格分割型分割による資産等の帳簿価額による引継ぎ）

第62条の２　内国法人が適格合併により合併法人にその有する資産及び負債の移転をしたときは、前条第１項及び第２項の規定にかかわらず、当該合併法人に当該移転をした資産及び負債の当該適格合併に係る最後事業年度終了の時の帳簿価額として政令で定める金額による引継ぎをしたものとして、当該内国法人の各事業年度の所得の金額を計算する。

（現物分配による資産の譲渡）

第62条の５　内国法人が残余財産の全部の分配又は引渡し（適格現物分配を除く。次項において同じ。）により被現物分配法人その他の者にその有する資産の移転をするときは、当該被現物分配法人その他の者に当該移転をする資産の当該残余財産の確定の時の価額による譲渡をしたものとして、当該内国法人の各事業年度の所得の金額を計算する。

2　残余財産の全部の分配又は引渡しにより被

現物分配法人その他の者に移転をする資産の当該移転による譲渡に係る譲渡利益額（当該残余財産の確定の時の価額が当該譲渡に係る原価の額を超える場合におけるその超える部分の金額をいう。）又は譲渡損失額（当該譲渡に係る原価の額が当該残余財産の確定の時の価額を超える場合におけるその超える部分の金額をいう。）は、その残余財産の確定の日の属する事業年度の所得の金額の計算上、益金の額又は損金の額に算入する。

3　内国法人が適格現物分配又は適格株式分配により被現物分配法人その他の株主等にその有する資産の移転をしたときは、当該被現物分配法人その他の株主等に当該移転をした資産の当該適格現物分配又は適格株式分配の直前の帳簿価額（当該適格現物分配が残余財産の全部の分配である場合には、その残余財産の確定の時の帳簿価額）による譲渡をしたものとして、当該内国法人の各事業年度の所得の金額を計算する。

4　内国法人が適格現物分配により資産の移転を受けたことにより生ずる収益の額は、その内国法人の各事業年度の所得の金額の計算上、益金の額に算入しない。

5　内国法人の残余財産の確定の日の属する事業年度に係る地方税法の規定による事業税の額及び特別法人事業税及び特別法人事業譲与税に関する法律（平成31年法律第４号）の規定による特別法人事業税の額は、当該内国法人の当該事業年度の所得の金額の計算上、損金の額に算入する。

（非適格株式交換等に係る株式交換完全子法人等の有する資産の時価評価損益）

第62条の９　内国法人が自己を株式交換等完全子法人又は株式移転完全子法人とする株式交換等又は株式移転（適格株式交換等及び適格株式移転並びに株式交換又は株式移転の直前に当該内国法人と当該株式交換に係る株式交換完全親法人又は当該株式移転に係る他の株式移転完全子法人との間に完全支配関係があつた場合における当該株式交換及び株式移転を除く。以下この項において「非適格株式交換等」という。）を行つた場合には、当該内国法人が当該非適格株式交換等の直前の時において有する時価評価資産（固定資産、土地（土地の上に存する権利を含み、固定資産に該当するものを除く。）、有価証券、金銭債権及び繰延資産で政令で定めるもの以外のものをいう。）の評価益の額（当該非適格株式交換等の直前の時の価額がその時の帳簿価額を超える場合のその超える部分の金額をいう。）又は評価損の額（当該非適格株式交換等の直前の時の帳簿価額がその時の価額を超える場合のその超える部分の金額をいう。）は、当該非適格株式交換等の日の属する事業年度の所得の金額の計算上、益金の額又は損金の額に算入する。

第十一款　完全支配関係がある法人の間の損益通算及び欠損金の通算

第一目　損益通算及び欠損金の通算

（損益通算）

第64条の５　通算法人の所得事業年度（通算前所得金額（第57条第１項（欠損金の繰越し）、第59条第３項及び第４項（会社更生等による債務免除等があつた場合の欠損金の損金算入）、第62条の５第５項（現物分配による資産の譲渡）、この条並びに第64条の７第６項（欠損金の通算）の規定を適用しないものとして計算した場合における所得の金額をいう。以下この条において同じ。）の生ずる事業年度（当該通算法人に係る通算親法人の事業年度終了の日に終了するものに限る。）をいう。以下この条において同じ。）終了の日（以下この項及び次項において「基準日」という。）において当該通算法人との間に通算完全支配関係がある他の通算法人の基準日に終了する事業年度において通算前欠損金額（第59条第３項及び第４項、第62条の５第５項、この条並びに第64条の７第６項の規定を適用しないものとして計算した場合における欠損金額をいう。以下この条において同じ。）が生ずる場合には、当該通算法人の当該所得事業年度の通算対象欠損金額は、当該所得事業年度の所得の金額の計算上、損金の額に算入する。

2　前項に規定する通算対象欠損金額とは、第１号に掲げる金額に第２号に掲げる金額が第３号に掲げる金額のうちに占める割合を乗じて計算した金額をいう。

一　前項に規定する他の通算法人の基準日に終了する事業年度において生ずる通算前欠損金額の合計額（当該合計額が第３号に掲げる金額を超える場合には、その超える部分の金額を控除した金額）
二　前項の通算法人の所得事業年度の通算前所得金額
三　前項の通算法人の所得事業年度及び同項に規定する他の通算法人の基準日に終了する事業年度の通算前所得金額の合計額

（欠損金の通算）
第64条の７　通算法人及び通算法人であつた内国法人に係る第57条第１項（欠損金の繰越し）の規定の適用については、次の各号（通算法人であつた内国法人にあつては、第４号）に定めるところによる。
一　通算子法人の第57条第１項の規定の適用を受ける事業年度（以下この条において「適用事業年度」という。）開始の日前10年以内に開始した各事業年度の開始の日又は終了の日のいずれかが当該適用事業年度終了の日に終了する当該通算子法人に係る通算親法人の事業年度開始の日（以下第３号までにおいて「開始日」という。）前10年以内に開始した当該通算親法人の各事業年度（当該通算親法人が開始日から起算して10年前の日以後に設立された法人である場合には、当該各事業年度に相当する期間として政令で定める期間。以下この号において「親法人10年内事業年度等」という。）の開始の日又は終了の日と異なる場合には、親法人10年内事業年度等の期間を当該通算子法人の適用事業年度開始の日前10年以内に開始した各事業年度とする。
二　通算法人の適用事業年度（当該通算法人が通算子法人である場合には、当該通算法人に係る通算親法人の事業年度終了の日に終了するものに限る。以下この条において同じ。）開始の日前10年以内に開始した各事業年度（当該通算法人が前号の規定の適用がある通算子法人である場合には、同号の規定を適用した場合における開始日前10年以内に開始した各事業年度。以下この条において「10年内事業年度」という。）において生じた欠損金額は、イ及びロに掲げる金額の合計額（ハに掲げる金額がある場合には当該金額を加算した金額とし、ニに掲げる金額がある場合には当該金額を控除した金額とする。）とする。
イ　当該10年内事業年度に係る当該通算法人の対応事業年度（当該通算法人の事業年度（前号の規定の適用がある場合には、その適用がないものとした場合における事業年度。イにおいて同じ。）で当該10年内事業年度の期間内にその開始の日がある事業年度（当該10年内事業年度終了の日の翌日が開始日である場合には、当該終了の日後に開始した事業年度を含む。）をいう。以下この条において同じ。）において生じた欠損金額（第57条第２項の規定によりその事業年度の欠損金額とみなされたものを含み、次に掲げるものを除く。以下この条において同じ。）のうち特定欠損金額
(1)　第57条第１項の規定により適用事業年度前の各事業年度の所得の金額の計算上損金の額に算入された金額（当該各事業年度においてこの条の規定の適用を受けた場合には、第４号の規定により当該各事業年度の所得の金額の計算上損金の額に算入された金額とされる金額）の合計額
(2)　第57条第４項から第６項まで、第８項若しくは第９項又は第58条第１項（青色申告書を提出しなかつた事業年度の欠損金の特例）の規定によりないものとされたもの
(3)　第57条の２第１項（特定株主等によつて支配された欠損等法人の欠損金の繰越しの不適用）の規定により第57条第１項の規定を適用しないものとされたもの
(4)　第80条（欠損金の繰戻しによる還付）の規定により還付を受けるべき金額の計算の基礎となつたもの
ロ　当該10年内事業年度に係る当該通算法人の対応事業年度において生じた欠損金額のうち特定欠損金額以外の金額
ハ　(1)に掲げる金額に(2)に掲げる金額が(2)及び(3)に掲げる金額の合計額（ハ及びニにおいて「所得合計額」という。）のうちに占める割合を乗じて計算した金額（ニにおいて「非特定欠損金配賦額」と

いう。）がロに掲げる金額を超える場合におけるその超える部分の金額（所得合計額が零である場合には、零）

⑴ 当該通算法人及び他の通算法人（当該通算法人の適用事業年度終了の日において当該通算法人との間に通算完全支配関係があるもので、同日にその事業年度が終了するものに限る。以下この項、第４項及び第５項において同じ。）の事業年度（前号の規定の適用がある場合には、その適用がないものとした場合における事業年度。⑴において同じ。）で当該10年内事業年度の期間内にその開始の日がある事業年度（当該10年内事業年度終了の日の翌日が開始日である場合には、当該終了の日後に開始した事業年度を含む。）において生じた欠損金額のうち特定欠損金額以外の金額の合計額

⑵ 当該通算法人の適用事業年度の損金算入限度額（第57条第１項ただし書（同条第11項の規定により読み替えて適用する場合を含む。）に規定する損金算入限度額をいう。以下この条において同じ。）から次に掲げる金額の合計額を控除した金額

(i) この号の規定により当該10年内事業年度前の各10年内事業年度において生じた欠損金額とされた金額で第57条第１項の規定により適用事業年度の所得の金額の計算上損金の額に算入される金額の合計額

(ii) 当該10年内事業年度に係る当該通算法人の対応事業年度において生じた特定欠損金額で第57条第１項の規定により適用事業年度の所得の金額の計算上損金の額に算入される金額

⑶ 当該通算法人の適用事業年度終了の日に終了する他の通算法人の事業年度の損金算入限度額から次に掲げる金額の合計額を控除した金額の合計額

(i) この号の規定により当該10年内事業年度開始の日前に開始した当該他の通算法人の各事業年度において生じた欠損金額とされた金額で第57条第１項の規定により適用事業年度終了の日に終了する当該他の通算法人の事業年度の所得の金額の計算上損金の額に算入される金額の合計額

(ii) 当該10年内事業年度の期間内にその開始の日がある当該他の通算法人の事業年度（当該10年内事業年度終了の日の翌日が開始日である場合には、当該終了の日後に開始した事業年度を含む。）において生じた特定欠損金額で第57条第１項の規定により適用事業年度終了の日に終了する当該他の通算法人の事業年度の所得の金額の計算上損金の額に算入される金額

二 非特定欠損金配賦額がロに掲げる金額に満たない場合におけるその満たない部分の金額（所得合計額が零である場合には、零）

三 前号の規定により通算法人の10年内事業年度において生じた欠損金額とされた金額のうち第57条第１項ただし書に規定する超える部分の金額は、次に掲げる金額の合計額とする。

イ 当該10年内事業年度に係る当該通算法人の対応事業年度において生じた特定欠損金額が、当該特定欠損金額のうち当該10年内事業年度に係る欠損控除前所得金額（第57条第１項本文の規定を適用せず、かつ、第59条第３項及び第４項（会社更生等による債務免除等があつた場合の欠損金の損金算入）並びに第62条の５第５項（現物分配による資産の譲渡）の規定を適用しないものとして計算した場合における適用事業年度の所得の金額から前号ハ⑵(i)に掲げる金額を控除した金額をいう。⑵において同じ。）に達するまでの金額に、⑴に掲げる金額が⑵及び⑶に掲げる金額の合計額のうちに占める割合（当該合計額が零である場合には零とし、当該割合が一を超える場合には一とする。）を乗じて計算した金額（以下この条において「特定損金算入限度額」という。）を超える場合におけるその超える部分の金額

⑴ 当該通算法人の適用事業年度の損金算入限度額及び当該適用事業年度終了の日に終了する他の通算法人の事業年度の損金算入限度額の合計額から前号

ハ(2)(i)及び(3)(i)に掲げる金額の合計額を控除した金額

(2) 当該10年内事業年度に係る当該通算法人の対応事業年度において生じた特定欠損金額のうち当該10年内事業年度に係る欠損控除前所得金額に達するまでの金額

(3) 当該10年内事業年度の期間内にその開始の日がある当該他の通算法人の事業年度（当該10年内事業年度終了の日の翌日が開始日である場合には、当該終了の日後に開始した事業年度を含む。）において生じた特定欠損金額のうち当該10年内事業年度に係る他の欠損控除前所得金額（第57条第1項本文の規定を適用せず、かつ、第59条第3項及び第4項並びに第62条の5第5項の規定を適用しないものとして計算した場合における適用事業年度終了の日に終了する当該他の通算法人の事業年度の所得の金額から前号ハ(3)(i)に掲げる金額を控除した金額をいう。第4項及び第9項第4号において同じ。）に達するまでの金額の合計額

ロ 前号の規定により当該通算法人の当該10年内事業年度において生じた欠損金額とされた金額（同号イに掲げる金額を除く。ロにおいて「非特定欠損金額」という。）が、当該非特定欠損金額に(1)に掲げる金額が(2)に掲げる金額のうちに占める割合（(2)に掲げる金額が零である場合には零とし、当該割合が一を超える場合には一とする。次号ロ及び第5項において「非特定損金算入割合」という。）を乗じて計算した金額（第5項及び第9項第7号において「非特定損金算入限度額」という。）を超える場合におけるその超える部分の金額

(1) 当該通算法人の適用事業年度の損金算入限度額及び当該適用事業年度終了の日に終了する他の通算法人の事業年度の損金算入限度額の合計額から前号ハ(2)(i)及び（ii）並びに(3)(i)及び（ii）に掲げる金額の合計額を控除した金額

(2) 当該10年内事業年度に係る前号ハ(1)に掲げる金額

四 適用事業年度後の事業年度における第57条第1項の規定の適用については、各事業年度（第1号の規定の適用がある場合には、その適用がないものとした場合における事業年度。以下この号において同じ。）において生じた欠損金額で同項の規定により当該適用事業年度の所得の金額の計算上損金の額に算入された金額（第11項において「損金算入欠損金額」という。）は、次に掲げる金額の合計額とする。

イ 当該各事業年度において生じた特定欠損金額のうち当該各事業年度に係る10年内事業年度に係る特定損金算入限度額に達するまでの金額

ロ 当該各事業年度において生じた欠損金額（特定欠損金額を除く。）に当該欠損金額に係る非特定損金算入割合を乗じて計算した金額

2 前項第2号から第4号までに規定する特定欠損金額とは、次に掲げる金額をいう。

一 通算法人（第64条の11第1項各号（通算制度の開始に伴う資産の時価評価損益）又は第64条の12第1項各号（通算制度への加入に伴う資産の時価評価損益）に掲げる法人に限る。）の最初通算事業年度（通算承認の効力が生じた日以後最初に終了する事業年度（通算子法人の事業年度にあつては、当該通算子法人に係る通算親法人の事業年度終了の日に終了するものに限る。）をいう。次号及び次項において同じ。）開始の日前10年以内に開始した各事業年度において生じた欠損金額

二 通算法人を合併法人とする適格合併（被合併法人が当該通算法人との間に通算完全支配関係がない法人（他の通算法人で最初通算事業年度が終了していないものを含む。）であるものに限る。）が行われたこと又は通算法人との間に完全支配関係（当該通算法人による完全支配関係又は第2条第12号の7の6（定義）に規定する相互の関係に限る。）がある他の内国法人で当該通算法人が発行済株式若しくは出資の全部若しくは一部を有するもの（当該通算法人との間に通算完全支配関係がないもの（他の通算法人で最初通算事業年度が終了していないものを含む。）に限る。）の残余財産が確定したことに基因して第57条第2項の規定によりこれらの通算法人の欠損金額とみ

なされた金額
三　通算法人に該当する事業年度において生じた欠損金額のうち前条の規定によりないものとされたもの

第二目　損益通算及び欠損金の通算のための承認

（通算承認）
第64条の９　内国法人が前目の規定の適用を受けようとする場合には、当該内国法人及び当該内国法人との間に完全支配関係がある他の内国法人の全て（親法人（内国法人である普通法人又は協同組合等のうち、第１号から第７号までに掲げる法人及び第６号又は第７号に掲げる法人に類する法人として政令で定める法人のいずれにも該当しない法人をいう。以下この項において同じ。）及び当該親法人との間に当該親法人による完全支配関係（第３号から第10号までに掲げる法人及び外国法人が介在しないものとして政令で定める関係に限る。以下この目において同じ。）がある他の内国法人（第３号から第10号までに掲げる法人を除く。次項において同じ。）に限る。）が、国税庁長官の承認を受けなければならない。
一　清算中の法人
二　普通法人（外国法人を除く。）又は協同組合等との間に当該普通法人又は協同組合等による完全支配関係がある法人
三　次条第１項の承認を受けた法人でその承認を受けた日の属する事業年度終了の日の翌日から同日以後５年を経過する日の属する事業年度終了の日までの期間を経過していないもの
四　第127条第２項（青色申告の承認の取消し）の規定による通知を受けた法人でその通知を受けた日から同日以後５年を経過する日の属する事業年度終了の日までの期間を経過していないもの
五　第128条（青色申告の取りやめ）に規定する届出書の提出をした法人でその届出書を提出した日から同日以後１年を経過する日の属する事業年度終了の日までの期間を経過していないもの
六　投資法人
七　特定目的会社
八　普通法人以外の法人
九　破産手続開始の決定を受けた法人
十　その他政令で定める法人
２　内国法人（前項に規定する親法人及び当該親法人との間に当該親法人による完全支配関係がある他の内国法人に限る。）は、同項の規定による承認（以下この目及び次目において「通算承認」という。）を受けようとする場合には、当該親法人の前目の規定の適用を受けようとする最初の事業年度開始の日の３月前の日までに、当該親法人及び他の内国法人の全ての連名で、当該開始の日その他財務省令で定める事項を記載した申請書を当該親法人の納税地の所轄税務署長を経由して、国税庁長官に提出しなければならない。

（通算制度の取りやめ等）
第64条の10　通算法人は、やむを得ない事情があるときは、国税庁長官の承認を受けて前目の規定の適用を受けることをやめることができる。
２　通算法人は、前項の承認を受けようとするときは、通算法人の全ての連名で、その理由その他財務省令で定める事項を記載した申請書を通算親法人の納税地の所轄税務署長を経由して、国税庁長官に提出しなければならない。
３　国税庁長官は、前項の申請書の提出があつた場合において、前目の規定の適用を受けることをやめることにつきやむを得ない事情がないと認めるときは、その申請を却下する。
４　通算法人が第１項の承認を受けた場合には、通算承認は、その承認を受けた日の属する事業年度終了の日の翌日から、その効力を失うものとする。
５　通算法人が第127条第２項（青色申告の承認の取消し）の規定による通知を受けた場合には、当該通算法人については、通算承認は、その通知を受けた日から、その効力を失うものとする。
６　次の各号に掲げる事実が生じた場合には、通算法人（第１号から第４号までにあつてはこれらの号に規定する通算親法人及び他の通算法人の全てとし、第５号及び第６号にあつてはこれらの号に規定する通算子法人とし、第７号にあつては同号に規定する通算親法人とする。）については、通算承認は、当該各

号に定める日から、その効力を失うものとする。

一　通算親法人の解散　その解散の日の翌日（合併による解散の場合には、その合併の日）

二　通算親法人が公益法人等に該当することとなつたこと　その該当することとなつた日

三　通算親法人と内国法人（普通法人又は協同組合等に限る。）との間に当該内国法人による完全支配関係が生じたこと　その生じた日

四　通算親法人と内国法人（公益法人等に限る。）との間に当該内国法人による完全支配関係がある場合において、当該内国法人が普通法人又は協同組合等に該当することとなつたこと　その該当することとなつた日

五　通算子法人の解散（合併又は破産手続開始の決定による解散に限る。）又は残余財産の確定　その解散の日の翌日（合併による解散の場合には、その合併の日）又はその残余財産の確定の日の翌日

六　通算子法人が通算親法人との間に当該通算親法人による通算完全支配関係を有しなくなつたこと（前各号に掲げる事実に基因するものを除く。）　その有しなくなつた日

七　前２号に掲げる事実又は通算子法人について前項の規定により通算承認が効力を失つたことに基因して通算法人が通算親法人のみとなつたこと　そのなつた日

７　第１項の承認の手続その他前各項の規定の適用に関し必要な事項は、政令で定める。

第三目　資産の時価評価等

（通算制度の開始に伴う資産の時価評価損益）

第64条の11　通算承認を受ける内国法人（第64条の９第１項（通算承認）に規定する親法人（以下この項及び次項において「親法人」という。）及び当該親法人の最初通算事業年度（当該通算承認の効力が生ずる日以後最初に終了する事業年度をいう。以下この項において同じ。）開始の時に当該親法人との間に当該親法人による完全支配関係（同条第１項に規定する政令で定める関係に限る。以下この項及び次条において同じ。）があるものに限るものとし、次に掲げるものを除く。）が通算開始直前事業年度（当該最初通算事業年度開始の日の前日（当該内国法人が第64条の９第10項第１号に規定する時価評価法人である場合には、当該最初通算事業年度終了の日）の属する当該内国法人の事業年度をいう。以下この項及び次項において同じ。）終了の時に有する時価評価資産（固定資産、土地（土地の上に存する権利を含み、固定資産に該当するものを除く。）、有価証券、金銭債権及び繰延資産（これらの資産のうち評価損益の計上に適しないものとして政令で定めるものを除く。）をいう。）の評価益の額（その時の価額がその時の帳簿価額を超える場合のその超える部分の金額をいう。）又は評価損の額（その時の帳簿価額がその時の価額を超える場合のその超える部分の金額をいう。）は、当該通算開始直前事業年度の所得の金額の計算上、益金の額又は損金の額に算入する。

一　当該親法人と第64条の９第２項に規定する他の内国法人（当該最初通算事業年度開始の時に当該親法人との間に当該親法人による完全支配関係があるものに限る。）のいずれかとの間に完全支配関係が継続することが見込まれている場合として政令で定める場合に該当する場合における当該親法人

二　当該親法人と第64条の９第２項に規定する他の内国法人との間に当該親法人による完全支配関係が継続することが見込まれている場合として政令で定める場合に該当する場合における当該他の内国法人

２　前項に規定する内国法人（第64条の５（損益通算）の規定の適用を受けない法人として政令で定める法人及び親法人を除く。）の通算開始直前事業年度終了の時において当該内国法人の株式又は出資を有する内国法人（以下この項において「株式等保有法人」という。）の当該株式又は出資（当該株式等保有法人について前項の規定の適用がある場合には、同項に規定する時価評価資産に該当するものを除く。）の評価益の額（その時の価額がその時の帳簿価額を超える場合のその超える部分の金額をいう。）又は評価損の額（その時の帳簿価額がその時の価額を超える場合のその超える部分の金額をいう。）は、当該

通算開始直前事業年度終了の日の属する当該株式等保有法人の事業年度の所得の金額の計算上、益金の額又は損金の額に算入する。

3 前２項の規定によりこれらの規定に規定する評価益の額又は評価損の額を益金の額又は損金の額に算入された資産の帳簿価額その他これらの規定の適用に関し必要な事項は、政令で定める。

（通算制度への加入に伴う資産の時価評価損益）

第64条の12 第64条の９第11項又は第12項（通算承認）の規定の適用を受けるこれらの規定に規定する他の内国法人（次に掲げるものを除く。）が通算加入直前事業年度（当該他の内国法人について通算承認の効力が生ずる日の前日の属する当該他の内国法人の事業年度をいう。以下この項において同じ。）終了の時に有する時価評価資産（固定資産、土地（土地の上に存する権利を含み、固定資産に該当するものを除く。）、有価証券、金銭債権及び繰延資産（これらの資産のうち評価損益の計上に適しないものとして政令で定めるものを除く。）をいう。）の評価益の額（その時の価額がその時の帳簿価額を超える場合のその超える部分の金額をいう。）又は評価損の額（その時の帳簿価額がその時の価額を超える場合のその超える部分の金額をいう。）は、当該通算加入直前事業年度の所得の金額の計算上、益金の額又は損金の額に算入する。

一 通算法人が当該通算法人に係る通算親法人による完全支配関係がある法人を設立した場合における当該法人

二 通算法人を株式交換等完全親法人とする適格株式交換等に係る株式交換等完全子法人

三 通算親法人が法人との間に当該通算親法人による完全支配関係を有することとなつた場合（その有することとなつた時の直前において当該通算親法人と当該法人との間に当該通算親法人による支配関係がある場合に限る。）で、かつ、次に掲げる要件の全てに該当する場合における当該法人（当該通算親法人との間に当該通算親法人による完全支配関係が継続することが見込まれている場合として政令で定める場合に該当するものに限るものとし、第２条第12号の17イからハまで（定義）のいずれにも該当しない株式交換等により完全支配関係を有することとなつた当該株式交換等に係る株式交換等完全子法人を除く。）

イ 当該法人の当該完全支配関係を有することとなる時の直前の従業者のうち、その総数のおおむね100分の80以上に相当する数の者が当該法人の業務（当該法人との間に完全支配関係がある法人の業務を含む。）に引き続き従事することが見込まれていること。

ロ 当該法人の当該完全支配関係を有することとなる前に行う主要な事業が当該法人（当該法人との間に完全支配関係がある法人を含む。）において引き続き行われることが見込まれていること。

四 通算親法人が法人との間に当該通算親法人による完全支配関係を有することとなつた場合で、かつ、当該通算親法人又は他の通算法人と当該法人とが共同で事業を行う場合として政令で定める場合に該当する場合における当該法人（当該通算親法人との間に当該通算親法人による完全支配関係が継続することが見込まれている場合として政令で定める場合に該当するものに限るものとし、第２条第12号の17イからハまでのいずれにも該当しない株式交換等により完全支配関係を有することとなつた当該株式交換等に係る株式交換等完全子法人を除く。）

2 前項に規定する他の内国法人（通算親法人との間に当該通算親法人による完全支配関係が継続することが見込まれている場合として政令で定める場合に該当するもの及び第64条の５（損益通算）の規定の適用を受けない法人として政令で定める法人を除く。）について通算承認の効力が生じた日において当該他の内国法人の株式又は出資を有する内国法人（以下この項において「株式等保有法人」という。）の当該株式又は出資（同日の前日の属する当該株式等保有法人の事業年度において前項の規定の適用がある場合には、同項に規定する時価評価資産に該当するものを除く。）の評価益の額（その時の価額がその時の帳簿価額を超える場合のその超える部分の金額をいう。）又は評価損の額（その時の帳簿価額がその時の価額を超える場合のその超える部分の金額をいう。）は、当該前日の属する当該株式等保有法人の事業年度の所得の金額の計算上、益金の額又は損金の額に算入する。

3　前２項の規定によりこれらの規定に規定する評価益の額又は評価損の額を益金の額又は損金の額に算入された資産の帳簿価額その他これらの規定の適用に関し必要な事項は、政令で定める。

（通算制度からの離脱等に伴う資産の時価評価損益）

第64条の13　通算法人（第64条の10第４項から第６項まで（通算制度の取りやめ等）の規定により通算承認の効力を失うもの（当該通算法人が通算子法人である場合には、第64条の５（損益通算）の規定の適用を受けない法人として政令で定める法人及び他の通算法人を合併法人とする合併が行われたこと又は当該通算法人の残余財産が確定したことに基因して同項の規定により当該通算承認の効力を失うものを除く。）に限る。）が次に掲げる要件のいずれかに該当する場合には、当該通算法人の通算終了直前事業年度（その効力を失う日の前日の属する事業年度をいう。以下この項において同じ。）終了の時に有する時価評価資産（次の各号に掲げる要件のいずれに該当するかに応じ当該各号に定める資産をいう。）の評価益の額（その時の価額がその時の帳簿価額を超える場合のその超える部分の金額をいう。）又は評価損の額（その時の帳簿価額がその時の価額を超える場合のその超える部分の金額をいう。）は、当該通算終了直前事業年度の所得の金額の計算上、益金の額又は損金の額に算入する。

一　当該通算法人の当該通算終了直前事業年度終了の時前に行う主要な事業が当該通算法人であつた内国法人（当該内国法人との間に完全支配関係がある法人並びにその時後に行われる適格合併又は当該内国法人を分割法人若しくは現物出資法人とする適格分割若しくは適格現物出資（以下この号において「適格合併等」という。）により当該主要な事業が当該適格合併等に係る合併法人、分割承継法人又は被現物出資法人（以下この号において「合併法人等」という。）に移転することが見込まれている場合における当該合併法人等及び当該合併法人等との間に完全支配関係がある法人を含む。）において引き続き行われることが見込まれていないこと（その時に有する資産の価額がその時に有する資産の帳簿価額を超える場合として政令で定める場合を除く。）　固定資産、土地（土地の上に存する権利を含み、固定資産に該当するものを除く。）、有価証券、金銭債権及び繰延資産（これらの資産のうち評価損益の計上に適しないものとして政令で定めるものを除く。）

二　当該通算法人の株式又は出資を有する他の通算法人において当該通算終了直前事業年度終了の時後に当該株式又は出資の譲渡又は評価換えによる損失の額として政令で定める金額が生ずることが見込まれていること（前号に掲げる要件に該当する場合を除く。）　当該通算法人が当該通算終了直前事業年度終了の時に有する同号に定める資産（その時における帳簿価額として政令で定める金額が10億円を超えるものに限る。）のうちその時後に譲渡、評価換え、貸倒れ、除却その他の政令で定める事由が生ずること（その事由が生ずることにより損金の額に算入される金額がない場合又はその事由が生ずることにより損金の額に算入される金額がその事由が生ずることにより益金の額に算入される金額以下である場合を除く。）が見込まれているもの

2　前項の規定により同項に規定する評価益の額又は評価損の額を益金の額又は損金の額に算入された資産の帳簿価額その他同項の規定の適用に関し必要な事項は、政令で定める。

（特定資産に係る譲渡等損失額の損金不算入）

第64条の14　通算法人（第64条の11第１項各号（通算制度の開始に伴う資産の時価評価損益）又は第64条の12第１項各号（通算制度への加入に伴う資産の時価評価損益）に掲げる法人に限る。以下この項において同じ。）が通算承認の効力が生じた日の５年前の日又は当該通算法人の設立の日のうちいずれか遅い日から当該通算承認の効力が生じた日まで継続して当該通算法人に係る通算親法人（当該通算法人が通算親法人である場合には、他の

通算法人のいずれか）との間に支配関係がある場合として政令で定める場合に該当しない場合（当該通算法人が通算子法人である場合において、当該通算法人について通算承認の効力が生じた日から同日の属する当該通算法人に係る通算親法人の事業年度終了の日までの間に第64条の10第５項又は第６項（通算制度の取りやめ等）の規定により当該通算承認が効力を失つたとき（当該通算法人を被合併法人とする合併で他の通算法人を合併法人とするものが行われたこと又は当該通算法人の残余財産が確定したことに基因してその効力を失つた場合を除く。）を除く。）で、かつ、当該通算法人について通算承認の効力が生じた後に当該通算法人と他の通算法人とが共同で事業を行う場合として政令で定める場合に該当しない場合において、当該通算法人が当該通算法人に係る通算親法人との間に最後に支配関係を有することとなつた日（当該通算法人が通算親法人である場合には、他の通算法人のうち当該通算法人との間に最後に支配関係を有することとなつた日が最も早いものとの間に最後に支配関係を有することとなつた日。以下この項及び次項第１号において「支配関係発生日」という。）以後に新たな事業を開始したときは、当該通算法人の適用期間（当該通算承認の効力が生じた日と当該事業を開始した日の属する事業年度開始の日とのうちいずれか遅い日からその効力が生じた日以後３年を経過する日と当該支配関係発生日以後５年を経過する日とのうちいずれか早い日までの期間をいう。）において生ずる特定資産譲渡等損失額は、当該通算法人の各事業年度の所得の金額の計算上、損金の額に算入しない。

2　前項に規定する特定資産譲渡等損失額とは、第１号に掲げる金額から第２号に掲げる金額を控除した金額をいう。

一　通算法人が有する資産（棚卸資産、帳簿価額が少額であるものその他の政令で定めるものを除く。）で支配関係発生日の属する事業年度開始の日前から有していたもの（これに準ずるものとして政令で定めるものを含む。次号において「特定資産」という。）の譲渡、評価換え、貸倒れ、除却その他の事由による損失の額として政令で定める金額の合計額

二　特定資産の譲渡、評価換えその他の事由による利益の額として政令で定める金額の合計額

（各事業年度の所得に対する法人税の税率）

第66条　内国法人である普通法人、一般社団法人等（別表第二に掲げる一般社団法人、一般財団法人及び労働者協同組合並びに公益社団法人及び公益財団法人をいう。次項及び第３項において同じ。）又は人格のない社団等に対して課する各事業年度の所得に対する法人税の額は、各事業年度の所得の金額に100分の23.2の税率を乗じて計算した金額とする。

2　前項の場合において、普通法人（通算法人を除く。）若しくは一般社団法人等のうち、各事業年度終了の時において資本金の額若しくは出資金の額が１億円以下であるもの若しくは資本若しくは出資を有しないもの又は人格のない社団等の各事業年度の所得の金額のうち年800万円以下の金額については、同項の規定にかかわらず、100分の19の税率による。

3　公益法人等（一般社団法人等を除く。）又は協同組合等に対して課する各事業年度の所得に対する法人税の額は、各事業年度の所得の金額に100分の19の税率を乗じて計算した金額とする。

4　事業年度が１年に満たない法人に対する第２項の規定の適用については、同項中「年800万円」とあるのは、「800万円を12で除し、これに当該事業年度の月数を乗じて計算した金額」とする。

5　内国法人である普通法人のうち各事業年度終了の時において次に掲げる法人に該当するものについては、第２項の規定は、適用しない。

一　保険業法に規定する相互会社（次号ロにおいて「相互会社」という。）

二　大法人（次に掲げる法人をいう。以下この号及び次号において同じ。）との間に当該大法人による完全支配関係がある普通法人

イ　資本金の額又は出資金の額が５億円以上である法人

ロ　相互会社（これに準ずるものとして政令で定めるものを含む。）

ハ　第４条の３（受託法人等に関するこの

法律の適用）に規定する受託法人（第6号において「受託法人」という。）

三　普通法人との間に完全支配関係がある全ての大法人が有する株式及び出資の全部を当該全ての大法人のうちいずれか一の法人が有するものとみなした場合において当該いずれか一の法人と当該普通法人との間に当該いずれか一の法人による完全支配関係があることとなるときの当該普通法人（前号に掲げる法人を除く。）

四　投資法人

五　特定目的会社

六　受託法人

6　第一項の場合において、中小通算法人（大通算法人（通算法人である普通法人又は当該普通法人の各事業年度終了の日において当該普通法人との間に通算完全支配関係がある他の通算法人のうち、いずれかの法人が次に掲げる法人に該当する場合における当該普通法人をいう。）以外の普通法人である通算法人をいう。以下この条において同じ。）の当該各事業年度の所得の金額のうち軽減対象所得金額以下の金額については、同項の規定にかかわらず、100分の19の税率による。

一　当該各事業年度終了の時における資本金の額又は出資金の額が1億円を超える法人

二　当該各事業年度終了の時において前項第1号から第3号まで又は第6号に掲げる法人に該当する法人

7　前項に規定する軽減対象所得金額とは、800万円に第1号に掲げる金額が第2号に掲げる金額のうちに占める割合を乗じて計算した金額（同項の中小通算法人が通算子法人である場合において、同項の各事業年度終了の日が当該中小通算法人に係る通算親法人の事業年度終了の日でないときは、800万円を12で除し、これに当該中小通算法人の事業年度の月数を乗じて計算した金額）をいう。

一　当該中小通算法人の当該各事業年度の所得の金額

二　当該中小通算法人の当該各事業年度及び当該各事業年度終了の日において当該中小通算法人との間に通算完全支配関係がある他の中小通算法人の同日に終了する事業年度の所得の金額の合計額

8　前二項の規定を適用する場合において、前項各号の所得の金額が同項の中小通算法人の同項第1号の各事業年度又は同項第2号の他の中小通算法人の同号に規定する日に終了する事業年度（以下この条において「通算事業年度」という。）の第74条第1項（確定申告）の規定による申告書に当該通算事業年度の所得の金額として記載された金額（以下この項及び第10項において「当初申告所得金額」という。）と異なるときは、当初申告所得金額を当該各号の所得の金額とみなす。

9　通算事業年度のいずれかについて修正申告書の提出又は更正がされる場合において、次に掲げる場合のいずれかに該当するときは、第7項の中小通算法人の同項第1号の各事業年度については、前項の規定は、適用しない。

一　前項の規定を適用しないものとした場合における第7項第2号に掲げる金額が800万円以下である場合

二　第64条の5第6項（損益通算）の規定の適用がある場合

三　第64条の5第8項の規定の適用がある場合

10　通算事業年度について前項（第3号に係る部分を除く。）の規定を適用して修正申告書の提出又は更正がされた後における第8項の規定の適用については、当該修正申告書又は当該更正に係る国税通則法第28条第2項（更正又は決定の手続）に規定する更正通知書に当該通算事業年度の所得の金額として記載された金額を当初申告所得金額とみなす。

11　通算親法人の事業年度が1年に満たない場合における当該通算親法人及び他の通算法人に対する第7項及び第9項の規定の適用については、第7項中「800万円に」とあるのは「800万円を12で除し、これに同項の中小通算法人に係る通算親法人の事業年度の月数を乗じて計算した金額に」と、第9項第1号中「800万円」とあるのは「800万円を12で除し、これに当該中小通算法人に係る通算親法人の事業年度の月数を乗じて計算した金額」とする。

12　第4項、第7項及び前項の月数は、暦に従つて計算し、1月に満たない端数を生じたときは、これを1月とする。

（特定同族会社の特別税率）

第67条　内国法人である特定同族会社（被支配

会社で、被支配会社であることについての判定の基礎となつた株主等のうちに被支配会社でない法人がある場合には、当該法人をその判定の基礎となる株主等から除外して判定するものとした場合においても被支配会社となるもの（資本金の額又は出資金の額が１億円以下であるものにあつては、前条第５項第２号から第５号までに掲げるもの及び同条第６項に規定する大通算法人に限る。）をいい、清算中のものを除く。以下この条において同じ。）の各事業年度の留保金額が留保控除額を超える場合には、その特定同族会社に対して課する各事業年度の所得に対する法人税の額は、前条第１項、第２項及び第６項並びに第69条第19項（外国税額の控除）（同条第23項において準用する場合を含む。第３項において同じ。）の規定にかかわらず、これらの規定により計算した法人税の額に、その超える部分の留保金額を次の各号に掲げる金額に区分してそれぞれの金額に当該各号に定める割合を乗じて計算した金額の合計額を加算した金額とする。

一　年3,000万円以下の金額　100分の10

二　年3,000万円を超え、年１億円以下の金額　100分の15

三　年１億円を超える金額　100分の20

２　前項に規定する被支配会社とは、会社（投資法人を含む。以下この項及び第８項において同じ。）の株主等（その会社が自己の株式又は出資を有する場合のその会社を除く。）の１人並びにこれと政令で定める特殊の関係のある個人及び法人がその会社の発行済株式又は出資（その会社が有する自己の株式又は出資を除く。）の総数又は総額の100分の50を超える数又は金額の株式又は出資を有する場合その他政令で定める場合におけるその会社をいう。

３　第１項に規定する留保金額とは、所得等の金額（第１号から第６号までに掲げる金額の合計額から第７号に掲げる金額を減算した金額をいう。第５項において同じ。）のうち留保した金額から、当該事業年度の所得の金額につき前条第１項、第２項及び第６項並びに第69条第19項の規定により計算した法人税の額と当該事業年度の地方法人税法第９条第２項（課税標準）に規定する課税標準法人税額（同法第６条第１号（基準法人税額）に定める基準法人税額に係るものに限る。）につき同法第10条（税率）及び第12条第９項（外国税額の控除）（同条第13項において準用する場合を含む。）の規定により計算した地方法人税の額とを合計した金額（次条から第70条まで（税額控除）並びに同法第12条第１項及び第８項（同条第13項において準用する場合を含む。）並びに第13条（仮装経理に基づく過大申告の場合の更正に伴う地方法人税額の控除）の規定による控除をされるべき金額がある場合には、当該金額を控除した金額）並びに当該法人税の額に係る地方税法の規定による道府県民税及び市町村民税（都民税を含む。）の額として政令で定めるところにより計算した金額の合計額を控除した金額をいう。

一　当該事業年度の所得の金額（第62条第２項（合併及び分割による資産等の時価による譲渡）に規定する最後事業年度にあつては、同項に規定する資産及び負債の同項に規定する譲渡がないものとして計算した場合における所得の金額）

二　第23条（受取配当等の益金不算入）の規定により当該事業年度の所得の金額の計算上益金の額に算入されなかつた金額（特定同族会社が通算法人である場合には、他の通算法人から受ける同条第１項に規定する配当等の額に係るもののうち政令で定めるものを除く。）

三　第23条の２（外国子会社から受ける配当等の益金不算入）の規定により当該事業年度の所得の金額の計算上益金の額に算入されなかつた金額

四　第25条の２第１項（受贈益）の規定により当該事業年度の所得の金額の計算上益金の額に算入されなかつた金額

五　第26条第１項（還付金等の益金不算入）に規定する還付を受け又は充当される金額（同項第１号に係る部分の金額を除く。）、同条第２項に規定する減額された金額、同条第３項に規定する減額された部分として政令で定める金額、その受け取る同条第４項に規定する通算税効果額（附帯税の額に係る部分の金額に限る。）及び同条第５項に規定する還付を受ける金額

六　第57条（欠損金の繰越し）又は第59条（会社更生等による債務免除等があつた場

合の欠損金の損金算入）の規定により当該事業年度の所得の金額の計算上損金の額に算入された金額

七　第27条（中間申告における繰戻しによる還付に係る災害損失欠損金額の益金算入）の規定により当該事業年度の所得の金額の計算上益金の額に算入された金額

4　特定同族会社の前項に規定する留保した金額の計算については、当該特定同族会社による次の各号に掲げる剰余金の配当、利益の配当又は金銭の分配（その決議の日が当該各号に定める日（以下この項において「基準日等」という。）の属する事業年度終了の日の翌日から当該基準日等の属する事業年度に係る決算の確定の日までの期間内にあるもの（当該特定同族会社が通算法人である場合には、他の通算法人に対する剰余金の配当又は利益の配当として政令で定めるものを除く。）に限る。以下この項において「期末配当等」という。）により減少する利益積立金額に相当する金額（当該期末配当等が金銭以外の資産によるものである場合には、当該資産の価額が当該資産の当該基準日等の属する事業年度終了の時における帳簿価額（当該資産が当該基準日等の属する事業年度終了の日後に取得したものである場合にあつては、その取得価額）であるものとした場合における当該期末配当等により減少する利益積立金額に相当する金額）は、当該基準日等の属する事業年度の前項に規定する留保した金額から控除し、当該期末配当等がその効力を生ずる日（その効力を生ずる日の定めがない場合には、当該期末配当等をする日）の属する事業年度の同項に規定する留保した金額に加算するものとする。

一　剰余金の配当で当該剰余金の配当を受ける者を定めるための会社法第124条第1項（基準日）に規定する基準日（以下この項において「基準日」という。）の定めがあるもの　当該基準日

二　利益の配当又は投資信託及び投資法人に関する法律第137条（金銭の分配）の金銭の分配で、当該利益の配当又は金銭の分配を受ける者を定めるための基準日に準ずる日の定めがあるもの　同日

5　第1項に規定する留保控除額とは、次に掲げる金額のうち最も多い金額をいう。

一　当該事業年度の所得等の金額（第64条の5第1項（損益通算）の規定により当該事業年度の所得の金額の計算上損金の額に算入される金額がある場合には当該金額を加算した金額とし、同条第3項の規定により当該事業年度の所得の金額の計算上益金の額に算入される金額がある場合には当該金額を控除した金額とする。）の100分の40に相当する金額

二　年2,000万円

三　当該事業年度終了の時における利益積立金額（当該事業年度の所得等の金額に係る部分の金額を除く。）がその時における資本金の額又は出資金の額の100分の25に相当する金額に満たない場合におけるその満たない部分の金額に相当する金額

6　事業年度が1年に満たない特定同族会社に対する第1項及び前項の規定の適用については、第1項中「年3,000万円」とあるのは「3,000万円を12で除し、これに当該事業年度の月数を乗じて計算した金額」と、「年1億円」とあるのは「1億円を12で除し、これに当該事業年度の月数を乗じて計算した金額」と、前項中「年2,000万円」とあるのは「2,000万円を12で除し、これに当該事業年度の月数を乗じて計算した金額」とする。

7　前項の月数は、暦に従つて計算し、1月に満たない端数を生じたときは、これを1月とする。

8　第1項の場合において、会社が同項の特定同族会社に該当するかどうかの判定は、当該会社の当該事業年度終了の時の現況による。

9　第3項に規定する留保した金額の調整その他第1項から第5項までの規定の適用に関し必要な事項は、政令で定める。

第二款　確定申告

（確定申告）

第74条　内国法人は、各事業年度終了の日の翌日から2月以内に、税務署長に対し、確定した決算に基づき次に掲げる事項を記載した申告書を提出しなければならない。

一　当該事業年度の課税標準である所得の金額又は欠損金額

二　前号に掲げる所得の金額につき前節（税額の計算）の規定を適用して計算した法人

税の額

三　第68条及び第69条（所得税額等の控除）の規定による控除をされるべき金額で前号に掲げる法人税の額の計算上控除しきれなかつたものがある場合には、その控除しきれなかつた金額

四　その内国法人が当該事業年度につき中間申告書を提出した法人である場合には、第２号に掲げる法人税の額から当該申告書に係る中間納付額を控除した金額

五　前号に規定する中間納付額で同号に掲げる金額の計算上控除しきれなかつたものがある場合には、その控除しきれなかつた金額

六　前各号に掲げる金額の計算の基礎その他財務省令で定める事項

２　清算中の内国法人につきその残余財産が確定した場合には、当該内国法人の当該残余財産の確定の日の属する事業年度に係る前項の規定の適用については、同項中「２月以内」とあるのは、「１月以内（当該翌日から１月以内に残余財産の最後の分配又は引渡しが行われる場合には、その行われる日の前日まで）」とする。

３　第１項の規定による申告書には、当該事業年度の貸借対照表、損益計算書その他の財務省令で定める書類を添付しなければならない。

（確定申告書の提出期限の延長の特例）

第75条の２　第74条第１項（確定申告）の規定による申告書を提出すべき内国法人が、定款、寄附行為、規則、規約その他これらに準ずるもの（以下この条において「定款等」という。）の定めにより、又は当該内国法人に特別の事情があることにより、当該事業年度以後の各事業年度終了の日の翌日から２月以内に当該各事業年度の決算についての定時総会が招集されない常況にあると認められる場合には、納税地の所轄税務署長は、当該内国法人の申請に基づき、当該事業年度以後の各事業年度（残余財産の確定の日の属する事業年度を除く。以下この項及び次項において同じ。）の当該申告書の提出期限を１月間（次の各号に掲げる場合に該当する場合には、当該各号に定める期間）延長することができる。

一　当該内国法人が会計監査人を置いている場合で、かつ、当該定款等の定めにより当該事業年度以後の各事業年度終了の日の翌日から３月以内に当該各事業年度の決算についての定時総会が招集されない常況にあると認められる場合（次号に掲げる場合を除く。）　当該定めの内容を勘案して４月を超えない範囲内において税務署長が指定する月数の期間

二　当該特別の事情があることにより当該事業年度以後の各事業年度終了の日の翌日から３月以内に当該各事業年度の決算についての定時総会が招集されない常況にあることその他やむを得ない事情があると認められる場合　税務署長が指定する月数の期間

２　前項の規定の適用を受けている内国法人が、同項各号に掲げる場合に該当することとなつたと認められる場合、同項各号に掲げる場合に該当しないこととなつたと認められる場合又は定款等の定め若しくは同項の特別の事情若しくは同項第２号のやむを得ない事情に変更が生じたと認められる場合には、納税地の所轄税務署長は、当該内国法人の申請に基づき、当該事業年度以後の各事業年度に係る同項に規定する申告書の提出期限について、同項各号の指定をし、同項各号の指定を取り消し、又は同項各号の指定に係る月数の変更をすることができる。

11　通算法人に係る前各項の規定の適用については、次に定めるところによる。

一　第１項中「内国法人が、」とあるのは「通算法人又は他の通算法人が、」と、「又は当該内国法人」とあるのは「若しくは当該通算法人若しくは他の通算法人」と、「あると認められる場合には」とあるのは「あり、又は通算法人が多数に上ることその他これに類する理由により第一節第十一款第一目（損益通算及び欠損金の通算）の規定その他通算法人に適用される規定による所得の金額若しくは欠損金額及び法人税の額の計算を了することができないために当該事業年度以後の各事業年度の当該申告書を同項に規定する提出期限までに提出することができない常況にあると認められる場合には」と、「内国法人の申請に基づき、」

とあるのは「通算法人の申請に基づき、当該通算法人の」と、「当該申告書」とあるのは「第74条第１項の規定による申告書」と、「１月」とあるのは「２月」と、同項第１号中「内国法人」とあるのは「通算法人又は他の通算法人」と、「３月」とあるのは「４月」と、同項第２号中「３月」とあるのは「４月」と、「その他」とあるのは「、当該通算法人又は他の通算法人に特別の事情があることにより当該事業年度以後の各事業年度終了の日の翌日から４月以内に第一節第十一款第一目の規定その他通算法人に適用される規定による所得の金額又は欠損金額及び法人税の額の計算を了することができない常況にあることその他」と、第２項中「内国法人が」とあるのは「通算法人又は他の通算法人が」と、「内国法人の」とあるのは「通算法人の」と、第３項中「終了の日まで」とあるのは「終了の日の翌日から45日以内」と、「又は同項の特別の事情の内容」とあるのは「若しくは同項の特別の事情の内容又は第一節第十一款第一目の規定その他通算法人に適用される規定による所得の金額若しくは欠損金額及び法人税の額の計算を了することができない理由」と、第４項中「又は」とあるのは「若しくは」と、「内国法人」とあるのは「通算法人又は他の通算法人」と、第５項中「内国法人」とあるのは「通算法人又は他の通算法人」と、第８項中「「２月以内に同項」とあるのは「15日以内に次条第１項」」とあるのは「「に同項」とあるのは「に次条第１項」」と、「１月」とあるのは「２月」と、第９項中「内国法人」とあるのは「通算法人又は他の通算法人」と、前項中「内国法人が」とあるのは「通算法人が」と、「決算」とあるのは「、当該通算法人若しくは他の通算法人の決算」と、「ため」とあるのは「ため、又は第一節第十一款第一目の規定その他通算法人に適用される規定による所得の金額若しくは欠損金額及び法人税の額の計算を了することができないため」とする。

二　通算親法人に対して第１項の提出期限の延長又は同項各号の指定の処分があつた場合には他の通算法人の全てにつき当該提出期限の延長又は指定がされたものとみなし、内国法人が同項の規定の適用を受けている通算親法人との間に通算完全支配関係を有することとなつた場合には当該内国法人につき同項の提出期限の延長（当該通算親法人が同項各号の指定を受けた法人である場合には、当該指定を含む。）がされたものとみなし、通算親法人に対して第５項の規定により第１項の提出期限の延長の取消し、同項各号の指定の取消し又は同項各号の指定に係る月数の変更の処分があつた場合には他の通算法人の全てにつきこれらの取消し又は変更がされたものとみなす。

三　通算子法人は、第３項の申請書及び第７項の届出書を提出することができない。

四　通算親法人が第７項の届出書を提出した場合には、他の通算法人の全てが当該届出書を提出したものとみなす。

五　内国法人が第64条の９第１項（通算承認）の規定による承認（以下この号及び次号において「通算承認」という。）を受けた場合には、当該通算承認の効力が生じた日以後に終了する事業年度については、当該通算承認の効力が生ずる前に受けていた第１項の提出期限の延長の処分は、その効力を失うものとする。

六　内国法人について、第64条の10第４項から第６項まで（通算制度の取りやめ等）の規定により通算承認が効力を失つた場合には、その効力を失つた日以後に終了する事業年度については、当該通算承認が効力を失う前に受けていた第１項の提出期限の延長の処分は、その効力を失うものとする。

（確定申告による納付）

第77条　第74条第１項（確定申告）の規定による申告書を提出した内国法人は、当該申告書に記載した同項第２号に掲げる金額（同項第４号の規定に該当する場合には、同号に掲げる金額）があるときは、当該申告書の提出期限までに、当該金額に相当する法人税を国に納付しなければならない。

（欠損金の繰戻しによる還付）

第80条　内国法人の青色申告書である確定申告書を提出する事業年度において生じた欠損金額がある場合（第４項の規定に該当する場合を除く。）には、その内国法人は、当該確定申告書の提出と同時に、納税地の所轄税務署長に対し、当該欠損金額に係る事業年度（以下この項及び第３項において「欠損事業年度」という。）開始の日前１年以内に開始したいずれかの事業年度の所得に対する法人税の額（附帯税の額を除くものとし、第68条（所得税額の控除）、第69条第１項から第３項まで若しくは第18項（外国税額の控除）又は第70条（仮装経理に基づく過大申告の場合の更正に伴う法人税額の控除）の規定により控除された金額がある場合には当該金額を加算した金額とし、第69条第19項の規定により加算された金額がある場合には当該金額を控除した金額とする。以下この条において同じ。）に、当該いずれかの事業年度（以下この条において「還付所得事業年度」という。）の所得の金額のうちに占める欠損事業年度の欠損金額（第５項において準用するこの項の規定により当該還付所得事業年度の所得に対する法人税の額につき還付を受ける金額の計算の基礎とするもの及びこの条の規定により他の還付所得事業年度の所得に対する法人税の額につき還付を受ける金額の計算の基礎とするものを除く。第４項において同じ。）に相当する金額の割合を乗じて計算した金額に相当する法人税の還付を請求することができる。

4　第１項及び第２項の規定は、内国法人につき解散（適格合併による解散を除くものとし、当該内国法人が通算子法人である場合には破産手続開始の決定による解散に限る。）、事業の全部の譲渡（当該内国法人が通算法人である場合における事業の全部の譲渡を除く。）、更生手続の開始その他これらに準ずる事実で政令で定めるものが生じた場合において、当該事実が生じた日前１年以内に終了したいずれかの事業年度又は同日の属する事業年度において生じた欠損金額（第57条第１項（欠損金の繰越し）の規定により各事業年度の所得の金額の計算上損金の額に算入されたもの及び同条第４項又は第５項の規定によりないものとされたものを除く。）があるときについて準用する。この場合において、第１項中「確定申告書の提出と同時に」とあるのは「事実が生じた日以後１年以内に」と、「請求することができる。」とあるのは「請求することができる。ただし、還付所得事業年度から欠損事業年度までの各事業年度について連続して青色申告書である確定申告書を提出している場合に限る。」と読み替えるものとする。

第三款　個別帰属額等の届出

（同族会社等の行為又は計算の否認）

第132条　税務署長は、次に掲げる法人に係る法人税につき更正又は決定をする場合において、その法人の行為又は計算で、これを容認した場合には法人税の負担を不当に減少させる結果となると認められるものがあるときは、その行為又は計算にかかわらず、税務署長の認めるところにより、その法人に係る法人税の課税標準若しくは欠損金額又は法人税の額を計算することができる。

一　内国法人である同族会社

二　イからハまでのいずれにも該当する内国法人

イ　３以上の支店、工場その他の事業所を有すること。

ロ　その事業所の２分の１以上に当たる事業所につき、その事業所の所長、主任その他のその事業所に係る事業の主宰者又は当該主宰者の親族その他の当該主宰者と政令で定める特殊の関係のある個人（以下この号において「所長等」という。）が前に当該事業所において個人として事業を営んでいた事実があること。

ハ　ロに規定する事実がある事業所の所長等の有するその内国法人の株式又は出資の数又は金額の合計額がその内国法人の発行済株式又は出資（その内国法人が有する自己の株式又は出資を除く。）の総数又は総額の３分の２以上に相当すること。

2　前項の場合において、内国法人が同項各号に掲げる法人に該当するかどうかの判定は、同項に規定する行為又は計算の事実のあつた時の現況によるものとする。

3　第１項の規定は、同項に規定する更正又は決定をする場合において、同項各号に掲げる法人の行為又は計算につき、所得税法第157条第１項（同族会社等の行為又は計算の否認等）若しくは相続税法第64条第１項（同族会社等の行為又は計算の否認等）又は地価税法

（平成３年法律第69号）第32条第１項（同族会社等の行為又は計算の否認等）の規定の適用があつたときについて準用する。

（組織再編成に係る行為又は計算の否認）

第132条の２　税務署長は、合併、分割、現物出資若しくは現物分配（第２条第12号の５の２（定義）に規定する現物分配をいう。）又は株式交換等若しくは株式移転（以下この条において「合併等」という。）に係る次に掲げる法人の法人税につき更正又は決定をする場合において、その法人の行為又は計算で、これを容認した場合には、合併等により移転する資産及び負債の譲渡に係る利益の額の減少又は損失の額の増加、法人税の額から控除する金額の増加、第１号又は第２号に掲げる法人の株式（出資を含む。第２号において同じ。）の譲渡に係る利益の額の減少又は損失の額の増加、みなし配当金額（第24条第１項（配当等の額とみなす金額）の規定により第23条第１項第１号又は第２号（受取配当等の益金不算入）に掲げる金額とみなされる金額をいう。）の減少その他の事由により法人税の負担を不当に減少させる結果となると認められるものがあるときは、その行為又は計算にかかわらず、税務署長の認めるところにより、その法人に係る法人税の課税標準若しくは欠損金額又は法人税の額を計算することができる。

一　合併等をした法人又は合併等により資産及び負債の移転を受けた法人

二　合併等により交付された株式を発行した法人（前号に掲げる法人を除く。）

三　前２号に掲げる法人の株主等である法人（前２号に掲げる法人を除く。）

（連帯納付の責任）

第152条　通算法人は、他の通算法人の各事業年度の所得に対する法人税（当該通算法人と当該他の通算法人との間に通算完全支配関係がある期間内に納税義務が成立したものに限る。）について、連帯納付の責めに任ずる。

２　前項に規定する法人税を同項の通算法人から徴収する場合における国税通則法第43条第１項（国税の徴収の所轄庁）の規定の適用については、同項中「国税の徴収」とあるのは「法人税法第152条第１項（連帯納付の責任）に規定する通算法人の同項に規定する連帯納付の責任に係る法人税の徴収」と、「その国税の納税地」とあるのは「当該法人税の納税地又は当該通算法人の法人税の納税地」とする。

法人税法施行令

（同族関係者の範囲）

第４条　法第２条第10号（同族会社の意義）に規定する政令で定める特殊の関係のある個人は、次に掲げる者とする。

一　株主等の親族

二　株主等と婚姻の届出をしていないが事実上婚姻関係と同様の事情にある者

三　株主等（個人である株主等に限る。次号において同じ。）の使用人

四　前３号に掲げる者以外の者で株主等から受ける金銭その他の資産によつて生計を維持しているもの

五　前３号に掲げる者と生計を一にするこれらの者の親族

（支配関係及び完全支配関係）

第４条の２　法第２条第12号の７の５（定義）に規定する政令で定める関係は、一の者（その者が個人である場合には、その者及びこれと前条第１項に規定する特殊の関係のある個人）が法人の発行済株式等（同号に規定する発行済株式等をいう。以下この条において同じ。）の総数又は総額の100分の50を超える数又は金額の株式又は出資を保有する場合における当該一の者と法人との間の関係（以下この項において「直接支配関係」という。）とする。この場合において、当該一の者及びこれとの間に直接支配関係がある一若しくは二以上の法人又は当該一の者との間に直接支配関係がある一若しくは二以上の法人が他の法人の発行済株式等の総数又は総額の100分の50を超える数又は金額の株式又は出資を保有するときは、当該一の者は当該他の法人の発行済株式等の総数又は総額の100分の50を超える数又は金額の株式又は出資を保有するものとみなす。

２　法第２条第12号の７の６に規定する政令で定める関係は、一の者（その者が個人である場合には、その者及びこれと前条第１項に規定する特殊の関係のある個人）が法人の発行済株式等（発行済株式（自己が有する自己の株式を除く。）の総数のうちに次に掲げる株式の数を合計した数の占める割合が100分の５に満たない場合の当該株式を除く。以下この項において同じ。）の全部を保有する場合における当該一の者と当該法人との間の関係（以下この項において「直接完全支配関係」という。）とする。この場合において、当該一の者及びこれとの間に直接完全支配関係がある一若しくは二以上の法人又は当該一の者との間に直接完全支配関係がある一若しくは二以上の法人が他の法人の発行済株式等の全部を保有するときは、当該一の者は当該他の法人の発行済株式等の全部を保有するものとみなす。

一　当該法人の使用人が組合員となつている民法（明治29年法律第89号）第667条第１項（組合契約）に規定する組合契約（当該法人の発行する株式を取得することを主たる目的とするものに限る。）による組合（組合員となる者が当該使用人に限られているものに限る。）の当該主たる目的に従つて取得された当該法人の株式

二　会社法（平成17年法律第86号）第238条第２項（募集事項の決定）の決議（同法第239条第１項（募集事項の決定の委任）の決議による委任に基づく同項に規定する募集事項の決定及び同法第240条第１項（公開会社における募集事項の決定の特則）の規定による取締役会の決議を含む。）により当該法人の役員又は使用人（当該役員又は使用人であつた者及び当該者の相続人を含む。以下この号において「役員等」という。）に付与された新株予約権（次に掲げる権利を含む。）の行使によつて取得された当該法人の株式（当該役員等が有するものに限る。）

イ　商法等の一部を改正する等の法律（平成13年法律第79号）第１条（商法の一部改正）の規定による改正前の商法（明治32年法律第48号）第210条ノ２第２項（取締役又は使用人に譲渡するための自己株式の取得）の決議により当該法人の役員等に付与された同項第３号に規定する権利

ロ　商法等の一部を改正する法律（平成13年法律第128号）第１条（商法の一部改正）の規定による改正前の商法第280条

ノ19第２項（取締役又は使用人に対する新株引受権の付与）の決議により当該法人の役員等に付与された同項に規定する新株の引受権

ハ　会社法の施行に伴う関係法律の整備等に関する法律（平成17年法律第87号）第64条（商法の一部改正）の規定による改正前の商法第280条ノ21第１項（新株予約権の有利発行の決議）の決議により当該法人の役員等に付与された新株予約権

（資本金等の額）

第８条　法第２条第16号（定義）に規定する政令で定める金額は、同号に規定する法人の資本金の額又は出資金の額と、当該事業年度前の各事業年度（以下この項において「過去事業年度」という。）の第１号から第12号までに掲げる金額の合計額から当該法人の過去事業年度の第13号から第22号までに掲げる金額の合計額を減算した金額に、当該法人の当該事業年度開始の日以後の第１号から第12号までに掲げる金額を加算し、これから当該法人の同日以後の第13号から第22号までに掲げる金額を減算した金額との合計額とする。

十八　資本の払戻し等（法第24条第１項第４号に規定する資本の払戻し（法第23条第１項第２号に規定する出資等減少分配を除く。以下この号において「資本の払戻し」という。）及び解散による残余財産の一部の分配をいう。以下この号において同じ。）に係る減資資本金額（次に掲げる場合の区分に応じそれぞれ次に定める金額をいい、当該金額が当該資本の払戻し等により交付した金銭の額及び金銭以外の資産の価額（適格現物分配に係る資産にあつては、その交付の直前の帳簿価額）の合計額を超える場合には、その超える部分の金額を減算した金額とする。）

イ　ロに掲げる場合以外の場合　当該資本の払戻し等の直前の資本金等の額に⑴に掲げる金額のうちに⑵に掲げる金額の占める割合（当該直前の資本金等の額が零以下である場合には零と、当該直前の資本金等の額が零を超え、かつ、⑴に掲げる金額が零以下である場合には一とし、当該割合に小数点以下三位未満の端数があるときはこれを切り上げる。）を乗じて計算した金額（当該資本の払戻し等が資本の払戻しである場合において、当該計算した金額が当該資本の払戻し等により減少した資本剰余金の額を超えるときは、その超える部分の金額を控除した金額）

⑴　当該資本の払戻し等を第十五号イの分割型分割とみなした場合における同号イに掲げる金額

⑵　当該資本の払戻しにより減少した資本剰余金の額又は当該解散による残余財産の一部の分配により交付した金銭の額及び金銭以外の資産の価額（適格現物分配に係る資産にあつては、その交付の直前の帳簿価額）の合計額（当該減少した資本剰余金の額又は当該合計額が⑴に掲げる金額を超える場合には、⑴に掲げる金額）

ロ　当該資本の払戻しを行つた法人が二以上の種類の株式を発行していた法人である場合　当該資本の払戻しに係る株式の種類ごとに、当該資本の払戻しの直前のその種類の株式に係る種類資本金額（ロにおいて「直前種類資本金額」という。）に⑴に掲げる金額のうちに⑵に掲げる金額の占める割合（直前種類資本金額又は当該直前の資本金等の額が零以下である場合には零と、直前種類資本金額及び当該直前の資本金等の額が零を超え、かつ、⑴に掲げる金額が零以下である場合には一とし、当該割合に小数点以下三位未満の端数があるときはこれを切り上げる。）を乗じて計算した金額（当該金額が⑵(ⅰ)又は(ⅱ)に掲げる場合の区分に応じそれぞれ⑵(ⅰ)又は(ⅱ)に定める金額を超える場合には、その超える部分の金額を控除した金額）の合計額

⑴　イ⑴に掲げる金額に当該資本の払戻しの直前の資本金等の額のうちに直前種類資本金額の占める割合を乗じて計算した金額

⑵　次に掲げる場合の区分に応じそれぞれ次に定める金額（当該金額が⑴に掲げる金額を超える場合には、⑴に掲げる金額）

(ⅰ)　当該資本の払戻しにより減少した

資本剰余金の額のうち当該種類の株式に係る部分の金額が明らかな場合　当該金額

(ii)　(i)に掲げる場合以外の場合　当該資本の払戻しにより減少した資本剰余金の額に当該資本の払戻しの直前の当該資本の払戻しに係る各種類の株式に係る種類資本金額（当該種類資本金額が零以下である場合には、零）の合計額のうちに直前種類資本金額の占める割合（当該合計額が零である場合には、１）を乗じて計算した金額

十九　出資等減少分配（法第23条第１項第２号に規定する出資等減少分配をいう。以下この号において同じ。）に係る分配資本金額（当該出資等減少分配の直前の資本金等の額にイに掲げる金額のうちにロに掲げる金額の占める割合（当該直前の資本金等の額が零以下である場合には零と、当該直前の資本金等の額が零を超え、かつ、イに掲げる金額が零以下である場合には１とし、当該割合に小数点以下３位未満の端数があるときはこれを切り上げる。）を乗じて計算した金額をいい、当該計算した金額が当該出資等減少分配による出資総額等の減少額として財務省令で定める金額（ロにおいて「出資総額等減少額」という。）を超える場合には、その超える部分の金額を減算した金額とする。）

イ　当該出資等減少分配の日の属する事業年度の前事業年度終了の時の資産の帳簿価額から負債の帳簿価額を減算した金額（当該終了の時から当該出資等減少分配の直前の時までの間に資本金等の額又は利益積立金額（次条第１号に掲げる金額を除く。）が増加し、又は減少した場合には、その増加した金額を加算し、又はその減少した金額を減算した金額）

ロ　出資総額等減少額（当該出資総額等減少額がイに掲げる金額を超える場合には、イに掲げる金額）

二十　法第24条第１項第５号から第７号までに掲げる事由（以下この号において「自己株式の取得等」という。）により金銭その他の資産を交付した場合の取得資本金額（次に掲げる場合の区分に応じそれぞれ次に定める金額をいい、当該金額が当該自己株式の取得等により交付した金銭の額及び金銭以外の資産の価額（適格現物分配に係る資産にあつては、その交付の直前の帳簿価額）の合計額を超える場合には、その超える部分の金額を減算した金額とする。）

イ　当該自己株式の取得等をした法人が一の種類の株式を発行していた法人（口数の定めがない出資を発行する法人を含む。）である場合　当該法人の当該自己株式の取得等の直前の資本金等の額を当該直前の発行済株式又は出資（自己が有する自己の株式を除く。）の総数（出資にあつては、総額）で除し、これに当該自己株式の取得等に係る株式の数（出資にあつては、金額）を乗じて計算した金額（当該直前の資本金等の額が零以下である場合には、零）

ロ　当該自己株式の取得等をした法人が二以上の種類の株式を発行していた法人である場合　当該法人の当該自己株式の取得等の直前の当該自己株式の取得等に係る株式と同一の種類の株式に係る種類資本金額を当該直前の当該種類の株式（当該法人が当該直前に有していた自己の株式を除く。）の総数で除し、これに当該自己株式の取得等に係る当該種類の株式の数を乗じて計算した金額（当該直前の当該種類資本金額が零以下である場合には、零）

二十一　自己の株式の取得（適格合併又は適格分割型分割による被合併法人又は分割法人からの引継ぎを含むものとし、前号に規定する自己株式の取得等（合併による合併法人からの取得、分割型分割に係る分割法人の株主等としての取得、適格分割に該当しない無対価分割による取得で第23条第３項第５号（所有株式に対応する資本金等の額の計算方法等）に掲げる事由による取得に該当しないもの及び法第２条第12号の５の２に規定する現物分配による現物分配法人からの取得を除く。）及び法第61条の２第14項第１号から第３号までに掲げる株式のこれらの号に定める事由による取得で同項に規定する場合に該当するものを除く。以下この号において同じ。）の対価の額に相当する金額（その取得をした自己の株式

が次に掲げるものである場合には、それぞれ次に定める金額に相当する金額）

イ　その取得をした自己の株式を有価証券とみなした場合に当該自己の株式が第119条第１項第５号から第９号まで、第26号又は第27号に掲げる有価証券に該当するときにおける当該自己の株式（ロに掲げるものを除く。）　これらの号に定める金額（同項第５号から第９号までに掲げる有価証券に該当する場合にあつては、これらの号に規定する費用の額を除く。）

ロ　適格合併、適格分割、適格現物出資又は適格現物分配により移転を受けた自己の株式　第123条の３第３項（適格合併及び適格分割型分割における合併法人等の資産及び負債の引継価額等）に規定する帳簿価額、第123条の４（適格分社型分割における分割承継法人の資産及び負債の取得価額）に規定する帳簿価額、第123条の５（適格現物出資における被現物出資法人の資産及び負債の取得価額）に規定する帳簿価額に相当する金額（同条に規定する費用の額が含まれている場合には、当該費用の額を控除した金額）又は第123条の６第１項（適格現物分配における被現物分配法人の資産の取得価額）に規定する帳簿価額

二十二　当該法人（内国法人に限る。）が法第24条第１項各号に掲げる事由（法第61条の２第２項の規定の適用がある合併、同条第４項に規定する金銭等不交付分割型分割及び同条第８項に規定する金銭等不交付株式分配を除く。以下この号及び第６項において「みなし配当事由」という。）により当該法人との間に完全支配関係がある他の内国法人から金銭その他の資産の交付を受けた場合（法第24条第１項第２号に掲げる分配型分割、同項第３号に掲げる株式分配、同項第４号に規定する資本の払戻し若しくは解散による残余財産の一部の分配又は口数の定めがない出資についての出資の払戻しに係るものである場合にあつては、その交付を受けた時において当該他の内国法人の株式を有する場合に限る。）又は当該みなし配当事由により当該他の内国法人の株式を有しないこととなつた場合（当該他の内国法人の残余財産の分配を受けないことが確定した場合を含む。）の当該みなし配当事由に係る同項の規定により法第23条第１項第１号又は第２号に掲げる金額とみなされる金額及び当該みなし配当事由（当該残余財産の分配を受けないことが確定したことを含む。）に係る法第61条の２第17項の規定により同条第１項第１号に掲げる金額とされる金額の合計額から当該金銭の額及び当該資産の価額（適格現物分配に係る資産にあつては、第123条の６第１項の規定により当該資産の取得価額とされる金額）の合計額を減算した金額に相当する金額（当該みなし配当事由が法第24条第１項第１号に掲げる合併である場合の当該合併に係る合併法人にあつては、零）

６　二以上の種類の株式を発行する法人が第１項第22号に規定する場合に該当する場合には、同号のみなし配当事由（同号の残余財産の分配を受けないことが確定したことを含む。以下この項において同じ。）に係る同号に掲げる金額を当該法人の発行済株式又は出資（自己が有する自己の株式及び償還株式を除く。）の当該みなし配当事由が生じた時の直後の価額の合計額で除し、これに株式の種類ごとにその種類の株式（自己が有する自己の株式及び償還株式を除く。）の当該直後の価額の合計額を乗じて計算した金額を、それぞれその種類の株式に係る第２項の種類資本金額から減算する。

（利益積立金額）

第９条　法第２条第18号（定義）に規定する政令で定める金額は、同号に規定する法人の当該事業年度前の各事業年度（以下この条において「過去事業年度」という。）の第１号から第７号までに掲げる金額の合計額から当該法人の過去事業年度の第８号から第14号までに掲げる金額の合計額を減算した金額に、当該法人の当該事業年度開始の日以後の第１号から第７号までに掲げる金額を加算し、これから当該法人の同日以後の第８号から第14号までに掲げる金額を減算した金額とする。

一　イからヲまでに掲げる金額の合計額からワからネまでに掲げる金額の合計額を減算した金額（当該金額のうちに当該法人が留

保していない金額がある場合には当該留保していない金額を減算した金額とし、公益法人等又は人格のない社団等にあつては収益事業から生じたものに限る。）

イ　所得の金額

ロ　法第23条（受取配当等の益金不算入）の規定により所得の金額の計算上益金の額に算入されない金額

ハ　法第23条の２（外国子会社から受ける配当等の益金不算入）の規定により所得の金額の計算上益金の額に算入されない金額

ニ　法第25条の２第１項（受贈益）の規定により所得の金額の計算上益金の額に算入されない金額

ホ　法第26条第１項（還付金等の益金不算入）に規定する還付を受け又は充当される金額（同項第１号に掲げる金額にあつては、法第38条第１項（法人税額等の損金不算入）の規定により所得の金額の計算上損金の額に算入されない法人税の額及び地方法人税の額並びに当該法人税の額に係る地方税法（昭和25年法律第226号）の規定による道府県民税及び市町村民税（都民税及びこれらの税に係る均等割を含む。ホにおいて同じ。）の額に係る部分の金額を除く。）、法第26条第２項に規定する減額された金額、同条第３項に規定する減額された部分として政令で定める金額、同条第４項に規定する通算税効果額を受け取る場合のその受け取る金額（附帯税の額に係る部分の金額に限る。）及び同条第５項に規定する還付を受ける金額並びに法第142条の２第１項（還付金等の益金不算入）に規定する還付を受け又は充当される金額（同項第１号に掲げる金額にあつては、法第142条第２項（恒久的施設帰属所得に係る所得の金額の計算）の規定により法第38条第１項の規定に準じて計算する場合に法第141条第１号イ（課税標準）に掲げる国内源泉所得に係る所得の金額の計算上損金の額に算入されない法人税の額及び地方法人税の額並びに当該法人税の額に係る地方税法の規定による道府県民税及び市町村民税の額に係る部分の金額を除く。）、法第142条の２第２項に規定する減額された部分として政令で定める金額及び同条第３項に規定する還付を受ける金額

ヘ　法第26条第４項に規定する通算税効果額を受け取ることとなる場合のその受け取ることとなる金額（附帯税の額に係る部分の金額を除く。）

ト　法第57条（欠損金の繰越し）又は第59条（会社更生等による債務免除等があつた場合の欠損金の損金算入）の規定により所得の金額の計算上損金の額に算入される金額

チ　法第61条の11第８項（完全支配関係がある法人の間の取引の損益）の規定の適用がある譲渡損益調整資産（同条第１項に規定する譲渡損益調整資産をいう。チ及びタにおいて同じ。）に係る同条第１項に規定する譲渡利益額に相当する金額から同条第８項の規定の適用がある譲渡損益調整資産に係る同条第１項に規定する譲渡損失額に相当する金額を減算した金額

リ　法第64条の３第３項（法人課税信託に係る所得の金額の計算）に規定する資産の同項に規定する帳簿価額から同項に規定する負債の同項に規定する帳簿価額を減算した金額

ヌ　法第64条の５第１項（損益通算）の規定により所得の金額の計算上損金の額に算入される金額

ル　法第64条の８（通算法人の合併等があつた場合の欠損金の損金算入）の規定により所得の金額の計算上損金の額に算入される金額

ヲ　第136条の３第１項（医療法人の設立に係る資産の受贈益等）に規定する金銭の額又は金銭以外の資産の価額及び同条第２項に規定する利益の額

ワ　欠損金額

カ　法人税（法第38条第１項第１号及び第２号に掲げる法人税並びに附帯税を除く。カにおいて同じ。）及び地方法人税（同項第４号及び第５号に掲げる地方法人税並びに附帯税を除く。）として納付することとなる金額、地方税法の規定により当該法人税に係る道府県民税及び市町村民税（都民税及びこれらの税に係る

均等割を含む。）として納付することとなる金額並びに同条第３項に規定する通算税効果額を支払うこととなる場合のその支払うこととなる金額（附帯税の額に係る部分の金額を除く。）

ヨ　法第27条（中間申告における繰戻しによる還付に係る災害損失欠損金額の益金算入）の規定により所得の金額の計算上益金の額に算入される金額及び法第142条の２の２（中間申告における繰戻しによる還付に係る災害損失欠損金額の益金算入）の規定により法第141条第１号イに掲げる国内源泉所得に係る所得の金額の計算上益金の額に算入される金額

タ　法第61条の11第７項の規定により譲渡損益調整資産の取得価額に算入しない金額から同項の規定により譲渡損益調整資産の取得価額に算入する金額を減算した金額

レ　法第64条の５第３項の規定により所得の金額の計算上益金の額に算入される金額

ソ　法第64条の７第６項（欠損金の通算）の規定により所得の金額の計算上益金の額に算入される金額

ツ　第19条第６項（関連法人株式等に係る配当等の額から控除する利子の額）の規定により所得の金額の計算上益金の額に算入される金額

ネ　第119条の３第10項（移動平均法を適用する有価証券について評価換え等があつた場合の一単位当たりの帳簿価額の算出の特例）（第119条の４第１項後段（評価換え等があつた場合の総平均法の適用の特例）においてその例による場合を含む。）の規定により第119条の３第10項に規定する他の法人の株式又は出資の同項に規定する基準時の直前における帳簿価額から減算される金額

四　当該法人を被現物分配法人とする適格現物分配により当該適格現物分配に係る現物分配法人から交付を受けた資産の当該適格現物分配の直前の帳簿価額に相当する金額（当該適格現物分配が法第24条第１項第４号から第７号まで（配当等の額とみなす金額）に掲げる事由に係るものである場合には、当該適格現物分配に係る同項に規定する株式又は出資に対応する部分の金額を除く。）

六　通算法人が第119条の３第５項に規定する他の通算法人の株式又は出資を有する場合において、当該他の通算法人について同項に規定する通算終了事由が生ずるときの同項に規定する簿価純資産不足額に相当する金額から同項に規定する簿価純資産超過額に相当する金額を減算した金額

七　当該法人が有する当該法人との間に完全支配関係（通算完全支配関係を除く。）がある法人（以下この号において「子法人」という。）の株式又は出資について寄附修正事由（子法人が他の内国法人から法第25条の２第２項に規定する受贈益の額で同条第１項の規定の適用があるものを受け、又は子法人が他の内国法人に対して法第37条第７項（寄附金の損金不算入）に規定する寄附金の額で同条第２項の規定の適用があるものを支出したことをいう。以下この号において同じ。）が生ずる場合の当該受贈益の額に当該寄附修正事由に係る持分割合（当該子法人の寄附修正事由が生じた時の直前の発行済株式又は出資（当該子法人が有する自己の株式又は出資を除く。）の総数又は総額のうちに当該法人が当該直前に有する当該子法人の株式又は出資の数又は金額の占める割合をいう。以下この号において同じ。）を乗じて計算した金額から寄附修正事由が生ずる場合の当該寄附金の額に当該寄附修正事由に係る持分割合を乗じて計算した金額を減算した金額

八　剰余金の配当（株式又は出資に係るものに限るものとし、資本剰余金の額の減少に伴うもの並びに分割型分割によるもの及び株式分配を除く。）若しくは利益の配当（分割型分割によるもの及び株式分配を除く。）若しくは剰余金の分配（出資に係るものに限る。）、投資信託及び投資法人に関する法律第137条（金銭の分配）の金銭の分配（法第23条第１項第２号に規定する出資等減少分配を除く。）又は資産の流動化に関する法律（平成10年法律第105号）第115条第１項（中間配当）に規定する金銭の分配の額として株主等に交付する金銭の

額及び金銭以外の資産の価額（適格現物分配に係る資産にあつては、その交付の直前の帳簿価額）の合計額（法第24条第１項の規定により法第23条第１項第１号又は第２号に掲げる金額とみなされる金額を除く。）

十二　前条第１項第18号に規定する資本の払戻し等により交付した金銭の額及び金銭以外の資産の価額（適格現物分配に係る資産にあつては、その交付の直前の帳簿価額）の合計額が当該資本の払戻し等に係る同号に規定する減資資本金額を超える場合におけるその超える部分の金額

十三　前第１項第19号に規定する出資等減少分配により交付した金銭の額が当該出資等減少分配に係る同号に規定する分配資本金額を超える場合におけるその超える部分の金額

十四　前条第１項第20号に規定する合計額が同号に規定する取得資本金額を超える場合におけるその超える部分の金額

第一目の二　受取配当等

（完全子法人株式等の範囲）

第22条の２　法第23条第５項（受取配当等の益金不算入）に規定する政令で定めるものは、同条第１項に規定する配当等の額（以下この条において「配当等の額」という。）の計算期間の初日から当該計算期間の末日まで継続して法第23条第５項の内国法人と配当等（前条第２項第１号に規定する配当等をいう。次項において同じ。）をする他の内国法人（公益法人等及び人格のない社団等を除く。）との間に完全支配関係がある場合（当該内国法人が当該計算期間の中途において当該他の内国法人との間に完全支配関係を有することとなつた場合において、当該計算期間の初日から当該完全支配関係を有することとなつた日まで継続して当該他の内国法人と他の者との間に当該他の者による完全支配関係があり、かつ、同日から当該計算期間の末日まで継続して当該内国法人と当該他の者との間及び当該他の内国法人と当該他の者との間に当該他の者による完全支配関係があるときを含む。）の当該他の内国法人の株式等（その受ける配当等の額が法第24条第１項（配当等の額とみなす金額）の規定により法第23条第１項第１号又は第２号に掲げる金額とみなされる金額であるときは、当該金額に係る効力発生日の前日において当該内国法人と当該他の内国法人との間に完全支配関係がある場合の当該他の内国法人の株式等）とする。

２　前項に規定する計算期間とは、その受ける配当等の額に係る配当等の前に最後に当該配当等をする他の内国法人によりされた配当等の基準日等（前条第２項第２号に規定する基準日等をいう。以下第23条までにおいて同じ。）の翌日（次の各号に掲げる場合には、当該各号に定める日）からその受ける配当等の額に係る基準日等までの期間をいう。

一　当該翌日がその受ける配当等の額に係る基準日等から起算して１年前の日以前の日である場合又はその受ける配当等の額が当該１年前の日以前に設立された他の内国法人からその設立の日以後最初にされる配当等に係るものである場合（第３号に掲げる場合を除く。）　当該１年前の日の翌日

二　その受ける配当等の額がその配当等の額に係る基準日等以前１年以内に設立された他の内国法人からその設立の日以後最初にされる配当等に係るものである場合（次号に掲げる場合を除く。）　当該設立の日

三　その受ける配当等の額がその配当等の額の元本である株式等を発行した他の内国法人から当該配当等の額に係る基準日等以前１年以内に取得したその元本である株式等につきその取得の日以後最初にされる配当等に係るものである場合　当該取得の日

３　内国法人が当該内国法人を合併法人とする適格合併（当該内国法人との間に完全支配関係がある他の法人を被合併法人とするものを除く。）により当該適格合併に係る被合併法人から配当等の額の元本である当該被合併法人との間に完全支配関係がある他の内国法人の株式等の移転を受けた場合において、当該適格合併が当該配当等の額の前項に規定する計算期間の末日の翌日から当該配当等の額に係る効力発生日までの間に行われたものであるときは、第１項の規定の適用については、当該被合併法人と当該他の内国法人との間に完全支配関係があつた期間は、当該内国法人と当該他の内国法人との間に完全支配関係があつたものとみなす。

（所有株式に対応する資本金等の額の計算方法等）

第23条 法第24条第１項（配当等の額とみなす金額）に規定する株式又は出資に対応する部分の金額は、同項に規定する事由の次の各号に掲げる区分に応じ当該各号に定める金額とする。

二 法第24条第１項第２号に掲げる分割型分割 当該分割型分割に係る分割法人の当該分割型分割の直前の分割資本金額等（当該分割型分割の直前の資本金等の額に当該分割法人の当該分割型分割に係るイに掲げる金額のうちにロに掲げる金額の占める割合（当該分割型分割の直前の資本金等の額が零以下である場合には零と、当該分割型分割の直前の資本金等の額及びロに掲げる金額が零を超え、かつ、イに掲げる金額が零以下である場合には１とし、当該割合に小数点以下３位未満の端数があるときはこれを切り上げる。）を乗じて計算した金額をいう。）を当該分割法人の当該分割型分割に係る株式の総数（第６項第２号に掲げる分割型分割にあつては、当該分割型分割の直前の発行済株式等の総数）で除し、これに同条第１項に規定する内国法人が当該分割型分割の直前に有していた当該分割法人の当該分割型分割に係る株式の数を乗じて計算した金額

イ 分割型分割の日の属する事業年度の前事業年度（当該分割型分割の日以前６月以内に法第72条第１項（仮決算をした場合の中間申告書の記載事項等）に規定する期間（通算子法にあつては、同条第５項第１号に規定する期間。イにおいて同じ。）について同条第１項各号に掲げる事項を記載した中間申告書を提出し、かつ、その提出の日から当該分割型分割の日までの間に確定申告書を提出していなかつた場合には、当該中間申告書に係る同項に規定する期間）終了の時の資産の帳簿価額から負債（新株予約権及び株式引受権に係る義務を含む。）の帳簿価額を減算した金額（当該終了の時から当該分割型分割の直前の時までの間に資本金等の額又は利益積立金額（第９条第１号及び第６号（利益積立金額）に掲げる金額を除く。）が増加し、又は減少した場合には、その増加した金額を加算し、又はその減少した金額を減算した金額）

ロ 分割型分割の直前の移転資産（当該分割型分割により当該分割法人から分割承継法人に移転した資産をいう。）の帳簿価額から移転負債（当該分割型分割により当該分割法人から当該分割承継法人に移転した負債をいう。）の帳簿価額を控除した金額（当該金額がイに掲げる金額を超える場合（イに掲げる金額が零に満たない場合を除く。）には、イに掲げる金額）

三 法第24条第１項第３号に掲げる株式分配 当該株式分配に係る現物分配法人の当該株式分配の直前の分配資本金額等（当該株式分配の直前の資本金等の額にイに掲げる金額のうちにロに掲げる金額の占める割合（当該株式分配の直前の資本金等の額が零以下である場合には零と、当該株式分配の直前の資本金等の額及びロに掲げる金額が零を超え、かつ、イに掲げる金額が零以下である場合には１とし、当該割合に小数点以下３位未満の端数があるときはこれを切り上げる。）を乗じて計算した金額をいう。）を当該現物分配法人の当該株式分配に係る株式の総数で除し、これに同項に規定する内国法人が当該株式分配の直前に有していた当該現物分配法人の当該株式分配に係る株式の数を乗じて計算した金額

イ 当該株式分配を前号イの分割型分割とみなした場合における同号イに掲げる金額

ロ 当該現物分配法人の当該株式分配の直前の法第２条第12号の15の２（定義）に規定する完全子法人の株式の帳簿価額に相当する金額（当該金額が零以下である場合には零とし、当該金額がイに掲げる金額を超える場合（イに掲げる金額が零に満たない場合を除く。）にはイに掲げる金額とする。）

四 法第24条第１項第４号に掲げる資本の払戻し又は解散による残余財産の分配（次号に掲げるものを除く。イにおいて「払戻し等」という。） 次に掲げる場合の区分に応じそれぞれ次に定める金額

イ ロに掲げる場合以外の場合 当該払戻

し等を行つた法人（イにおいて「払戻等法人」という。）の当該払戻し等の直前の払戻等対応資本金額等（当該直前の資本金等の額に⑴に掲げる金額のうちに⑵に掲げる金額の占める割合（当該直前の資本金等の額が零以下である場合には零と、当該直前の資本金等の額が零を超え、かつ、⑴に掲げる金額が零以下である場合又は当該直前の資本金等の額が零を超え、かつ、残余財産の全部の分配を行う場合には一とし、当該割合に小数点以下３位未満の端数があるときはこれを切り上げる。）を乗じて計算した金額（当該払戻し等が法第24条第１項第４号に規定する資本の払戻しである場合において、当該計算した金額が当該払戻し等により減少した資本剰余金の額を超えるときは、その超える部分の金額を控除した金額）をいう。）を当該払戻等法人の当該払戻し等に係る株式の総数で除し、これに同項に規定する内国法人が当該直前に有していた当該払戻等法人の当該払戻し等に係る株式の数を乗じて計算した金額

⑴　当該払戻し等を第２号イの分割型分割とみなした場合における同号イに掲げる金額

⑵　当該資本の払戻しにより減少した資本剰余金の額又は当該解散による残余財産の分配により交付した金銭の額及び金銭以外の資産の価額（適格現物分配に係る資産にあつては、その交付の直前の帳簿価額）の合計額（当該減少した資本剰余金の額又は当該合計額が⑴に掲げる金額を超える場合には、⑴に掲げる金額）

ロ　当該資本の払戻しを行つた法人（ロにおいて「払戻法人」という。）が二以上の種類の株式を発行していた法人である場合　法第24条第１項に規定する内国法人が当該資本の払戻しの直前に有していた当該払戻法人の当該資本の払戻しに係る株式の種類ごとに、当該払戻法人の当該直前のその種類の株式に係る払戻対応種類資本金額（当該直前の当該種類の株式に係る第八条第２項（資本金等の額）に規定する種類資本金額（ロにおいて「直前種類資本金額」という。）に種類払戻割合（⑴に掲げる金額のうちに⑵に掲げる金額の占める割合をいい、直前種類資本金額又は当該直前の資本金等の額が零以下である場合には零と、直前種類資本金額及び当該直前の資本金等の額が零を超え、かつ、⑴に掲げる金額が零以下である場合には一とし、当該割合に小数点以下３位未満の端数があるときはこれを切り上げる。）を乗じて計算した金額（当該金額が⑵(ⅰ)又は(ⅱ)に掲げる場合の区分に応じそれぞれ⑵(ⅰ)又は(ⅱ)に定める金額を超える場合には、その超える部分の金額を控除した金額）をいう。）を当該払戻法人の当該資本の払戻しに係る当該種類の株式の総数で除し、これに当該内国法人が当該直前に有していた当該払戻法人の当該種類の株式の数を乗じて計算した金額の合計額

⑴　イ⑴に掲げる金額に当該資本の払戻しの直前の資本金等の額のうちに直前種類資本金額の占める割合を乗じて計算した金額

⑵　次に掲げる場合の区分に応じそれぞれ次に定める金額（当該金額が⑴に掲げる金額を超える場合には、⑴に掲げる金額）

(ⅰ)　当該資本の払戻しにより減少した資本剰余金の額のうち当該種類の株式に係る部分の金額が明らかな場合　当該金額

(ⅱ)　(ⅰ)に掲げる場合以外の場合　当該資本の払戻しにより減少した資本剰余金の額に当該資本の払戻しの直前の当該資本の払戻しに係る各種類の株式に係る第８条第２項に規定する種類資本金額（当該種類資本金額が零以下である場合には、零）の合計額のうちに直前種類資本金額の占める割合（当該合計額が零である場合には、一）を乗じて計算した金額

六　法第24条第１項第５号から第７号までに掲げる事由（以下この号において「自己株式の取得等」という。）次に掲げる場合の区分に応じそれぞれ次に定める金額

イ　当該自己株式の取得等をした法人（以

下この号において「取得等法人」という。）が一の種類の株式を発行していた法人（口数の定めがない出資を発行する法人を含む。）である場合　当該取得等法人の当該自己株式の取得等の直前の資本金等の額を当該直前の発行済株式等の総数で除し、これに法第24条第１項に規定する内国法人が当該直前に有していた当該取得等法人の当該自己株式の取得等に係る株式の数を乗じて計算した金額（当該直前の資本金等の額が零以下である場合には、零）

ロ　取得等法人が二以上の種類の株式を発行していた法人である場合　当該取得等法人の当該自己株式の取得等の直前の当該自己株式の取得等に係る株式と同一の種類の株式に係る第８条第２項に規定する種類資本金額を当該直前の当該種類の株式（当該取得等法人が当該直前に有していた自己の株式を除く。）の総数で除し、これに法第24条第１項に規定する内国法人が当該直前に有していた当該取得等法人の当該自己株式の取得等に係る当該種類の株式の数を乗じて計算した金額（当該直前の当該種類資本金額が零以下である場合には、零）

第二目　資産の評価益

（資産の評価益の計上ができない株式の発行法人等から除外される通算法人）

第24条の３　法第25条第４項（資産の評価益）に規定する政令で定める法人は、初年度離脱通算子法人（通算子法人で通算親法人との間に通算完全支配関係を有することとなつた日の属する当該通算親法人の事業年度終了の日までに当該通算完全支配関係を有しなくなるもの（当該通算完全支配関係を有することとなつた日以後２月以内に法第64条の10第６項第５号又は第６号（通算制度の取りやめ等）に掲げる事実が生ずることにより当該通算完全支配関係を有しなくなるものに限るものとし、他の通算法人を合併法人とする合併又は残余財産の確定により当該通算完全支配関係を有しなくなるものを除く。）をいう。）とする。

第九目　資産の評価損

（資産の評価損の計上ができる事実）

第68条　法第33条第２項（資産の評価損の損金不算入等）に規定する政令で定める事実は、物損等の事実（次の各号に掲げる資産の区分に応じ当該各号に定める事実であつて、当該事実が生じたことにより当該資産の価額がその帳簿価額を下回ることとなつたものをいう。）及び法的整理の事実（更生手続における評定が行われることに準ずる特別の事実をいう。）とする。

一　棚卸資産　次に掲げる事実

イ　当該資産が災害により著しく損傷したこと。

ロ　当該資産が著しく陳腐化したこと。

ハ　イ又はロに準ずる特別の事実

二　有価証券　次に掲げる事実（法第61条の３第１項第１号（売買目的有価証券の評価益又は評価損の益金又は損金算入等）に規定する売買目的有価証券にあつては、ロ又はハに掲げる事実）

イ　第119条の13第１項第１号から第４号まで（売買目的有価証券の時価評価金額）に掲げる有価証券（第119条の２第２項第２号（有価証券の一単位当たりの帳簿価額の算出の方法）に掲げる株式又は出資に該当するものを除く。）の価額が著しく低下したこと。

ロ　イに規定する有価証券以外の有価証券について、その有価証券を発行する法人の資産状態が著しく悪化したため、その価額が著しく低下したこと。

ハ　ロに準ずる特別の事実

三　固定資産　次に掲げる事実

イ　当該資産が災害により著しく損傷したこと。

ロ　当該資産が１年以上にわたり遊休状態にあること。

ハ　当該資産がその本来の用途に使用することができないため他の用途に使用されたこと。

ニ　当該資産の所在する場所の状況が著しく変化したこと。

ホ　イからニまでに準ずる特別の事実

四　繰延資産（第14条第１項第６号（繰延資産の範囲）に掲げるもののうち他の者の有

する固定資産を利用するために支出されたものに限る。） 次に掲げる事実
イ その繰延資産となる費用の支出の対象となつた固定資産につき前号イからニまでに掲げる事実が生じたこと。
ロ イに準ずる特別の事実

（資産の評価損の計上ができない株式の発行法人等）

第68条の３ 法第33条第５項（資産の評価損）に規定する政令で定めるものは、次に掲げる法人とする。
一 清算中の内国法人
二 解散（合併による解散を除く。）をすることが見込まれる内国法人
三 内国法人で当該内国法人との間に完全支配関係がある他の内国法人との間で適格合併を行うことが見込まれるもの

２ 法第33条第５項に規定する政令で定める法人は、第24条の３（資産の評価益の計上ができない株式の発行法人等から除外される通算法人）に規定する初年度離脱通算子法人とする。

第一目の二 有価証券の一単位当たりの帳簿価額及び時価評価金額

（移動平均法を適用する有価証券について評価換え等があつた場合の一単位当たりの帳簿価額の算出の特例）

第119条の３

５ 内国法人の有する株式（出資を含むものとし、移動平均法によりその一単位当たりの帳簿価額を算出するものに限る。第３号を除き、以下この項において同じ。）を発行した他の通算法人（第24条の３（資産の評価益の計上ができない株式の発行法人等から除外される通算法人）に規定する初年度離脱通算子法人及び通算親法人を除く。）について通算終了事由（法第64条の９第１項（通算承認）の規定による承認がその効力を失うことをいう。以下この項において同じ。）が生じた場合には、その株式の当該通算終了事由が生じた時の直後の移動平均法により算出した一単位当たりの帳簿価額は、当該通算終了事由が生じた時の直前の帳簿価額に簿価純資産不足額（当該帳簿価額が簿価純資産価額（第１号に掲げる金額から第２号に掲げる金額を減算した金額に第３号に掲げる割合を乗じて計算した金額をいう。以下この項において同じ。）に満たない場合におけるその満たない部分の金額をいう。）を加算し、又は当該直前の帳簿価額から簿価純資産超過額（当該帳簿価額が簿価純資産価額を超える場合におけるその超える部分の金額をいう。）を減算した金額をその株式の数で除して計算した金額とする。
一 当該他の通算法人の当該承認の効力を失つた日の前日の属する事業年度終了の時において有する資産の帳簿価額の合計額
二 当該他の通算法人の当該承認の効力を失つた日の前日の属する事業年度終了の時において有する負債（新株予約権及び株式引受権に係る義務を含む。）の帳簿価額の合計額
三 当該他の通算法人の当該承認の効力を失う直前の発行済株式又は出資（当該他の通算法人が有する自己の株式又は出資を除く。第７項において「発行済株式等」という。）の総数又は総額のうちに当該内国法人が当該直前に有する当該他の通算法人の株式又は出資の数又は金額の占める割合

９ 内国法人の有する第９条第７号（利益積立金額）に規定する子法人の株式（出資を含むものとし、移動平均法によりその一単位当たりの帳簿価額を算出するものに限る。以下この項において同じ。）について同号に規定する寄附修正事由が生じた場合には、その株式の当該寄附修正事由が生じた直後の移動平均法により算出した一単位当たりの帳簿価額は、当該寄附修正事由が生じた時の直前の帳簿価額に同号に掲げる金額を加算した金額をその株式の数で除して計算した金額とする。

（評価換え等があつた場合の総平均法の適用の特例）

第119条の４ 内国法人の有する有価証券（第119条の２第１項第２号（有価証券の一単位当たりの帳簿価額の算出の方法）に掲げる総平均法（以下この項において「総平均法」という。）によりその一単位当たりの帳簿価額を算出するものに限る。以下この条において同じ。）又はその有価証券を発行した法人に

ついて、当該事業年度において前条第１項各号に規定する評価換え、同条第２項に規定する民事再生等評価換え、同条第３項に規定する非適格株式交換等時価評価、同条第４項に規定する時価評価、同条第５項に規定する通算終了事由の発生、同条第９項に規定する寄附修正事由の発生、同条第10項に規定する対象配当等の額の受領、同条第17項に規定する併合、同条第18項に規定する分割若しくは併合、同条第19項に規定する交付、同条第20項に規定する合併、同条第21項若しくは第22項に規定する分割型分割、同条第23項に規定する分社型分割、同条第24項に規定する株式分配、同条第25項に規定する株式交換、同条第26項に規定する資本の払戻し若しくは分配又は同条第27項に規定する交付（以下この項において「評価換え等」という。）があつた場合には、当該事業年度開始の時（その時からその評価換え等があつた時までの間に他の評価換え等があつた場合には、その評価換え等の直前の他の評価換え等があつた時）からその評価換え等の直前の時までの期間（以下この項において「評価換前期間」という。）及びその評価換え等があつた時から当該事業年度終了の時までの期間（以下この項において「評価換後期間」という。）をそれぞれ一事業年度とみなして、総平均法によりその一単位当たりの帳簿価額を算出するものとする。この場合において、当該評価換後期間の開始の時において有するその有価証券の帳簿価額は、当該評価換前期間を一事業年度とみなして総平均法により算出したその有価証券のその一単位当たりの帳簿価額に当該評価換前期間の終了の時において有するその有価証券の数を乗じて計算した金額をその有価証券のその評価換え等の直前の帳簿価額とみなして同条各項の規定の例により算出したその評価換え等の直後のその一単位当たりの帳簿価額に、その評価換え等の直後にその内国法人の有するその有価証券の数を乗じて計算した金額とする。

（分割型分割の場合の譲渡対価の額及び譲渡原価の額等）

第119条の８　法第61条の２第４項（有価証券の譲渡益又は譲渡損の益金又は損金算入）に規定する政令で定めるところにより計算した金額は、同項に規定する所有株式を発行した法人の行つた分割型分割の直前の当該所有株式の帳簿価額に当該分割型分割に係る第23条第１項第２号（所有株式に対応する資本金等の額の計算方法等）に規定する割合を乗じて計算した金額とする。

２　前項に規定する所有株式を発行した法人は、分割型分割を行つた場合には、当該所有株式を有していた法人に対し、当該分割型分割に係る同項に規定する割合を通知しなければならない。

（株式分配の場合の譲渡対価の額及び譲渡原価の額等）

第119条の８の２　法第61条の２第８項（有価証券の譲渡益又は譲渡損の益金又は損金算入）に規定する政令で定めるところにより計算した金額は、同項に規定する所有株式を発行した法人の行つた株式分配の直前の当該所有株式の帳簿価額に当該株式分配に係る第23条第１項第３号（所有株式に対応する資本金等の額の計算方法等）に規定する割合を乗じて計算した金額とする。

２　前項に規定する所有株式を発行した法人は、株式分配を行つた場合には、当該所有株式を有していた法人に対し、当該株式分配に係る同項に規定する割合を通知しなければならない。

（資本の払戻し等の場合の株式の譲渡原価の額等）

第119条の９　法第61条の２第18項（有価証券の譲渡益又は譲渡損の益金又は損金算入）に規定する政令で定めるところにより計算した金額は、同項に規定する所有株式を発行した法人の行つた同項に規定する払戻し等の直前の当該所有株式の帳簿価額に当該払戻し等に係る第23条第１項第４号イ（所有株式に対応する資本金等の額の計算方法等）に規定する割合（次の各号に掲げる場合には、当該払戻し等に係る当該各号に定める割合。次項において「払戻等割合」という。）を乗じて計算した金額とする。

一　当該払戻し等が二以上の種類の株式又は出資を発行していた法人が行つた法第61条の２第18項に規定する資本の払戻しである場合　当該所有株式に係る第23条第１項第

4号ロに規定する種類払戻割合

二　当該払戻し等が法第23条第1項第2号（受取配当等の益金不算入）に規定する出資等減少分配である場合　第23条第1項第5号に規定する割合

2　前項に規定する所有株式を発行した法人は、同項に規定する払戻し等を行つた場合には、当該所有株式を有していた法人に対し、当該払戻し等に係る払戻等割合を通知しなければならない。

第五目　完全支配関係がある法人の間の取引の損益

第122条の12　法第61条の11第1項（完全支配関係がある法人の間の取引の損益）に規定する政令で定めるものは、次に掲げる資産とする。

一　法第61条の3第1項第1号（売買目的有価証券の評価益又は評価損の益金又は損金算入等）に規定する売買目的有価証券（次号及び第4項第6号において「売買目的有価証券」という。）

二　その譲渡を受けた他の内国法人（法第61条の11第1項の内国法人との間に完全支配関係があるものに限る。以下この条において同じ。）において売買目的有価証券とされる有価証券（前号又は次号に掲げるものを除く。）

三　その譲渡の直前の帳簿価額（その譲渡した資産を財務省令で定める単位に区分した後のそれぞれの資産の帳簿価額とする。）が1,000万円に満たない資産（第1号に掲げるもの及び法第61条の11第1項の内国法人が通算法人である場合における同条第八項に規定する他の通算法人の株式又は出資（当該他の通算法人以外の通算法人に譲渡されたものに限る。第17項及び第19項において「通算法人株式」という。）を除く。）

2　法第61条の11第1項の内国法人が同項に規定する譲渡損益調整資産（以下この条において「譲渡損益調整資産」という。）を同項に規定する他の内国法人に譲渡した場合において、その譲渡につき法第61条の2第1項（有価証券の譲渡益又は譲渡損の益金又は損金算入）の規定の適用があるときは同項第1号に掲げる金額（同条第6項、第7項、第9項から第11項まで、第14項又は第17項の規定の適用がある場合には、これらの規定により同号に掲げる金額とされる金額）を、その譲渡につき法第62条（合併及び分割による資産等の時価による譲渡）又は第62条の3から第62条の5まで（適格分社型分割等による資産の譲渡）の規定の適用があるときはこれらの規定によりその譲渡に係る収益の額とされる金額を、それぞれ法第61条の11第1項に規定する収益の額として、同項の規定を適用する。

3　法第61条の11第1項の内国法人が同項に規定する譲渡損益調整資産を同項に規定する他の内国法人に譲渡した場合において、その譲渡につき法第50条（交換により取得した資産の圧縮額の損金算入）又は租税特別措置法第64条から第65条の5の2まで若しくは第65条の7から第65条の10まで（収用等に伴い代替資産を取得した場合の課税の特例等）の規定によりその譲渡した事業年度の所得の金額の計算上損金の額に算入される金額（同法第65条の6（資産の譲渡に係る特別控除額の特例）の規定により損金の額に算入されない金額がある場合には、当該金額を控除した金額。以下この項において「損金算入額」という。）があるときは、当該譲渡損益調整資産に係る法第61条の11第1項に規定する譲渡利益額（以下この条において「譲渡利益額」という。）は、当該損金算入額を控除した金額とする。

4　法第61条の11第2項に規定する政令で定める事由は、次の各号に掲げる事由（同条第6項の規定の適用があるものを除く。）とし、内国法人が譲渡損益調整資産に係る譲渡利益額又は譲渡損失額（同条第1項に規定する譲渡損失額をいう。以下この条において同じ。）につき法第61条の11第1項の規定の適用を受けた場合において、当該譲渡損益調整資産に係る譲受法人（同条第2項に規定する譲受法人をいう。以下この条において同じ。）において当該事由が生じたときは、当該各号に掲げる事由の区分に応じ当該各号に定める金額（当該各号に定める金額と当該譲渡利益額又は譲渡損失額に係る調整済額とを合計した金額が当該譲渡利益額又は譲渡損失額に相当する金額を超える場合には、その超える部分の金額を控除した金額）は、当該事由が生じた日の属する当該譲受法人の事業年度終了の日の属する当該内国法人の事業年度（当該譲渡損益調整資産につき法第61条の11第３項又は第４項の規定の適用を受ける事業年度以後の事業年度を除く。）の所得の金額の計算上、益金の額又は損金の額に算入する。

一　次に掲げる事由　当該譲渡利益額又は譲渡損失額に相当する金額
　イ　当該譲渡損益調整資産の譲渡、貸倒れ、除却その他これらに類する事由（次号から第８号までに掲げる事由を除く。）
　ロ　当該譲渡損益調整資産の適格分割型分割による分割承継法人への移転
　ハ　普通法人又は協同組合等である当該譲受法人が公益法人等に該当することとなつたこと。

二　当該譲渡損益調整資産が譲受法人において、法第25条第２項（資産の評価益）に規定する評価換えによりその帳簿価額を増額され、その増額された部分の金額が益金の額に算入されたこと又は同条第３項に規定する資産に該当し、当該譲渡損益調整資産の同項に規定する評価益の額として政令で定める金額が益金の額に算入されたこと　当該譲渡利益額又は譲渡損失額に相当する金額

三　当該譲渡損益調整資産が譲受法人において減価償却資産に該当し、その償却費が損金の額に算入されたこと　当該譲渡利益額又は譲渡損失額に相当する金額に、当該譲受法人における当該譲渡損益調整資産の取得価額のうちに当該損金の額に算入された金額の占める割合を乗じて計算した金額

四　当該譲渡損益調整資産が譲受法人において繰延資産に該当し、その償却費が損金の額に算入されたこと　当該譲渡利益額又は譲渡損失額に相当する金額に、当該譲受法人における当該譲渡損益調整資産の額のうちに当該損金の額に算入された金額の占める割合を乗じて計算した金額

五　当該譲渡損益調整資産が譲受法人において、法第33条第２項（資産の評価損）に規定する評価換えによりその帳簿価額を減額され、当該譲渡損益調整資産の同項に規定する差額に達するまでの金額が損金の額に算入されたこと、同条第３項に規定する評価換えによりその帳簿価額を減額され、その減額された部分の金額が損金の額に算入されたこと又は同条第４項に規定する資産に該当し、当該譲渡損益調整資産の同項に規定する評価損の額として政令で定める金額が損金の額に算入されたこと　当該譲渡利益額又は譲渡損失額に相当する金額

六　有価証券である当該譲渡損益調整資産と銘柄を同じくする有価証券（売買目的有価証券を除く。）の譲渡（当該譲受法人が取得した当該銘柄を同じくする有価証券である譲渡損益調整資産の数に達するまでの譲渡に限る。）　当該譲渡利益額又は譲渡損失額に相当する金額のうちその譲渡をした数に対応する部分の金額

七　当該譲渡損益調整資産が譲受法人において第119条の14（償還有価証券の帳簿価額の調整）に規定する償還有価証券（以下この号において「償還有価証券」という。）に該当し、当該譲渡損益調整資産につき第139条の２第１項（償還有価証券の調整差益又は調整差損の益金又は損金算入）に規定する調整差益又は調整差損が益金の額又は損金の額に算入されたこと　当該譲渡利益額又は譲渡損失額に相当する金額（既にこの号に掲げる事由が生じたことによる調整済額がある場合には、当該調整済額を控除した金額）に、当該内国法人の当該事業年度開始の日から当該償還有価証券の償還日までの期間の日数のうちに当該内国法人の当該事業年度の日数の占める割合を乗じて計算した金額

八　当該譲渡損益調整資産が譲受法人において法第64条の11第１項（通算制度の開始に伴う資産の時価評価損益）に規定する時価評価資産、同条第２項に規定する株式若しくは出資、法第64条の12第１項（通算制度への加入に伴う資産の時価評価損益）に規定する時価評価資産、同条第２項に規定する株式若しくは出資又は法第64条の13第１項（通算制度からの離脱等に伴う資産の時価評価損益）に規定する時価評価資産に該当し、当該譲渡損益調整資産につきこれらの規定に規定する評価益の額又は評価損の額が益金の額又は損金の額に算入されたこと　当該譲渡利益額又は譲渡損失額に相当する金額

5　前項に規定する調整済額とは、同項の譲渡損益調整資産に係る譲渡利益額又は譲渡損失額に相当する金額につき、既に同項の内国法

人の各事業年度の所得の金額の計算上益金の額又は損金の額に算入された金額の合計額をいう。

6　内国法人が譲渡をした譲渡損益調整資産に係る譲渡利益額又は譲渡損失額につき法第61条の11第1項の規定の適用を受けた場合において、当該譲渡損益調整資産が譲受法人において減価償却資産又は繰延資産（第14条第1項第6号（繰延資産の範囲）に掲げるものに限る。第2号において同じ。）に該当する場合には、当該譲渡損益調整資産の次の各号に掲げる区分に応じ当該各号に定める金額を第4項第3号又は第4号に定める金額とみなして、同項（第3号及び第4号に係る部分に限る。）の規定を適用する。

一　減価償却資産　当該譲渡利益額又は譲渡損失額に相当する金額にイに掲げる月数をロに掲げる数で除して得た割合を乗じて計算した金額

イ　当該内国法人の当該事業年度開始の日からその終了の日までの期間（当該譲渡の日（法第61条の11第5項の規定により同項に規定する適格合併に係る合併法人を当該譲渡損益調整資産に係る譲渡利益額又は譲渡損失額につき同条第1項の規定の適用を受けた法人とみなして同条の規定を適用する場合において、当該適格合併に係る被合併法人が当該譲渡損益調整資産につきこの項の規定の適用を受けていたときにおける当該合併法人の当該適格合併の日の属する事業年度の当該譲渡損益調整資産については、当該適格合併の日。次号イにおいて同じ。）の前日までの期間を除く。）の月数

ロ　当該譲受法人が当該譲渡損益調整資産について適用する耐用年数に12を乗じて得た数

二　繰延資産　当該譲渡利益額又は譲渡損失額に相当する金額にイに掲げる月数をロに掲げる月数で除して得た割合を乗じて計算した金額

イ　当該内国法人の当該事業年度開始の日からその終了の日までの期間（当該譲渡の日の前日までの期間を除く。）の月数

ロ　当該繰延資産となつた費用の支出の効果の及ぶ期間の月数

7　前項の月数は、暦に従つて計算し、1月に満たない端数を生じたときは、これを1月とする。

8　第6項の規定は、同項の譲渡損益調整資産の譲渡の日の属する事業年度の確定申告書に同項の規定の適用を受けて第4項の規定により益金の額又は損金の額に算入する金額及びその計算に関する明細の記載がある場合に限り、適用する。

9　税務署長は、前項の記載がない確定申告書の提出があつた場合においても、その記載がなかつたことについてやむを得ない事情があると認めるときは、第6項の規定を適用することができる。

10　内国法人が第4項の規定を適用する場合には、同項各号に掲げる事由は、譲受法人において同項第1号に掲げる事由が生じた日の属する当該譲受法人の事業年度終了の日、譲受法人において同項第2号から第5号まで、第7号若しくは第8号に規定する益金の額若しくは損金の額に算入された事業年度終了の日又は同項第6号の譲渡の日の属する譲受法人の事業年度終了の日に生じたものとする。

11　法第61条の11第4項に規定する政令で定めるものは、次に掲げるものとする。

一　譲渡損益調整資産に係る譲渡利益額又は譲渡損失額から当該譲渡損益調整資産に係る第5項に規定する調整済額を控除した金額が1,000万円に満たない場合における当該譲渡損益調整資産

二　次に掲げる法人の区分に応じそれぞれ次に定める譲渡損益調整額に係る譲渡損益調整資産

イ　法第64条の11第1項に規定する内国法人（同項に規定する親法人を除く。）　第131条の13第2項第2号ロ（時価評価資産等の範囲）に掲げる譲渡損益調整額

ロ　法第64条の12第1項に規定する他の内国法人　第131条の13第3項第2号ロに掲げる譲渡損益調整額

12　法第61条の11第4項第3号に規定する政令で定める事由は、第4項第1号、第2号、第5号、第6号及び第8号に掲げる事由（同条第6項の規定の適用があるものを除く。）とする。

13　法第61条の11第5項の規定により同項の適格合併に係る合併法人を譲渡損益調整資産に係る譲渡利益額又は譲渡損失額につき同条第

１項の規定の適用を受けた法人とみなして同条の規定を適用する場合には、同条第３項又は第４項に規定する益金の額又は損金の額に算入された金額には、当該譲渡損益調整資産に係る譲渡利益額又は譲渡損失額に相当する金額で当該適格合併に係る被合併法人の当該適格合併の日の前日の属する事業年度以前の各事業年度の所得の金額の計算上益金の額又は損金の額に算入された金額を含むものとする。

14　内国法人が譲渡損益調整資産に係る譲渡利益額又は譲渡損失額につき法第61条の11第１項の規定の適用を受けた場合（当該譲渡損益調整資産の適格合併に該当しない合併による合併法人への移転により同項の規定の適用を受けた場合を除く。）には、当該内国法人の負債又は資産には、当該譲渡利益額又は譲渡損失額（同条第８項の規定の適用があるもの及び第５項に規定する調整済額を除く。）に相当する調整勘定を含むものとし、内国法人を被合併法人とする適格合併につき同条第５項の規定の適用があるときは、当該適格合併により合併法人に引き継がれる負債又は資産には、同項の規定により当該合併法人が譲渡利益額又は譲渡損失額につき同条第１項の規定の適用を受けたものとみなされる場合の当該譲渡利益額又は譲渡損失額（当該内国法人における第５項に規定する調整済額を除く。）に相当する調整勘定を含むものとする。

15　適格分割型分割に該当しない分割型分割に係る分割承継法人により法第２条第12号の９イ（定義）に規定する分割対価資産が交付された場合には、当該分割承継法人から当該分割型分割に係る分割法人の株主等に対して当該分割対価資産が譲渡されたものとみなして、法第61条の11第１項の規定を適用する。

16　法第61条の11第８項に規定する政令で定める法人は、第24条の３（資産の評価益の計上ができない株式の発行法人等から除外される通算法人）に規定する初年度離脱通算子法人とする。

17　内国法人（普通法人又は協同組合等に限る。）がその有する固定資産、土地（土地の上に存する権利を含み、固定資産に該当するものを除く。）、有価証券、金銭債権及び繰延資産（第１項第１号又は第３号に掲げるものを除く。以下この項において「譲渡損益調整資産該当資産」という。）を他の内国法人（当該内国法人との間に完全支配関係がある普通法人又は協同組合等に限る。）に譲渡した場合（その譲渡した資産が通算法人株式である場合を除く。）には、その譲渡の後遅滞なく、当該他の内国法人に対し、その譲渡した資産が譲渡損益調整資産該当資産である旨（当該資産につき第６項の規定の適用を受けようとする場合には、その旨を含む。）を通知しなければならない。

18　前項の通知を受けた同項の他の内国法人（適格合併に該当しない合併により同項の資産の移転を受けたものを除く。）は、次の各号に掲げる場合の区分に応じ当該各号に掲げる事項を、当該通知を受けた後遅滞なく、当該通知をした内国法人（当該内国法人が法第61条の11第５項に規定する適格合併により解散した後は、当該適格合併に係る合併法人）に通知しなければならない。

一　前項の通知に係る資産が第１項第２号に掲げる資産に該当する場合　その旨

二　前項の通知に係る資産が当該他の内国法人において減価償却資産又は第６項に規定する繰延資産に該当する場合において、当該資産につき同項の規定の適用を受けようとする旨の通知を受けたとき　当該資産について適用する耐用年数又は当該資産の支出の効果の及ぶ期間

19　譲受法人は、譲渡損益調整資産（通算法人株式を除く。以下この項において同じ。）につき第４項各号に掲げる事由（当該譲渡損益調整資産につき第６項の規定の適用を受けようとする旨の通知を受けていた場合には、第４項第３号又は第４号に掲げる事由を除く。）が生じたときは、その旨（当該事由が同項第３号又は第４号に掲げる事由である場合にあつては、損金の額に算入されたこれらの号の償却費の額を含む。）及びその生じた日を、当該事由が生じた事業年度終了後遅滞なく、その譲渡損益調整資産の譲渡をした内国法人（当該内国法人が法第61条の11第５項に規定する適格合併により解散した後は、当該適格合併に係る合併法人）に通知しなければならない。

（適格現物分配における被現物分配法人の資産の取得価額）

第123条の６　内国法人が適格現物分配により現物分配法人から資産の移転を受けた場合には、当該資産の取得価額は、法第62条の５第３項（現物分配による資産の譲渡）に規定する帳簿価額に相当する金額とする。

（非適格株式交換等に係る株式交換完全子法人等の有する資産の時価評価損益）

第123条の11　法第62条の９第１項（非適格株式交換等に係る株式交換完全子法人等の有する資産の時価評価損益）に規定する政令で定めるものは、次に掲げる資産とする。

一　法第62条の９第１項の内国法人が同項に規定する非適格株式交換等の日の属する事業年度開始の日前５年以内に開始した各事業年度（以下この号及び第５号において「前５年内事業年度」という。）において次に掲げる規定の適用を受けた減価償却資産（当該減価償却資産が適格合併、適格分割、適格現物出資又は適格現物分配により被合併法人、分割法人、現物出資法人又は現物分配法人（以下この号において「被合併法人等」という。）から移転を受けたものである場合には、当該被合併法人等の当該前５年内事業年度において次に掲げる規定の適用を受けたものを含む。）

イ　法第42条第１項、第２項、第５項又は第６項（国庫補助金等で取得した固定資産等の圧縮額の損金算入）

ロ　法第44条第１項又は第４項（特別勘定を設けた場合の国庫補助金等で取得した固定資産等の圧縮額の損金算入）

ハ　法第45条第１項、第２項、第５項又は第６項（工事負担金で取得した固定資産等の圧縮額の損金算入）

ニ　法第47条第１項、第２項、第５項又は第６項（保険金等で取得した固定資産等の圧縮額の損金算入）

ホ　法第49条第１項又は第４項（特別勘定を設けた場合の保険金等で取得した固定資産等の圧縮額の損金算入）

ヘ　租税特別措置法第67条の４第１項若しくは第２項（転廃業助成金等に係る課税の特例）（同条第９項において準用する場合を含む。）又は同条第３項（同条第10項において準用する場合を含む。）

二　法第61条の３第１項第１号（売買目的有価証券の評価益又は評価損の益金又は損金算入等）に規定する売買目的有価証券

三　第119条の14（償還有価証券の帳簿価額の調整）に規定する償還有価証券

四　資産の帳簿価額（資産を財務省令で定める単位に区分した後のそれぞれの資産の帳簿価額とする。次号及び次項において同じ。）が1,000万円に満たない場合の当該資産

五　資産の価額（資産を前号に規定する単位に区分した後のそれぞれの資産の価額とする。以下この号及び次項において同じ。）とその帳簿価額との差額（前５年内事業年度において第１号イからヘまでに掲げる規定の適用を受けた固定資産（同号に規定する減価償却資産を除く。）で、その価額がその帳簿価額を超えるものについては、当該前５年内事業年度において同号イからヘまでに掲げる規定により損金の額に算入された金額又はその超える部分の金額のいずれか少ない金額を控除した金額）が同号の内国法人の資本金等の額の２分の１に相当する金額又は1,000万円のいずれか少ない金額に満たない場合の当該資産

六　法第62条の９第１項の内国法人との間に完全支配関係がある他の内国法人（次に掲げるものに限る。）の株式又は出資で、その価額がその帳簿価額に満たないもの

イ　清算中のもの

ロ　解散（合併による解散を除く。）をすることが見込まれるもの

ハ　当該他の内国法人との間に完全支配関係がある内国法人との間で適格合併を行うことが見込まれるもの

七　法第62条の９第１項の内国法人が通算法人である場合における当該内国法人が有する他の通算法人（第24条の３（資産の評価益の計上ができない株式の発行法人等から除外される通算法人）に規定する初年度離脱通算子法人及び通算親法人を除く。）の株式又は出資

４　法第62条の９第１項の規定の適用を受けた場合において、同項に規定する評価益の額又は評価損の額を益金の額又は損金の額に算入

された資産については、同項の規定の適用を受けた事業年度以後の各事業年度の所得の金額の計算上、当該資産の帳簿価額は、別段の定めがあるものを除き、同項に規定する非適格株式交換等の時において、当該益金の額に算入された金額に相当する金額の増額がされ、又は当該損金の額に算入された金額に相当する金額の減額がされたものとする。

第二目　損益通算及び欠損金の通算のための承認

（通算法人の範囲）

第131条の11　法第64条の９第１項各号列記以外の部分（通算承認）に規定する政令で定める法人は、法人課税信託（法第２条第29号の２ニ又はホ（定義）に掲げる信託に限る。）に係る法第４条の３（受託法人等に関するこの法律の適用）に規定する受託法人とする。

２　法第64条の９第１項に規定する政令で定める関係は、第４条の２第２項（支配関係及び完全支配関係）中「一の者（その者が個人である場合には、その者及びこれと前条第１項に規定する特殊の関係のある個人）が法人」とあるのを「内国法人が他の内国法人（法第64条の９第１項第３号から第10号まで（通算承認）に掲げる法人を除く。）」と、「当該一の者」とあるのを「当該内国法人」と、「法人と」とあるのを「他の内国法人と」と、「二以上の法人が他の法人」とあるのを「二以上の法人が他の内国法人（法第64条の９第１項第３号から第10号までに掲げる法人を除く。）」と、「当該他の法人」とあるのを「当該他の内国法人」と、同項各号中「当該法人」とあるのを「当該他の内国法人」と読み替えた場合に完全支配関係に該当する関係とする。

３　法第64条の９第１項第10号に規定する政令で定める法人は、次に掲げる法人とする。

一　法第64条の10第６項（第６号に係る部分に限るものとし、その発行済株式又は出資を直接又は間接に保有する通算子法人の破産手続開始の決定による解散に基因して同号に掲げる事実が生じた場合を除く。）（通算制度の取りやめ等）の規定により法第64条の９第１項の規定による承認の効力を失つた法人（その効力を失う直前において同項に規定する親法人による完全支配関係（同項に規定する政令で定める関係に限る。）があつたものに限る。）でその効力を失つた日から同日以後５年を経過する日の属する事業年度終了の日までの期間を経過していないもの

二　法人課税信託（法第２条第29号の２ニ又はホに掲げる信託に限る。）に係る法第４条の３に規定する受託法人

（時価評価資産等の範囲）

第131条の13　法第64条の９第７項（通算承認）に規定する政令で定めるものは、次に掲げるものとする。

一　法第64条の11第１項（通算制度の開始に伴う資産の時価評価損益）に規定する時価評価資産

二　法第61条の11第４項（完全支配関係がある法人の間の取引の損益）に規定する譲渡損益調整額（次項第２号及び第３項第２号において「譲渡損益調整額」という。）のうち1,000万円以上のもの

三　法第63条第１項（リース譲渡に係る収益及び費用の帰属事業年度）に規定するリース譲渡に係る契約のうち繰延長期割賦損益額（イに掲げる金額からロに掲げる金額を控除した金額（ロに掲げる金額がイに掲げる金額を超える場合には、ロに掲げる金額からイに掲げる金額を控除した金額）をいう。次項第３号イ及び第３項第３号イにおいて同じ。）が1,000万円以上のもの

イ　当該リース譲渡に係る収益の額（当該事業年度前の各事業年度の所得の金額の計算上益金の額に算入されるもの及び法第63条第１項又は第２項の規定により当該事業年度の所得の金額の計算上益金の額に算入されるものを除く。）

ロ　当該リース譲渡に係る費用の額（当該事業年度前の各事業年度の所得の金額の計算上損金の額に算入されるもの及び法第63条第１項又は第２項の規定により当該事業年度の所得の金額の計算上損金の額に算入されるものを除く。）

四　租税特別措置法第64条の２第４項第１号（収用等に伴い特別勘定を設けた場合の課税の特例）（同法第65条第３項（換地処分等に伴い資産を取得した場合の課税の特例）において準用する場合を含む。）、第65

条の８第４項第１号（特定の資産の譲渡に伴い特別勘定を設けた場合の課税の特例）又は第66条の13第２項第１号（特別新事業開拓事業者に対し特定事業活動として出資をした場合の課税の特例）に規定する特別勘定の金額（次項第４号及び第３項第４号において「特別勘定の金額」という。）のうち1,000万円以上のもの

２ 法第64条の９第10項第１号に規定する政令で定めるものは、次に掲げるものとする。

一　法第64条の11第１項に規定する時価評価資産

二　譲渡損益調整額のうち次に掲げるもの以外のもの

イ　1,000万円に満たないもの

ロ　法第64条の９第２項に規定する他の内国法人（ロにおいて「他の内国法人」という。）で同条第１項に規定する親法人（当該他の内国法人との間に完全支配関係（同項に規定する政令で定める関係に限る。ロ及び次項第２号ロにおいて同じ。）があるものに限る。）の法第二編第一章第一節第十一款第一目（損益通算及び欠損金の通算）の規定の適用を受けようとする最初の事業年度（ロにおいて「最初通算事業年度」という。）終了の日までに当該親法人との間に当該親法人による完全支配関係を有しなくなるもの（当該最初通算事業年度開始の日以後２月以内に法第64条の10第６項第５号又は第６号（通算制度の取りやめ等）に掲げる事実が生ずることにより当該完全支配関係を有しなくなるものに限るものとし、当該親法人若しくは当該親法人との間に完全支配関係がある他の内国法人を合併法人とする合併又は残余財産の確定により当該親法人による完全支配関係を有しなくなるものを除く。次号ロ及び第四号ロにおいて「初年度離脱開始子法人」という。）の有する譲渡損益調整額

三　法第63条第１項に規定するリース譲渡に係る契約（以下この号及び次項第３号において「リース譲渡契約」という。）のうち次に掲げるもの以外のもの

イ　繰延長期割賦損益額が1,000万円に満たないもの

ロ　初年度離脱開始子法人の有するリース譲渡契約

四　特別勘定の金額のうち次に掲げるもの以外のもの

イ　1,000万円に満たないもの

ロ　初年度離脱開始子法人の有する特別勘定の金額

３ 法第64条の９第12項第１号に規定する政令で定めるものは、次に掲げるものとする。

一　法第64条の12第１項（通算制度への加入に伴う資産の時価評価損益）に規定する時価評価資産

二　譲渡損益調整額のうち次に掲げるもの以外のもの

イ　1,000万円に満たないもの

ロ　法第64条の９第１項に規定する親法人との間に完全支配関係を有することとなつた同条第２項に規定する他の内国法人で当該親法人による完全支配関係を有することとなつた日（法第14条第８項（第１号に係る部分に限る。）（事業年度の特例）の規定の適用を受ける場合には、同項に規定する加入日の前日の属する同号に規定する特例決算期間の末日の翌日。ロにおいて「関係発生日」という。）の属する当該親法人の事業年度終了の日までに当該完全支配関係を有しなくなるもの（当該関係発生日以後２月以内に法第64条の10第６項第５号又は第６号に掲げる事実が生ずることにより当該完全支配関係を有しなくなるものに限るものとし、当該親法人若しくは当該親法人との間に完全支配関係がある法第64条の９第２項に規定する他の内国法人を合併法人とする合併又は残余財産の確定により当該親法人による完全支配関係を有しなくなるものを除く。次号ロ及び第４号ロにおいて「初年度離脱加入子法人」という。）の有する譲渡損益調整額

三　リース譲渡契約のうち次に掲げるもの以外のもの

イ　繰延長期割賦損益額が1,000万円に満たないもの

ロ　初年度離脱加入子法人の有するリース譲渡契約

四　特別勘定の金額のうち次に掲げるもの以外のもの

イ　1,000万円に満たないもの

ロ　初年度離脱加入子法人の有する特別勘定の金額

第三目　資産の時価評価等

（通算制度の開始に伴う資産の時価評価損益）

第131条の15　法第64条の11第１項（通算制度の開始に伴う資産の時価評価損益）に規定する政令で定めるものは、次に掲げる資産とする。

一　法第64条の９第１項（通算承認）に規定する親法人（以下この条において「親法人」という。）の法第二編第一章第一節第十一款第一目（損益通算及び欠損金の通算）の規定の適用を受けようとする最初の事業年度（第８号において「最初通算事業年度」という。）開始の日の５年前の日（以下この号及び第５号において「５年前の日」という。）以後に終了する当該親法人又は法第64条の９第２項に規定する他の内国法人の各事業年度において次に掲げる規定の適用を受けた減価償却資産（当該減価償却資産が適格合併、適格分割、適格現物出資又は適格現物分配により被合併法人、分割法人、現物出資法人又は現物分配法人（以下この号において「被合併法人等」という。）から移転を受けたものである場合には、当該被合併法人等の当該５年前の日以後に終了する各事業年度において次に掲げる規定の適用を受けたものを含む。）

イ　法第42条第１項、第２項、第５項又は第６項（国庫補助金等で取得した固定資産等の圧縮額の損金算入）

ロ　法第44条第１項又は第４項（特別勘定を設けた場合の国庫補助金等で取得した固定資産等の圧縮額の損金算入）

ハ　法第45条第１項、第２項、第５項又は第６項（工事負担金で取得した固定資産等の圧縮額の損金算入）

ニ　法第46条第１項（非出資組合が賦課金で取得した固定資産等の圧縮額の損金算入）

ホ　法第47条第１項、第２項、第５項又は第６項（保険金等で取得した固定資産等の圧縮額の損金算入）

ヘ　法第49条第１項又は第４項（特別勘定を設けた場合の保険金等で取得した固定資産等の圧縮額の損金算入）

ト　租税特別措置法第67条の４第１項若しくは第２項（転廃業助成金等に係る課税の特例）（同条第９項において準用する場合を含む。）又は同条第３項（同条第10項において準用する場合を含む。）

二　法第61条の３第１項第１号（売買目的有価証券の評価益又は評価損の益金又は損金算入等）に規定する売買目的有価証券

三　第119条の14（償還有価証券の帳簿価額の調整）に規定する償還有価証券

四　資産の帳簿価額（資産を財務省令で定める単位に区分した後のそれぞれの資産の帳簿価額とする。次号及び次項において同じ。）が1,000万円に満たない場合の当該資産

五　資産の価額（資産を前号に規定する単位に区分した後のそれぞれの資産の価額とする。以下この号及び次項において同じ。）とその帳簿価額との差額（５年前の日以後に終了する各事業年度において第１号イからトまでに掲げる規定の適用を受けた固定資産（同号に規定する減価償却資産を除く。）で、その価額がその帳簿価額を超えるものについては、当該各事業年度において同号イからトまでに掲げる規定により損金の額に算入された金額又はその超える部分の金額のいずれか少ない金額を控除した金額）が当該資産を有する親法人若しくは法第64条の９第２項に規定する他の内国法人の資本金等の額の２分の１に相当する金額又は1,000万円のいずれか少ない金額に満たない場合の当該資産

六　親法人との間に完全支配関係がある内国法人（次に掲げるものに限る。）の株式又は出資で、その価額がその帳簿価額に満たないもの

イ　清算中のもの

ロ　解散（合併による解散を除く。）をすることが見込まれるもの

ハ　当該親法人との間に完全支配関係がある内国法人との間で適格合併を行うことが見込まれるもの

七　親法人又は法第64条の９第２項に規定する他の内国法人が通算法人である場合における当該親法人又は他の内国法人の有する

他の通算法人（通算親法人を除く。）の株式又は出資

八　法第64条の９第２項に規定する他の内国法人（以下この号において「他の内国法人」という。）で親法人（当該他の内国法人との間に完全支配関係（同条第１項に規定する政令で定める関係に限る。以下この条において同じ。）があるものに限る。）の最初通算事業年度終了の日までに当該親法人との間に当該親法人による完全支配関係を有しなくなるもの（当該最初通算事業年度開始の日以後２月以内に法第64条の10第６項第５号又は第６号（通算制度の取りやめ等）に掲げる事実が生ずることにより当該完全支配関係を有しなくなるものに限るものとし、当該親法人若しくは当該親法人との間に完全支配関係がある他の内国法人を合併法人とする合併又は残余財産の確定により当該親法人による完全支配関係を有しなくなるものを除く。第５項において「初年度離脱開始子法人」という。）の有する資産

（通算制度への加入に伴う資産の時価評価損益）

第131条の16　法第64条の12第１項（通算制度への加入に伴う資産の時価評価損益）に規定する政令で定めるものは、次に掲げる資産とする。

一　法第64条の９第２項（通算承認）に規定する他の内国法人が同条第１項に規定する親法人（以下この号及び第６号において「親法人」という。）との間に当該親法人による完全支配関係（同項に規定する政令で定める関係に限る。第４号を除き、以下この条において同じ。）を有することとなつた日以後最初に開始する当該親法人の事業年度開始の日の５年前の日（以下この号及び第３号において「５年前の日」という。）以後に終了する当該他の内国法人の各事業年度において前条第１項第１号イからハまで又はホからトまでに掲げる規定の適用を受けた減価償却資産（当該減価償却資産が適格合併、適格分割、適格現物出資又は適格現物分配により被合併法人、分割法人、現物出資法人又は現物分配法人（以下この号において「被合併法人等」という。）から移転を受けたものである場合には、当該被合併法人等の当該５年前の日以後に終了する各事業年度において同項第１号イからハまで又はホからトまでに掲げる規定の適用を受けたものを含む。）

二　前条第１項第２号から第四号までに掲げる資産

三　資産の価額（資産を財務省令で定める単位に区分した後のそれぞれの資産の価額とする。以下この号において同じ。）とその帳簿価額（資産を当該単位に区分した後のそれぞれの資産の帳簿価額とする。以下この号において同じ。）との差額（５年前の日以後に終了する各事業年度において前条第１項第１号イからハまで又はホからトまでに掲げる規定の適用を受けた固定資産（第１号に規定する減価償却資産を除く。）で、その価額がその帳簿価額を超えるものについては、当該各事業年度において同項第１号イからハまで又はホからトまでに掲げる規定により損金の額に算入された金額又はその超える部分の金額のいずれか少ない金額を控除した金額）が法第64条の９第２項に規定する他の内国法人の資本金等の額の２分の１に相当する金額又は1,000万円のいずれか少ない金額に満たない場合の当該資産

四　法第64条の９第２項に規定する他の内国法人との間に完全支配関係がある内国法人（次に掲げるものに限る。）の株式又は出資で、その価額がその帳簿価額に満たないもの

イ　前条第１項第６号イ又はロに掲げるもの

ロ　当該他の内国法人との間に完全支配関係がある内国法人との間で適格合併を行うことが見込まれるもの

五　法第64条の９第２項に規定する他の内国法人が通算法人である場合における当該他の内国法人の有する他の通算法人（通算親法人を除く。）の株式又は出資

六　親法人との間に完全支配関係を有することとなつた法第64条の９第２項に規定する他の内国法人で当該親法人による完全支配関係を有することとなつた日（法第14条第８項（第１号に係る部分に限る。）（事業年度の特例）の規定の適用を受ける場合に

は、同項に規定する加入日の前日の属する同号に規定する特例決算期間の末日の翌日。以下この号において「関係発生日」という。）の属する当該親法人の事業年度終了の日までに当該完全支配関係を有しなくなるもの（当該関係発生日以後２月以内に法第64条の10第６項第５号又は第６号（通算制度の取りやめ等）に掲げる事実が生ずることにより当該完全支配関係を有しなくなるものに限るものとし、当該親法人若しくは当該親法人との間に完全支配関係がある法第64条の９第２項に規定する他の内国法人を合併法人とする合併又は残余財産の確定により当該親法人による完全支配関係を有しなくなるものを除く。第六項において「初年度離脱加入子法人」という。）の有する資産

（通算制度からの離脱等に伴う資産の時価評価損益）

第131条の17　法第64条の13第１項（通算制度からの離脱等に伴う資産の時価評価損益）に規定する政令で定める法人は、第24条の３（資産の評価益の計上ができない株式の発行法人等から除外される通算法人）に規定する初年度離脱通算子法人とする。

2　法第64条の13第１項第１号に規定する政令で定める場合は、同項に規定する通算法人の同項に規定する通算終了直前事業年度終了の時に有する同号に定める資産の評価益の額（資産を財務省令で定める単位に区分した後のそれぞれの資産のその時における価額がその時における帳簿価額を超える場合のその超える部分の金額をいう。）の合計額（第１号から第３号までに掲げる金額がある場合には、当該金額を加算した金額）が評価損の額（資産を当該単位に区分した後のそれぞれの資産のその時における帳簿価額がその時における価額を超える場合のその超える部分の金額をいう。）の合計額（第４号又は第５号に掲げる金額がある場合には、当該金額を加算した金額）以上である場合とする。

一　第131条の13第１項第２号（時価評価資産等の範囲）に掲げる譲渡損益調整額（第４号において「譲渡損益調整額」という。）のうち法第61条の11第１項（完全支配関係がある法人の間の取引の損益）に規定する譲渡利益額に係るもの

二　第131条の13第１項第３号に掲げる契約（第５号において「リース譲渡契約」という。）に係る同項第３号イに掲げる収益の額

三　第131条の13第１項第４号に掲げる特別勘定の金額

四　譲渡損益調整額のうち法第61条の11第１項に規定する譲渡損失額に係るもの

五　リース譲渡契約に係る第131条の13第１項第３号ロに掲げる費用の額

3　法第64条の13第１項第１号に規定する政令で定めるものは、次に掲げる資産とする。

一　法第64条の13第１項に規定する通算法人の同項に規定する通算終了直前事業年度終了の日の翌日の５年前の日以後に終了する各事業年度（以下この号及び第４号において「前５年内事業年度」という。）において第131条の15第１項第１号イからトまで（通算制度の開始に伴う資産の時価評価損益）に掲げる規定の適用を受けた減価償却資産（当該減価償却資産が適格合併、適格分割、適格現物出資又は適格現物分配により被合併法人、分割法人、現物出資法人又は現物分配法人（以下この号において「被合併法人等」という。）から移転を受けたものである場合には、当該被合併法人等の前５年内事業年度において同項第１号イからトまでに掲げる規定の適用を受けたものを含む。）

二　第131条の15第１項第２号及び第３号に掲げる資産

三　資産（営業権を除く。）の帳簿価額（資産を前項に規定する単位に区分した後のそれぞれの資産の帳簿価額とする。次号において同じ。）が1,000万円に満たない場合の当該資産

四　資産の価額（資産を前項に規定する単位に区分した後のそれぞれの資産の価額とする。以下この号において同じ。）とその帳簿価額との差額（前５年内事業年度において第131条の15第１項第１号イからトまでに掲げる規定の適用を受けた固定資産（第１号に規定する減価償却資産を除く。）で、その価額がその帳簿価額を超えるものについては、当該前５年内事業年度において同項第１号イからトまでに掲げる規定に

より損金の額に算入された金額又はその超える部分の金額のいずれか少ない金額を控除した金額）が法第64条の13第１項に規定する通算法人の資本金等の額の２分の１に相当する金額又は1,000万円のいずれか少ない金額に満たない場合の当該資産

五　法第64条の13第１項に規定する通算法人との間に完全支配関係がある内国法人（次に掲げるものに限る。）の株式又は出資で、その価額がその帳簿価額に満たないもの

イ　第131条の15第１項第６号イ又はロに掲げるもの

ロ　当該通算法人との間に完全支配関係がある内国法人との間で適格合併を行うことが見込まれるもの

六　法第64条の13第１項に規定する通算法人の有する他の通算法人（通算親法人を除く。）の株式又は出資

（相互会社に準ずるもの）

第139条の６　法第66条第５項第２号ロ（各事業年度の所得に対する法人税の税率）に規定する政令で定めるものは、保険業法第２条第10項（定義）に規定する外国相互会社とする。

（欠損金の繰戻しによる還付）

第156条　法第80条第４項（欠損金の繰戻しによる還付）に規定する政令で定める事実は、次に掲げる事実（通算法人にあつては、第２号に掲げる事実）とする。

一　事業の全部の相当期間の休止又は重要部分の譲渡で、これらの事実が生じたことにより法第80条第４項に規定する欠損金額につき法第57条第１項（欠損金の繰越し）の規定の適用を受けることが困難となると認められるもの

二　再生手続開始の決定

２　法第80条第５項に規定する政令で定める災害は、冷害、雪害、干害、落雷、噴火その他の自然現象の異変による災害及び鉱害、火薬類の爆発その他の人為による異常な災害並びに害虫、害獣その他の生物による異常な災害とする。

３　法第80条第５項に規定する政令で定める繰延資産は、第14条第１項第６号（繰延資産の範囲）に掲げる繰延資産のうち他の者の有する固定資産を利用するために支出されたものとする。

４　法第80条第５項に規定する損失の額で政令で定めるものは、棚卸資産、固定資産又は前項に規定する繰延資産について生じた次に掲げる損失の額（保険金、損害賠償金その他これらに類するものにより補塡されるものを除く。）の合計額とする。

一　法第80条第５項に規定する災害（以下この項において「災害」という。）により当該資産が滅失し、若しくは損壊したこと又は災害による価値の減少に伴い当該資産の帳簿価額を減額したことにより生じた損失の額（その滅失、損壊又は価値の減少による当該資産の取壊し又は除去の費用その他の付随費用に係る損失の額を含む。）

二　災害により当該資産が損壊し、又はその価値が減少した場合その他災害により当該資産を事業の用に供することが困難となつた場合において、その災害のやんだ日の翌日から１年を経過した日の前日までに支出する次に掲げる費用その他これらに類する費用に係る損失の額

イ　災害により生じた土砂その他の障害物を除去するための費用

ロ　当該資産の原状回復のための修繕費

ハ　当該資産の損壊又はその価値の減少を防止するための費用

三　災害により当該資産につき現に被害が生じ、又はまさに被害が生ずるおそれがあると見込まれる場合において、当該資産に係る被害の拡大又は発生を防止するため緊急に必要な措置を講ずるための費用に係る損失の額

法人税法施行規則

（完全支配関係がある法人の間の取引に係る譲渡損益調整資産の単位）

第27条の13の３　令第122条の14第１項第３号（完全支配関係がある法人の間の取引の損益）に規定する財務省令で定める単位は、第27条の15第１項各号（特定資産に係る譲渡等損失額の損金不算入）に掲げる資産の区分に応じ当該各号に定めるところにより区分した後の単位とする。

（特定資産に係る譲渡等損失額の損金不算入）

第27条の15　令第123条の８第２項第４号（特定資産に係る譲渡等損失額の損金不算入）（同条第９項、第11項及び第12項において準用する場合を含む。）に規定する財務省令で定める単位は、次の各号に掲げる資産の区分に応じ当該各号に定めるところにより区分した後の単位とする。

一　金銭債権　一の債務者ごとに区分するものとする。

二　減価償却資産　次に掲げる区分に応じそれぞれ次に定めるところによる。

イ　建物　一棟（建物の区分所有等に関する法律第１条（建物の区分所有）の規定に該当する建物にあつては、同法第２条第１項（定義）に規定する建物の部分）ごとに区分するものとする。

ロ　機械及び装置　一の生産設備又は一台若しくは一基（通常一組又は一式をもつて取引の単位とされるものにあつては、一組又は一式）ごとに区分するものとする。

ハ　その他の減価償却資産　イ又はロに準じて区分するものとする。

三　土地等（令第123条の８第２項第１号に規定する土地等をいう。以下この号において同じ。）土地等を一筆（一体として事業の用に供される一団の土地等にあつては、その一団の土地等）ごとに区分するものとする。

四　有価証券　その銘柄の異なるごとに区分するものとする。

五　資金決済に関する法律第２条第５項（定義）に規定する暗号資産　その種類の異なるごとに区分するものとする。

六　その他の資産　通常の取引の単位を基準として区分するものとする。

（確定申告書の記載事項）

第34条　法第74条第１項第６号（確定申告）に規定する財務省令で定める事項は、次に掲げる事項とする。

一　内国法人の名称、納税地及び法人番号並びにその納税地と本店又は主たる事務所の所在地とが異なる場合には、その本店又は主たる事務所の所在地

二　代表者の氏名

三　当該事業年度の開始及び終了の日

四　当該事業年度が残余財産の確定の日の属する事業年度である場合において、当該事業年度終了の日の翌日から１月以内に残余財産の最後の分配又は引渡しが行われるときは、その分配又は引渡しが行われる日

五　法第80条（欠損金の繰戻しによる還付）の規定により還付の請求をする法人税の額

六　その他参考となるべき事項

２　確定申告書（当該申告書に係る修正申告書及び更正請求書を含む。）の記載事項及びこれに添付すべき書類の記載事項のうち別表一、別表一付表、別表二から別表三㈦まで、別表四、別表四付表、別表五㈠から別表五㈡まで、別表五の二㈠付表二、別表六㈠から別表六（三十七）まで、別表七㈠から別表七㈤まで、別表七の三から別表八㈢付表まで、別表九㈠から別表十（十一）まで、別表十一㈠から別表十四㈩付表二まで、別表十五、別表十五付表、別表十六㈠から別表十七㈣まで及び別表十八㈠から別表十八㈢まで（更正請求書にあつては、別表一を除く。）に定めるものの記載については、これらの表の書式によらなければならない。ただし、内国法人が令第63条第２項（減価償却に関する明細書の添付）又は第67条第２項（繰延資産の償却に関する明細書の添付）の規定の適用を受ける場合には、これらの規定に規定する明細書については、別表十六㈠から別表十六㈥までに定める書式に代え、当該書式と異なる書式（これらの表の書式に定める項目を記載している

ものに限る。）によることができるものとする。

四　当該内国法人が通算法人である場合には、当該内国法人の法第64条の５（損益通算）及び第64条の７（欠損金の通算）の規定その他通算法人のみに適用される規定に係る金額の計算の基礎となる当該内国法人及び他の通算法人の有する金額等に関する明細を記載した書類

（確定申告書の添付書類）

第35条　法第74条第３項（確定申告）に規定する財務省令で定める書類は、次の各号に掲げるもの（当該各号に掲げるものが電磁的記録で作成され、又は当該各号に掲げるものの作成に代えて当該各号に掲げるものに記載すべき情報を記録した電磁的記録の作成がされている場合には、これらの電磁的記録に記録された情報の内容を記載した書類）とする。

五　当該内国法人の事業等の概況に関する書類（当該内国法人との間に完全支配関係がある法人との関係を系統的に示した図を含む。）

法人税基本通達

（名義株がある場合の支配関係及び完全支配関係の判定）

1－3の2－1　法第2条第12号の7の5《支配関係》の規定の適用上、一の者と法人との間に当該一の者による支配関係があるかどうかは、当該法人の株主名簿、社員名簿又は定款に記載又は記録されている株主等により判定するのであるが、その株主等が単なる名義人であって、当該株主等以外の者が実際の権利者である場合には、その実際の権利者が保有するものとして判定する。

同条第12号の7の6《完全支配関係》の規定の適用上、一の者と法人との間に当該一の者による完全支配関係があるかどうかについても、同様とする。

（支配関係及び完全支配関係を有することとなった日の意義）

1－3の2－2　支配関係又は完全支配関係があるかどうかの判定における当該支配関係又は当該完全支配関係を有することとなった日とは、例えば、その有することとなった原因が次に掲げる場合には、それぞれ次に掲げる日となることに留意する。

(1)　株式の購入　当該株式の引渡しのあった日

(2)　新たな法人の設立　当該法人の設立後最初の事業年度開始の日

(3)　1－4－1《組織再編成の日》に規定する組織再編成　同通達で定める組織再編成の日

（注）　上記(1)の株式を譲渡した法人における法第61条の2第1項《有価証券の譲渡益又は譲渡損の益金又は損金算入》に規定する譲渡利益額又は譲渡損失額の計上は、原則として、当該株式の譲渡に係る契約の成立した日に行うことに留意する。

（完全支配関係の判定における従業員持株会の範囲）

1－3の2－3　令第4条の2第2項第1号《支配関係及び完全支配関係》に規定する組合は、民法第667条第1項《組合契約》に規定する組合契約による組合に限られるのであるから、いわゆる証券会社方式による従業員持株会は原則としてこれに該当するが、人格のない社団等に該当するいわゆる信託銀行方式による従業員持株会はこれに該当しない。

（従業員持株会の構成員たる使用人の範囲）

1－3の2－4　令第4条の2第2項第1号《支配関係及び完全支配関係》の「当該法人の使用人」には、法第34条第6項《使用人兼務役員の範囲》に規定する使用人としての職務を有する役員は含まれないことに留意する。

（資本等取引に該当する利益等の分配）

1－5－4　法第22条第5項《資本等取引の意義》の規定により資本等取引に該当する利益又は剰余金の分配には、法人が剰余金又は利益の処分により配当又は分配をしたものだけでなく、株主等に対しその出資者たる地位に基づいて供与した一切の経済的利益を含むものとする。

（2以上の通算法人が通算子法人株式を有する場合の投資簿価修正の順序）

2－3－21の3　通算終了事由（令第119条の3第5項《移動平均法を適用する有価証券について評価換え等があった場合の一単位当たりの帳簿価額の算出の特例》に規定する通算終了事由をいう。以下同じ。）が生じたことに伴い2以上の通算法人がその有する同項の規定の適用の対象となる他の通算法人の株式につき同項の規定により一単位当たりの帳簿価額の計算を行うこととなる場合には、これらの通算法人のうち、通算親法人から連鎖する資本関係が最も下位であるものについてこれを行い、順次、その上位のものについてこれを行うことに留意する。

（完全子法人株式等に係る配当等の額）

3－1－9　法人が、株式等の全部を直接又は間接に保有していない他の法人（内国法人に限る。）から配当等の額（法第23条第1項《受取配当等の益金不算入》に規定する配当等の額をいう。）を受けた場合において、当該法人が保有する当該他の法人の株式等が令第22条の２《完全子法人株式等の範囲》に規定する要件を満たすときには、当該配当等の額は法第23条第５項に規定する完全子法人株式等に係る配当等の額に該当することに留意する。

（広告宣伝用資産等の受贈益）

４－２－１　販売業者等が製造業者等から資産（広告宣伝用の看板、ネオンサイン、どん帳のように専ら広告宣伝の用に供されるものを除く。）を無償又は製造業者等の当該資産の取得価額に満たない価額により取得した場合には、当該取得価額又は当該取得価額から販売業者等がその取得のために支出した金額を控除した金額を経済的利益の額としてその取得の日の属する事業年度の益金の額に算入する。ただし、その取得した資産が次に掲げるような広告宣伝用のものである場合には、その経済的利益の額は、製造業者等のその資産の取得価額の３分の２に相当する金額から販売業者等がその取得のために支出した金額を控除した金額とし、当該金額（同一の製造業者等から２以上の資産を取得したときは当該金額の合計額）が30万円以下であるときは、経済的利益の額はないものとする。

⑴　自動車（自動三輪車及び自動二輪車を含む。）で車体の大部分に一定の色彩を塗装して製造業者等の製品名又は社名を表示し、その広告宣伝を目的としていることが明らかなもの

⑵　陳列棚、陳列ケース、冷蔵庫又は容器で製造業者等の製品名又は社名の広告宣伝を目的としていることが明らかなもの

⑶　展示用モデルハウスのように製造業者等の製品の見本であることが明らかなもの

（注）　広告宣伝用の看板、ネオンサイン、どん帳のように、専ら広告宣伝の用に供される資産については、その取得による経済的利益の額はない。

（広告宣伝用資産の取得に充てるため金銭の交付を受けた場合の準用）

４－２－２　４－２－１は、販売業者等が製造業者等から広告宣伝用の資産の取得に充てるため金銭の交付を受けた場合について準用する。

（寄附金の額に対応する受贈益）

４－２－４　内国法人が当該内国法人との間に完全支配関係（法人による完全支配関係に限る。以下４－２－６までにおいて同じ。）がある他の内国法人から受けた受贈益の額が、当該他の内国法人において法第37条第７項《寄附金の損金不算入》に規定する寄附金の額に該当する場合であっても、例えば、当該他の内国法人が公益法人等であり、その寄附金の額が当該他の内国法人において法人税が課されない収益事業以外の事業に属する資産のうちから支出されたものであるときには、当該寄附金の額を当該他の内国法人において損金の額に算入することができないのであるから、当該受贈益の額は法第25条の２第１項《完全支配関係のある法人間の受贈益の益金不算入》に規定する「寄附金の額に対応するもの」に該当しないことに留意する。

（益金不算入とされない受贈益の額）

４－２－５　内国法人が当該内国法人との間に完全支配関係がある他の内国法人から受けた受贈益の額が、当該他の内国法人が当該内国法人に対して行った損失負担又は債権放棄等により供与する経済的利益の額に相当するものである場合において、その経済的利益の額が９－４－１又は９－４－２により当該他の内国法人において法第37条第７項《寄附金の損金不算入》に規定する寄附金の額に該当しないときには、当該受贈益の額は当該内国法人において法第25条の２第１項《完全支配関係のある法人間の受贈益の益金不算入》の規定の適用がないことに留意する。

（受贈益の額に該当する経済的利益の供与）

４－２－６　内国法人が、当該内国法人との間に完全支配関係がある他の内国法人から、例えば、金銭の無利息貸付け又は役務の無償提供などの経済的利益の供与を受けた場合には、支払利息又は役務提供の対価の額を損金の額に算入するとともに同額を受贈益の額として益金の額に算入することとなるのであるが、当該経済的利益の額が当該他の内国法人において法第37条第７項《寄附金の損金不算入》に規定する寄附金の額に該当するときには、当該受贈益の額は当該内国法人において

法第25条の２第１項《完全支配関係のある法人間の受贈益の益金不算入》の規定の適用があることに留意する。

(広告宣伝の用に供する資産を贈与したことにより生ずる費用)

８－１－８　令第14条第１項第６号ニ《広告宣伝用資産を贈与した費用》に規定する「製品等の広告宣伝の用に供する資産を贈与したことにより生ずる費用」とは、法人がその特約店等に対し自己の製品等の広告宣伝等のため、広告宣伝用の看板、ネオンサイン、どん帳、陳列棚、自動車のような資産（展示用モデルハウスのように見本としての性格を併せ有するものを含む。以下８－１－８において同じ。）を贈与した場合（その資産を取得することを条件として金銭を贈与した場合又はその贈与した資産の改良等に充てるために金銭等を贈与した場合を含む。）又は著しく低い対価で譲渡した場合における当該資産の取得価額又は当該資産の取得価額からその譲渡価額を控除した金額に相当する費用をいう。

(子会社等を整理する場合の損失負担等)

９－４－１　法人がその子会社等の解散、経営権の譲渡等に伴い当該子会社等のために債務の引受けその他の損失負担又は債権放棄等（以下９－４－１において「損失負担等」という。）をした場合において、その損失負担等をしなければ今後より大きな損失を蒙ることになることが社会通念上明らかであると認められるためやむを得ずその損失負担等をするに至った等そのことについて相当な理由があると認められるときは、その損失負担等により供与する経済的利益の額は、寄附金の額に該当しないものとする。

（注）　子会社等には、当該法人と資本関係を有する者のほか、取引関係、人的関係、資金関係等において事業関連性を有する者が含まれる（以下９－４－２において同じ。）。

(子会社等を再建する場合の無利息貸付け等)

９－４－２　法人がその子会社等に対して金銭の無償若しくは通常の利率よりも低い利率での貸付け又は債権放棄等（以下９－４－２において「無利息貸付け等」という。）をした場合において、その無利息貸付け等が例えば業績不振の子会社等の倒産を防止するためにやむを得ず行われるもので合理的な再建計画に基づくものである等その無利息貸付け等をしたことについて相当な理由があると認められるときは、その無利息貸付け等により供与する経済的利益の額は、寄附金の額に該当しないものとする。

（注）　合理的な再建計画かどうかについては、支援額の合理性、支援者による再建管理の有無、支援者の範囲の相当性及び支援割合の合理性等について、個々の事例に応じ、総合的に判断するのであるが、例えば、利害の対立する複数の支援者の合意により策定されたものと認められる再建計画は、原則として、合理的なものと取り扱う。

(完全支配関係がある他の内国法人に対する寄附金)

９－４－２の５　内国法人が他の内国法人に対して寄附金を支出した場合において、当該内国法人と当該他の内国法人との間に一の者（法人に限る。）による完全支配関係がある場合には、当該内国法人及び当該他の内国法人の発行済株式等の全部を当該一の者を通じて個人が間接に保有することによる完全支配関係があるときであっても、当該寄附金の額には法第37条第２項《完全支配関係がある法人間の寄附金の損金不算入》の規定の適用があることに留意する。

(受贈益の額に対応する寄附金)

９－４－２の６　内国法人が当該内国法人との間に完全支配関係（法人による完全支配関係に限る。）がある他の内国法人に対して支出した寄附金の額が、当該他の内国法人において法第25条の２第２項《受贈益の益金不算入》に規定する受贈益の額に該当する場合であっても、例えば、当該他の内国法人が公益法人等であり、その受贈益の額が当該他の内国法人において法人税が課されない収益事業以外の事業に属するものとして区分経理されているときには、当該受贈益の額を当該他の内国法人において益金の額に算入することができないのであるから、当該寄附金の額は法第37条第２項《完全支配関係のある法人間の寄附金の損金不算入》に規定する「受贈益の額に対応するもの」に該当しないことに留意する。

(譲渡損益調整額の計算における「原価の額」の意義)

12の4－1－1　法第61条の11第1項《完全支配関係がある法人の間の取引の損益》に規定する「原価の額」とは、同項に規定する譲渡損益調整資産の譲渡直前の帳簿価額をいうのであるから、例えば、不動産売買又は有価証券の譲渡に係る手数料など譲渡に付随して発生する費用は、これに含まれないことに留意する。

(完全支配関係法人間取引の損益の調整を行わない取引)

12の4－2－1　法人が法第61条の11第1項《完全支配関係がある法人の間の取引の損益》に規定する譲渡損益調整資産を完全支配関係法人（当該法人との間に完全支配関係がある普通法人又は協同組合等をいう。以下12の4－3－10までにおいて同じ。）に譲渡した場合には、例えば、当該完全支配関係法人を借地権者とする借地権の設定（令第138条第1項《借地権の設定等により地価が著しく低下する場合の土地等の帳簿価額の一部の損金算入》の規定の適用があるものを除く。）は含まれない。

(譲渡損益調整資産の譲渡に伴い特別勘定を設定した場合の譲渡損益調整額の計算)

12の4－2－2　法人が譲渡損益調整資産の譲渡に伴い次に掲げる規定に基づき特別勘定を設定した場合には、法第61条の11第1項《完全支配関係がある法人の間の取引の損益》に規定する譲渡利益額は、当該特別勘定の金額に相当する金額を控除した後の金額となるのであるが、代替資産を取得できなかったこと等の理由により当該事業年度開始の時に有する当該特別勘定の金額の全部又は一部が益金の額に算入されることとなった場合であっても、当該益金の額に算入される特別勘定の金額について譲渡損益調整額（同項の規定により譲渡損益調整資産に係る譲渡利益額又は譲渡損失額に相当する金額が損金の額又は益金の額に算入される場合のその算入される金額をいう。以下この章において同じ。）として損金の額に算入しないのであるから留意する。

(1)　措置法第64条の2《収用等に伴い特別勘定を設けた場合の課税の特例》

(2)　措置法第65条《換地処分等に伴い資産を取得した場合の課税の特例》

(3)　措置法第65条の8《特定の資産の譲渡に伴い特別勘定を設けた場合の課税の特例》

(譲渡損益調整額の戻入れ事由)

12の4－3－1　令第122条の12第4項第1号イ《完全支配関係がある法人の間の取引の損益》に規定する「その他これらに類する事由」には、例えば、次に掲げる譲渡損益調整資産につきそれぞれ次に掲げる事由が該当する。

(1)　金銭債権　その譲渡を受けた法人（以下12の4－3－1において「譲受法人」という。）においてその全額が回収されたこと又は2－1－34《債権の取得差額に係る調整差損益の計上》の取扱いの適用を受けたこと

(2)　償還有価証券　譲受法人においてその全額が償還期限前に償還されたこと

(3)　固定資産　譲受法人において災害等により滅失したこと

(注)　同号の「譲渡」には、令第119条の11第1項第2号から第5号まで《有価証券の区分変更等によるみなし譲渡》に掲げる有価証券について、これらの号に定める事実が生じたことにより譲受法人が当該有価証券を譲渡したものとみなされた事由が含まれる。

(契約の解除等があった場合の譲渡損益調整額)

12の4－3－2　法人が当該事業年度前の各事業年度（それらの事業年度のうち連結事業年度に該当するものがある場合には、当該連結事業年度）において行った譲渡損益調整資産の譲渡について、当該事業年度に次に掲げる事由が生じた場合には、それぞれ次による。

(1)　契約の解除若しくは取消し又は返品　これらの事由が生じた資産に係る当該事業年度開始の時における期首譲渡損益調整額を益金の額又は損金の額に算入する。

(2) 譲渡利益額が生じた譲渡に係る値引き
イ 値引額が当該事業年度開始の時における期首譲渡損益調整額以内の場合 期首譲渡損益調整額のうち値引額に相当する金額を益金の額に算入する。
ロ 値引額が当該事業年度開始の時における期首譲渡損益調整額を超える場合 当該期首譲渡損益調整額の全額を益金の額に算入するとともに、当該超える部分の金額を新たに譲渡損益調整額として益金の額に算入する。
(3) 譲渡損失額が生じた譲渡に係る値引き 値引額に相当する金額を新たに譲渡損益調整額として益金の額に算入する。
(注) 期首譲渡損益調整額とは、譲渡損益調整額から既に令第122条の12第4項《完全支配関係がある法人の間の取引の損益》の規定により益金の額又は損金の額に算入された金額を控除した金額をいう。以下この節において同じ。

(債権の取得差額に係る調整差損益を計上した場合の譲渡損益調整額の戻入れ計算)

12の4－3－3 法人が譲渡した金銭債権につき譲受法人において2－1－34《債権の取得差額に係る調整差損益の計上》の取扱いを適用している場合に、当該法人が法第61条の11第2項《完全支配関係がある法人の間の取引の損益》の規定により益金の額又は損金の額に算入する金額は、例えば、次に掲げる当該法人の事業年度の区分に応じ、それぞれ次により計算した金額とする等合理的な方法により計算した金額とする。
(1) 当該金銭債権を譲渡した事業年度 当該金銭債権に係る譲渡損益調整額に当該譲渡した日から当該金銭債権の最終の支払期日までの期間のうちに当該譲渡した日から当該事業年度終了の日までの期間の占める割合を乗じて計算した金額
(2) 当該金銭債権の最終の支払期日の属する事業年度 当該事業年度開始の時における期首譲渡損益調整額
(3) (1)及び(2)以外の事業年度 当該金銭債権に係る譲渡損益調整額に当該譲渡した日から当該金銭債権の最終の支払期日までの期間のうちに当該事業年度の期間の占める割合を乗じて計算した金額

(金銭債権の一部が貸倒れとなった場合の譲渡損益調整額の戻入れ計算)

12の4－3－4 法人が完全支配関係法人に対して譲渡した譲渡損益調整資産である金銭債権について、当該完全支配関係法人において9－6－1《金銭債権の全部又は一部の切捨てをした場合の貸倒れ》の取扱いにより当該金銭債権の一部が貸倒れとなった場合の当該法人における法第61条の11第2項《完全支配関係がある法人の間の取引の損益》の規定により損金の額に算入する金額は、例えば、当該金銭債権に係る譲渡損益調整額に当該完全支配関係法人の当該金銭債権の取得価額のうちに当該貸倒れによる損失の額の占める割合を乗じて計算した金額とする等合理的な方法により計算した金額とする。
(注) 債権金額に満たない価額で取得した債権の一部について9－6－1の事実が生じたことにより貸倒れとして損金の額に算入される金額は、この事実が生じた後においてなお有することとなる債権金額が取得価額を下回る場合のその下回る部分の金額となる。

(土地の一部譲渡に係る譲渡損益調整額の戻入れ計算)

12の4－3－5 法人が完全支配関係法人に譲渡した譲渡損益調整資産である土地について、当該完全支配関係法人がその一部を譲渡した場合の当該法人における法第61条の11第2項《完全支配関係がある法人の間の取引の損益》の規定により益金の額又は損金の額に算入する金額は、当該土地に係る譲渡損益調整額のうち当該完全支配関係法人が譲渡した土地に係るものとして、例えば、当該譲渡損益調整額を当該法人が譲渡した土地の面積と当該完全支配関係法人が譲渡した土地の面積の比に応じて区分する等合理的な方法により計算した金額とする。

(同一銘柄の有価証券を2回以上譲渡した後の譲渡に伴う譲渡損益調整額の戻入れ計算)

12の4－3－6 法人が譲渡損益調整資産である銘柄を同じくする有価証券（法第61条の11第8項《完全支配関係がある法人の間の取引の損益》の他の通算法人の株式又は出資を

除く。）を２回以上にわたって完全支配関係法人に対し譲渡した後に当該完全支配関係法人が当該有価証券を譲渡した場合には、当該法人における譲渡損益調整額の戻入れ計算は、当該完全支配関係法人が当該法人から最も早く取得したものから順次譲渡したものとみなして、令第122条の12第４項第６号《完全支配関係がある法人の間の取引の損益》の規定を適用する。

（譲渡損益調整額の戻入れ計算における簡便法の選択適用）

12の４－３－８　令第122条の12第６項《完全支配関係がある法人の間の取引の損益》の規定の適用については、法人が当該事業年度において完全支配関係法人に対し複数の減価償却資産（当該完全支配関係法人において減価償却資産に該当することとなるものに限る。以下12の４－３－８において同じ。）を譲渡した場合であっても、個々の減価償却資産ごとに同項の規定を適用することができる。

法人が当該事業年度において完全支配関係法人に対し複数の繰延資産の譲渡を行った場合についても、同様とする。

（簡便法を適用した完全支配関係法人を被合併法人とする適格合併をした場合の譲渡損益調整額の戻入れ計算）

12の４－３－９　法第61条の11第５項《完全支配関係がある法人の間の取引の損益》の規定により法人が同条第１項の規定の適用を受けた法人とみなされた場合における譲渡損益調整資産のうち、同条第５項の当該内国法人が令第122条の12第６項《完全支配関係がある法人の間の取引の損益》の規定の適用を受けたものについては、合併法人である当該法人において同項の規定の適用があることに留意する。

（譲渡損益調整資産の耐用年数を短縮した場合の簡便法による戻入れ計算）

12の４－３－10　法人が令第122条の12第６項《完全支配関係がある法人の間の取引の損益》の規定を適用するに当たり、同項に規定する譲渡損益調整資産を譲り受けた完全支配関係法人が当該譲渡損益調整資産についてその譲受日の属する事業年度後の事業年度において、令第57条《耐用年数の短縮》の規定により当該減価償却資産の耐用年数を短縮することの承認を受けたときには、当該承認を受けた日の属する当該法人の事業年度及びその後の事業年度における同項第１号ロの耐用年数は、当該承認に基づく耐用年数として差し支えない。

（大法人による完全支配関係）

16－５－１　法第66条第５項第２号《各事業年度の所得に対する法人税の税率》の「大法人」による完全支配関係とは、大法人が普通法人の発行済株式等の全部を直接又は間接に保有する関係をいうのであるから、例えば、普通法人の発行済株式等の全部を直接に保有する法人（以下16－５－１において「親法人」という。）が大法人以外の法人であり、かつ、当該普通法人の発行済株式等の全部を当該親法人を通じて間接に保有する法人が大法人である場合のように、当該普通法人の発行済株式等の全部を直接又は間接に保有する者のいずれかに大法人が含まれている場合には、当該普通法人と当該大法人との間に大法人による完全支配関係があることに留意する。

（資本金等の額の円換算）

16－５－２　普通法人が法第66条第５項第２号《各事業年度の所得に対する法人税の税率》に掲げる普通法人に該当するかどうかを判定する場合において、当該普通法人との間に完全支配関係がある法人が外国法人であるときは、当該外国法人が同号イに規定する「資本金の額又は出資金の額が５億円以上である法人」に該当するかどうかは、当該普通法人の当該事業年度終了の時における当該外国法人の資本金の額又は出資金の額について、当該事業年度終了の日の電信売買相場の仲値により換算した円換算額により判定する。

租税特別措置法

第42条の３の２　次の表の第１欄に掲げる法人又は人格のない社団等（普通法人のうち各事業年度終了の時において法人税法第66条第５項各号若しくは第143条第５項各号に掲げる法人、同法第66条第６項に規定する大通算法人又は次条第19条第８号に規定する適用除外事業者（以下この項において「適用除外事業者」という。）に該当するもの（通算法人である普通法人の各事業年度終了の日において当該普通法人との間に通算完全支配関係がある他の通算法人のうちいずれかの法人が適用除外事業者に該当する場合における当該普通法人を含む。）を除く。）の平成24年４月１日から令和５年３月31日までの間に開始する各事業年度の所得に係る同法その他法人税に関する法令の規定の適用については、同欄に掲げる法人又は人格のない社団等の区分に応じ同表の第２欄に掲げる規定中同表の第３欄に掲げる税率は、同表の第４欄に掲げる税率とする。

第１欄	第２欄	第３欄	第４欄
１　普通法人のうち当該各事業年度終了の時において資本金の額若しくは出資金の額が１億円以下であるもの若しくは資本若しくは出資を有しないもの（第４号に掲げる法人を除く。）又は人格のない社団等	法人税法第66条第２項及び第６項並びに第143条第２項	100分の19	100分の15
２　一般社団法人等（法人税法別表第２に掲げる一般社団法人、一般財団法人及び労働者協同組合並びに公益社団法人及び公益財団法人をいう。）又は同法以外の法律によつて公益法人等とみなされているもので政令で定めるもの	法人税法第66条第２項	100分の19	100分の15
３　公益法人等（前号に掲げる法人を除く。）又は協同組合等（第68条第１項に規定する協同組合等を除く。）	法人税法第66条第３項	100分の19	100分の19（各事業年度の所得の金額のうち年800万円以下の金額については、100分の15）
４　第67条の２第１項の規定による承認を受けている同項に規定する医療法人	同項	100分の19	100分の19（各事業年度の所得の金額のうち年800万円以下の金額については、100分の15）

２　第68条第１項に規定する協同組合等の平成24年４月１日から令和５年３月31日までの間に開始する各事業年度の所得に係る法人税法その他法人税に関する法令の規定の適用については、同項中「100分の19（各事業年度の所得の金額のうち10億円（事業年度が１年に満たない協同組合等については、10億円に当該事業年度の月数を乗じてこれを12で除して計算した金額とする。）を超える部分の金額については、100分の22）」とあるのは、「100分の19（各事業年度の所得の金額のうち、800万円（事業年度が１年に満たない協同組合等については、800万円に当該事業年度の月数を乗じてこれを12で除して計算した金額とする。）以下の部分の金額については100分の15とし、10億円（事業年度が１年に満たない協同組合等については、10億円に当該事業年度の月数を乗じてこれを12で除して計算した金額とする。）を超える部分の金額については100分の22とする。）」とする。

３　通算法人（通算子法人にあつては、当該通算子法人に係る通算親法人の事業年度終了の日において当該通算親法人との間に通算完全支配関係があるものに限る。）に対する前２項及び法人税法第66条の規定の適用については、次に定めるところによる。

一　通算子法人の第１項に規定する各事業年度は、当該通算子法人に係る通算親法人の同項に規定する各事業年度終了の日に終了する当該通算子法人の事業年度とする。

二　通算親法人である協同組合等に対する第１項（同項の表の第３号に係る部分に限る。）及び前項の規定の適用については、同号の第４欄中「年800万円」とあるのは「軽減対象所得金額（当該協同組合等を同条第７項の中小通算法人とみなした場合に同項から同条第12項までの規定により計算される同条第七項に規定する軽減対象所得金額に相当する金額をいう。）」と、同項中「800万円（事業年度が１年に満たない協同組合等については、800万円に当該事業年度の月数を乗じてこれを12で除して計算した金額とする」とあるのは「軽減対象所得金額（当該協同組合等を第７項の中小通算法人とみなした場合に同項から第12項までの規定により計算される第７項に規定する軽減対象所得金額に相当する金額をいう」とする。

三　前号に規定する協同組合等の前２項に規定する各事業年度終了の日において当該協同組合等との間に通算完全支配関係がある他の通算法人に対する法人税法第66条（第１項（同項の表の第１号に係る部分に限る。）の規定により適用する場合を含む。）の規定の適用については、同条第７項第２号及び第八項の他の中小通算法人には、当該協同組合等を含むものとする。

四　通算親法人である第１項の表の第４号に掲げる法人に対する同項（同号に係る部分に限る。）の規定の適用については、同号の第四欄中「年800万円」とあるのは、「軽減対象所得金額（同項の規定を適用しないものとした場合に法人税法第66条第７項から第12項までの規定により計算される同条第７項に規定する軽減対象所得金額に相当する金額をいう。）」とする。

４　事業年度が１年に満たない第１項の表の３号及び第四号に掲げる法人（前項第２号に規定する協同組合等及び同項第４号に規定する法人を除く。）に対する第１項（同表の第３号及び第４号に係る部分に限る。）の規定の適用については、同表の第３号及び４号中「年800万円」とあるのは、「800万円を12で除し、これに当該事業年度の月数を乗じて計算した金額」とする。

５　前項の月数は、暦に従つて計算し、１月に満たない端数を生じたときは、これを１月とする。

６　前２項に定めるもののほか、第１項から第３項の規定の適用がある場合における法人税法その他法人税に関する法令の規定に関する技術的読替えその他第１項から第３項までの規定の適用に関し必要な事項は、政令で定める。

（試験研究を行つた場合の法人税額の特別控除）

第42条の４

19　この条において、次の各号に掲げる用語の意義は、当該各号に定めるところによる。

八　適用除外事業者　当該事業年度開始の日前３年以内に終了した各事業年度（以下この号において「基準年度」という。）の所得の金額の合計額を各基準年度の月数の合計数で除し、これに12を乗じて計算した金額（設立後３年を経過していないこと、既に基準年度の所得に対する法人税の額につき法人税法第80条の規定の適用があつたこと、基準年度において合併、分割又は現物出資が行われたこと、基準年度において通算法人に該当することその他の政令で定める事由がある場合には、当該計算した金額につき当該事由の内容に応じ調整を加えた金額として政令で定めるところにより計算した金額）が15億円を超える法人をいう。

（中小企業者等の貸倒引当金の特例）

第57条の９　法人で各事業年度終了の時において法人税法第52条第１項第１号イからハまでに掲げる法人（保険業法に規定する相互会社及びこれに準ずるものとして政令で定めるものを除く。次項において「中小企業者等」という。）に該当するもの（同号イに掲げる法人に該当するもの（次項において「中小法人」という。）にあつては、第42条の４第19項第８号に規定する適用除外事業者（以下この条において「適用除外事業者」という。）に該当するもの（通算法人の各事業年度終了の日において当該通算法人との間に通算完全支配関係がある他の通算法人のうちいずれかの法人が適用除外事業者に該当する場合には、当該通算法人を含む。）を除く。）が法人税法第52条第２項の規定の適用を受ける場合には、同項の規定にかかわらず、当該事業年度終了の時における同項に規定する一括評価金銭債権（当該法人が当該法人との間に同法第２条第12号の７の６に規定する完全支配関係がある他の法人に対して有する金銭債権を除く。次項において同じ。）の帳簿価額（政令で定める金銭債権にあつては、政令で定める金額を控除した残額。次項において同じ。）の合計額に政令で定める割合を乗じて計算した金額をもつて、同法第52条第２項に規定する政令で定めるところにより計算した金額とすることができる。

（交際費等の損金不算入）

第61条の４　法人が平成26年４月１日から令和６年３月31日までの間に開始する各事業年度（以下この条において「適用年度」という。）において支出する交際費等の額（当該適用年度終了の日における資本金の額又は出資金の額（資本又は出資を有しない法人その他政令で定める法人にあつては、政令で定める金額。以下この項及び次項において同じ。）が100億円以下である法人（通算法人の当該適用年度終了の日において当該通算法人との間に通算完全支配関係がある他の通算法人のうちいずれかの法人の同日における資本金の額又は出資金の額が100億円を超える場合における当該通算法人を除く。）については、当該交際費等の額のうち接待飲食費の額の100分の50に相当する金額を超える部分の金額）は、当該適用年度の所得の金額の計算上、損金の額に算入しない。

２　前項の場合において、法人（投資信託及び投資法人に関する法律第２条第12項に規定する投資法人及び資産の流動化に関する法律第２条第３項に規定する特定目的会社を除く。）のうち当該適用年度終了の日における資本金の額又は出資金の額が１億円以下であるもの（次に掲げる法人を除く。）については、前項の交際費等の額のうち定額控除限度額（800万円に当該適用年度の月数を乗じてこれを12で除して計算した金額をいう。）を超える部分の金額をもつて、同項に規定する超える部分の金額とすることができる。

一　普通法人のうち当該適用年度終了の日において法人税法第66条第５項第２号又は第３号に掲げる法人に該当するもの

二　通算法人の当該適用年度終了の日において当該通算法人との間に通算完全支配関係がある他の通算法人のうちいずれかの法人が次に掲げる法人である場合における当該通算法人

イ　当該適用年度終了の日における資本金の額又は出資金の額が１億円を超える法人

ロ　前号に掲げる法人

（中小企業者の欠損金等以外の欠損金の繰戻しによる還付の不適用）

第66条の12　法人税法第80条第１項並びに第144条の13第１項及び第２項の規定は、次に掲げる法人以外の法人の平成４年４月１日から令和６年３月31日までの間に終了する各事業年度において生じた欠損金額については、適用しない。ただし、清算中に終了する事業年度（通算子法人の清算中に終了する事業年度のうち当該通算子法人に係る通算親法人の事業年度終了の日に終了するものを除く。）及び同法第80条第４項又は第144条の13第９項若しくは第10項の規定に該当する場合のこれらの規定に規定する事業年度において生じた欠損金額、同法第80条第５項又は第144条の13第11項に規定する災害損失欠損金額並びに銀行等保有株式取得機構の欠損金額については、この限りでない。

一　普通法人（投資信託及び投資法人に関する法律第２条第12項に規定する投資法人及び資産の流動化に関する法律第２条第３項に規定する特定目的会社を除く。）のうち、当該事業年度終了の時において資本金の額若しくは出資金の額が１億円以下であるもの（当該事業年度終了の時において法人税法第66条第５項第２号又は第３号に掲げる法人に該当するもの及び同条第６項に規定する大通算法人（以下この号及び次項において「大通算法人」という。）を除く。）又は資本若しくは出資を有しないもの（保険業法に規定する相互会社及びこれに準ずるものとして政令で定めるもの並びに大通算法人を除く。）

二　公益法人等又は協同組合等

三　法人税法以外の法律によつて公益法人等とみなされているもので政令で定めるもの

四　人格のない社団等

所得税法

（配当所得）

第24条　配当所得とは、法人（法人税法第２条第６号（定義）に規定する公益法人等及び人格のない社団等を除く。）から受ける剰余金の配当（株式又は出資（公募公社債等運用投資信託以外の公社債等運用投資信託の受益権及び社債的受益権を含む。次条において同じ。）に係るものに限るものとし、資本剰余金の額の減少に伴うもの並びに分割型分割（同法第２条第12号の９に規定する分割型分割をいい、法人課税信託に係る信託の分割を含む。以下この項及び次条において同じ。）によるもの及び株式分配（同法第２条第12号の15の２に規定する株式分配をいう。以下この項及び次条において同じ。）を除く。）、利益の配当（資産の流動化に関する法律第115条第１項（中間配当）に規定する金銭の分配を含むものとし、分割型分割によるもの及び株式分配を除く。）、剰余金の分配（出資に係るものに限る。）、投資信託及び投資法人に関する法律第137条（金銭の分配）の金銭の分配（出資総額等の減少に伴う金銭の分配として財務省令で定めるもの（次条第１項第４号において「出資等減少分配」という。）を除く。）、基金利息（保険業法第55条第１項（基金利息の支払等の制限）に規定する基金利息をいう。）並びに投資信託（公社債投資信託及び公募公社債等運用投資信託を除く。）及び特定受益証券発行信託の収益の分配（法人税法第２条第12号の15に規定する適格現物分配に係るものを除く。以下この条において「配当等」という。）に係る所得をいう。

２　配当所得の金額は、その年中の配当等の収入金額とする。ただし、株式その他配当所得を生ずべき元本を取得するために要した負債の利子（事業所得又は雑所得の基因となつた有価証券を取得するために要した負債の利子を除く。以下この項において同じ。）でその年中に支払うものがある場合は、当該収入金額から、その支払う負債の利子の額のうちその年においてその元本を有していた期間に対応する部分の金額として政令で定めるところにより計算した金額の合計額を控除した金額とする。

〔索　引〕

〔D〕

〔あ〕

〔い〕

〔う〕

〔か〕

〔き〕

〔く〕

〔け〕

〔こ〕

〔さ〕

〔し〕

〔す〕

〔せ〕

〔そ〕

〔た〕

〔ち〕

〔つ〕

〔て〕

〔と〕

〔な〕

〔に〕

〔の〕

〔は〕

〔ひ〕

〔ふ〕

〔ほ〕

〔み〕

〔む〕

〔ゆ〕

〔り〕

〔れ〕

【参考文献等】

平成22年度税制改正大綱
税制調査会資料
経済産業省資料
財務省資料
日本経済団体連合会資料
国税庁ホームページ
国税不服審判所ホームページ
平成14年版改正税法のすべて（大蔵財務協会）
平成18年版改正税法のすべて（大蔵財務協会）
平成22年版改正税法のすべて（大蔵財務協会）
平成23年版改正税法のすべて（大蔵財務協会）
中村慈美　松岡章夫　秋山友宏　渡邉正則　共著　「平成22年度 税制改正早わかり」（大蔵財務協会）
中村慈美　著　「グループ法人税制の要点解説」（大蔵財務協会）
中村慈美　著　「不良債権処理と再生の税務」（大蔵財務協会）
中村慈美　編　「法人税務重要事例集」（大蔵財務協会）
大久保昇一　編　「令和４年版　図解 法人税」（大蔵財務協会）
板倉弘至　編　「令和４年版　図解 相続税・贈与税」（大蔵財務協会）

【著者紹介】

中村慈美（なかむら　よしみ）

昭和30年福岡県生まれ。昭和54年３月中央大学商学部卒業、平成10年７月国税庁を退官、平成10年８月税理士登録、平成15年４月事業再生実務家協会常務理事（平成31年３月まで）、平成17年４月中央大学専門職大学院国際会計研究科特任教授（平成20年３月まで）、平成17年７月整理回収機構企業再生検討委員会委員、平成20年５月全国事業再生・事業承継税理士ネットワーク代表幹事、平成21年８月経済産業省事業再生に係るDES研究会委員、平成22年４月一橋大学法科大学院非常勤講師、中央大学大学院戦略経営研究科兼任講師（平成30年３月まで）、公益社団法人日本租税研究会法人税研究会専門家委員、平成23年10月一般社団法人東日本大震災・自然災害被災者債務整理ガイドライン運営機関委員（令和３年６月まで）、平成25年６月公益財団法人日本税務研究センター共同研究会研究員、平成25年８月日本商工会議所・一般社団法人全国銀行協会共催経営者保証に関するガイドライン研究会委員、平成26年11月中小企業庁中小企業向けM&Aガイドライン検討会委員、平成27年４月文京学院大学大学院経営学研究科特任教授、平成31年４月一般社団法人事業再生実務家協会常議員

主な著書　平成16～令和４年度「税制改正早わかり」（いずれも共著・大蔵財務協会）、「税理士・経理マン必携 法人税実務マスター講座 交際費」（著・ぎょうせい・2007）、「グループ法人税制の要点解説」（著・大蔵財務協会・2010）、「企業倒産・事業再生の上手な対処法」（共著・民事法研究会・2011）、「法人税務重要事例集」（編・大蔵財務協会・2012）、「不良債権処理と再生の税務」（著・大蔵財務協会・2012）、「法的整理計画策定の実務」（共著・商事法務・2016）、「認定支援機関・事業再生専門家のための事業再生税務必携」（共著・大蔵財務協会・2017）、「新株予約権ハンドブック」（共著・商事法務・2018）、「貸倒損失をめぐる税務処理 専門家からのアドバイス30選」（共著・大蔵財務協会・2019）、「連結納税制度大改正 グループ通算制度早わかり」（著・大蔵財務協会・2020）、「法人税重要計算ハンドブック」（共著・中央経済社・2020）、「貸倒損失・債権譲渡の税務処理早わかり」（著・大蔵財務協会・2020）、「企業の保険をめぐる税務」（共著・大蔵財務協会・2022）、「図解　中小企業税制」（監修・大蔵財務協会・2022）、「図解　組織再編税制」（著・大蔵財務協会・2022）

（著　者）

中村慈美（なかむら よしみ）

令和４年版

図解　グループ法人課税

令和４年11月18日　初版印刷
令和４年11月30日　初版発行

不許複製

著者　中村慈美

一般財団法人　大蔵財務協会 理事長
発行者　木村幸俊

発行所　一般財団法人　大蔵財務協会
〔郵便番号　130-8585〕
東京都墨田区東駒形１丁目14番１号
（販　売　部）TEL03(3829)4141・FAX03(3829)4001
（出版編集部）TEL03(3829)4142・FAX03(3829)4005
http://www.zaikyo.or.jp

乱丁、落丁の場合は、お取替えいたします。　印刷・恵友社
ISBN978-4-7547-3020-8